中国知识产权律师年度报告（2024）编委会

主　　任：王正志

副 主 任：王永红　韩映辉　马　翔　王　戩　李健伟　高金军
　　　　　韦　国　黄　妙　徐建生　杨　斌　郭东科

主任助理：马　畅

委　　员：白　露　陈东生　陈　桥　陈　颖　傅广锐　郭东科
　　　　　郝朋宇　江本伟　蒋海军　蒋宏建　李　纯　李德成
　　　　　李静传　黎佩琪　刘　鑫　刘雅丽　卢　萍　马　翔
　　　　　闵　睿　裴沐曦　彭　辉　乔传林　齐依阳　邱奎霖
　　　　　商家泉　商振宇　申　健　史　茜　史　跃　孙　琦
　　　　　田　龙　王　笛　王　莉　王卫东　汪明政　汪妍瑜
　　　　　吴　立　吴雪健　吴燕莹　谢冠斌　谢湘辉　肖越心
　　　　　熊　晔　杨　璞　杨　燕　袁　吉　张汉国　张佳佳
　　　　　张荣康　张　莹

中华全国律师协会知识产权专业委员会 / 编

中国知识产权律师年度报告

—— 2024 ——

Annual Report 2024:
Chinese Lawyers on Intellectual
Property Practices

中国法制出版社
CHINA LEGAL PUBLISHING HOUSE

前言
PREFACE

2023年度，中华全国律师协会知识产权专业委员会（以下简称知产委）坚持以习近平新时代中国特色社会主义思想为指导，全面贯彻落实党的二十大精神，深入学习贯彻习近平法治思想，深入实施《知识产权强国建设纲要（2021—2035年）》和《"十四五"国家知识产权保护和运用规划》，做实司法部党组提出的"五点希望"，深化知识产权法律服务，加强知识产权法治保障，充分发挥知识产权律师队伍职能作用，助力建设中国特色、世界水平的知识产权强国。

自2020年以来，按照中华全国律师协会的工作部署，知产委组织全国知识产权领域优秀律师撰写《中国知识产权律师年度报告》（以下简称《年度报告》），《年度报告》是一部以律师为视角的中国知识产权事业观察报告，现已出版至第五期。

本书共分为著作权、商标、专利、商业秘密、反不正当竞争、技术交易与知识产权商用化、植物新品种以及地理标志八个板块，各板块按照"新法观察""典型案例""重点关注"三部分展开，在前作的基础上全面汇总并深入分析2023年度知识产权领域的最新发展，梳理最新的知识产权法律法规，总结最新的司法裁判规则，探索知识产权新领域，为知识产权立法工作建言献策，为解决实践难题提供新思路，展现了中国律师在知识产权强国路上的思考与探索。

编委会

2024年4月26日于北京

目录
CONTENTS

第1章 著作权

综述 / 002

新法观察 / 004

一、《最高人民法院关于修改〈最高人民法院关于知识产权法庭若干问题的规定〉的决定》（法释〔2023〕10号）2023年10月21日发布，《最高人民法院关于贯彻执行修改后的〈最高人民法院关于知识产权法庭若干问题的规定〉的通知》（法〔2023〕183号）2023年10月21日发布 / 004

二、《国家版权局、中央军委装备发展部关于印发〈军用计算机软件著作权登记工作暂行办法〉的通知》（国版发〔2023〕1号）2023年3月29日发布 / 006

三、《中评协关于印发〈资产评估专家指引第16号——计算机软件著作权资产评估〉的通知》（中评协〔2023〕23号）2023年12月11日发布 / 007

四、《国家广播电视总局办公厅关于印发〈视音频内容分发数字版权管理（DRM）技术应用实施指南（2023版）〉的通知》（广电办发〔2023〕372号）2023年12月4日发布 / 008

五、《最高人民法院 最高人民检察院就〈关于办理侵犯知识产权刑事案件适用法律若干问题的解释（征求意见稿）〉向社会公开征求意见》2023年1月18日发布 / 009

典型案例 / 011

一、上诉人林某怡、杨某、北京精典博维文化传媒有限公司与被上诉人北京联合出版有限责任公司、原审被告广州购书中心有限公司著作权侵权及不正当竞争纠纷案 / 011

二、李某诉刘某侵害作品署名权、信息网络传播权纠纷案 / 014

三、浙江亿邦通信科技有限公司、苏州启奥网络科技有限公司与网经科技（苏州）有限公司、刘某某、吴某某、谢某侵害计算机软件著作权纠纷案 / 017

四、薛某荣与北京当当科文电子商务有限公司、张某君、天津人民出版社有限公司侵害作品信息网络传播权纠纷案 / 020

五、上海勿仑文化传播有限公司与苏州鼎泰文化传播有限公司、苏州高新旅游产业集团有限公司侵害作品网络传播权纠纷案 / 023

六、景森设计股份有限公司、梁某标、周某同、张某仪与广东建筑艺术设计院有限公司、孙某浩、毛某中、李某红、奥园集团（韶关）有限公司著作权侵权纠纷案 / 025

七、株式会社传奇IP与浙江盛和网络科技有限公司确认不侵害著作权纠纷案 / 028

八、上海喜马拉雅科技有限公司与优酷信息技术（北京）有限公司等侵害作品信息网络传播权纠纷案 / 031

九、杭州四海光纤网络有限公司与魔珐（上海）信息科技有限公司相关侵害著作权、表演者权及不正当竞争纠纷案 / 033

十、苏某某等侵犯著作权刑事案 / 035

重点关注 / 037

一、互联网大厂之间的著作权相关纷争与和解 / 037

二、"剑网2023"专项行动启动 / 038

三、AI生成物著作权保护方兴未艾 / 039

四、综艺节目涉嫌侵犯《武林外传》著作权权益 / 040

五、影视作品海报屡现抄袭海外美术作品 / 041

六、COS委托的勃兴与争议 / 042

七、图片批量维权的"原罪"与引导 / 043

八、北京互联网法院审判工作白皮书发布 / 044

九、第七届中国网络版权保护与发展大会召开 / 046

十、第九届中国国际版权博览会暨2023国际版权论坛举办 / 047

第2章 商　　标

综述 / 050

新法观察 / 051

一、《中华老字号示范创建管理办法》/ 051

二、《商标法修订草案（征求意见稿）》/ 052

三、《地理标志产品保护规定（征求意见稿）》/ 053

四、《关于商标注册同日申请程序的指引》《关于商标转让程序的指引》/ 054

典型案例 / 056

一、上诉人北京先明赫科技发展有限公司与被上诉人国家知识产权局、原审第三人三横一竖餐饮管理（北京）有限公司商标权无效宣告请求行政纠纷案 / 056

二、山西晋裕汾酒厂股份有限公司与吕梁市市场监督管理局、山西省市场监督管理局、第三人山西杏花村汾酒厂股份有限公司行政处罚及行政复议案 / 061

三、佛山市海天调味食品股份有限公司与加加食品集团股份有限公司、国家知识产权局"原酿造及图"商标权无效宣告请求行政诉讼案 / 068

四、阳光保险集团股份有限公司与国家知识产权局、深圳阳光医疗美容医院"阳光"商标无效宣告案 / 070

五、北京无印良品投资有限公司诉国家知识产权局、株式会社良品计画"無印良品"商标撤销复审行政诉讼案 / 077

六、费加罗传感科技（上海）有限公司与深圳市源建传感科技有限公司等侵害商标权及不正当竞争纠纷案 / 089

七、郴州市北湖区麓峰酒店与丽枫舒适酒店管理（深圳）有限公司、艺龙网信息技术（北京）有限公司侵害商标权纠纷案 / 092

八、上海米芝莲餐饮管理有限公司等与米其林集团总公司侵害商标权及不正当竞争纠纷案 / 094

九、上海禹容网络科技有限公司与北京康智乐思网络科技有限公司、北京掌汇天下科技有限公司侵害商标权纠纷案 / 097

十、原告拜尔斯道夫股份有限公司与被告拜尔斯道夫股份有限公司侵害商标权及不正当竞争纠纷案 / 101

重点关注 / 105

一、"望京小腰"商标维权乌龙事件 / 105

二、《2022年中国知识产权保护状况》白皮书发布 / 106

三、商标"搭便车",被判处赔偿上亿元 / 107

四、特斯拉啤酒侵权案件 / 108

五、"酒鬼"商标真的不吉利吗? / 108

第3章 专　利

综述 / 112

典型案例 / 113

一、北京博睿勤信息技术有限公司、东莞市华盾电子科技有限公司确认不侵害专利权纠纷案 / 113

二、OPPO诉诺基亚标准必要专利使用费纠纷案 / 116

三、扬子江药业集团广州海瑞药业有限公司、扬子江药业集团有限公司诉合肥医工医药股份有限公司、合肥恩瑞特药业有限公司、南京海辰药业股份有限公司滥用市场支配地位纠纷案 / 118

四、四川金象赛瑞化工股份有限公司诉山东华鲁恒升化工股份有限公司、宁波厚承管理咨询有限公司、宁波安泰环境化工工程设计有限公司、尹某大侵害技术秘密纠纷案 / 123

五、惠州正威光电科技有限公司与惠州瀚星光电科技有限公司、吴某戈专利权权属纠纷案 / 127

六、四川国为制药有限公司、阿斯利康(瑞典)有限公司确认是否落入专利保护范围纠纷案 / 129

七、广东格兰仕微波炉电器制造有限公司与中山市美格电子科技有限公司侵害专利权纠纷案 / 131

八、江苏固耐特围栏系统股份有限公司与厦门高诚信工程技术有限公司等侵害发明专利权纠纷案 / 134

九、京信网络系统股份有限公司、京信通信技术(广州)有限公司与广东晖速通信技术股份有限公司侵害发明专利权纠纷案 / 137

十、苏州苏博包装有限公司与塞纳医药包装材料（昆山）有限公司恶意提起知识产权诉讼损害责任纠纷案 / 140

重点关注 / 144

一、《禁止滥用知识产权排除、限制竞争行为规定》发布 / 144

二、《关于实用新型专利保护客体判断的指引》发布 / 145

三、生成式人工智能服务的知识产权问题 / 147

四、最高人民法院就《最高人民法院关于知识产权法庭若干问题的规定》的最新修改及其解读 / 149

五、专利转化运用专项行动 / 152

六、专利视角下的数字技术发展 / 153

七、《专利法实施细则》的解读 / 155

八、《专利评估指引》的解读 / 157

九、《关于加强新时代专利侵权纠纷行政裁决工作的意见》工作解析 / 159

十、专利无效程序中保密审查条款的适用 / 161

第 4 章　商业秘密

综述 / 166

新法观察 / 167

一、《最高人民法院、最高人民检察院关于办理侵犯知识产权刑事案件适用法律若干问题的解释（征求意见稿）》 / 167

二、《人民检察院办理知识产权案件工作指引》 / 168

典型案例 / 170

一、中微半导体设备（上海）股份有限公司诉科林研发股份有限公司、泛林半导体设备技术（上海）有限公司、廖某隆、张某维、赖某达·芬某萨侵害技术秘密纠纷案 / 170

二、程某某侵犯 OP 公司与某库公司商业秘密刑事案 / 174

三、李某华、豆某平侵犯武汉市豪迈电力自动化技术有限责任公司商业秘密刑事案 / 177

四、四川金象赛瑞化工股份有限公司诉山东华鲁恒升化工股份有限公司、宁波厚承管理咨询有限公司、宁波安泰环境化工工程设计有限公司和尹某侵犯技术秘密纠纷案 / 183

五、深圳市明灯科技有限公司诉湖北纳禹新能源科技有限公司、尤某禹技术秘密纠纷案 / 194

六、盘亿泰地质微生物技术（北京）有限公司诉英索油能源科技（北京）有限责任公司、罗某平等技术秘密纠纷案 / 199

七、吕某侵犯 F 公司技术秘密刑事案 / 209

八、江苏百年梦新能源科技有限公司诉江苏翔鹰新能源科技有限公司、三六零安全科技股份有限公司、柳某、刘某迅等技术秘密纠纷案 / 213

重点关注 / 224

一、《北京知识产权法院侵犯商业秘密民事案件当事人诉讼问题解答》发布 / 224

二、国内首部企业商业秘密刑事保护体系合规建设指引发布 / 225

三、中美商务部会谈中双方讨论并同意两国专家将就强化行政许可过程中的商业秘密和保密商务信息保护问题进行技术磋商 / 228

四、各地陆续发布行业相关的商业秘密保护合规指引 / 229

五、全国首单百万级商业秘密保险落子黄埔 / 231

六、北京市监局首次专题会议，聚焦商业秘密保护 / 232

七、全国首例数据交易买受人商业秘密侵权案 / 233

第 5 章　反不正当竞争

综述 / 238

新法观察 / 240

一、国家市场监督管理总局发布四部反垄断法配套规章 / 240

二、国家市场监督管理总局修订出台《禁止滥用知识产权排除、限制竞争行为规定》/ 241

典型案例 / 242

一、华为技术有限公司与深圳市优者科技有限公司、肖某华不正当竞争纠纷案 / 242

二、福特汽车（中国）有限公司、长安福特汽车有限公司与法国国家干邑行业办公室及苏州天驰新佳汽车销售服务有限公司不正当竞争纠纷案 / 245

三、腾讯科技（成都）有限公司、深圳市腾讯计算机系统有限公司诉江苏爱代网络科技有限公司不正当竞争纠纷案 / 248

四、北京微播视界科技有限公司诉北京创锐文化传媒有限公司不正当竞争纠纷案 / 250

五、西门子股份公司、西门子（中国）有限公司与宁波奇帅电器有限公司、昆山新维创电器有限公司、龚某其、王某、武某志侵害商标权及不正当竞争纠纷案 / 253

六、云南诺特金参口腔护理用品有限公司因与云南白药集团股份有限公司擅自使用与他人有一定影响的商品名称、包装、装潢等相同或者近似的标识纠纷一案 / 255

七、广州逸仙电子商务有限公司诉广州辛瑞化妆品有限公司、广州淘奇信息科技有限公司、广州市白云区昕薇化妆品厂等不正当竞争纠纷案 / 257

八、北京市盈科律师事务所与盈科（广州）法律咨询服务有限公司不正当竞争纠纷案 / 259

九、深圳市城市绿洲学校与深圳市三只小象教育科技有限公司商业毁谤不正当竞争纠纷案 / 261

十、扬子江药业集团广州海瑞药业有限公司、扬子江药业集团有限公司与合肥医工医药股份有限公司、合肥恩瑞特药业有限公司、南京海辰药业股份有限公司滥用市场支配地位纠纷案 / 264

重点关注 / 266

一、体育行业反垄断处罚首案：北京市围棋协会被罚款 / 266

二、国家市场监督管理总局开展 2023 年反不正当竞争"守护"专项执法行动 / 268

三、国家市场监督管理总局出台《禁止滥用知识产权排除、限制竞争行为规定》/ 269

四、国家市场监督管理总局公布《反不正当竞争法》实施 30 年以来十大影响力事件 / 270

五、最高人民法院发布 2023 年人民法院反垄断和反不正当竞争典型案例 / 272

六、深圳市中级人民法院发布涉互联网不正当竞争纠纷热点二十问 / 273

第 6 章　技术交易与知识产权商用化

综述 / 276

典型案例 / 277

一、上海市第一人民医院"免疫年龄诊断试剂盒技术"专利转让 6 亿元 / 277

二、维信诺科技股份有限公司专利包许可 2.75 亿元 / 278

三、湖南省专利转化对接会签约 3.5 亿元 / 278

四、涉及国有资产的重大技术转让违反相关决策程序导致合同无效 / 279

五、来者不"善"：数据交易中开展数据尽调是否事与愿违 / 281

重点关注 / 285

一、重新组建科学技术部，强化促进科技成果转化等职能 / 285

二、国务院办公厅印发《专利转化运用专项行动方案（2023—2025年）》 / 286

三、国家知识产权局等发布《关于加快推动知识产权服务业高质量发展的意见》 / 286

四、国务院发布《支持北京深化国家服务业扩大开放综合示范区建设工作方案》 / 287

五、工信部等发布《科技成果赋智中小企业专项行动（2023—2025年）》 / 287

六、国家发展和改革委员会发布《产业结构调整指导目录（2024年本）》 / 288

七、科技部等部门发布《关于进一步支持西部科学城加快建设的意见》 / 288

八、科技部火炬中心发布《高质量培养科技成果转移转化人才行动方案》 / 289

九、国家技术转移海南中心正式成立 / 289

十、工信部等部门发布《关于加快传统制造业转型升级的指导意见》 / 290

十一、全国多省份提出探索科技成果转化新机制新模式 / 291

十二、中关村国际技术交易大会和全球技术转移大会成功举办 / 292

第7章　植物新品种

综述 / 296

新法观察 / 297

一、2023年3月21日农业农村部植物新品种保护办公室关于印发《农业植物新品种保护在线申请和审查工作规范（试行）》（品保办〔2023〕6号）/ 297

二、2023年3月9日海关总署对《进境动植物检疫审批管理办法》进行修正 / 298

三、《国家市场监管总局、农业农村部关于开展农作物种子认证工作的实施意见》/ 299

四、《上海市种子条例》/ 300

典型案例 / 303

一、四川雅玉科技股份有限公司与云南金禾种业有限公司、云南瑞禾种业有限公司侵害植物新品种权纠纷案 / 303

二、四川依顿猕猴桃种植有限责任公司与马边彝族自治县石丈空猕猴桃专业合作社侵害植物新品种权纠纷案 / 306

三、"强硕68"玉米植物新品种无效案 / 307

四、"玛索"辣椒植物新品种侵权案 / 309

五、辣椒"奥黛丽"品种权侵权行政执法案 / 311

六、中国种子集团有限公司江苏分公司诉李某贵侵害植物新品种权纠纷案 / 313

七、江苏天隆种业科技有限公司请求复审小麦"隆麦28"品种驳回种权申请案 / 317

八、河南鑫民种业有限公司、河南中种联丰种业有限公司等侵害植物新品种权纠纷案 / 320

九、山东省种子有限公司与山东寿光蔬菜种业集团有限公司、平原县圣思园种业发展有限公司侵害植物新品种权纠纷案 / 324

十、河南金苑种业股份有限公司与青岛鑫丰种业有限公司、山东省德发种业科技有限公司侵害植物新品种权纠纷案 / 327

重点关注 / 332

一、农业农村部与最高人民法院联合举办全国种业知识产权保护专题培训班 / 332

二、2023中国种子大会暨南繁硅谷论坛在海南三亚举行 / 333

三、陕西省首单植物新品种权被侵权损失险落地杨凌 / 335

四、赋能种业发展生态圈 种业行业首部产业链发展蓝皮书发布 / 336

五、向日葵"仿种子"清理任务基本完成 / 338

六、农业农村部对农作物品种命名及来源亲本组合表述进一步明确要求 / 339

七、中心派员赴瑞士参加国际植物新品种保护联盟（UPOV）系列会议 / 341

八、我国将加快推进种业振兴"五大行动" / 343

九、亩产1251.5公斤！袁隆平"超级稻"创世界新纪录 / 345

十、北京知识产权法院通报建院以来种业知识产权保护情况 / 346

第8章 地理标志

综述 / 350

新法观察 / 351

一、《地理标志产品保护规定（征求意见稿）》/ 351

二、《广东省地理标志条例》/ 352

三、《江苏省地理标志专用标志使用管理办法（试行）》/ 353

四、《2023年全国知识产权行政保护工作方案》/ 354

五、《推动知识产权高质量发展年度工作指引（2023）》《2023年知识产权强国建设纲要和"十四五"规划实施推进计划》/ 356

典型案例 / 358

一、法国国家干邑行业办公室与福特汽车（中国）有限公司、长安福特汽车有限公司等不正当竞争纠纷案 / 358

二、霍山县霍山石斛产业协会、安徽西山药库霍山石斛有限公司等侵害商标权纠纷案 / 362

三、唐山市陶瓷协会与长沙顺淘电子商务有限公司不正当竞争纠纷案 / 364

四、五常市大米协会与北京京东广能贸易有限公司、北京京东叁佰陆拾度电子商务有限公司侵害商标权及不正当竞争纠纷案 / 367

五、云南云禾生态农业种植有限公司与南宁市武鸣区沃柑产业联合会侵害商标权纠纷案 / 370

六、景德镇陶瓷协会与葫芦岛市龙港区玉皇商城东山茶行侵害商标权纠纷案 / 373

七、南通五梁红农产品专业合作社与国家知识产权局商标权无效宣告请求行政纠纷案 / 376

八、假冒法国波尔多"BORDEAUX"地理标志集体商标案 / 378

重点关注 / 380

一、两会热议：聚焦地理标志，打造产业新机遇 / 380

二、深圳市市场监督管理局南山监管局发出全国首张针对地理标志的知识产权行政禁令 / 382

三、WIPO发布《世界知识产权指标2023》：中国成为拥有地理标志最多的国家 / 384

四、第二批地理标志助力乡村振兴典型案例发布及第二批地理标志运用促进重点联系指导名录确定 / 386

五、国家知识产权局办公室确定2023年国家地理标志产品保护示范区筹建名单 / 388

六、中欧地理标志合作发展论坛在苏州举办 / 389

后记 / 393

CHAPTER 1

第 1 章
著作权

综　述

2023 年著作权领域的法律实践，最大热点无疑来自生成式 AI 成熟带来的一系列问题，AI 创作的日益成熟，特别是在生成图片和视频领域的应用，极大拓展了作品创作的源泉，但似乎也对"人"在著作权领域的主体性产生了挑战，古老的法律原则与新技术的碰撞，是 2023 年度著作权领域的核心话题，但著作权自身的演进和更迭并不局限于技术的冲击，精细化审判的实践、行政保护力度的增强同样产生了诸多引人深思的案例和新闻事件，本章即是对过去一年来领域内法律实践的全面总结，为方便读者全面了解报告内容，特拟定综述内容如下，与各位读者共飨。

新法观察版块，主要系针对过去一年中著作权领域立法相关实践的概括总结。2022 年度著作权领域的立法修订主要体现在一些技术性文件的出具和调整，特别是在软件著作权领域，军用计算机软件著作权登记有了规范性依据，而针对计算机软件著作权的资产评估准则对盘活权利价值提供了可能性，DRM 的技术应用指南对于权利人的保护具有深远意义。

司法解释层面最高人民法院出具的相关文件对软件著作权相关的管辖进行了统一调整，而涉著作权刑事案件的法律适用相关的解释，更加凸显了司法领域加大保护力度的决心。

新闻事件版块，互联网大厂之间的纷纷息诉止争走向合作共赢，"剑网"行动依然威力不减，AI 生成物的著作权保护成为无法回避的命题，综艺节目和海报宣传等领域的侵权依然高企，COSPLAY 涉及的版权灰色地带走入公众视野，商业批量化维权的"紧箍咒"开始收紧，法院的审判工作日趋精细化，而网络版权保护和国际版权的交流自然是不能缺席的话题。公众对于著作权相关新闻事件日益关注，生成式 AI "飞入百姓家"反而促进了版权意识的觉醒，对于相关领域的实践起到了正向的作用。

典型案例版块，如前所述生成式 AI 的成熟对于著作权领域的法律实践产生了重大影响，"AI 图片第一案"的落槌为后续案件的审理提供了重要参考，而虚拟形象所涉及的创造性和职务表演等问题也有精细化认定的代表性案例。新兴技术类的案例固然吸引眼球，而《此间的少年》二审案件的改判却是斯人已逝的回响，对于未经许可的同人作品改编的责任承担赔偿提供了具备可操作性的替代方案。

同时，司法实践中对于游戏作品与视听作品的比对方法、版权授权与签约授权的分野、算法推荐与"明知应知"的关系等"习以为常"的事项进行了全面反思和改进，而对于公开表演项目、建筑出图署名对著作权归属的影响也进行了创新性的认定，对"剧本杀"剧本的刑事保护体现了司法机关对新型权利作品的保护决心和力度。

总结而言，2023 年度著作权领域面临的 AI 等技术挑战日益突出，技术的临界点同样意味着需要法律实践的及时响应，而知识产权律师正是解决相关新型问题的生力军，作为法律共同体的重要组成部分发光发热，这也是本章撰写的根本目的。在此，希望本版块的内容能够起到"抛砖引玉"之效，对领域内的实践稍有启示和裨益，不枉作者的一番辛勤"劳动"，以期与诸位从业者共勉精进！

新法观察[1]

一、《最高人民法院关于修改〈最高人民法院关于知识产权法庭若干问题的规定〉的决定》（法释〔2023〕10号）2023年10月21日发布，[2]《最高人民法院关于贯彻执行修改后的〈最高人民法院关于知识产权法庭若干问题的规定〉的通知》（法〔2023〕183号）2023年10月21日发布[3]

立法主要内容

本次主要是修改了最高人民法院知识产权法庭的案件管辖范围，将原规定第二条修改为：

"知识产权法庭审理下列上诉案件：

（一）专利、植物新品种、集成电路布图设计授权确权行政上诉案件；

（二）发明专利、植物新品种、集成电路布图设计权属、侵权民事和行政上诉案件；

（三）重大、复杂的实用新型专利、技术秘密、计算机软件权属、侵权民事和行政上诉案件；

（四）垄断民事和行政上诉案件。

知识产权法庭审理下列其他案件：

（一）前款规定类型的全国范围内重大、复杂的第一审民事和行政案件；

（二）对前款规定的第一审民事和行政案件已经发生法律效力的判决、

---

[1] 史跃律师，国浩律师（深圳）事务所。

[2] 《最高人民法院发布〈关于修改《最高人民法院关于知识产权法庭若干问题的规定》的决定〉》，载最高人民法院知识产权法庭网2023年10月27日，https：//ipc.court.gov.cn/zh-cn/news/view-2600.html。

[3] 《最高人民法院关于贯彻执行修改后的〈最高人民法院关于知识产权法庭若干问题的规定〉的通知》，载最高人民法院知识产权法庭网2023年10月27日，https：//ipc.court.gov.cn/zh-cn/news/view-2599.html。

裁定、调解书依法申请再审、抗诉、再审等适用审判监督程序的案件；

（三）前款规定的第一审民事和行政案件管辖权争议，行为保全裁定申请复议，罚款、拘留决定申请复议，报请延长审限等案件；

（四）最高人民法院认为应当由知识产权法庭审理的其他案件。"

律师评析

《最高人民法院关于知识产权法庭若干问题的规定》（以下简称《规定》）此次修改的重要内容之一是调整最高人民法院知识产权法庭（以下简称最高院知产庭）的案件管辖范围，具体表现在：

（一）民事案件

1. 民事二审案件的管辖权收缩

关于侵权民事案件和权属争议民事案件，与实用新型专利、技术秘密、计算机软件有关的二审案件，只有"重大、复杂的"由最高院知产庭管辖，一般的则不再由最高院知产庭管辖。

发明专利、植物新品种、集成电路布图设计、实用新型专利、技术秘密、计算机软件的其他民事二审案件，如合同纠纷案件，则不再由最高院知产庭管辖。

2. 民事一审案件管辖权范围缩小

对全国范围内重大、复杂的民事一审案件，最高院知产庭不再受理发明专利、植物新品种、集成电路布图设计、实用新型专利、技术秘密、计算机软件的其他民事一审案件（如合同纠纷案件），相较于修改之前其案件管辖范围明显缩小。

（二）行政案件

1. 行政二审案件（不包含授权确权行政案件）管辖范围有增有减

依据修改后的《规定》，最高院知产庭对外观设计专利行政二审案件不再有管辖权，案件管辖范围变小。

对于实用新型专利、技术秘密、计算机软件三类案件，只有"重大、复杂的"由最高院知产庭管辖，管辖范围缩小。

但是，行政行为类型则不再仅仅针对行政处罚这一类，而是增加了针对除行政处罚之外的其他行政行为，如不服专利强制许可决定而提起的行政诉讼，从此角度来看，管辖范围增大。

2. 行政一审案件（不包含授权确权行政案件）管辖范围有增有减

最高院知产庭对全国范围内重大、复杂的外观设计专利行政一审案件不再有管辖权，案件管辖范围变小。

如前所述行政二审案件，最高院知产庭对全国范围内重大、复杂的发明专利、植物新品种、集成电路布图设计、垄断、实用新型专利、技术秘密、计算机软件的行政一审案件的管辖范围，从行政处罚一类扩大至针对所有行政行为而提起的行政一审案件。

二、《国家版权局、中央军委装备发展部关于印发〈军用计算机软件著作权登记工作暂行办法〉的通知》（国版发〔2023〕1号）2023年3月29日发布[①]

立法主要内容

《军用计算机软件著作权登记工作暂行办法》（以下简称《办法》）坚持以习近平新时代中国特色社会主义思想为指导，深入贯彻习近平强军思想，全面聚焦国防和军队信息化建设，重点规范军用计算机软件著作权登记的申请文件要求、受理审查程序、批准登记条件、证书发放程序，明确军用计算机软件著作权登记管理体系，建立军用计算机软件信息交流机制，促进军用计算机软件成果转化运用。《办法》的发布实施对维护军用计算机软件著作权人合法权益、促进军用计算机软件发展具有重要意义。

---

① 《〈军用计算机软件著作权登记工作暂行办法〉发布施行》，载国家版权局网2023年4月24日，https：//www.ncac.gov.cn/chinacopyright/contents/12227/357823.shtml；《国家版权局 中央军委装备发展部关于印发〈军用计算机软件著作权登记工作暂行办法〉的通知》，载国家版权局网2023年4月24日，https：//www.ncac.gov.cn/chinacopyright/2023xcz/12789/357826.shtml。

> 律师评析

《办法》是为了加强我国国防和军队信息化建设，促进军用计算机软件发展，保护军用计算机软件著作权人的权益，根据《著作权法》《计算机软件保护条例》《计算机软件著作权登记办法》，结合军用计算机软件的特殊性所制定，是针对我国特殊计算机软件保护所作出的部门规章。

《办法》适用于申请文件中涉及军国防利益和国家安全需要保密的军用计算机软件，还需要按照国家和军队有关保密的规定执行，因此比起一般的计算机软件，需要一套特殊的登记流程进行规范。

三、《中评协关于印发〈资产评估专家指引第 16 号——计算机软件著作权资产评估〉的通知》（中评协〔2023〕23 号）2023 年 12 月 11 日发布[①]

> 立法主要内容

本专家指引共 5 章，分别为引言、评估对象、操作要求、评估方法、披露要求，共 30 条。

第一章为引言，介绍了专家指引制定目的、计算机软件著作权资产的定义、计算机软件著作权资产评估的定义。

第二章为评估对象，梳理计算机软件的概念和分类，明晰计算机软件著作权资产的评估对象、内涵及组成形式。

第三章为操作要求，介绍计算机软件著作权资产评估的执行要点，需要重点考虑法律因素、经济因素和其他因素等内容；同时，介绍了评估业务需要开展的调查工作、不同目的评估应结合的各类业务特点和要求。

第四章为评估方法，介绍了成本法、收益法、市场法三种评估方法的具

---

① 《中评协关于印发〈资产评估专家指引第 16 号——计算机软件著作权资产评估〉的通知》，载中国资产评估协会网 2023 年 12 月 12 日，http：//www.cas.org.cn/ggl/4d8bc32c6245414fa7faf4f6893daaee.htm。

体模型及应用条件。

第五章为计算机软件著作权资产评估报告披露要求，规定了计算机软件著作权资产评估报告的内容。

律师评析

《资产评估专家指引第 16 号——计算机软件著作权资产评估》是专家指引，以现有无形资产评估准则为基础，突出计算机软件著作权资产的定义、特点，并结合目前我国计算机软件著作权资产评估的实证分析，对计算机软件著作权资产的识别、计算机软件著作权资产价值影响因素的分析、评估方法及其选用等重点难点问题进行研究，从而为计算机软件著作权的资产评估提供指引。

计算机软件著作权是当下众多企业都拥有和赖以发展的重要权利之一，结合计算机软件的特点做好评估工作，对计算机软件的运用、管理和保护有重要意义。合理、准确的资产评估可以为企业决策提供重要参考，也可以为企业并购重组、改制上市、融资等决策提供客观的价值依据，保证投资行为合理性；还可以在相应的案件中协助量化侵权损失、侵权获益等数额，从而认定赔偿金额，对企业权利的使用与保护至关重要。

四、《国家广播电视总局办公厅关于印发〈视音频内容分发数字版权管理（DRM）技术应用实施指南（2023 版）〉的通知》（广电办发〔2023〕372 号）2023 年 12 月 4 日发布[①]

立法主要内容

为进一步促进和规范视音频内容的数字版权保护，加快视音频内容分发数字版权管理技术和标准的实施应用，广电总局组织编制了《视音频内容分发数字版权管理（DRM）技术应用实施指南（2023 版）》。

---

① 《国家广播电视总局办公厅关于印发〈视音频内容分发数字版权管理（DRM）技术应用实施指南（2023 版）〉的通知》，载国家广播电视总局网 2023 年 12 月 7 日，https://www.nrta.gov.cn/art/2023/12/7/art_ 113_ 66309. html。

本实施指南适用于视音频内容分发数字版权管理的系统规划、设计、研发、生产、集成、建设和运行；为视音频内容提供方和服务提供方实现视音频内容的加密分发和安全授权，以及智能终端设备和芯片制造商集成研发符合行业标准的 DRM 客户端功能提供指导。

> **律师评析**

视音频内容分发数字版权管理（Digital Rights Management，DRM）涉及视音频内容提供、服务提供和终端播放等多个环节。目前，部分互联网电视、互联网视频服务、IPTV、有线数字电视等机构开展了视音频内容分发DRM 技术标准应用部署，集成了 DRM 功能的智能电视机、智能机顶盒、移动终端、车载娱乐设备等达 1 亿台以上，为 DRM 技术标准大规模产业化应用打下了基础。为指导视音频内容提供与服务提供等环节行业机构、智能终端设备和芯片制造商、DRM 技术提供商，加快 DRM 技术标准的应用实施，强化视听内容版权保护，国家广播电视总局特制定了本实施指南。

本实施指南是一份技术指南，是为了鼓励广播电视和网络视听内容创作，保护内容服务提供者知识产权权益，从技术层面作出的创新服务模式，以促进视音频内容分发数字版权管理系统标准化建设和规范化运行。

五、《最高人民法院　最高人民检察院就〈关于办理侵犯知识产权刑事案件适用法律若干问题的解释（征求意见稿）〉向社会公开征求意见》2023 年 1 月 18 日发布[①]

> **立法主要内容**

本次征求意见稿第一条至第六条对"假冒注册商标罪""销售假冒注册商标商品罪""伪造、制造他人注册商标标识""销售伪造、擅自制造的注

---

① 《最高人民法院　最高人民检察院就〈关于办理侵犯知识产权刑事案件适用法律若干问题的解释（征求意见稿）〉向社会公开征求意见》，载最高人民检察院网 2023 年 1 月 18 日，https://www.spp.gov.cn/spp/tzgg1/202301/t20230118_598824.shtml。

册商标标识"中的若干概念和标准进行了厘清，如对"情节严重""同一种商品、服务""数额较大"等重要概念和标准进行了明确定义。

第七条和第八条对"假冒专利罪"中的"情节严重"和行为类型予以了规定。

第九条至第十三条对"侵犯著作权罪""销售侵权复制品罪"中的"违法所得数额较大""其他严重情节""复制发行""未经著作权人许可"等界定具体的标准数额和行为表现。

第十四条至第十七条则是关于商业秘密的相关内容。

该征求意见稿还对侵犯知识产权犯罪的数罪并罚、法律责任、从轻处罚、罚金数额等问题逐一作出解释。

该征求意见稿尚未正式颁布实施。

律师评析

本次征求意见稿关于侵犯著作权罪的第九条规定非法经营额与违法所得额（以下统称犯罪金额）仍然沿用2004年司法解释的标准，增加两年内多次侵犯著作权违法所得2万元或者非法经营3万元的为情节严重的规定。

第十三条关于"销售侵权复制品罪"，沿用以往规定即违法所得数额在10万元以下的应当认定为违法数额特别巨大。增加销售金额在20万元以上，以及两年内多次销售侵权复制品违法所得在5万元以上或者销售金额在10万元以上的行为属于情节严重的规定。

本次征求意见稿呈现的整体趋势与我国对知识产权刑事保护力度日益增强的实践风向一致，同时与近年来我国《商标法》《著作权法》《专利法》《反不正当竞争法》等知识产权部门法在民事法律责任方面的强化（加强了权利人的保护，提高了侵权人的法律责任，还规定了对于恶意侵权的侵权人惩罚性赔偿制度）进行了一定程度的匹配。

这提醒市场行为主体越来越要注意知识产权侵权责任的风险之大，风险全面覆盖了民事、行政和刑事责任。考虑到该征求意见稿尚未正式颁布实施，有关内容有待进一步跟进。

典型案例

一、上诉人林某怡、杨某、北京精典博维文化传媒有限公司与被上诉人北京联合出版有限责任公司、原审被告广州购书中心有限公司著作权侵权及不正当竞争纠纷案[①][②]

典型性：金庸小说同人作品侵权案二审落槌，责任承担方式兼顾权利人保护和公众利益平衡，具有较强创新性。

案情聚焦

2015年，查某镛（笔名：金庸）发现小说《此间的少年》所描写人物的名称均来源于其《射雕英雄传》《天龙八部》《笑傲江湖》《神雕侠侣》四部作品，且人物间的相互关系、人物的性格特征及故事情节与其作品实质性相似。该小说由杨某署名"江南"发表，由北京联合出版有限责任公司（以下简称北京联合出版公司）出版统筹、北京精典博维文化传媒有限公司（以下简称北京精典博维公司）出版发行，在市场上大量销售。

查某镛认为，杨某抄袭其作品中的经典人物，在不同环境下量身定做与其作品相似的情节，改编其作品后不标明改编来源，擅自篡改其作品人物形象，侵害了查某镛的改编权、署名权、保护作品完整权等，同时查某镛作品拥有很高的知名度，杨某盗用上述作品独创性元素获利巨大，妨害了查某镛对原创作品的利用，构成不正当竞争。此外，北京联合出版公司、北京精典博维公司对小说《此间的少年》存在的侵权情形未尽审查职责，应承担连带赔偿和停止侵权的法律责任，遂向广州市天河区人民法院提起诉讼，请求各被告立即停止侵犯查某镛著作权及不正当竞争的行为，销毁库存图书；公开赔礼道歉，消除影响；杨某赔偿经济损失500万元及维权所支出的合理费用

---

① 李静传律师、张荣康律师，泰和泰（北京）律师事务所。
② 一审案号：(2016) 粤0106民初12068号；二审案号：(2018) 粤73民终3169号。

20万元，北京联合出版公司、北京精典博维公司就出版纪念版造成的经济损失100多万元承担连带责任。

2018年8月，广州市天河区人民法院一审认定《此间的少年》不构成著作权侵权，但构成不正当竞争，一审判决：江南等三被告立即停止不正当竞争行为，停止出版发行《此间的少年》并销毁库存书籍，向查某镛公开赔礼道歉，并消除不正当竞争行为所造成的不良影响；江南应赔偿查某镛经济损失人民币168万元以及为制止侵权所支付的合理开支人民币20万元，北京联合出版公司、北京精典博维公司就其中33万元承担连带责任。

一审判决后，查某镛、杨某、北京精典博维公司不服，向广州知识产权法院提起上诉。二审期间，查某镛去世，林某怡系其遗产执行人并作为上诉人参加了诉讼。对于人物名称、人物关系、基本性格特征等元素能否构成作品的部分内容，《此间的少年》是否侵害查某镛作品著作权，是否构成不正当竞争，双方各执一词，莫衷一是，成为讼争焦点。

广州知识产权法院二审审理认为，《此间的少年》故事情节表达上，除小部分元素近似外，推动故事发展的线索事件、场景设计与安排以及内在逻辑因果关系，具体细节、故事梗概均不同，不构成实质性相似。但整体而言，郭靖、黄蓉、乔峰、令狐冲等60多个人物组成的人物群像，无论是角色的名称还是性格特征、人物关系、人物背景都体现了查某镛的选择、安排，可以认定为已经充分描述、足够具体到形成一个内部各元素存在强烈逻辑联系的结构，属于著作权法保护的"表达"。《此间的少年》多数人物名称、主要人物的性格、人物关系与查某镛涉案小说有诸多相似之处，存在抄袭剽窃行为，侵害了涉案作品著作权，依法应承担相应的民事责任。北京联合出版公司、北京精典博维公司对其出版发行的作品是否侵权负有较高的注意义务，收到《律师函》后未及时停止出版、发行，构成帮助侵权。

在上述抄袭行为被认定构成侵犯著作权的情况下，其不再适用反不正当竞争法调整。但《此间的少年》在2002年首次出版时将书名副标题定为"射雕英雄的大学生涯"，蓄意与《射雕英雄传》进行关联，引人误认为两者存在特定联系，其借助《射雕英雄传》的影响力吸引读者获取利益的意图明显，杨某的该行为又构成不正当竞争。为此，广州知识产权法院对该"同人作品案"作出终审判决，认定被诉侵权行为分别构成著作权侵权和不正当竞争，判令被诉侵权作品《此间的少年》作者立即停止不正当竞争行为，并登报声明消除影响，赔偿经济损失168万元及为制止侵权行为的合理开支20万元，北京联合出版公司、北京精典博维公司就其中33万元承担连带赔偿责任。

需要注意的是，广州知识产权法院考虑到《此间的少年》与《射雕英雄传》《天龙八部》《笑傲江湖》《神雕侠侣》四部作品在人物名称、性格、关系等元素上存在相同或类似，但情节并不相同，且分属不同文学作品类别，读者群有所区分。为满足读者的多元需求，衡平各方利益，促进文化事业的发展繁荣，在采取充分切实的全面赔偿或者支付经济补偿等替代性措施的前提下，不判决停止侵权行为。同时明确《此间的少年》如需再版，则应向《射雕英雄传》《天龙八部》《笑傲江湖》《神雕侠侣》四部作品的权利人支付经济补偿。根据《此间的少年》所利用的元素在全书中的比重，酌情确定经济补偿按照其再版版税收入的30%支付。

律师评析

本案一审作为"同人作品"标杆领域的案件，彼时即受到理论界和实务界的诸多关注，特别是本案二审审理过程中原告金庸先生去世，使得本案的处理结果更加令人瞩目。在经历近五年的审理后，广州知识产权法院作出本案二审判决，虽然整体上仍然维持了一审判决确认的侵权结果，但在侵权具体认定和责任承担方式层面做了较大调整。具体而言，一审判决中认定《此间的少年》单纯使用金庸小说人物名称的行为未构成著作权侵权，但构成不正当竞争侵权；二审判决对此予以纠正，认为剽窃人物名称、主要人物的性格、人物关系的行为属于著作权侵权而非不正当竞争行为，《此间的少年》2002年版的副标题"射雕英雄的大学生涯"构成不正当竞争。

责任承担方面，一、二审判决的分歧主要集中在停止侵权的方式，一审判决要求停止出版发行小说《此间的少年》，库存书籍也应当销毁；二审判决则认为在采取充分切实的全面赔偿或者支付经济赔偿等替代性措施的前提下，可不判决停止侵权行为，如《此间的少年》再版则需将其再版版税收入的30%支付给金庸作品权利人作为补偿。

综合而言，"同人作品"在著作权层面的定义即是"演绎作品"，主要涉及保护作品完整权和改编权等权限，随着互联网社区和自媒体的兴盛，针对在先知名作品的"二次创作"日益常见，成为文化市场的一股重要力量。但是缺乏在先作品权利人授权的"同人作品"处置也成为司法领域的难题，此类"同人作品"客观上也凝结了创作者的智力成果，具有一定的文学或艺术价值，"一刀切"式地停止侵权，要求停止发行甚至销毁库存书籍的处理方式未免简单粗暴，也不符合法律原则中对于此类"毒树之果"的处理思路。广州知识产权法院的二审判决，一方面进一步厘清了著作权和不正当竞争侵权的关系，整体上遵从了反不正当竞争法司法解释严格反不正当竞争法适用、避免不正当竞争无限扩张的趋势，纠正了一审判决对于著作权侵权的否定态度；另一方面就责任承担而言，充分考量了著作权法权利保护与公众利益的平衡这一基本原则，在避免打击创作者积极性的同时更要避免禁锢思想、垄断知识，本案二审判决采取的充分履行替代性措施代替全面停止侵权的创举值得借鉴，特别是再版版税补偿的措施本身即会使"同人作品"作者进行权衡，从而做出更加符合理性的市场行为，不再版自然不会损害权利人利益，再版也可以适当补偿权利人，同时满足相关公众的多样化文化产品需求，造就真正意义的"多赢"局面。

二、李某诉刘某侵害作品署名权、信息网络传播权纠纷案[1][2]

典型性：AI[3]生成图片著作权纠纷第一案。

案情聚焦

2023年11月27日，北京互联网法院针对AI生成图片著作权侵权纠纷

---

① 李静传律师、张荣康律师，泰和泰（北京）律师事务所。
② 一审案号：（2023）京0491民初11279号。
③ Artificial Intelligence，人工智能。

一案，作出一审判决。在本案中，原告李某通过 Bilibili 软件中视频的网址链接和分享的文章，下载了 AI 软件 Stable Diffusion 以及名称为 AsianFacemix-pruned-fix.safetensors 和 lora-hanfugirl.v1-5.safetensors 的模型包，并将模型包安装至 Stable Diffusion 软件之中，原告通过输入复制某论坛中用户分享的正向提示词和反向提示词的内容和修改迭代步数、高度、提示词引导系数、随机数种子以及修改提示词等方式，生成了本案的涉案作品。经当庭勘验，该软件可以通过变更提示词和参数的输入，生成不同的图片。

法院经审理认为，在本案中原告使用 AI 软件生成的图片构成著作权法意义上的美术作品，原告享有其著作权。并主要围绕以下两个方面展开分析：

（一）AI 模型 Stable Diffusion 生成的图片是否构成《著作权法》意义上的作品

本案法院认为，在本案中判断生成图片是否构成美术作品，要看该图片是否具有独创性、是否属于智力成果。

首先，法院认为原告在涉案图片的创作过程中进行了一定的智力投入，比如设计人物的呈现方式、选择提示词、安排提示词的顺序、设置相关的参数、选定哪个图片符合预期等。涉案图片体现了原告的智力投入，故涉案图片具备了"智力成果"要件。

其次，在独创性方面，法院认为，从原告利用 Stable Diffusion 模型生成图片的过程来看，一方面，原告虽然没有动笔也没有全面地告知 Stable Diffusion 模型怎样去画出具体的线条和色彩，但是原告对于人物及其呈现方式等画面元素通过提示词进行了设计，对于画面布局构图等通过参数进行了设置，体现了原告的选择和安排。另一方面，原告通过输入提示词、设置相关参数并通过不断调整修正提示词和参数的方法最终获得了涉案图片，这一调整修正过程亦体现了原告的审美选择和个性判断。上述图片的生成过程中体现出了原告的个性化表达。所以涉案图片具备"独创性"要件。

在该判决中，法院特别提到："现阶段，生成式人工智能模型不具备自由意志，不是法律上的主体，因此，人们利用人工智能模型生成图片时，不存在两个主体之间确定谁为创作者的问题，本质上，仍然是人利用工具进行创作，即整个创作过程中进行智力投入的是人而非人工智能模型……人工智能生成图片，只要能体现出人的独创性智力投入，就应当被认定为作品，受到著作权法保护。"

综合上述理由，法院将该图片认定为作品。

（二）原告是否享有该美术作品的著作权

法院认定，首先，涉案 Stable Diffusion AI 模型的设计者在其提供的许可证中表示"不主张对输出内容的权利"，可以认定设计者亦对输出内容不主张相关权利。其次，涉案 AI 模型设计者既没有创作涉案图片的意愿，也没有预先设定后续生成内容，其并未参与到涉案图片的生成过程中，于本案而言，其仅是创作工具的生产者。故涉案 AI 模型设计者亦不是本案涉案图片的作者。

本案的原告作为 AI 模型的使用者，其是直接根据需要对涉案 AI 模型进行相关设置，并最终选定涉案图片的人，涉案图片系基于原告的智力投入直接产生，且体现出了原告的个性化表达，故原告是涉案图片的作者，享有涉案图片的著作权。

在前述认定基础上，法院认定被告刘某去除前述图片水印并将其上传到百度百家号网站的行为，侵害了原告李某就涉案图片享有的署名权和信息网络传播权，应当承担赔礼道歉、赔偿损失等民事责任，最终判决被告刘某在涉案百家号网站赔礼道歉、消除影响并赔偿原告李某经济损失 500 元。

本案一审判决作出后，原、被告双方均未上诉，目前判决已生效。

律师评析

本案虽然是 AI 生成图片领域的著作权第一案，但并非 AI 创作成果的第一案，此前已有 AI 创作的文字作品被认定为著作权保护作品的先例，但本案的特殊之处在于涉案的 Stable Diffusion AI 模型高度依赖使用者的特征描述和参数设置，并非 AI 自主生成内容。本案判决对通过 AI 模型进行图片生成的性质进行了剖析，并最终认定 AI 模型的使用者对生成的图片享有著作权，但判决甫一发布即在理论界和实务界引起了热烈的讨论，部分观点对法院的判决持有异议，其核心观点在于 AI 模型使用者对于最终生成的图片结果缺乏显著的控制力，简单的特征描述和参数调整并不足以使最终的表达具有特定性，进而导致使用者对于最终产物独创性的贡献较为有限，直接认定其为著作权人反而可能会限制 AI 创作物的流通使用。

总结而言，本案判决值得肯定的是并未回避对于 AI 模型技术原理的分析和探讨，并在此基础上对于 AI 生成图片涉及的创作意图、独创性程度及生成物权属进行了认定，诚然理论界和实务界对此认识有一定的分歧，但作为当下著作权领域法律实践的热点，法院对于本案的认定和审理结果势必会对后来案件产生影响，真理越辩越明，后续 AI 技术的进步与司法实践的碰撞值得持续关注。

三、浙江亿邦通信科技有限公司、苏州启奥网络科技有限公司与网经科技（苏州）有限公司、刘某某、吴某某、谢某侵害计算机软件著作权纠纷案[①][②]

典型性：违反 GPL[③] 协议对软件著作权权属认定的影响。

案情聚焦

原告（二审被上诉人）网经科技（苏州）有限公司（以下简称网经公司）主张自 2009 年起陆续投入研发经费约 2589 万元，完成了一款名称为 OfficeTen 的网关产品系统软件的研发，并于 2013 年取得国家版权局颁发的名称为 OfficeTenl800 系统软件 V1.8 的软件著作权登记证书。网经科技 OfficeTenl800 系统软件 V1.8 系基于开源的 OpenWRT 系统软件开发的软件，应当遵循 GPLv2 协议的约束。

原告发现被告（二审上诉人）浙江亿邦通信科技有限公司（以下简称

---

① 史跃律师，国浩律师（深圳）事务所。
② 一审案号：（2018）苏 05 民初 845 号；二审案号：（2021）最高法知民终 51 号。
③ GNU General Public License，GNU 通用公共许可证。

亿邦公司）生产、销售的型号为 EB-MIG-2100G 的企业网关涉嫌侵害其软件著作权。网经公司运行该设备软件，发现其中存在网经公司源代码的特殊标记，且与网经公司的软件存在其他相同的指标。经鉴定，网经公司生产的 OfficeTen1800-c 设备的软件源代码文件共有 36826 个，由苏州启奥网络科技有限公司（以下简称启奥公司）开发，亿邦公司生产的 EB-MIG-2100G 设备中，有 35503 个软件源代码与之相同，两者的相同率是 96%，存在实质性相似。

刘某某、吴某某是网经公司员工，曾分别在网经公司任硬件工程师、嵌入式工程师职务。二人在职期间是涉案软件开发项目组的重要成员，均能够正常接触到该软件开发所涉及的技术信息。二人离职后，受聘于启奥公司，实质上直接为亿邦公司开发网关用软件，启奥公司直接受亿邦公司管理与控制。

法院认为：网经公司投资研发的名称为 OfficeTen 的网关产品系统软件能够实现通信运营商经营业务所需的特定网络功能，网经公司于 2014 年 6 月 5 日取得国家版权局"网经科技 OfficeTen1800 系统软件 V1.8"计算机软件著作权登记证书，该证书记载涉案软件的开发完成日期为 2013 年 7 月 5 日，首次发表日期为 2013 年 11 月 25 日，权利取得方式为原始取得。此外，涉案软件子目录中非开源的文件多达 1694 个，该数据与网经公司有关研发成本投入的事实主张可相互印证，说明网经公司为开发涉案软件投入大量成本。据此可知，涉案软件具有独创性且可以以有形形式复制，构成著作权法项下的作品，应当依法获得保护。

本案系针对涉案软件的著作权侵权纠纷，而非合同纠纷。尽管涉案软件涉及 GPLv2 协议这一许可合同，但在 OpenWRT 系统软件权利人并非本案当事人的情形下，基于合同相对性原则，本案不宜对涉案软件是否全部或部分受 GPLv2 协议约束、网经公司是否违反 GPLv2 协议以及网经公司是否因此需承担任何违约或侵权责任等问题进行审理。另外，关于涉案软件是否受 GPLv2 协议约束，该问题涉及底层系统软件是否受 GPLv2 协议约束，上层功能软件是否构成 GPLv2 协议项下"独立且分离的程序"，二者间采用的隔离技术手段、通信方式、通信内容等如何界定以及软件领域对 GPLv2 协议传导性的通常理解与行业惯例等因素。在 OpenWRT 系统软件权利人并非本案当事人的情形下，亦难以查明与 GPLv2 协议有关的前述系列事实。再者，亿邦公司与启奥公司并无证据证明网经公司通过 GPLv2 协议已放弃其就涉案软件依据我国著作权法享有的著作权。退而言之，即便假定网经公司因违反 GPLv2 协议导致涉案软件存在权利瑕疵，该假定瑕疵亦不影响网经公司在本案中针对被诉行为寻求侵权救济。

综上而论，在软件尚未被开源、该软件著作权人认为其软件不受 GPLv2 协议约束、被诉侵权人则依据 GPLv2 协议提出不侵权抗辩的侵权纠纷中，软件开发者自身是否违反 GPLv2 协议和是否享有软件著作权，是相对独立的两个法律问题，二者不宜混为一谈，以免不合理地剥夺或限制软件开发者基于其独创性贡献依法享有的著作权。但需指出，本案最终认定被诉行为构成侵权并支持网经公司部分诉请，并不表明网经公司将来在潜在的违约和/或侵权之诉中可免予承担其依法应当承担的违约和/或侵权责任。

律师评析

随着计算机软件领域的发展，基于开源代码开发的软件越来越多。近年来，开源软件的著作权侵权问题成为计算机软件著作权保护的热点话题之一，也出现了多件引人深思的案例，除本案以外，江苏省南京市中级人民法院审理的未来公司诉云蜻蜓公司、刘某侵害计算机软件著作权纠纷案[1]，广州知识产权法院审理的罗盒公司诉广州玩友公司等侵害计算机软件著作权纠纷案[2]等均为有代表性的案件。本案就在开源软件基础上开发的软件的著作权问题作出了裁判认定，尤其是为如何处理新软件开发者的权利瑕疵与新软件开发者维权的问题提供了有价值的指引。

开源许可协议已经成为国际软件行业内公认的有效契约，遵守协议文本

---

[1] 案号：（2021）苏 01 民初 3229 号。
[2] 案号：（2019）粤 73 知民初 207 号。

是信守诚实信用原则的体现，从而推动软件源代码持续开源传播，繁荣软件市场，保证公众能够充分享受开源软件成果。开源协议有多种文本，开发者可以选择其中的一种。同时，开源协议是固定的内容，开发者无法变更。GPL 协议有三个版本即 v1、v2 和 v3，无论哪个版本，GPL 均规定只要在一个软件中使用了 GPL 协议的开源软件，修改后的源代码或者衍生代码软件也必须采用 GPL 协议发布，这也就是开源协议"传染性"的特征。那问题就来了，基于开源代码二次开发的软件的权利人如何确定，以及遵循所选择的开源协议时能否主张自己的权利，均系实践中值得探讨的问题。

最高人民法院对上述两个问题在本案中均作出了回应。对于第一个问题，最高人民法院认为计算机软件是否构成作品享有著作权依然根据我国《著作权法》和《计算机软件保护条例》的规定进行判断，具有独创性且可以以有形形式复制的计算机软件，应当依法获得保护。对于第二个问题，最高人民法院进行了明确区分，软件开发者自身是否违反 GPLv2 协议和是否享有软件著作权，是相对独立的两个法律问题，二者不宜混为一谈，以免不合理地剥夺或限制软件开发者基于其独创性贡献依法享有的著作权。基于第一个问题的答案获得保护的软件，如违反了 GPL 协议，仍然会在潜在的与 GPL 有关的违约和/或侵权之诉中承担相应的违约和/或侵权责任。

四、薛某荣与北京当当科文电子商务有限公司、张某君、天津人民出版社有限公司侵害作品信息网络传播权纠纷案[①][②]

典型性：享有著作权签约代理权不等同于享有著作权授权。

案情聚焦

原告薛某荣为《鼠学猫叫》一书的作者，曾向张某君出具授权书，内容

[①] 史跃律师，国浩律师（深圳）事务所。
[②] 一审案号：（2018）京 0105 民初 95034 号；二审案号：（2021）京 73 民终 1572 号；再审案号：（2023）京民再 4 号。

为："《鼠学猫叫》一书由薛某荣著，现授权天津人民出版社正式出版发行。授权权限以双方签订的图书出版合同为准。兹授权张某君代理本人与天津人民出版社签订出版合同。"与张某君在天津人民出版社有限公司（以下简称天津人民出版社）签订的图书出版合同中，双方约定在合同有效期内，甲方（张某君）将作品的中文专有出版权授予乙方（出版社）；乙方对本作品享有在世界范围内独家出版、印制、复制、发行等权利；乙方的专有出版权含图书出版、视听出版、数字出版、发行、传播等形式的专有权利；以数字形式，包括但不限于电子出版、音像出版、网络传播（含无线网络传播）、游戏出版等其他纸质图书以外的复制传播方式的权利。

涉案作品出版后，天津人民出版社与本案被告北京当当科文电子商务有限公司（以下简称当当科文公司）的公司全资子公司当当数媒（武汉）电子商务有限公司（以下简称当当数媒公司）签署合作协议，约定天津人民出版社将其拥有合法版权、相关权利的作品及其相关资料的信息网络传播权以非独家形式授权许可当当数媒公司使用，授权使用的平台包括当当数媒公司及其关联公司的苹果 ios 和安卓平台上的阅读客户端、数字电视信号系统、自有电子阅读器、自有网站等。

原告认为当当数媒公司提供涉案作品电子书的在线阅读服务构成侵权，故诉至法院，请求停止侵权及赔偿损失。

法院认为：根据薛某荣出具的授权书及张某君向薛某荣发送的电子邮件附件中的出版协议，可以确认薛某荣通过签署授权书的方式将涉案作品出版图书的权利许可给张某君。薛某荣向张某君出具的授权书载明的仅为"与出版单位签订出版合同"，该授权内容的表述并不明确包括作品信息网络传播权，结合张某君在庭审中明确表示薛某荣出具授权书时的电子版权的概念并不为公众所熟知，故可以推定薛某荣并未许可张某君行使涉案作品的信息网络传播权。当当数媒公司主张通过张某君、天津人民出版社的授权获得了涉案作品的信息网络传播权，并无事实依据。当当科文公司在网上传播涉案作品，侵害了薛某荣的信息网络传播权，应当承担停止侵权、赔偿损失的法律责任。

律师评析

本案不仅强调著作权许可合同的签约代理权不等同于享有著作权，且代理人超越代理权实施的行为未获被代理人即著作权人追认的，应由代理人自身承担相应民事责任，从而有利于规范实践中日益增多的版权代理行为。本案虽然是一件著作权侵权纠纷案，但在权利来源上更多地借助了民事代理行为和合同相关的规定，以清晰地判别许可授权范围。

著作权作为一项具体的民事权利，其取得和行使亦应于法有据。除依著作权法相关规定，原始取得著作权的情形外，继受取得著作权或者使用他人作品都应当符合著作权法和相关法律的规定。在本案适用的 2010 年修正的《著作权法》第二十七条以及 2020 年修正的《著作权法》第二十九条均明确规定"许可使用合同和转让合同中著作权人未明确许可、转让的权利，未经著作权人同意，另一方当事人不得行使"的情况下，对于著作权人未作出明确意思表示的权项，均应从保护权利人的角度出发认定相关权利由著作权人享有而未进行许可或者转让，包括签约代理人在内的其他主体不得擅自实施相关权利。

同时，根据《民法典》的规定，民事主体依法享有的包括知识产权在内的人身权利、财产权利以及其他合法权益受法律保护，这是民事活动的一项基本原则，因此在确定他人是否取得了相关权利、是否可以利用他人财产、是否可以使用他人作品时，均需从最大限度保护权利人的角度出发，对相关合同和授权文件从严解释，除非法律另有规定。

唯有如此，才能真正保护著作权人；而只有更好地给予著作权人法律上的保护，才能更好地激发全社会的创新创造活力，创作出更多的文化产品，促进社会主义文化和科学事业的发展与繁荣。因此在本案中，无论是对授权书授权范围的认定，还是对图书出版合同授权范围的认定，都应当确保授权链条的完整、准确、清晰，避免著作权人在毫不知情且毫无过错的情况下，丧失了依法享有的权利、丧失了对作品特定使用方式的控制。

本案对律师等实务工作者的最大启示，就是在法律文件中确保清晰、准确的授权内容、授权范围、授权期限等核心要素，以避免不必要的争议。

五、上海勿仑文化传播有限公司与苏州鼎泰文化传播有限公司、苏州高新旅游产业集团有限公司侵害作品网络传播权纠纷案[①][②]

典型性：公共空间表演艺术领域典型案例。

案情聚焦

原告上海勿仑文化传播有限公司（以下简称原告）成立"乌龙剧团"并以提线木偶、高跷和戏曲表演技艺结合，原创制作了公共空间表演作品《寻找牡丹亭》（以下简称涉案作品）。2021年3月原告与苏州鼎泰文化传播有限公司（以下简称被告一）签订演出合同，约定于2021年4月1日在苏州高新旅游产业集团有限公司（以下简称被告二）经营的苏州乐园森林世界演出涉案作品。

后被告一告知原告该活动因疫情原因取消，原告便未再前往表演。事后，原告通过两被告网络宣传和推广视频得知，被告二经营的苏州乐园森林世界如期举办了《苏州乐园江南文化戏曲节》，并演出了名为《寻找牡丹亭》的节目，即被诉侵权作品。演出宣传资料显示，两被告在演出的被诉侵权作品中使用了与原告涉案作品高度相似的角色造型，并使用了与原告相同或相近似的宣传文案，在宣传中也使用了原告于乌镇首次公开表演涉案作品时拍摄的摄影作品。

原告遂将两被告诉至法院，主张被告表演节目的演员服饰、妆容、演出内容、演出名称、演出介绍等多种表现形式与原告的作品均相同。两被告未经许可，在网站上公开宣传、使用原告的美术作品以及线下演出作品的行为均构成对原告所拥有的对涉案作品的著作权的侵害，依法应当承担侵权责任。

一审法院认为：二被告在宣传中使用的照片并非原告《作品登记证书》

---

① 史跃律师，国浩律师（深圳）事务所。
② 一审案号：（2022）苏0505民初2945号；二审案号：（2023）苏05民终1949号。

中记载的《寻找牡丹亭》作品样品四张照片中的任何一张，且原告并未举证证明两被告在宣传中使用的照片确系原告拍摄并享有作品著作权，故判决驳回原告全部诉讼请求。

二审法院认为：对于传统文化艺术表演形式的组合是否构成著作权法上的作品的认定，关键在于其组合方式以及所构造的艺术形象是否区别于公有领域的文化艺术成果，是否体现出了能被社会公众所感知的独创性表达。涉案作品中的表演形象融合了传统艺术与现代元素，呈现出了更为丰富的审美价值，应当作为具有独创性的美术作品受到著作权法的保护。

戏剧作品区别于体现表演形象的美术作品以及体现说唱内容的曲艺作品之处，在于其具有一定的剧情。即戏剧作品需要按照既定的剧本或脚本呈现出一定的表演情节。如原告创作的《寻找牡丹亭》等公共空间表演作品，综合运用了演员形态表演、音乐、美术等艺术手段，在具有一定剧情的情况下，可以认定为戏剧作品予以保护。但本案中原告提供的载体证据中仅有《寻找牡丹亭》不足20秒的短视频，而且视频中更多展现的是艺术造型而不是表演情节。因此，本案认定《寻找牡丹亭》为戏剧作品缺乏载体依据，在能够通过美术作品予以保护和救济的情况下，本院对于原告提出的戏剧作品的保护主张不予支持。

被诉侵权作品与涉案作品的表演形象在整体上构成实质性相似，且两被告将被诉侵权表演形象进行了公开展示以招揽游客，两被告具有抄袭恶意的行为侵害了涉案作品的复制权、展览权、信息网络传播权。故判决两被告赔偿原告经济损失20万元。

律师评析

本案是比较少见的公共空间表演艺术著作权案件。公共空间表演这一新兴的表演形式，脱离了对传统表演舞台的依赖，在我国商业地产、旅游地产不断兴起和壮大的背景之下，这种适用于户外和游园活动的新兴表演形式已经具备了更加专业的文化艺术创作内容，蕴藏着巨大的艺术价值和商业价值。二审判决从表演类型、表演道具、表演空间、人物服饰造型上，充分论证了公共空间表演艺术的独创性，进而给予了这种造型美术作品著作权保护。

本案对于原告主张的涉案作品类型进行了全面的审查，考虑到了涉案作品本身包含的复杂要素和特征，对涉案作品的定性进行了全面的评价。对于原告涉案作品即使不构成美术作品亦构成戏剧作品及著作权法上的其他作品的主张，二审法院一方面在法理上认可了公共空间表演定性为戏剧作品的合理性，另一方面又结合本案原告的举证，说明了在本案中不支持原告这一主张的理由是因缺乏载体依据。这一全面的审查也体现出了对著作权法保护客体的审慎态度。

近年随着人民精神生活需求不断提高，旅游地产行业也一直保持着扩张态势。公共空间表演艺术由于脱离了传统表演舞台，更具有灵活性，因此其作为能适应户外和游园活动的新兴表演形式，蕴藏着相当的艺术价值和商业价值。本案作为公共空间表演艺术的代表性著作权保护胜诉案例，将会为保护公共空间表演艺术的发展和兴盛起到正面的示范作用。

本案的另一意义是，对于公共空间表演，实际上具有给予多种作品进行保护的可能性，如符合戏剧作品特征的可以寻求戏剧作品保护，符合曲艺作品特征的亦可以以曲艺作品的形式进行保护。本案之所以认定为美术作品，原因之一在于原告提交的证据有限，无法展现出戏剧作品等其他作品的特点。律师建议权利人可以在表演过程中保留更多、更完整的视频、音频、图片等证据资料。

六、景森设计股份有限公司、梁某标、周某同、张某仪与广东建筑艺术设计院有限公司、孙某浩、毛某中、李某红、奥园集团（韶关）有限公司著作权侵权纠纷案[1][2]

典型性：工程设计图纸署名对著作权权属认定的辨析。

---

[1] 史跃律师，国浩律师（深圳）事务所。
[2] 一审案号：（2020）粤0106民初38577号；二审案号：（2022）粤73民终3321号。

案情聚焦

2014年11月，奥园集团（韶关）有限公司（以下简称奥园公司）委托景森设计股份有限公司（以下简称景森公司）承担奥园·韶关印象项目的规划设计和施工图设计工作，双方协议约定景森公司向奥园公司提交的设计文件版权归属于奥园公司，但景森公司享有在设计文件上署名的权利；双方亦约定在景森公司经修改完善的设计成果不能满足施工要求时，奥园公司有权另行委托其他设计单位进行相关设计。此后，原告景森公司及其员工梁某标、周某同、张某仪提供了施工图及创作底稿（以下简称景森图），包括1#、2#、3#、4#和5#楼的施工图，其上署有原告及其员工的名称及姓名。

2016年，奥园公司委托广东建筑艺术设计院有限公司（以下简称建艺公司）进行奥园·韶关印象2#、3#地块一期的建筑设计任务等事项。后建艺公司及其员工孙某浩、毛某中、李某红向奥园公司提供了多张施工图（以下简称建艺图）。

原告主张景森图作为工程设计图符合著作权法关于图形作品的规定，应受著作权法保护，而被告建艺公司及其员工修改景森图，并将景森图的署名替换为被告建艺公司及其员工的行为侵害了原告作为景森图著作权主体的署名权和修改权，故将奥园公司和建艺公司及其原告均诉至法院。

一审法院认为：原告在涉案工程设计图上的署名权，不因奥园公司另行委托其他主体修改图纸与完成后续的行政审批手续等原因而灭失；建艺图与景森图绝大部分内容相同，仅部分细节进行了修改，二者构成实质性相似，且建艺图系在景森图基础上修改完成，在建艺图上的署名应认定属于在景森图上署名，因此建艺公司及其员工将原告署名替换为自身署名的行为侵害了原告的署名权，奥园公司对此明知却同意，构成共同侵权。关于修改权，根据原告与奥园公司的约定，景森图的著作权由奥园公司享有，因此原告主张的修改权并无事实依据。

二审法院认为：本院予以采信景森图是以图形、空间组合方式体现作者的设计结果，具有一定的独创性，符合著作权法关于图形作品的规定。双方对于景森公司能否与其员工同事享有景森图署名权的争议，实质为景森图是属于法人作品还是属于职务作品问题的争议——因证据不足以证实景森图系代表景森公司的意志进行设计创作，因此景森图不属于法人作品，但景森图符合职务作品的要件。由于2010年《著作权法》第十六条规定了职务作品的署名权由作者享有，因此景森公司对景森图不享有著作权法意义上的作者署名权；双方约定的景森公司享有景森图署名权的规定和法律规定不符，故景森公司不能依据约定享有景森图的署名权。

署名权是指为表明作者身份而在作品上署名的权利。虽梁某标在景森图"审定""项目负责"栏签名、周某同在景森图"专业负责""审核"栏签名，但其未能举证证实二人对景森图的设计确有参与独创性创作，因此不属于作者。而因景森图的"制图""设计"栏载有张某仪姓名，在无相反证据的情况下，可认定景森图由其创作完成，故张某仪主张其对涉案景森图享有作者署名权的意见合理。

建艺公司及其员工在建艺图上署名的行为是涉案工程项目获得行政管理部门审批的前提，是建艺公司履行其与奥园公司委托协议的履约行为，并不具有为表明作者身份而在作品上进行具有著作权法意义的署名行为，建艺公司及其员工均不构成侵害署名权。

奥园公司在支付合同相应对价的情况下，在作为建设方无法自行使用设计图纸报审报批完成建设任务的情况下，另行委托具有相应资质的单位继续完成设计图纸及建设工程的报审报批程序，符合涉案景森设计合同关于奥园公司享有涉案景森图著作权的约定，也符合合同的缔约目的，因此奥园公司亦不构成侵权。

综上，二审法院驳回了原告全部诉讼请求。

律师评析

本案针对设计单位设计图的著作权归属问题，通过署名目的和作用的解释，认定了单纯设计图的署名人无法直接以署名推定为作者。

以设计单位名义在工程项目报建报审的图纸上署名签章，既是设计单位的合同义务，也是涉案工程项目建设获得行政管理部门审批的前提。但设计单位并不能因其图签而成为涉案施工设计图纸作品的著作权人，也不能因在涉案设计图纸上署名而享有在涉案合同约定工程项目范围之外使用该设计图的权利。

设计公司员工的署名，注册建筑师、注册结构工程师等注册执业人员应当在设计文件上签字，对设计文件负责。亦即，设计单位的注册执业人员负有在其设计文件上签名的义务并须对该设计文件质量负责，是相关法规对建设工程质量管理的要求。而且，设计人员在施工设计图纸上签名是获准施工设计项目获准报建的前提。因此，设计人员在施工设计图纸上签名的行为亦不能当然认定属于表明其为涉案设计图纸的作者身份而在图纸作品进行著作权法意义上署名的行为。

七、株式会社传奇IP与浙江盛和网络科技有限公司确认不侵害著作权纠纷案[1][2]

典型性：涉及电影作品与游戏画面近似认定的确认不侵权案例。

案情聚焦

《热血传奇》的权利方为株式会社传奇IP[3]，是一款大型多人在线角色扮演游戏（Massive Multiplayer Online Role-Playing Game，MMORPG）。游戏背景为在曾经有各种生物生活在神秘的玛法大陆，人类因自身弱小而被迫建立各种组织，以便抵抗野兽和怪物。《热血传奇》游戏在2003年后以"战士、法师"等统称职业，后又加入"刺客"职业，角色形象、属性等元素一脉相承，角色分男女性别。"战士、法师、刺客"等均被设定了不同的特点。

---

① 史跃律师，国浩律师（深圳）事务所。
② 一审案号：(2021)浙0192民初10369号；二审案号：(2023)浙01民终453号。
③ Intellectual Property，知识产权。

《蓝月》电影在腾讯视频平台上线播放，经约定确认电影《蓝月》的著作权及各类衍生品权利均为浙江盛和网络科技有限公司（以下简称盛和公司）单独所有。《蓝月》电影的主角包括正面人物长风、慕容天歌、明月及反派人物穷奇；配角有无言居士、刀爷（青龙神兽）、赤月魔神、血教主、白虎神兽、绮红、玄云、元烈、杀猪婆、傻大潘、药老、药老孙女等。

株式会社传奇 IP 认为游戏的大部分基本表达内容在游戏低等级时已进行展现，主张以其已举证的《热血传奇》游戏前 60 级左右的游戏动态连续画面内容以及游戏官方网站彩虹问答内容作为基础，与腾讯视频平台上的《蓝月》电影作比对，在角色职业组合及形象设定、角色装备、角色技能、场景设定、玩法系统设定五个方面构成实质性相似，在特殊细节设定方面构成相同或实质性相似。

株式会社传奇 IP 于 2020 年 3 月发函要求腾讯视频平台停止发行《蓝月》电影，盛和公司接到腾讯公司转送的投诉后，于 2020 年 4 月发函催告株式会社传奇 IP 行权。株式会社传奇 IP 未撤回警告，亦未在合理期限内提起诉讼，故盛和公司提起本案诉讼。

法院认为：虽然电影和游戏都可以作为视听作品进行整体保护，但因创作方式、摄制手法、表现力的差异性而向受众反馈不同的体验感。从电影自身特点来看，将电影作为视听作品进行审查认定时，其独创性表达应着重于电影画面而非故事情节。

在判断《蓝月》电影是否侵害《热血传奇》游戏相关著作权时，即对视听作品进行相同或实质性相似的判定时，应当排除单幅静态画面、故事情节等"非连续动态画面"因素（即使存在实质相似的可能性）干扰，而主要结合视听作品的构成要件特别是视听画面的核心要素进行审查比对，不再仅着眼于审查画面背后的故事情节是否一致，更不应以游戏玩法具体设计来替代视听画面的比对。

未有对应游戏连续动态画面的内容（如角色职业组合、游戏场景设定、玩法系统设定），思想层面的内容（如三职业分男女六角色设定、"采矿"玩法设定），属于公有领域或有限表达或缺乏视听作品独创性的内容（如武器通用形态、场景设定等）均应排除比对范围。游戏和电影在画面构成、画面流畅度、镜头体验感、视听效果方面均截然不同，两者在选择、取舍和安排视听画面中的具体创作要素中存在实质性区别，表达效果有明显差异，不构成相同或实质性相似。

律师评析

本案不仅系知识产权保护制度中较为特殊的确认不侵权之诉案件，更是全国首个从视听画面角度围绕电影作品是否侵犯游戏著作权进行评价的案例，具有很强的代表性和典型意义。

在游戏行业中，因抄袭引发的争议并不少见，本案的不同之处在于双方产生争议的作品不属于同一领域、同一体裁，那就需要思考电子游戏是否可以改编为电影，如果可以，在电子游戏和电影虽同属视听作品时，考虑到双方内容呈现形式差别较大，又如何判断侵权的构成。

著作权法仅保护思想的表达，而不延及思想本身，一般而言，游戏玩法或规则属于思想范畴，不受著作权法保护。即使根据玩法规则制作完成的游戏视听画面可以作为视听作品获得保护，呈现在视听作品中的"玩法规则"也依然是思想而非表达，只有游戏玩法设计的具体表达才能够获得保护，而这里的"具体表达"在视听作品中指向于视听画面的表达。一部网络游戏的制作，还涉及若干元素在创作过程中所呈现的不同形态载体，根据游戏内元素的不同，一般可以拆分为剧本、美术形象、音乐等，此时应按照《著作权法》规定的不同类型的作品构成要件进行逐一评判，而不能不加区分地均按视听作品进行保护。

本案首先确认了以视听作品对游戏进行保护时，其权利边界应以"画面"评价为中心，接着排除不属于视听画面，即属于连续动态画面、思想内容和公有领域表达的部分，最后再将剩下的内容进行逐一比对对照，审查两部作品在表达方面的取舍、安排、设计等是否相同或实质性相似。

八、上海喜马拉雅科技有限公司与优酷信息技术（北京）有限公司等侵害作品信息网络传播权纠纷案①②

典型性：推荐算法对平台"避风港"责任认定的影响。

案情聚焦

2023年3月，优酷信息技术（北京）有限公司（以下简称优酷公司）将上海喜马拉雅科技有限公司（以下简称喜马拉雅公司）、喜大（上海）网络科技有限公司（以下简称喜大公司）诉至法院，称二被告运营的喜马拉雅App推荐界面未经许可提供了其享有权利的《圆桌派》综艺节目音频，诉讼请求如下：

1. 判令喜大公司、喜马拉雅公司立即停止提供视听作品《圆桌派第三季》《圆桌派第四季》（优酷公司在一审审理过程中申请撤回第一项诉讼请求）；

2. 判令喜大公司、喜马拉雅公司连带赔偿优酷公司经济损失60万元及为制止侵权行为产生的合理开支4万元（合理开支具体为律师费2万元、公证费2万元）。

一审法院认为，喜马拉雅公司作为网络服务提供者，对用户侵权行为存在应知，承担帮助侵权的责任；喜大公司非平台经营者不承担责任。法院认为，涉案作品具有较高知名度，部分侵权行为较为明显，喜马拉雅公司对部分侵权内容存在设置行为，应负有较高注意义务。遂判决喜马拉雅公司赔偿优酷公司经济损失12万元及合理开支1万元。

后喜马拉雅公司提起上诉，二审法院认为：

1. 喜马拉雅公司不存在明知

"通知+必要措施"系认定网络服务提供者侵权责任的重要规则。优酷公司在得知侵权后长达近一年半的时间里未向喜马拉雅公司发送侵权通知，

---

① 李静传律师、张荣康律师，泰和泰（北京）律师事务所。
② 一审案号：(2022) 沪0115民初36410号；二审案号：(2023) 沪73民终287号。

亦无证据显示喜马拉雅公司明知网络用户侵权而未采取必要措施。不能认定喜马拉雅公司构成明知。

2. 喜马拉雅公司不存在应知

（1）喜马拉雅公司未针对涉案侵权音频进行人工选择、编辑、修改、推荐。不能基于个性化推荐内容中涉及涉案音频即认定存在主动推荐行为。

（2）涉案音频不属于可以明显感知的侵权信息。无论是通过涉案音频本身，还是通过涉案专辑名称、图片、简介等均较难识别是否属于侵权信息。

（3）喜马拉雅公司未从侵权内容中获得直接经济利益。网络服务提供者因提供网络服务而收取一般性广告费、服务费等与特定作品无关联，不属于直接经济利益。

（4）在案证据不能证明喜马拉雅公司未尽到与其能力相应的注意义务。算法推荐区别于人工推荐，不能因算法推荐技术的使用而当然推定网络服务提供者信息管理能力的提高，亦不能因算法推荐内容涉及侵权，而当然推定网络服务提供者知悉该内容的存在。

最终，综合在案证据不能认定喜马拉雅公司构成侵权，二审法院依法改判驳回优酷公司的原审全部诉讼请求。

律师评析

网络环境下平台"避风港"责任的认定一直是著作权法领域的热点问题，不考虑"通知—删除"的明知情形以外，对于"应知"的判定标准是此类案件中的核心焦点。本案中优酷公司并未通知喜马拉雅公司存在侵权情形，而是主张平台算法推荐《圆桌派》音频属于应知情形，一审法院支持了优酷公司的相关主张，但二审中上海知识产权法院全盘推翻了一审法院的认定，认为单纯的算法推荐不能等同于相关司法解释中的"主动推荐行为"，特别是在涉案音频并非属于可以明显感知的侵权信息的情况下，同时二审中还认定因提供网络服务而收取一般性广告费、服务费与特定作品无关联，不属于直接的经济利益，注意义务层面也强调不能因算法推荐技术的使用而当然推定网络服务提供者知悉侵权内容存在。

"避风港"责任边界的确定实际涉及著作权人、网络平台（传播者）以及用户（使用者）的三方权利平衡的问题，而其中的核心无疑是"应知"标准的严格程度，过于宽松则会导致平台束手束脚影响作品流通，用户也无法充分满足自身的文化产品需求；过于严格则会导致著作权人对作品失去控制，直接影响创作源泉的积极性。而网络平台的传播与技术演进密切相关，"避风港"责任的认定也必须贴合技术实践的现状实时调整，近年来的审判实践中对于"避风港"责任特别是"应知"标准的认定整体而言取向严格，司法实践的风向更加倾向于鼓励明确的"通知—删除"规则而非权利人直接适用"应知"标准对平台进行大范围打击，但考虑到算法的技术细节实质处于"黑箱"状态，在无法对具体的算法技术原理及具体应用进行"解包"的前提下，直接认定算法推荐不构成"应知"，实际也可能产生逆向选择的道德风险，可能导致平台更加倾向于使用各类算法规避"避风港"责任，相关认定的界限仍有待厘清。

九、杭州四海光纤网络有限公司与魔珐（上海）信息科技有限公司相关侵害著作权、表演者权及不正当竞争纠纷案[①][②]

典型性：国内首例"虚拟数字人"相关著作权纠纷案。

案情聚焦

魔珐（上海）信息科技有限公司（以下简称魔珐公司）综合应用包括人工智能在内的多项技术打造了超写实虚拟数字人 Ada。2019 年 10 月，魔珐公司通过公开活动发布虚拟数字人 Ada，并于同年 10 月、11 月通过 Bilibili 平台发布两段视频，一段用以介绍虚拟数字人 Ada 的场景应用，一段记录真人演员"中之人"徐某与虚拟数字人 Ada 的动作捕捉画面。此后，魔珐公司对虚拟数字人 Ada 进行商业化使用。2022 年 7 月，杭州四海光纤网络有限

---

① 李静传律师、张荣康律师，泰和泰（北京）律师事务所。
② 一审案号：（2022）浙 0192 民初 9983 号；二审案号：（2023）浙 01 民终 4722 号。

公司（以下简称四海公司）通过抖音账号发布两段被诉侵权视频，视频的居中位置使用魔珐公司发布的相关视频内容，并在片头片尾替换有关标识，以及在整体视频上添加虚拟数字人课程的营销信息，其中一段视频还添加四海公司的注册商标，并将其他虚拟数字人名称作为标题的一部分。魔珐公司认为四海公司的上述行为侵害其美术作品、视听作品的信息网络传播权，侵害录像制品及表演者的信息网络传播权，并构成虚假宣传的不正当竞争行为，要求停止侵害（后撤回）、消除影响并赔偿损失（含维权费用）50万元。

四海公司认为魔珐公司不享有相关权利，其行为不构成侵权，且未因发布被诉侵权视频而实际获利。杭州互联网法院经审理认为，虚拟数字人系通过建模、智能合成、动作捕捉及其他数字技术手段所制作出的具有外貌、声音等方面的特征和行为模式的虚拟角色的可视化呈现形象。虚拟数字人不是自然人，不具有作者身份，在弱人工智能盛行的当下，人工智能创作成果的智力创作空间有限，即使人工智能生成的内容具有独创性，能够构成具体类型的作品，也不归属于虚拟数字人。在现有的著作权法律体系的框架下，虚拟数字人不享有著作权和邻接权。涉案虚拟数字人Ada系真人驱动型虚拟数字人，其表现形式借鉴了真人的体格形态，同时又通过虚拟美化的手法表达了作者对线条、色彩和具体形象设计的独特的美学选择和判断，构成美术作品。使用Ada形象的相关视频构成视听作品或录像制品。魔珐公司享有上述作品的财产性权利及录像制作者权。因虚拟数字人Ada系真人驱动，经过实时语音生成及智能穿戴式装备的动作捕捉而成，其所展现的"表演"的声音、神态、动作等系高度还原"中之人"徐某的相关表现，并非在真人表演的基础上所产生的新的表演。徐某符合著作权法中表演者的相关规定，其作为魔珐公司员工，系进行职务表演，结合双方书面约定，应由魔珐公司享有表演者权中的财产性权利。四海公司发布两段被诉侵权视频侵害了魔珐公司涉案视听作品、美术作品、录像制品及表演者的信息网络传播权。四海公司以引流营销为目的，以视频形式将虚拟数字人Ada作为实例展示在其抖音账号，其在视频中对涉及魔珐公司有关标识的信息内容进行删减并替换为课程营销信息或自身商标，加上在一段视频标题中标注其他虚拟数字人名称，可能影响消费者理性决策，从而得以获得更多商业机会，扰乱市场竞争秩序，直接损害魔珐公司的商业利益，构成虚假宣传的不正当竞争行为。该院于2023年4月25日判决：四海公司在其抖音账号上为魔珐公司消除影响并赔偿经济损失（含维权费用）12万元。

四海公司不服一审判决，向浙江省杭州市中级人民法院提出上诉。浙江省杭州市中级人民法院于2023年8月8日判决：驳回上诉，维持原判。

律师评析

该案判决实质否定了"虚拟数字人"本身可以成为我国《著作权法》中享有邻接权的表演者，但其裁判理由中并未提及该"虚拟数字人"是属于"非自然人"的"表演者"，而只是因为该虚拟数字人所作的"表演"实际上是对真人表演的再现或高度还原，而并非其自己的"新的表演"，而在目前我国法律体系下，无论"虚拟数字人"的表演是否模仿或再现了真人表演，作为"非自然人"，其本身都无法成为著作权法中享有邻接权的权利主体，但该判决并未对这个表演的邻接权保护进行否定，而是将再现或模仿他人表演而产生的虚拟数字人表演的权利，赋予了被再现或被模仿的真人表演的表演者，进而通过职务表演的路径赋予对创设"虚拟数字人"的公司主体的保护，该等认定路径无疑是对现有著作权法理论和实践的突破，同时也为近期大火的"AI孙燕姿"等非再现或模仿真人的"虚拟数字人"表演的规制路径提供了参考。

十、苏某某等侵犯著作权刑事案[①][②]

典型性：上海首例盗版"剧本杀"侵犯著作权刑事案。

案情聚焦

上海市第三中级人民法院审结一起盗版"剧本杀"侵犯著作权刑事案，

---

① 李静传律师、张荣康律师，泰和泰（北京）律师事务所。
② 一审案号：（2023）沪03刑初13号。

以侵犯著作权罪判处九名被告人有期徒刑六年至一年，并处罚金187万余元至3万余元。本案系上海首例盗版"剧本杀"侵犯著作权刑事案。

2021年5月，苏某某、林某某成立包装制品公司。为牟取利益，在未经著作权人授权许可的情况下，两人采购正版"剧本杀"盒装剧本，租赁了四处生产、仓储场所，陆续雇佣七名小工，从事扫描、美化修图、排版、印刷、装订、客服、发货及售后等工作，共制作《来电》《群星》等130余种盗版"剧本杀"盒装剧本，经重新扫描、排版、印刷后，在电商平台上售卖。截至案发，已销售金额达475万余元，未销售盒装剧本97种，共计46760盒，待销售金额达320万余元。

2022年9月，公安机关将部分被告人抓获，之后其余几人分别主动至公安机关投案。2023年1月，检察机关向法院提起公诉，指控苏某某、林某某等人构成侵犯著作权罪，苏某某、林某某系主犯，七名小工系从犯。

上海市第三中级人民法院审理后认为，苏某某、林某某等九人以营利为目的，在未经著作权人许可的情况下，复制发行盗版作品，侵权产品已销售金额达475万余元，待销售金额达320万余元。犯罪情节特别严重，依法应以侵犯著作权罪追究其刑事责任。法院综合各被告人自愿认罪认罚、自首、坦白、预缴部分罚金等情节，对九名被告人作出上述判决。该判决现已生效。

律师评析

"剧本杀"是新兴文化产业，目前仍处于快速发展阶段。由于"剧本杀"的剧本具有易被复制、正版与盗版差价较大等特征属性，在行业发展过程中出现了剧本盗版泛滥、维权不易等现象，一定程度上制约了"剧本杀"行业向高质量发展转变。本案中，被告人苏某某、林某某等以营利为目的，将大量盗版"剧本杀"盒装剧本以低价通过网络电商平台发货至全国各地，已形成一条分工有序、制销一体的黑色产业链，严重侵犯了"剧本杀"相关著作权人的合法权益，而司法机关通力配合，对剧本杀的著作权定性具有准确的认知，通过刑事手段的有力震慑，为新兴行业的发展注入了一剂"强心针"。

重点关注[1]

一、互联网大厂之间的著作权相关纷争与和解

事件回放

近年来互联网大厂之间的著作权相关纷争日益普遍且激烈，侵权层面的代表事件是腾讯、抖音之间围绕"长短视频之争"开展的系列诉讼，以及网易与暴雪之间因游戏代理（许可使用）解约产生的舆论攻讦和互诉案件。双方攻防如火如荼，理论界和实务界均为之瞩目，但最终腾讯与抖音达成"世纪和解"，双方将围绕长短视频联动推广、短视频二次创作等方面展开探索；2023年12月以来网易也撤回多起针对暴雪提起的诉讼，市场也传来双方和解"再续前缘"的传闻，中国大陆玩家有望再次玩到暴雪出品的国服游戏。

律师评析

互联网大厂之间的纷争，无论是长短视频平台之间的业态之争，还是游戏开发商与代理商之间的利益分配之争，本质都是经济下行大背景下市场收缩、利润下降导致的生存空间压缩产生的"应激反应"，短视频切片引流对于长视频平台高额版权成本的冲击，游戏开发商苛刻的分成条款成为对代理商利润空间的"压榨"，最终导致各方的纷争一触即发。但无论斗争如何激烈，以斗争求生存才是各方的根本目的，而核心即是划分新的市场格局和利益分配机制，在市场收缩的大背景下"抱团取暖"。针对此类案件，律师一方面需要对著作权相关的业态较为熟悉，另一方面需要具有较为扎实的理论功底，在新业态出现时具备分析归纳其与传统业态冲突的核心症结的能力，并给予客户相应的处理意见，通过协商谈判、著作权诉讼、和解等手段促成双方利益分配的划分，兼顾法律与商业层面的平衡。

---

[1] 李静传律师、张荣康律师，泰和泰（北京）律师事务所。

二、"剑网 2023"专项行动启动

事件回放

2023 年，国家版权局、工业和信息化部、公安部、国家互联网信息办公室联合启动打击网络侵权盗版"剑网 2023"专项行动，这是全国持续开展的第 19 次打击网络侵权盗版专项行动。

本次专项行动于 2023 年 8 月至 11 月开展，专项行动将聚焦三个主要方面开展重点整治：一是以体育赛事、点播影院、文博文创为重点，强化专业领域版权专项整治，规范网络传播版权秩序。加强重点体育赛事节目版权保护，着力整治未经授权非法传播杭州亚运会和亚残运会等体育赛事节目的行为。加强对点播影院、私人影吧的版权监管。加大对博物馆、美术馆、图书馆等文化创意产品版权保护力度。二是以网络视频、网络新闻、有声读物为重点，强化作品全链条版权保护，推动建立良好网络生态。深入开展对重点视频网站（App）的版权监管工作，重点整治短视频侵权行为。深入开展新闻作品版权保护工作，着力整治未经授权转载新闻作品的违规传播行为。加强对知识分享、有声读物平台及各类智能终端的版权监管，着力整治未经授权网络传播他人文字、口述等作品的行为。三是以电商平台、浏览器、搜索引擎为重点，强化网站平台版权监管，压实网站平台主体责任。深入开展电商平台版权专项整治，重点规范浏览器、搜索引擎未经授权传播网络文学、网络视频等行为，推动重点网站平台企业开展版权问题自查自纠。

国家版权局有关负责人表示，本次专项行动将突出查办案件，进一步加大对网络侵权盗版案件的处罚力度，国家版权局等四部门将推动网络企业积极履行主体责任，共同构建打击网络侵权盗版社会共治格局。

律师评析

"剑网"行动是打击网络侵权盗版的专项治理活动。自 2005 年以来连续开展，各个年度的"剑网"行动往往关注重点和主题不同，客观上反映了我

国网络版权领域的变化和侵权形态的演进。2023 年行动的关注重点相较往年更为细化，特别强调了亚运会等重大体育赛事、文博文创、短视频、平台责任等层面的监管，与当下司法实践中的热点不谋而合。在此类专项行动中，所涉及的主体著作权相关的合规需求空前强烈，版权律师在此过程中可为客户提供全面的政策解读、监管尺度研判和整改措施建议，避免成为专项行动的"打击对象"，确保业务的持续稳定运营。

三、AI 生成物著作权保护方兴未艾

事件回放

北京互联网法院针对 AI 绘画图片著作权侵权纠纷一案作出一审判决。该案是我国首例涉及"AI 文生图"著作权的案件，案件庭审曾在央视和多个平台直播，累计吸引了 17 万网友观看，引发了 AI 生成内容与著作权之间关系的探讨。虽然该案并非国内 AI 生产物领域的首起案件，但伴随着 ChatGPT、Stable Diffusion 等生成式 AI 在 2023 年度的全面成熟，相关文字、图片等生成成果质量和数量均呈现爆发式增长，相应的著作权纠纷也开始陆续涌现，本案即是这一趋势的典型代表，也是司法实践对于技术勃发带来的法律问题的应答尝试。

律师评析

生成式 AI 特别是在图片领域对传统的业态和从业人员产生了巨大冲击，即使使用者并未经过任何美术训练，只要输入特定的描述性文字并合理设置参数，生成式 AI 便可以制作出技艺高超、足以"以假乱真"的图片，但同样延伸出了诸如 AI 生成图片是否属于创作行为，AI 训练过程中使用他人图片作为素材是否涉及侵权等问题，事实上目前国外音乐、图片领域已有部分权利人针对生成式 AI 运营者提出著作权侵权的相关诉讼。作为版权律师，需要预见此种著作权领域的相关风险，并对 AI 创作涉及的各个环节的行为性质准确定性，进而判断是否存在侵权风险，并向客户提出合规或维权建

议，最大限度避免使用生成式 AI 客户的法律风险，并维护著作权层面的合法权益。

四、综艺节目涉嫌侵犯《武林外传》著作权权益

事件回放

2023 年 8 月 27 日，电视剧《武林外传》官方微博发布长文，称浙江卫视全方位侵犯了电视剧《武林外传》的版权，要求浙江卫视立刻停止所有侵权行为，在公开渠道承认自身侵权事实，向版权方赔礼道歉并赔偿经济损失。该说明显示，北京联盟影业投资有限公司为《武林外传》系列作品的出品方、版权方，北京比邻耐尔文化科技有限公司为《武林外传》系列作品的独家商业代理方。

说明中还称，《我们的客栈》系浙江卫视于 2023 年 1 月 6 日播出的综艺节目，该节目在开播前两天才联系版权方，希望获得音乐授权，版权方拒绝后，"浙江卫视完全无视我方的侵权预警邮件，执意上线了该档综艺节目"。同时，电视剧《武林外传》官方微博提出浙江卫视在《王牌对王牌》《青春环游记》等综艺节目中多次在未获得授权或许可下使用《武林外传》版权元素进行改编，"属于典型的重复侵权"。浙江卫视和《我们的客栈》节目组未正式回应前述侵权指控。

律师评析

《武林外传》是脍炙人口的知名情景喜剧，其中塑造的角色、场景、台词及情节等具有极高的流传度，各类综艺节目中出现类似素材或桥段的情形屡见不鲜。但从著作权的角度分析，《武林外传》作为视听作品，其作品整体和其中可以单独使用的素材均可以构成著作权法保护的客体，未经许可使用相关内容可能被认定为侵害著作权行为。事实上，近年来各类综艺节目不乏出现此类未经许可使用其他视听作品要素的行为，虽然部分情形可以归入滑稽戏仿等合理使用的范畴，但超出合理使用范畴的风险同样不容忽视。版

权律师应当协助客户审查综艺节目中此类借鉴性元素的使用内容及呈现方式，并对权利获取及防止侵权层面提出合规建议，避免因素材侵权导致的节目停播、修订删减及商誉等损失。

五、影视作品海报屡现抄袭海外美术作品

事件回放

2023年1月，海报设计师黄某为电影《新世纪福音战士新剧场版：终》设计的大陆版海报盗用了海外插画师尼古拉斯·德洛尔（Nicolas Delort）的作品，为此，黄某工作室竹也文化在致歉声明中称，"存在素材使用不当，未得到海外画师的授权，团队内部审核把关不严"。

无独有偶，2023年5月，电视剧《庆余年2》发布官方海报，内容被指抄袭美国插画家伯尼·赖特森（Bernie Wrightson）的作品，随后海报的设计公司远山文化发布道歉声明，"由于本公司在海报制作过程中监管不力导致的工作疏忽"，称"寻求妥善解决方案"。

律师评析

品宣素材历来是著作权侵权的"重灾区"，盖因品宣素材通常短小精悍，需要"抓眼球"的效果，对于独创性的要求极为严苛，而部分品宣工作人员或外包代理商往往会通过借鉴其他成熟作品素材的形式开展创作，特别是在图片领域，部分从业人员会使用海外小众艺术家的作品作为基底调整后进行创作。然而一旦此种"借鉴"界限把握不准，就极易演变为"洗稿"乃至"抄袭"，即使投入了独创性劳动，也同样涉及未经许可进行演绎的潜在侵权风险，事件曝光后极易对品牌商誉产生重大损害，其中涉及的创作人员职务行为管理、供应商知识产权保证及风险转移的管理，包括在生成式AI日益成熟的情况下对于近似图片的排查检索等技术工作的建议，均是版权律师应当重点关注的领域。

六、COS 委托的勃兴与争议

事件回放

近年来随着各类"二次元"改编游戏的流行，一种名为 COS 委托的业态也逐渐进入人们的视野。爱好者们会付费委托 COSER（即角色扮演者）扮演指定的来自动漫、游戏中的人物 IP 角色，从而实现在现实生活中与自己喜爱的二次元角色约会的愿望。COS 委托，实质上是建立在金钱交易基础上的一种仪式体验的、新型的亲密关系，要求 COSER 在充分熟悉游戏人物 IP 的基础上，了解委托者的偏好、性格，策划约会日程，从外貌装扮到举止言行都代入人物 IP，把自己所理解的角色用自己的方式呈现出来。根据小红书等平台上 COSER 发布的信息，COS 委托按小时计费，一般 3—4 小时起订，受 COSER 名气、约会事项及当地城市消费水平等多个因素影响，每小时单价从几十元到上千元不等，也可以选择包天的结算方式。除了委托费之外，约会过程中产生的餐饮、交通、门票、礼物等费用也需要委托者买单。如今，COSPLAY（即角色扮演）行为并不罕见。不论是之前万圣节时期上海爆火的坐船的"安陵容"，还是各种漫展中动漫和游戏人物 IP 扮演，再到 COS 委托，都是 COSPLAY 行为的各种演化，但是否可能涉及著作权侵权，同样也引发了较为广泛的争议。

律师评析

COSPLAY 是典型的"二次元"衍生文化形式，原型多为经典的动漫、游戏等作品中的角色形象，而 COS 委托则是在此基础之上的有偿委托关系，不同于此前引起网友共鸣的万圣节 COS 行为，此种有偿委托行为较难被归入合理使用的免责范畴，特别是在相关人员将 COS 图片或视频上传到网络之后，极有可能面临侵害版权方信息网络传播权或表演权的风险。作为版权律师，应当关注此类潜在的侵权行为线索，同时考虑到用户社群的感受，不宜将相关行为"一刀切"进行处理，可以参照海外成熟 IP 的社群运营方式，通过制定授权利用规则等形式，确保权利人收益与社群需求的平衡与统一，最大限度保护客户的合法权益。

七、图片批量维权的"原罪"与引导

> **事件回放**

2023年8月15日网名为"Jeff的星空之旅"的博主发文称"今天收到了@视觉中国打来的电话，说我的公众号侵权使用了他们173张照片，还要赔偿他们8万多元！而当我打开内容一看，这些所谓的'侵权照片'竟然都是我自己拍摄的作品"。发文的博主叫戴某峰，知名的科学科普博主、星空摄影师，微博账号拥有几百万粉丝。

视觉中国在微博随即回应："经初步核实，涉事图片系该摄影师授权图片库Stocktrek Images进行销售，Stocktrek Images又将相关图片授权给Getty Images销售。视觉中国作为Getty Images在中国大陆地区的独家合作伙伴，拥有对包括涉事相关图片在内的完整的销售权利，涉事图片的销售授权链条清晰完整。我们会继续与摄影师保持沟通，妥善处理相关误解。"

上述事件无疑会使人们回想起"黑洞照片"事件，甚至从性质而言更有甚之，一如知网论文作者本人下载自己的论文甚至需要付费才能完成。事实上视觉中国等图片库进行的批量维权早已使得各地法院不堪重负，法院系统也在通过限制立案数量等手段予以规制，最新的进展是广州知识产权法院2023年11月出台的规范商业维权行为的工作指引，明确"不提倡、不鼓励知识产权权利人将大规模提起诉讼并获取利益作为普遍商业维权模式"。法院同时提到要建立诉前的识别和预警机制，特别指出"对同一权利人、专业机构代理、同时对多主体取证以及一次性提起10件或半年内累计提起20件以上规模化诉讼，由立案庭约谈沟通、引导诉前调解和规范立案材料"。对于恶意维权和滥用权利行为，法院表示"一旦发现，依法通过罚款、司法建议、约谈或依法驳回等方式进行有效规制"。

律师评析

单纯的图片批量维权虽然给司法系统造成了巨大压力，也给零星使用图片的自媒体等从业人员造成了困扰，但毕竟仍属于权利人对于自身权利的维护，法院规制的考量更多出于引导、限制而非杜绝，但对于明知自身缺乏权利基础情形下仍恶意提起的维权行为，实质应当认定为虚假诉讼。这也提醒版权律师在协助客户应对类似案件时需更加重视对维权方权利证明链条的审查，不能仅单纯依据水印或授权书、授权协议等即作出相关判断，避免因审查不严导致的客户损失和自身执业风险。

八、北京互联网法院审判工作白皮书发布

事件回放

北京互联网法院在建院 5 周年之际，对外发布《北京互联网法院审判工作白皮书》（以下简称《白皮书》）。《白皮书》显示，2018 年 9 月 9 日至 2023 年 7 月 31 日，该院共受理案件 193936 件，审结案件 182447 件。从案件类型上看，以著作权权属、侵权纠纷，网络侵权责任纠纷，信息网络买卖合同纠纷为主，分别占比 71.57%、11.27%、8.65%。

2018 年 7 月 6 日，中央全面深化改革委员会第三次会议审议通过《关于增设北京互联网法院、广州互联网法院的方案》，明确了互联网法院的主要任务。2018 年 9 月 9 日，北京互联网法院正式挂牌成立。目前，北京互联网法院共设 8 个内设机构，现有干警 190 人，其中员额法官 45 人。北京互联网法院集中管辖北京市辖区内应当由基层人民法院审理的十一类涉互联网一审案件。

《白皮书》指出，北京互联网法院建设"多功能、全流程、一体化"的电子诉讼平台，全面完成了诉讼模式从线下到线上的整体架构，当事人立案申请在线提交率 100%，诉讼费用在线交纳率 92.24%，在线庭审率 99.89%。在线诉讼模式为当事人减少出行里程 1.84 亿公里，减少碳排放量 22000 吨，

节省纸张相当于 556 层楼高。

"我们充分发挥管辖集中化、案件类型化、审理专业化的优势，打造知产、民事、商事、程序四大裁判规则库，在此基础上形成七大裁判规则体系。"北京互联网法院党组书记、院长姜颖在发布《白皮书》时介绍，北京互联网法院坚持"以裁判树规则、以规则促治理、以治理助发展"的裁判理念和"了解技术、贴近行业、把握规律、融入场景"的裁判方法，审理了全国首例"暗刷流量案""人工智能生成物案""AI 陪伴软件侵害人格权案""跨境电商平台格式条款案"等一大批具有填补空白、树立规则、先导示范意义的互联网案件。

"我们探索全流程在线司法模式，不断提升司法为民工作能力和水平。"姜颖介绍，围绕电子证据存证难、易篡改、验证难的问题，北京互联网法院搭建全国首个以法院为主导的"天平链"电子证据平台。目前，该平台接入应用单位 25 个，上链电子数据超过 2 亿条，跨链验证电子数据 34199 条，涉及案件 7554 件。聚焦执行质效提升，北京互联网法院打造"一键式、全链条"数字执行新模式，创新二维码缴纳执行案款、"一键智能发还案款"技术，构建线上执行财产线索转接中心，推动立案申请、线索转接、案款收发流程节点有序衔接，实现案款交纳准确率 100%，案款发还时间从 3 分钟缩短到 20 秒，案款发还平均时长仅 3.31 天。

律师评析

互联网法院与知识产权法院一脉相承，本质均系人民法院审判专业化的尝试，对于特定类型化案件的集中管辖审理，希望借此统一裁判标准、提高审判人员水平，形成良性循环。从《白皮书》的内容来看，著作权案件占据北京互联网法院接近 3/4 的总受案数，其中势必包含大量图片等批量维权案件，同时还暗含信息网络传播侵权案件管辖变动前大量主体通过被侵权人住所地作为连结点集中起诉的情形。时过境迁之后，批量维权和管辖原则的规制都产生了重大变化，北京互联网法院为代表的互联网法院对于前述案件的受理量有所减少，可以腾出更多精力加强审判的专业化、精细化，以响应互联网法院设立的初衷，也为"疲于应对"的被维权主体及其代理律师提供了喘息之机，形成了正向的促进作用。

九、第七届中国网络版权保护与发展大会召开

事件回放

2023年2月27日，第七届中国网络版权保护与发展大会在四川省成都市召开，会上发布了《"剑网2022"专项行动十大案件》《新时代软件正版化创新与发展大事记》等成果，并将举办中国版权保护中心和中国人民银行征信中心就版权质权登记金融创新达成合作签约，以及网络视频版权产业的共建共治共享论坛等六个配套活动。

会议指出，新时代十年，我国版权事业实现突破性进展，版权工作的地位和作用日益凸显，中国特色版权治理体系日益完备，治理能力和水平不断提高，版权法治化水平显著提升，版权保护环境持续向好。

会议强调，要充分发挥版权构建新发展格局、推动高质量发展的重要作用，加强顶层设计，完善版权法治、社会服务、集体管理、产业发展等制度措施。要充分发挥版权推进文化创新创造、坚定文化自信自强的重要作用，促进版权有效运用和价值转化，推动版权要素与文化产业、文化事业深度融合发展。要充分发挥版权满足人民文化需求、增强人民精神力量的重要作用，始终坚持以人民为中心，统筹保护权利、鼓励创作、促进传播和平衡利益，积极拓展版权惠民为民成果。要充分发挥版权维护国家安全的重要作用，进一步做好软件正版化工作，助推国产软件产业高质量发展。要充分发挥版权促进高水平对外开放的重要作用，深度参与世界知识产权组织框架下的全球知识产权治理，推动完善版权相关国际规则，深入推进文明交流互鉴，不断提升国家文化软实力和中华文化影响力。

律师评析

本届大会由国家版权局、四川省人民政府主办，四川省版权局、成都市

人民政府承办，中国版权保护中心、中国版权协会等单位协办，规格高且规模盛大，是对近年来我国版权事业及工作的一次系统性总结，其中正版软件和版权质权登记金融创新均是实践中多有呼吁而面临现实障碍较多的议题，此次会议中也实现了阶段性的突破成果，获取到切实的支持力量。一如会议主旨所言，版权事业与人民福祉乃至国家安全等重大命题息息相关，版权律师作为其中重要的参与主体，应当充分发挥自身的专业性特点，积极建言引导版权事业的健康发展，成为历史进程的重要参与者。

十、第九届中国国际版权博览会暨 2023 国际版权论坛举办

事件回放

2023 年 11 月 23 日，由国家版权局和世界知识产权组织主办、四川省版权局和成都市人民政府承办的第九届中国国际版权博览会暨 2023 国际版权论坛在四川省成都市中国西部国际博览城和天府国际会议中心举办。

2023 国际版权论坛主题为"版权与创意产业在创意经济中的作用：新愿景和新机遇"，由中国国家版权局与世界知识产权组织联合举办，同时配套"中非版权合作论坛"与"版权赋能文化传承与发展论坛"两个分论坛。世界知识产权组织副总干事福尔班以及柬埔寨、蒙古国、巴基斯坦、尼泊尔、日本、孟加拉国等国家版权主管部门官员参加。国家版权局主办的"版权助力建设中华民族现代文明主题展"同时展出，全面展现了我国版权工作在新时代推动中华优秀传统文化创造性转化与创新性发展所取得的丰硕成果。

开幕当天，世界知识产权组织与中国国家版权局联合举行了"2022 中国版权金奖"颁奖仪式："足迹"系列图书等六部作品获得作品奖；河南广播电视台等五家单位获得推广运用奖；北京知识产权法院审判监督庭等五家单位获得保护奖；江苏省版权局版权管理处等四家单位获得管理奖。国家版权局还举办了"全国版权示范城市"授牌仪式，温州市被正式授牌为"全国版权示范城市"。论坛同时举办"2023 年民间文艺版权保护与促进试点工

作启动仪式"。

律师评析

版权领域的客体不同于商标、专利等其他知识产权领域的客体，著作权自动获得的特性使其不被地域所桎梏，版权领域的国际合作十分频繁，各类国际组织的建议、国际条约的签署成为各国版权实践的重要成果。此次国际版权论坛由国家版权局和世界知识产权组织主办，强调对于创意产业的文化价值的促进，同时不忘中国传统民间文艺版权的保护，可谓花开两朵各表一枝，最古老与最先进的文化产品充分融合、平等保护，各类奖项的颁发作为版权国际合作的大考总结，为国内版权事业与国际接轨指明了道路，也为版权律师开展业务提供了有益启示。

CHAPTER 2

第 2 章
商　标

综 述

　　2023年是律师从事商标代理业务10周年、律师从事商标授权确权诉讼业务20周年，也恰逢我国《商标法》第五次修改广发征求意见。征求意见稿广泛采纳了律师意见和建议，包括"相同商标只能申请一次"问题、"通用名称"经使用也可以获得显著性问题、驰名商标明确的反淡化提法问题以及将恶意抢注转移限制在"代理人、代表人、利害关系人"抢注之内、删除了侵权认定中的互联网条款等。但商标代理师仍将律师排除在外。商标代理业务的自身特点，决定了律师以法律职业身份直接从事商标代理业务的适当性和必要性。对律师从事商标代理业务，不应设置新的业务准入门槛和执业资格门槛，律师从事商标代理业务也不需要除律师之外的职业身份。执业律师所具备的法律知识和业务技能不仅完全可以胜任高水平、高质量商标代理服务的需要，甚至可以说，鼓励执业律师直接从事代理商标业务，是中国商标代理服务实现更高层次规范发展的重要途径之一。目前我国商标代理业务市场规模庞大，商标不仅是交易工具，还是商战武器，律师商标代理业务完成了"从无到有"的跨越以及"从有到优"的蜕变。商标法律服务涉及证据规则、权利冲突、权利边界的把握、刑民交叉及行民交叉、刑行交叉及法律适用问题，商标法律服务从申请、异议、评审到行政诉讼、民事诉讼、行政查处和刑事举报是一个整体，相比非律师而言，律师从事商标法律服务具有明显优势。希望律师成为我国商标法律服务的主力军，引领商标法律服务行业向着更规范、更高水平的目标发展迈进，更好地满足知识产权强国建设和中国式现代化发展需要。

结合《商标法》修改，本年度选取了广受关注的望京小腰案、原酿造案、无印良品案、费加罗案等，涉及不正当手段认定的范围限制、商标行政执法的卷宗主义原则及听证程序、弱显著性商标的权利限制、驰名商标淡化保护问题、商标权权利用尽问题，以及商标权无效后之前的使用行为侵权认定的规则原则、恶意抢注之申请行为本身的民事法律评价等。上述问题不仅是热点问题，有些在司法实践中也存在争议性，更体现在了《商标法》修改送审稿中，比如仅商标申请行为本身，有判例认为构成不当竞争，也有判例认为不符合不当竞争的要件，还有判决认为应按照一般性财产损害赔偿纠纷处理。其中一般性财产损害赔偿纠纷的司法观点和《商标法》修改草案送审稿的八十六条"恶意诉讼反赔"的理念基本一致，即按照《民事诉讼法》处理，造成损失的，赔偿范围为对方当事人为制止恶意商标诉讼所支付的合理开支。

新法观察[①]

一、《中华老字号示范创建管理办法》

立法主要内容

2023年1月6日，商务部、文化和旅游部、国家市场监督管理总局、国家文物局、国家知识产权局联合印发了《中华老字号示范创建管理办法》（以下简称《管理办法》）。《管理办法》立足于新发展阶段，坚持完整、准确、全面贯彻新发展理念，以促进老字号创新发展为前进方向，聚焦于充分发挥老字号在商贸流通、消费促进、质量管理、技术创新、品牌建设、文化传承等方面的示范引领作用，呈现出形成部门联合推动的工作合力、将可持续发展摆在更突出的位置、建立了"有进有出"的动态管理机制等特点。《管理办法》共5章27条，涵盖了中华老字号示范创建的总体要求、基本条

---

① 张莹律师，北京高文（西安）律师事务所。

件、申报认定、动态管理等具体内容，对中华老字号的定义、认定条件、日常监测、相应管理措施、企业的合规义务等方面作出了明确规定和要求。

> **律师评析**

对中华老字号的知识产权管理和保护一直都是商标领域的一个重要组成部分。《管理办法》出台前，对于中华老字号的认定和管理，除相应的知识产权法律外，主要参照适用《商务部关于实施"振兴老字号工程"的通知》（商改发〔2006〕171号）、《商务部关于印发〈"中华老字号"标识使用规定〉的通知》（商改发〔2007〕137号）等规定。《管理办法》出台后，对于中华老字号的认定、动态管理等内容则作出了新的调整。《管理办法》进一步完善了中华老字号的定义，即历史底蕴深厚、文化特色鲜明、工艺技术独特、设计制造精良、产品服务优质、营销渠道高效、社会广泛认同的品牌（字号、商标等）；在认定条件上细化分为中华老字号本身和企业两方面，并综合考虑企业发展规律和可持续发展的工作原则，调整了时间要求即品牌创立时间在50年（含）以上；对动态管理进行专章规定，调整了中华老字号企业年度经营情况报告的提交模式，明确由商务部开展中华老字号日常监测，建立"红绿灯"机制，针对违反《管理办法》的不同情形分别采取相应管理措施等。

二、《商标法修订草案（征求意见稿）》

> **立法主要内容**

2023年1月13日，国家知识产权局公布了《商标法修订草案（征求意见稿）》（以下简称《征求意见稿》），向社会各界公开征求意见。本次《征求意见稿》将《商标法》扩充为10章101条。其中新增23条，从现有条文中拆分形成新条文6条，实质修改条文45条，基本维持现有法条内容27条。《征求意见稿》更加注重权利保护与公共利益、社会效果、在先权利的平衡，厘清权利行使的边界，解决公共利益维护不足的问题；继续强化商标使用义务，在坚持现有注册制度的基础上弥补其缺陷；着力优化商标授权确权程序，促进商标审查审理、运用管理、行政执法、司法审判各环节高效、协同；全面顺应科技进步与经济社会发展需要，助力商标行业数字化转型升级，支持商标品牌运用促进，提升公共服务水平。

> **律师评析**

本次修订为《商标法》自 1983 年 3 月 1 日施行以来的第五次修订，此次修订对现行《商标法》的多项条款进行了重大调整，如禁止重复注册、新增恶意注册商标强制移转制度并就其适用范围、程序规范和审查条件作出全面规定、禁止商标恶意注册申请及相应的处罚机制、相对理由无效宣告及商标移转、商标代理机构的责任和义务、商标侵权的救济新途径、驰名商标的保护等。

《征求意见稿》更加重视商标的使用问题，明确不以使用为目的而大量申请商标注册，扰乱商标注册秩序的行为属于恶意申请商标注册行为，由负责商标执法的部门给予警告或者 5 万元以下罚款；明确了商标使用情况说明制度，即商标核准注册后每满 5 年后的 12 个月内应向国务院知识产权行政部门主动说明商标的使用情况，期满对未说明使用情况或不使用的正当理由的，视为放弃其注册商标专用权，对经抽查发现说明不真实的，由国务院知识产权行政部门撤销该注册商标；新设恶意注册商标强制移转制度，针对他人恶意注册的商标，可请求国务院知识产权行政部门将该注册商标移转至自己名下。

三、《地理标志产品保护规定（征求意见稿）》

> **立法主要内容**

2023 年 9 月 18 日，国家知识产权局发布了《地理标志产品保护规定（征求意见稿）》（以下简称《征求意见稿》）及其修改说明，征求社会各界意见。修改说明指出，国家知识产权局正在加快推进地理标志统一立法，健全专门保护与商标保护相互协调的统一地理标志保护制度。此次修改以"急用先行"、解决实践中的突出问题为基本原则，主要修改思路包括：一是贯彻落实机构改革要求，修改机构职责相关条款，与机构改革职能调整相衔接；二是完善审查流程，优化审查认定、行政裁决和专用标志使用程序；三是加强地理标志产品管理，明确生产者义务和地方知识产权管理部门日常监管职责；四是加强地理标志产品的保护，提升保护水平。

律师评析

《征求意见稿》将规定内容由28条扩充为39条。其中，新增15条，删除4条，实质修改条文19条，基本维持现有法条内容5条。主要修改内容包括：第一，明确上位法依据和部门职责；第二，明确申请人管理职责和生产者按标准生产的义务；第三，完善地理标志产品审查标准和程序；第四，优化地理标志专用标志核准使用工作模式；第五，健全地理标志产品保护体系，提升运用促进能力；第六，加强地理标志产品的保护。

四、《关于商标注册同日申请程序的指引》《关于商标转让程序的指引》

立法主要内容

2023年9月25日，为深入贯彻落实《"十四五"国家知识产权保护和运用规划》关于加强知识产权源头保护，强化知识产权申请注册质量监管的部署，国家知识产权局发布了《关于商标注册同日申请程序的指引》（以下简称《申请指引》）与《关于商标转让程序的指引》（以下简称《转让指引》）。《申请指引》细化了商标注册同日申请的审查程序并指出了四种例外情形，明确了有关注意事项，如诚实信用原则的遵守、商标使用证据的效力等。《转让指引》规定了商标转让的适用范围和基本要求，并对共有商标、集体商标、证明商标、地理标志集体商标/证明商标的转让要求作了细化，还指出了申请转让商标可能面临的风险。

律师评析

《申请指引》与《转让指引》的发布旨在帮助经营主体了解商标注册同日申请和商标转让申请相关法律规定及审查流程，引导商标申请人和商标转让人遵循诚实信用原则，合理提出商标注册申请和商标转让申请，防止因商标转让导致混淆或者其他不良影响。

《申请指引》规定，"商标注册同日申请"是指两个或者两个以上的申请人，在同一种或者类似商品或者服务上，分别以相同或者近似的商标在同一天提出注册申请的情形。对商标注册同日申请采取的判定将分为三个阶段依次进行审查：补送使用证据阶段、协商阶段和抽签阶段。商标审查部门首先根据各方申请人提供的证据确定在先使用人获得商标申请权，无法确定的由各方申请人进行协商确定商标申请权，各方申请人不愿协商或者协商不成的，进入抽签阶段，通过抽签方式确定商标申请权。此外，《申请指引》还强调，若同日注册申请被认定为不以使用为目的的恶意注册申请，将直接依据商标法第四条予以驳回。

《转让指引》则进一步规范了商标的转让行为，明确了交易双方的权利义务，加强商标保护和管理，为商标的合理商业化流转提供了更强有力的法律保障。《转让指引》明确规定，"商标转让"是指发生在不同民事主体之间的商标权利转让行为。根据《转让指引》，商标转让申请可针对已注册的有效商标或者有效的商标注册申请提出。商标转让当事人应当具备相应的民事主体资格、民事权利能力及行为能力，转让申请的转让人应为商标的注册人，且应与商标档案记录的注册人相关情况一致。此外，申请人应当避免因商标转让行为导致混淆或者产生不良影响。

典型案例

一、上诉人北京先明赫科技发展有限公司与被上诉人国家知识产权局、原审第三人三横一竖餐饮管理（北京）有限公司商标权无效宣告请求行政纠纷案①②

案情聚焦

"望京小腰"是刘某某于1997年创立的餐饮品牌，最早在北京市朝阳区望京地区路边摊位经营烧烤，因最出名的菜品是烤腰子，故取名"望京小腰"。2013年，刘某某开始与北京先明赫科技发展有限公司（以下简称先明赫公司）的法定代表人蔡某某合作，共同在北京望京的九朝会中继续经营烧烤店铺，使用"望京小腰"品牌。2013年12月，先明赫公司在第43类餐馆相关服务上申请注册"望京小腰"商标，即本案诉争商标，并于2014年共同投资成立北京望小腰餐饮管理有限公司用以经营"望京小腰"品牌。自2018年起，望小腰公司开始发展"望京小腰"品牌加盟店，至2019年已发展全国门店100多家，并被众多明星打卡推荐，成为网红烧烤品牌。

本案诉争商标为第13685299号"望京小腰"商标，申请日为2013年12月6日，注册日为2017年4月7日，核定使用服务为第43类饭店、餐馆等服务项目。2019年8月9日，第三人三横一竖餐饮管理（北京）有限公司（以下简称三横一竖公司）向国家知识产权局对诉争商标申请宣告无效，理由之一是先明赫公司名下持有400多件商标申请/注册，并包含抢注他人知名品牌的商标，诉争商标的申请注册违反《商标法》第四十四条第一款之规定，构成以欺骗手段或其他不正当手段取得注册的情形。

国家知识产权局经审理认为，"至我局审理时，被申请人申请注册商标

---

① 肖越心律师，泰和泰（北京）律师事务所；商家泉律师，北京高文律师事务所。
② "望京小腰"商标行政纠纷案，一审案号：（2020）京73行初15633号；二审案号：（2023）京行终661号。

多达490余件，除诉争商标外，还先后在多个类别申请注册了'虾跳墙''滴滴趣味''Tellmach钛马赫''Boloni博洛尼''博洛尼钛马赫''色即是空''色空''红佛陀'等多个与国内外知名商标相近似的商标或将宗教用语注册为商标。被申请人前述商标注册行为具有复制、抄袭他人高知名度商标的故意，具有主观恶意，属大量注册囤积商标的行为，不具备注册商标应有的正当性。该类不正当注册行为不仅会导致相关消费者对商品来源产生误认，且明显超出了正常的生产经营需要，扰乱了正常的商标注册管理秩序，有损于公平竞争的市场秩序，违反了公序良俗原则，已构成《商标法》第四十四条第一款'以欺骗手段或者其他不正当手段'取得商标注册之规定"，故裁定对诉争商标予以无效宣告。

先明赫公司不服，提起行政诉讼，并在一审中补充递交了大量证据，一方面证据可证明"望京小腰"品牌由刘某某创立的情况，其与先明赫公司合作经营的情况，以及"望京小腰"的知名度情况；另一方面证据可证明"科宝""博洛尼""钛马赫"等均是先明赫公司法定代表人蔡某某开设的其他公司所创立并经营的知名品牌，由先明赫公司申请注册这一系列商标是得到蔡某某名下其他实际经营前述品牌的公司的认可和授权的；再一方面证据可证明"虾跳墙""操场火锅"等品牌亦已经由先明赫公司法定代表人蔡某某持有的其他公司投入实际经营。先明赫公司由此主张诉争商标的申请具有合法权利来源，且其申请注册400多件商标的行为既不存在恶意，亦不构成囤积，不违反《商标法》第四十四条第一款的相关规定。

北京知识产权法院经审理认为，"在本案中，诉争商标的使用证据大多形成于2018年以后，而市场使用含有'望京小腰'字样的餐饮企业已经较多。此外原告申请注册商标多达490多件，除诉争商标外还在多个类别或服务申请注册了'虾跳墙''滴滴趣味''色即是空''红佛陀'等商标。其行为扰乱市场竞争秩序，违反社会公序良俗"，并由此认定诉争商标违反《商标法》第四十四条第一款。

先明赫公司不服，继续上诉到北京市高级人民法院，北京市高级人民法院经审理认为，本案中，根据已查明的事实，除诉争商标外，先明赫公司虽然先后申请注册多件商标，但三横一竖公司提交的证据尚不足以证明诉争商标的注册具有借助他人商标知名度谋取非法利益的意图，也不存在扰乱商标注册秩序、有损公平竞争的市场秩序之行为，且先明赫公司提交的在案证据能够证明其对诉争商标具有真实使用意图并实际投入了商业使用，故诉争商标未构成《商标法》第四十四条第一款所指"其他不正当手段取得注册"之情形。

律师评析

第一，多件商标申请行为本身不违法，仅作为法定违法情形判断中的事实考量因素之一，更不属于"其他不正当手段取得注册"的情形。

对于 2001 年《商标法》第四十一条第一款中"其他不正当手段取得注册"的理解，需要从其历史背景及发展来源出发，正确把握该情形作为一种绝对无效理由的缘由，从而准确适用法律。

从其适用的历史背景来说，为加入 WTO[①]，我国于 2001 年发布并实施了新修正的《商标法》，将商标申请主体从"企业、事业单位和个体工商业者"变更为"自然人、法人或者其他组织"，自此，出现了很多无商标使用意图的自然人大量申请注册商标的现象。为遏制此种情形，最高人民法院从《商标法》中寻找申请注册商标需要具备商标使用意图的法律依据，即 2001 年《商标法》第四条第一款"自然人、法人或者其他组织对其生产、制造、加工、拣选或者经销的商品，需要取得商标专用权的，应当向商标局申请商品商标注册"，用以撤销没有使用意图的批量申请的注册商标。因此，批量申请行为可以作为认定商标申请人没有商标使用意图的事实考量因素之一，但不能狭义地将其与"其他不正当手段取得注册"画等号，只有批量申请注册且无使用目的两个要件均满足才能成为商标撤销或无效理由。换句话说，以不正当手段取得注册的法律适用中，具备违法性的并非批量申请行为，而是商标抢注中攀附他人商誉以及无使用目的囤积商标的主观恶意。

---

① World Trade Organization，世界贸易组织。

第二,"其他不正当手段"条款的保护对象为商标注册秩序与公共利益,并非特定主体的民事权益,不适用于特定主体间民事权益纠纷的解决。

2020年修正的《最高人民法院关于审理商标授权确权行政案件若干问题的规定》第二十四条规定,《商标法》第四十四条第一款中的"其他不正当手段",是指以欺骗手段以外的其他方式扰乱商标注册秩序、损害公共利益、不正当占用公共资源或者谋取不正当利益的行为。"其他不正当手段"作为以绝对理由撤销或宣告注册商标无效的兜底条款,在过去被扩大适用于"无真实使用意图注册商标"的历史渊源如上所述,在排除了特定历史因素后,"其他不正当手段"的规定在司法实践中一直主要适用于违反注册秩序的商标注册行为,而不再适用于仅违反诚实信用原则的侵害特定民事权益的抢注行为。因此,应当明确,《商标法》中"其他不正当手段"作为否定商标注册效力的绝对事由,保护客体为商标注册秩序与公共利益,而非特定民事主体利益。

第三,应当运用唯物辩证法一分为二地看待问题、全面客观地看待问题,既要看到积极方面,也要看到消极方面,既要看到正面,又要看到反面,只有运用一分为二的观点分析问题,才能正确地认识问题,避免认识上的片面性,即使个别商标注册存在瑕疵,也应当对生产经营中使用的正当注册的商标进行分类分析、分别处理,而不能简单"一刀切",进行"一揽子"评判处理,无辜牵连正常申请及使用的商标。

根据《最高人民法院关于审理商标授权确权行政案件若干问题的规定》第二十四条规定及司法实践,《商标法》第四十四条第一款的"其他不正当手段"通常包含批量恶意抢注他人知名商标或其他商业标识的行为,以及通过批量注册谋取不正当利益比如以兜售商标为目的的囤积行为等。

本案中,国家知识产权局宣告诉争商标无效的原因在于被申请人先明赫公司未提交证据证明其诉争商标及相关商标的正当性,从而使得国家知识产权局认为其构成批量恶意抢注情节。然而在本案一审程序中,先明赫公司针对争议商标提供了充分证据证明其不存在恶意抢注情节,也不存在批量恶意囤积等情节,但仍获得败诉结果。一审判决内容主要包括两个观点,一是一审法院因诉争商标的使用证据大多形成于2018年之后，此时市场上已有其他使用"望京小腰"的经营者，从而否定了诉争商标申请行为的正当性；二是针对其他商标，一审法院认为构成了批量囤积。

针对第一个问题，一审证据已能够充分证明"望京小腰"创始人刘某某与先明赫公司的法定代表人蔡某具有合作关系，且刘某某亦出具证明，确认先明赫公司申请诉争商标的行为是出于其本人授权确认，但一审法院仍以诉争商标的使用证据大多形成于2018年之后为由否定诉争商标申请注册的正当性，是何原因？代理律师推测，一审法院虽然认可刘某某作为"望京小腰"的创始人，对"望京小腰"商标享有在先权利，但刘某某并非申请人，而申请人先明赫公司仅是投资人，单纯的投资行为不享有权利；而先明赫公司大量投入成本开展加盟业务始于2018年，此时市场上已有其他主体使用包含"望京小腰"的商标，因此先明赫公司不具有在先权利。

针对该推测，代理律师在二审程序中着重补充了相关证据，以证明诉争商标由先明赫公司申请是经刘某某与蔡某商议、双方从有利于品牌发展角度所作的安排；且蔡某对该品牌的申请注册及推广运营等一系列商业操作，刘某某均按照其贡献享有充分的利益；同时刘某某及先明赫公司在2013年合作后至2018年大量发展加盟店之前，共同经营的位于九朝会的总店亦具有非常高的知名度，因此附着于诉争商标上的在先权利应视为自刘某某1997年创始至2018年市场上出现其他使用者之间一直得到了有效延续。在前述观点成功说服二审法院之后，二审判决亦未再认定其他商标构成批量囤积，从而最终维持了诉争商标注册。

从司法解释及审理标准的角度来看，"其他不正当手段"通常主要针对存在批量恶意的情节，其中包括恶意抢注，亦包括恶意占有商标资源比如以囤积兜售或高价转让为目的的囤积等。

而关于恶意囤积的问题，理论上针对不能确定具有恶意的单纯注册行为，其行为根本并不会有损商标注册秩序或公序良俗，因此并不应当然地被认为构成"其他不正当手段"。事实上本案最终在解决"望京小腰"不构成恶意抢注之后，二审判决亦未再认定其他无恶意的商标申请行为构成囤积，这一认定是相对妥当的。此外，从本案延伸，我们还可以提出一个问题，如诉争商标属于独创且具有在先使用甚至知名度的合法注册，如注册人的其他商标存在恶意囤积情节，是否可以"连坐"合法申请的诉争商标？笔者认为显然是不应当"连坐"的。

可以看到，"其他不正当手段"条款是公共利益的保护条款，如标准过于宽泛且相关证明成本均由合法或者不具有明显非法情节的当事人自行承担，这是否构成行政、司法成本向当事人的转嫁？相对严格地适用标准，并统一适用标准，才是对制度的最佳实现路径。

综上，应慎用绝对条款解决特定民事主体之间的纠纷，针对特定主体之间的权益纠纷，应当各自独立评判，将合法注册、正常经营使用的商标与其他可能侵害特定主体利益的个别商标进行分类分析、分别处理。优胜劣汰的市场规律是解决此类纠纷的最好途径。

二、山西晋裕汾酒厂股份有限公司与吕梁市市场监督管理局、山西省市场监督管理局、第三人山西杏花村汾酒厂股份有限公司行政处罚及行政复议案[1][2]

案情聚焦

2019年11月15日，山西省市场监督管理局接到第三人山西杏花村汾酒厂股份有限公司（以下简称杏花村公司）举报后，通过大案要案督办方式将不正当竞争案件交由吕梁市市场监督管理局办理。吕梁市市场监督管理局经调查认为行政相对人山西晋裕汾酒厂股份有限公司（以下简称晋裕公司）在生产经营的白酒过程中实施了《反不正当竞争法》第六条规定的足以引人误认其产品是第三人杏花村公司产品的混淆行为，且实施了足以引人误认为晋裕公司与第三人杏花村公司存在特定联系的混淆行为。吕梁市市场监督管理

---

[1] 商家泉律师、袁吉律师，北京高文律师事务所。
[2] 一审案号：（2022）晋0107行初183号；二审案号：（2023）晋01行终254号。

局于 2019 年 12 月 26 日召开了关于晋裕公司不正当竞争案件的集体讨论，讨论结果为对晋裕公司给予如下三项行政处罚：（1）责令停止白酒生产经营中的不正当竞争违法行为；（2）没收已实施扣押强制措施的违法产品、装潢标签、包装材料；（3）处以违法经营额 21.89 万元 5 倍 109.45 万元的罚款。2020 年 1 月 13 日，吕梁市市场监督管理局召开听证会，于 2020 年 1 月 14 日审批《行政处理决定审批表》，同日作出吕市监监督罚字（2020）3 号《行政处罚决定书》（以下简称被诉行政处罚决定）。被诉行政处罚决定内容为：（1）责令停止白酒生产经营中的不正当竞争违法行为；（2）没收已实施扣押强制措施的违法产品、装潢标签、包装材料；（3）处以违法经营额 21.89 万元 5 倍 109.45 万元的罚款；（4）吊销营业执照。

晋裕公司不服被诉行政处罚决定，在期限内向山西省市场监督管理局提出行政复议，后经复议机关复议，于 2022 年 4 月 24 日维持了吕梁市市场监督管理局的被诉行政处罚决定并作出晋市监复决字（2022）1 号《行政复议决定书》（以下简称被诉行政复议决定）。

太原市杏花岭区人民法院一审认为，本案的争议焦点在于被诉行政处罚决定及被诉行政复议决定是否存在可撤销情形。根据被诉行政处罚决定作出时生效的 2017 年《行政处罚法》第三十八条第二款的规定，对情节复杂或者重大违法行为给予较重的行政处罚，行政机关的负责人应当集体讨论决定。又根据该法第四十三条的规定，"听证结束后，行政机关依照本法第三十八条的规定，作出决定"。本案涉及罚款金额较重且处罚吊销营业执照，属于情节复杂或者重大违法行为给予较重的行政处罚，理应由负责人组织集体讨论决定行政处罚。但本案被告召开听证会的时间为 2020 年 1 月 13 日，被诉行政处罚决定的作出时间为 2020 年 1 月 14 日，被告吕梁市市场监督管理局在听取了原告的听证意见后并没有根据 2017 年《行政处罚法》第三十八条的规定，将调查结果组织集体讨论，决定行政处罚。吕梁市市场监督管理局虽然于 2019 年 12 月 26 日进行集体讨论，但该集体讨论确定的处罚内容既没有第四项吊销营业执照，且听证时间在后，理应听取听证结果，根据听证笔录，充分保障行政相对人听证申辩的权利。后期制作的《行政处理决定审批表》，也并不属于法律规定的集体讨论。故吕梁市市场监督管理局作出的被诉行政处罚决定违反了上述法定程序，损害原告的合法权益，显属不当。被告山西省市场监督管理局在作出被诉行政复议决定时未认真审查吕梁市市场监督管理局作出重大行政处罚时程序是否合法，是否保障了行政相对人的合法权益应当是行政复议阶段审查的重点，被诉行政复议决定亦有不当应当予以撤销。因此判决撤销被诉行政处罚决定和被诉行政复议决定。

被告吕梁市市场监督管理局、被告山西省市场监督管理局、第三人杏花村公司不服一审判决，向太原市中级人民法院提起上诉。二审期间，被告吕梁市市场监督管理局提交了自称吕梁市市场监督管理局局务会会议记录，意在证明其于2020年1月13日召开了局务会会议，对被诉行政处罚决定进行了研究。太原市中级人民法院二审认为，行政机关对作出的行政行为负有举证责任，应当提供作出该行政行为的证据。本案中吕梁市市场监督管理局作出的处罚决定属于情节复杂或者重大违法行为给予较重的行政处罚，应按2017年《行政处罚法》第三十八条第二款的规定，由负责人组织集体讨论决定行政处罚。上诉人吕梁市市场监督管理局提出在《行政处理决定审批表》中明确记载："2020年1月13日吕梁市市场监督管理局举行了听证会，并经局务会研究，同意办案机构案件之前告知的处理意见。"这一情节在一审开庭审理过程中吕梁市市场监督管理局已经明确举证。但该《行政处理决定审批表》并不属于法律规定的集体讨论。故对吕梁市市场监督管理局提出的该上诉理由，本院不予采纳。最终太原市中级人民法院驳回了上诉人的上诉，维持原判。

> 律师评析

（一）对于情节复杂或者重大违法行为给予行政处罚，符合听证条件的，应当先听证后由行政机关负责人进行集体讨论决定

不论是本案适用的2017年修正的《行政处罚法》第三十八条还是现行2021年修订的《行政处罚法》第五十七条，均是关于行政处罚决定程序的规定。尽管现行2021年修订的《行政处罚法》条文内容较之2017年修正版本发生了较大变化，但依然延续了按照一般行政处罚案件和重大行政处罚案件对行政处罚程序作出不同的程序规定的做法。

表1 《行政处罚法》条文对照

2017年修正	2021年修订
第三十八条 调查终结，行政机关负责人应当对调查结果进行审查，根据不同情况，分别作出如下决定： （一）确有应受行政处罚的违法行为的，根据情节轻重及具体情况，作出行政处罚决定； （二）违法行为轻微，依法可以不予行政处罚的，不予行政处罚； （三）违法事实不能成立的，不得给予行政处罚； （四）违法行为已构成犯罪的，移送司法机关。 对情节复杂或者重大违法行为给予较重的行政处罚，行政机关的负责人应当集体讨论决定。 在行政机关负责人作出决定之前，应当由从事行政处罚决定审核的人员进行审核。行政机关中初次从事行政处罚决定审核的人员，应当通过国家统一法律职业资格考试取得法律职业资格。	**第五十七条** 调查终结，行政机关负责人应当对调查结果进行审查，根据不同情况，分别作出如下决定： （一）确有应受行政处罚的违法行为的，根据情节轻重及具体情况，作出行政处罚决定； （二）违法行为轻微，依法可以不予行政处罚的，不予行政处罚； （三）违法事实不能成立的，不予行政处罚； （四）违法行为涉嫌犯罪的，移送司法机关。 对情节复杂或者重大违法行为给予行政处罚，行政机关负责人应当集体讨论决定。

重大行政处罚案件中的"重大"可以解释为"情节复杂或者重大违法行为"，现行的2021年修订的《行政处罚法》删除了"较重"的规定，客观上降低了认定"重大"的标准，扩大了适用行政机关负责人应当集体讨论的行政处罚案件范围。

现行2021年修订的《行政处罚法》第六十三条规定了应当组织听证的行政处罚案件。听证制度作为各国行政程序法的一项核心制度，核心是赋予当事人为自己申辩和质证的权利。[①] 根据现行《行政处罚法》第六十

---

① 我国于1996年首次将听证制度明确写入《行政处罚法》并作为行政处罚程序的一项重要制度。

三条的规定，明确有四类行政处罚决定应当组织听证：（1）较大数额罚款；（2）没收较大数额违法所得、没收较大价值非法财物；（3）降低资质等级、吊销许可证件；（4）责令停产停业、责令关闭、限制从业。还有两类兜底行政处罚决定：（1）其他较重的行政处罚；（2）法律、法规、规章规定的其他情形。

集体讨论和组织听证都是行政处罚案件中非常重要的程序规定，现行2021年修订的《行政处罚法》第六十五条和2017年修正的《行政处罚法》第四十三条都对这两项程序的先后顺序作出了明确规定，也即应当先组织听证后集体讨论。根据现行2021年修订的《行政处罚法》第六十五条的规定，"听证结束后，行政机关应当根据听证笔录，依照本法第五十七条的规定，作出决定"。

本案中，被告吕梁市市场监督管理局存在两个明显违反法定程序的行为。一是被诉行政处罚决定中的第四项吊销营业执照没有经过行政机关负责人的集体讨论，违反2017年修正的《行政处罚法》第三十八条规定；二是被诉行政处罚决定是先进行集体讨论后召开听证会，违反了2017年修正的《行政处罚法》第四十三条规定。①

（二）行政案件事实认定实行"卷宗审查主义"和举证时限制度，被诉行政处罚是否合法应当以据以作出行政处罚时的证据为基础

行政诉讼法实行卷宗审查主义和举证时限制度。人民法院裁判行政案件，以当事人在法定期限内提交到法庭的证据所证明的案件事实为依据，不允许行政机关补交执法卷宗外的证据。

由于行政相对人在面对代表国家公权力意志的行政机关时处于力量完全不对等的地位，因此我国行政法律法规要求在行政机关作出影响相对人权益

---

① 因先集体讨论后组织听证导致行政处罚决定被撤销的案例，可参考：辽宁省高级人民法院（2019）辽行终1320号行政判决书；广东省佛山市顺德区人民法院（2020）粤0606行初97号行政判决书；江苏省淮安市中级人民法院（2020）苏08行终127号行政判决书；广西壮族自治区高级人民法院（2020）桂行申211号行政裁定书；江苏省淮安市中级人民法院（2020）苏08行终160号行政判决书。

的行政行为时，就要做到证据充分、程序合法，而不允许行政机关事后再补充证据。这也是行政诉讼法与民事诉讼法根本性的区别之一。

被告吕梁市市场监督管理局二审阶段提交的自称2020年1月13日局务会会议记录复印件作为被告自制文件，既未出现在被告提交的执法卷宗文件中，被告也未向法庭申请延期举证该份文件，根据行政诉讼法及其司法解释的规定，被告吕梁市市场监督管理局二审提交的执法卷宗外的文件不属于作出被诉行政行为的证据，不具有证明效力。即便从形式上来看，该份会议记录是被手写记录在一个黑色笔记本上的两页纸，既无记录人和参会人签字，也无各会议参与人的发言内容，亦不属于行政处罚法规定的行政机关负责人集体讨论的形式要求。

（三）行政机关作出的行政处罚不应超出法定权限，否定具有既判力的司法判决

行政机关只能行使法律、法规授予本部门行政机关行使的行政管理职权，如果行使了法律、法规授予的其他行政部门的管理职权，即属于越权行使其他行政部门管辖权的行为。

而越权行使司法权即属于《行政诉讼法》第七十条第四项规定的行为。具体而言，是指行政主体行使了法律授予人民法院行使的审判权等。实践中越权行使司法权包括：行政主体作出的行政行为否定人民法院作出的已经发生法律效力的判决、裁定及法院主持下当事人达成的调解协议。①

本案中，被诉行政处罚决定所查处的晋裕公司产品，有一部分已经为在先生效判决认定为不构成《反不正当竞争法》第六条②，驳回了杏花村公司

---

① 参见蔡小雪：《行政行为的合法性审查》，中国民主法制出版社2020年版，第27—28页。

② 在先生效判决系2019年5月20日山西省高级人民法院作出的（2019）晋民终181号民事判决书。该案原告为本案第三人山西杏花村汾酒厂股份有限公司，被告为山西晋裕汾酒厂股份有限公司（曾用名山西杏花村晋裕杨德龄酒业有限公司）。原告杏花村公司诉讼请求中包括"请求判令四被告立即停止实施不正当竞争行为"，事实与理由中主张《反不正当竞争法》第六条，涉案产品"晋裕干和三年"即为本案被查处产品"晋裕干3酿"。在该案中，一审及二审法院均判决驳回了原告该项诉讼请求。

在该案中的诉讼请求，判决生效即产生既判力。但被告吕梁市市场监督管理局并未理会在先生效判决，对相同产品依据相同法律作出相悖的认定，客观上否定了人民法院已经发生法律效力的判决。被告吕梁市市场监督管理局作出的被诉行政处罚决定涉嫌超越其职权。

（四）社会调查报告应当具有合法性、科学性、权威性才具有证明力

社会调查报告常常作为知识产权案件中证明混淆的证据。但在司法实践中，社会调查报告只能作为案件事实的参考因素而非定案证据，法院在对调查报告质证、认证时，主要围绕调查机构的权威性、调查方法的科学性等问题进行。①

本案中，被告吕梁市市场监督管理局为证明混淆事实，由其工作人员自行开展了一项社会调查并形成一份社会调查报告，但该份社会调查报告缺乏客观性、科学性和准确性。

被告吕梁市市场监督管理局的社会调查报告不仅在市场调查方案设计方面不具有科学性，因此结果不具有代表性，而且调研对象的选取没有筛选相关公众，也违反《反不正当竞争法》第六条"混淆"的判断原则。

我国法律及司法解释对于"混淆"的判断要求界定"相关公众"进行了明确规定。根据《最高人民法院关于适用〈中华人民共和国反不正当竞争法〉若干问题的解释》第十二条、《商标法》第五十七条和《最高人民法院关于审理商标民事纠纷案件适用法律若干问题的解释》第九条的规定，对于行为是否造成"混淆"，判断主体应当为"相关公众"，也即以"相关公众"为视角。相关公众，是指与商标所标识的某类商品或者服务有关的消费者和与前述商品或者服务的营销有密切关系的其他经营者。

本案中，原告晋裕公司生产的产品为白酒，所指向的相关公众应当为白酒商品的消费者和与白酒营销有密切关系的其他白酒经营者。而被告吕梁市市场监督管理局制作的社会调查报告问卷访问的对象是普通人群，并未限定

---

① 参考《河南省高级人民法院关于审理涉及驰名商标认定案件若干问题的指导意见》第十一条；《青海省高级人民法院关于审理涉及驰名商标认定案件若干问题的指导意见》第十一条；最高人民法院（2016）最高法行再15号行政判决书。

于本案所涉商品的消费者或购买者，也即没有区分相关公众进行社会调查，因此社会调查报告的内容不具有证明力，不应被采信。

三、佛山市海天调味食品股份有限公司与加加食品集团股份有限公司、国家知识产权局"原酿造及图"商标权无效宣告请求行政诉讼案①②

案情聚焦

本案诉争商标系第14203775号"原酿造及图"商标，由加加食品集团股份有限公司（以下简称加加公司）于2014年3月19日提出注册申请，并于2016年2月28日被核准注册，核定使用在第30类"蚝油、鸡精（调味品）、辣椒粉、佐料（调味品）、调味酱、调味品、味精、醋、酱油、调味料"商品上。

2020年6月，佛山市海天调味食品股份有限公司（以下简称海天公司）以诉争商标"原酿造及图"表达的是酱油等调味品的制作工艺，并不具有商标显著性，消费者亦难以将其认知为商标等法定事由向国家知识产权局提出无效宣告申请。国家知识产权局于2021年11月19日就"原酿造及图"商标无效宣告案进行了公开口头审理（网络直播），2022年1月8日国家知识产权局作出"商评字〔2021〕第0000371417号"《关于第14203775号"原酿造及图"商标无效宣告请求裁定书》送达当事人，裁定认为争议商标的显著识别文字"原酿造"易被相关公众理解为是对争议商标核定使用的酱油、醋等商品的制作方式、加工工艺或者品质特点等的描述性词汇，而不易被相关公众识别为区分商品来源的识别标志，争议商标属于《商标法》第十一条第一款第三项所指的缺乏显著特征的标志的情形，并对"原酿造及图"商标予以无效宣告。

---

① 马翔律师，田龙律师，北京天驰君泰律师事务所。
② 一审案号：（2022）京73行初4293号；二审案号：（2022）京行终6769号；再审案号：（2023）京行申2809号。

加加公司因不服国家知识产权局无效裁定以国家知识产权局为被告向北京知识产权法院提起行政诉讼，海天公司作为第三人参加诉讼。北京知识产权法院一审认为，商标的功能在于识别和区分商品和服务的来源，如果某一标志使用在指定商品或服务上，相关公众无法将其作为商标认知，则该标志原则上不具有显著性，不能作为商标注册。本案中，诉争商标系图文组合商标，其文字部分"原酿造"并非固定搭配、具有固定含义的短语，不属于直接描述商品特点的词语；但"原酿造"用在该商标核定使用商品上，易使相关公众联想到"原始酿造""传统酿造""自然酿造"等含义，而不易被相关公众视为商标，难以起到识别商品来源的作用；诉争商标的图形部分仅对文字部分起修饰作用，亦不能使诉争商标发挥识别商品来源的功能。因此，诉争商标整体上缺乏固有显著性，构成商标法第十一条第一款第三项规定所指"其他缺乏显著特征的"情形。原告提供的证据不足以证明诉争商标经使用达到了必要的知名度，足以使其产生独立识别商品来源的意义，故诉争商标亦未通过使用获得显著特征。

本案经北京市高级人民法院二审判决维持原判，后加加公司向北京市高级人民法院申请再审，北京市高级人民法院经审查驳回加加公司的再审申请。

> **律师评析**

第一，该案从侧面折射出"商标私权利"与"标识公共资源"之间的紧张与冲突。再次警示申请人在商标注册过程中对于标识要素的选择应远离技术术语、行业术语、初始含义、公共含义等涉及公共商业资源的要素，否则可能不当限制了其他市场主体利用行业术语或词汇资源的表达自由。即便申请人通过注册暂时获得了商标注册的权利外观，但由于权利的不稳定性，尤其伴随着商业环境下的冲突加剧，商标权利仍会面临巨大的无效宣告风险。

第二，"原酿造"案并非普通的商标无效宣告案件，如同"金银花""陈麻花"案一般，"原酿造"案同样牵动着行业公众的关注，行业企业也希望在"商标私权利"与"标识公共资源"之间具有合理划分和清晰区隔，避免"私权利"不适当地切割或挤占"公共资源"，国家知识产权局在评审法务通讯（2020）第1期中亦曾指出："商标法的根本价值在于保护商标的识别性，而不是其新颖性。对于明显属于营销概念的词汇，如果其首创者并没有通过针对性的使用使该词汇具有较强的识别性，那么仅凭注册行为使其得以垄断该词汇（标识），对于同业经营者难谓公平。"本案的审理结论也体现了行政审查及司法审查对社会公共利益维护的高度重视。

四、阳光保险集团股份有限公司与国家知识产权局、深圳阳光医疗美容医院"阳光"商标无效宣告案[1][2]

案情聚焦

第11822854号"阳光"商标（以下简称诉争商标）由第三人深圳阳光医疗美容医院于2012年11月30日提出注册申请，2017年5月21日获准注册，核定服务为第44类"卫生设备出租"。原告阳光保险集团股份有限公司针对该商标提出无效宣告，理由为该商标构成对其驰名商标（第6505621号"阳光保险SUNSHINEINSURANCE"商标，以下简称引证商标）的摹仿，且第三人不以使用为目的大量申请商标，认为诉争商标违反《商标法》第十三条第三款的规定。国家知识产权局认为原告的理由不成立，裁定诉争商标予以维持。原告不服该裁定，向北京知识产权法院起诉。

诉讼程序中，原告提交证据表明，引证商标在诉争商标申请日前销售收入高、销售范围广，并通过央视等知名媒体进行广泛宣传，荣获多项荣誉，在行政、民事诉讼等程序中多次获得较高程度的保护，第三人反复申请多件包含"阳光"文字的商标，且诉争商标使用在卫生设备出租服务上，与其所提供的医疗美容服务很容易造成一定的人身危险，其吸引的相关公众与引证

---

[1] 郭东科律师、商振宇律师，北京中里通律师事务所。
[2] 一审案号：（2021）京73行初16079号；二审案号：（2023）京行终8452号。

商标核定的服务所具有的消费群体高度重合,而"阳光保险"完整包含了"阳光"、两者高度近似,加之引证商标经使用已在其相关公众中具有了较高知名度,相关公众在关联服务上看到"阳光"时,极易与引证商标"阳光保险"相联系,从而不当利用了驰名商标"阳光保险"的商业信誉,削弱了引证商标的显著性,贬损了引证商标的市场声誉。

法院认可了原告的主张,认为原告提交的审计报告、纳税证明、所获荣誉、企业宣传审计报告等证据可以证明引证商标在保险服务上经过其广泛使用,在诉争商标申请日之前已为相关公众所熟知,构成驰名商标。诉争商标与引证商标文字相近,构成对引证商标的摹仿。虽诉争商标核定使用的卫生设备出租服务与引证商标驰名的保险服务存在一定差异,但若允许诉争商标与引证商标共存于市场,容易导致影响驰名商标的显著性,减弱驰名商标与原告之间的联系,进而损害原告的权益。故诉争商标的申请注册违反了《商标法》第十三条第三款的规定,被诉裁定认定错误,应予以撤销。

律师评析

本案涉及商标行政授权诉讼中驰名商标认定的问题。

(一)驰名商标认定的现状及难点

驰名商标认定目前主要有三种途径:一是商标民事诉讼案件中,人民法院可以依法认定驰名商标,但各地法院标准不统一,行政机关对其认可度较低;二是地方市场监管部门可以在处理商标侵权查处案件中,逐层报批,由国家知识产权局认定驰名商标,此方式程序较复杂,案件周期较长;三是在商标异议、无效案件及后续行政诉讼程序中,由行政机关或司法机关认定驰名商标。三种方式中,商标行政机关与人民法院对驰名商标的认定标准又有所不同。

商标行政机关对于商标的知名度证据要求极高,对商标标志构成复制、翻译、摹仿的标准也较高,同时还要求双方商品和服务之间具有关联性,如果关联性较强,还会出现突破《类似商品和服务区分表》,直接适用《商标法》第三十条替代驰名商标条款的情况。即便适用驰名商标条款,也会在裁定文书中避免出现"驰名商标"字样。究其原因，可能是在2013年《商标法》修正之前，社会上将驰名商标作为一种荣誉，为了纠正这一现象，行政机关提高了驰名商标的认定标准，在认定数量、方式上进行了较为严苛的控制。

相对于行政机关，司法机关在案件中着重考虑的是受保护商标的知名度情况，且对于知名度证据没有严格的种类上的限制，不会苛求必须提供某一种证据，如行业协会推荐函或著名商标证书等，同时对于商品关联性的认定，既可以从关联性角度出发适用"误认"，也可以在个案中从减弱权利人与驰名商标对应关系的角度尝试适用"淡化"思路。

（二）商标行政授权诉讼中认定驰名商标时需要考虑商品之间的关联性、商标申请人的主观意图等因素

《最高人民法院关于审理商标授权确权行政案件若干问题的规定》中针对驰名商标认定问题明确了应当考量的因素①，从该规定来看，"指定使用的商品情况""商标申请人的主观意图"均是影响案件认定的因素。

1. 商标行政诉讼对驰名商标认定中涉及商品关联性认定的两种思路

驰名商标认定显然不应当局限在相同或者类似商品、服务上，否则，该条款确定的保护范围与《商标法》第三十条、第三十一条无异。驰名商标的价值很大程度上源于其所具有的"驰名商标"与其"所有人"在"特定商品或服务"上的"唯一对应关系"，针对该问题，《最高人民法院关于审理涉及驰名商标保护的民事纠纷案件应用法律若干问题的解释》已有规定，其第九条的两款规定为裁判提供了两条认定思路。

其一，"足以使相关公众对使用驰名商标和被诉商标的商品来源产生误

---

① 该解释第十三条规定："当事人依据商标法第十三条第三款主张诉争商标构成对其已注册的驰名商标的复制、摹仿或者翻译而不应予以注册或者应予无效的，人民法院应当综合考虑如下因素，以认定诉争商标的使用是否足以使相关公众认为其与驰名商标具有相当程度的联系，从而误导公众，致使驰名商标注册人的利益可能受到损害：（一）引证商标的显著性和知名程度；（二）商标标志是否足够近似；（三）指定使用的商品情况；（四）相关公众的重合程度及注意程度；（五）与引证商标近似的标志被其他市场主体合法使用的情况或者其他相关因素。"

认，或者足以使相关公众认为使用驰名商标和被诉商标的经营者之间具有许可使用、关联企业关系等特定联系的，属于商标法第十三条第二款规定的'容易导致混淆'"。可称为"误认"思路。

其二，"足以使相关公众认为被诉商标与驰名商标具有相当程度的联系，而减弱驰名商标的显著性、贬损驰名商标的市场声誉，或者不正当利用驰名商标的市场声誉的，属于商标法第十三条第三款规定的'误导公众，致使该驰名商标注册人的利益可能受到损害'"。可称为"淡化"思路。本案更应当适用的是该种思路。

（1）"误认"思路下的驰名商标认定

近期出现适用"误认"思路认定驰名商标的判例为"WILLO SE"商标无效宣告案。① 判决认为，威乐公司提交在案证据表明，在诉争商标申请日前，威乐公司及其关联公司在水泵商品上对引证商标在中国大陆地区进行了持续使用和广泛宣传，且"WILO"水泵产品销售额高、销售范围广，亦被多家媒体宣传和报道，故本案现有证据可以证明，在诉争商标申请日前，引证商标经过原告的长期使用和广泛宣传，在行业内已为相关公众广为知晓，具有了较高的知名度，已构成使用在"环流泵"商品上的驰名商标。诉争商标核定使用的"电池机械、印刷机器、水族池通气泵"商品与引证商标赖以知名的"环流泵"商品均属于机械类商品，二者在功能用途上存在关联、在消费对象上存在重叠，且诉争商标"WILLO SE"与原告的企业名称"WILO SE"高度近似，因此，相关公众看到使用在"水族池通气泵"等商品上的诉争商标时，容易将其与原告的引证商标建立相当程度的联系，误认为其商

---

① 案号：（2021）京73行初13526号。该案件的基本案情是：2017年10月26日，第三人高某提交了第27118181号"WILLO SE"商标的注册申请，并于2018年10月28日获准注册，核定商品为第7类"电池机械，印刷机器，水族池通气泵"。威乐公司对其提出无效宣告请求，理由为该商标侵犯了其国际注册第618753号"WILO"驰名商标的权利，并提交了其长期使用"WILO"商标的大量证据，国家知识产权局以证据不足为由维持了诉争商标的注册，威乐公司不服，向北京知识产权法院提起行政诉讼，并在诉讼中进一步补充了行业协会证明、大量宣传使用证据、与第三人发生的商标民事纠纷判决书等。

品来源于原告或与原告存在特定联系，或者破坏引证商标与原告提供的"环流泵"等商品之间的密切联系，削弱原告引证商标的显著性，致使原告利益受到损害。因此，诉争商标的注册违反《商标法》第十三条第三款的规定。

显然，该案中，法院根据前述司法解释的适用要件，逐一分析了案件中应当认定驰名商标的理由，其中明确指出"诉争商标核定使用的'电池机械、印刷机器、水族池通气泵'商品与引证商标赖以知名的'环流泵'商品均属于机械类商品，二者在功能用途上存在关联、在消费对象上存在重叠"，即认定诉争商标的商品与引证商标商品存在一定联系，在两商标近似、引证商标已经具有极高知名度的情况下，诉争商标的注册可能导致相关公众的"误认"，损害权利人驰名商标的利益。与本案类似的还有六福集团有限公司与国家知识产权局、第三人郑某商标无效案①中，法院认定了"烫发用灯；空气净化用杀菌灯"与引证商标据以知名的珠宝商品相关公众高度重合，两种商品有一定关联。又如大众汽车股份公司与国家知识产权局、第三人东住国际贸易（上海）有限公司商标无效案②中，法院认定诉争商标指定使用的橡胶制减震缓冲器、汽缸接头等商品与原告品牌据以驰名的汽车商品存在较大关联性等。由此可见，法院更倾向于采取这种思路。一方面，这种思路有较为明确的依据，更易使各方信服，且有较多案例的支撑；另一方面，就驰名商标保护边界的不确定性而言，这种思路有较明确的标准。

（2）"淡化"思路下的驰名商标认定

回归到本案，第三人将诉争商标申请注册在卫生设备出租服务上，当然可推测其同时提供的医疗美容服务很容易造成一定的人身危险，可能出现诉争商标吸引的相关公众与引证商标核定保险服务所具有的消费群体高度重合的情况，无法排除第三人的攀附或者损害引证商标的市场声誉的情况，考虑第三人的恶意情况下，诉争商标的申请注册割裂了"驰名商标"（"阳光保险"品牌）与原告在"指定服务"（保险服务）上的"唯一对应关系"，而

---

① 案号：（2021）京 73 行初 5150 号。
② 案号：（2021）京 73 行初 6190 号。

反淡化保护的目的就在于保护这种对应关系，因此，诉争商标理应被无效宣告。

对于驰名商标的保护，除了在相同或类似的商品或服务上的禁止混淆误认之外，更应当禁止他人在不相同或不类似的商品或服务上对于驰名商标的淡化行为。驰名商标的淡化是指未经权利人许可，在不相同或不类似的商品或服务上使用与驰名商标相同或类似的标识，利用驰名商标的商业信誉来推销其商品或服务的行为。商标淡化首先淡化的是商标的显著性，驰名商标之所以驰名，是因为其本身具有较强的显著性，淡化行为会直接导致这种商标属性的削弱。因为一件本来具有很强显著性的商标，与它所标示的商品或服务具有相对稳定的对应联系，但将他人的驰名商标使用在不同的商品或服务上的行为，会使该商标的此种稳定的对应联系减弱。"阳光"商标无效案件显然就考虑了这个角度。

从淡化角度认定驰名商标的案件不多，这主要是因为驰名商标受到商标法的较高程度保护，一方面是对权利人的保护，另一方面则是对其他主体的限制，商标保护范围应当在两者之间平衡。"淡化"思路虽然扩展了驰名商标的保护范围，但考虑到其范围的不确定性，法院态度较为谨慎，个案性更为明显，保护的往往是具有极高知名度的国民品牌。例如杭州娃哈哈集团有限公司与国家知识产权局、第三人福建蛙哈网络科技有限公司商标无效案[①]中，法院就采取该思路，认定考虑到诉争商标的使用将不正当地攀附引证商标的驰名商誉，淡化驰名商标的显著性，致使原告的利益可能受到损害。这肯定是考虑到了"娃哈哈"商标的驰名程度，以及饮料商品为普通日常消费品，相关公众可覆盖范围较广等特点的。

2. 对商标申请人的主观意图的认定

现阶段驰名商标认定案件中，司法机关都考虑了诉争商标权申请人的主观意图，该因素中较为常见的有两种情况。

其一，商标申请人有恶意囤积情况。如本案中，诉争商标申请人在 36

---

① 案号：（2021）京 73 行初 8443 号。

个类别上申请了 301 件商标，且无使用意图；又如，前述大众公司案中，诉争商标申请人申请了 8 件显著识别部分含有"VW"的商标且无法作出合理解释，判决中明确将其作为一个考量因素；在"SKODA"商标无效宣告案①中，判决直接指明"在考虑到张某霞还申请注册'斯柯达'中文商标、'飞利比''PHILIPPI'等商标，且未提交任何证据证明其对诉争商标存在真实的使用意图并进行了相关商业使用的情况下，本院认为张某霞申请注册诉争商标存在主观恶意"；前述"WILLO SE"商标无效宣告案中，法院更是指明，第三人申请注册的诉争商标构成对引证商标的摹仿，更与原告的外文企业名称高度近似……第三人还曾在第 7、11 等多个商品类别上申请注册了"威乐回""Gerwilo""WEILE""威乐零冷""百乐满""GELANFOS"等多件商标等与原告或他人在先具有较强显著性或较高知名度的商业标识相同或相近似的商标，其行为具有明显的复制、抄袭他人高知名度商业标识的故意，不具备注册商标应有的正当性，亦超出了正常的商业经营所需，扰乱了正常的商标注册管理秩序，有损于公平竞争的市场秩序及社会公共利益，在适用驰名商标条款外，还适用了《商标法》第四十四条规制恶意注册的条款。

其二，在先民事判决结果对于认定商标申请日的恶意也有很大影响。前述"WILLO SE"商标无效宣告案中，权利人与诉争商标申请人发生了商标侵权及不正当竞争民事纠纷。东莞市中级人民法院（2021）粤 19 民终 2760 号民事判决认定，高某系东莞威乐公司的法定代表人，该公司销售"WIL-LO"品牌回水器侵犯了威乐公司"wilo"商标的注册商标专用权，且在商品销售过程中对所售商品进行描述、命名时，均有向威乐公司商标靠拢，明显有攀附"wilo"商标商誉的故意。该案中的高某就是涉案"WILLO SE"商标的申请人。即该案中，生效民事判决认定诉争商标申请人构成侵权，法院最终在适用驰名商标条款的同时还适用了《商标法》第四十四条第一款予以

---

① 案号：（2020）京行终 7478 号。

处理。类似的"无印良品"商标无效宣告案①中，原告提交了第三人恶意维权的判决书②，该民事判决认定，无印良品上海公司的母公司株式会社良品计画早在 20 世纪 80 年代即创立了"無印良品"，该品牌自 2005 年进入中国市场后，历经十多年持续稳定的深耕运营，已逐渐为中国广大消费者所接受和青睐，成为覆盖家居生活、食品、服装以及文具等诸多领域的知名百货品牌……在此情况下，尽管棉田公司在第 24 类相关商品上注册了"無印良品"商标，但其商标禁用权的范围基于客观实际应当有所限定，例如本案所涉的与相关商品不具有直接对应关系的商标或字号的运用不应随意纳入其中，否则无疑将对无印良品上海公司的正常生产经营产生不当影响，最终未支持棉田公司的诉讼请求。该民事判决后，株式会社良品计画才针对棉田公司的商标提出无效宣告请求，并在商标行政诉讼中获得法院驰名商标的认定。

综上所述，目前驰名商标认定存在多个途径，其中商标行政管理机关极为谨慎，证据认定要求较高，而司法机关在商标行政授权确权诉讼中对该条款的把握更为符合法律制度设计的本意，在个案中可能选择"误认""淡化"两种思路对案件进行认定，同时会考虑商标申请人的主观状态等多个因素，对相关证据进行全面审查。相对而言，司法机关对于驰名商标的保护标准更易理解，可作为当事人获得驰名商标保护的优选。

五、北京无印良品投资有限公司诉国家知识产权局、株式会社良品计画"無印良品"商标撤销复审行政诉讼案③④

案情聚焦

本案诉争商标系第 4471277 号"**無印良品**"商标，由株式会社良品计画

---

① 一审案号：（2020）京 73 行初 5238 号。
② 一审案号：（2019）苏 05 知初 258 号。
③ 郭东科律师、彭辉律师，北京市中里通律师事务所。
④ 一审案号：（2021）京 73 行初 11532 号；二审案号：（2022）京行终 1718 号。

于 2005 年 1 月 19 日提出注册申请，并于 2008 年 8 月 27 日被核准注册，核定使用在第 35 类"3503，推销（为他人）；进出口代理；通过互联网推销商品和服务（为他人）；推销食品、饮料、棉制品、服装、服装配件、文具、家具、室内装饰、装饰品、硬件、家庭日用品、医药制剂、文化教育用品、钟表、眼镜、电和电子设备、珠宝、贵重金属、摄影器具、化妆品、娱乐和休闲产品、机械设备、自行车及其零件、三轮车及其零部件、洗浴用品、毛巾、卧室用品（为他人）；在线为他人推销浴室用品、服装及其附件、个人保养用品、旅行用具、玩具、桌子附件、文具、家庭用品、电器、厨房用具、餐具、贮存；在线推销（为他人）；3501，广告；邮寄订单广告；3502，市场研究"商品上。

北京无印良品投资有限公司（以下简称北京无印良品公司）以诉争商标已连续 3 年未使用为由，向国家知识产权局提出撤销申请。经国家知识产权局就本案复审后，作出商标撤销复审决定书：认定在案证据足以证明诉争商标在 2017 年 1 月 20 日至 2020 年 1 月 19 日期间（以下简称指定期间）内在"推销（为他人）"服务上进行了实际使用，诉争商标在"广告；市场研究；邮寄订单广告"服务上的注册予以撤销，在其余核定服务上予以维持。

北京无印良品公司不服被诉决定，依法向北京知识产权法院提起行政诉讼。北京知识产权法院一审认为，株式会社良品计画提交的许可备案公告可以证明其授权无印良品（上海）商业有限公司使用诉争商标。株式会社良品计画提交的淘宝网交易订单、线下交易记录、无印良品（上海）商业有限公司签订的售货合同及发票结合新闻报道可以证明，株式会社良品计画的被许可人通过线上及线下形式在"無印良品"专卖店销售过第三方生产的银河自行车，并通过多种形式对银河自行车产品进行了宣传。株式会社良品计画提交的上海热线网等的新闻报道、网页截图亦可以证明株式会社良品计画的"無印良品"专卖店与其他品牌合作并对其他品牌的产品进行了推广。综合株式会社良品计画通过发放会员护照、宣传册等方式宣传诉争商标等证据，基本上形成了比较完整的证据链用以证明在指定期间内其在"推销（为他人）"服务上使用了诉争商标。

北京无印良品公司不服北京知识产权法院就诉争商标作出的一审判决，向北京市高级人民法院提起上诉，北京市高级人民法院就本案审理后作出二审判决，判决认为：

"结合在案证据，若经营主体能够证明其通过提供场地等形式与商品（服务）的经销商（含提供者）进行商业合作，并且提供的促销活动海报、促销活动策划方案、报刊促销广告、咨询服务等证据，足以认定其为经销商（含提供者）销售商品（服务）提供建议、策划、宣传、咨询等服务，上述行为属于诉争商标在'为他人推销'服务上进行了商标法意义上的使用。

株式会社良品计画提交的自行车售货合同及发票显示，无印良品（上海）商业有限公司从其他公司购买了'2016Galaxy'自行车，并通过线上、线下的方式进行了销售，该证据不能证明系对'推销（为他人）'服务的使用。但是，株式会社良品计画在行政阶段提交的具有可信时间戳认证证书的相关证据显示，其在指定期间内通过线上的方式对'日本手工品牌SUN-FELT''新星出版社清酒''太平猴魁'等其他主体的商品进行了宣传介绍，并安排讲师、提供活动场地组织线下活动，且显示有诉争商标；此外，株式会社良品计画在二审诉讼中补充提交的具有可信时间戳认证证书的宣传报道以及他人名下的'荒岛书店'注册商标信息等证据显示，在无印良品门店内其通过提供场地、摆放宣传海报的方式对他人的'荒岛书店'商品进行了宣传和推销，其门店显示有诉争商标，上述证据可以证明在指定期间内株式会社良品计画在'推销（为他人）'服务上对诉争商标进行了真实、合法、有效的商业使用。"

律师评析

本案涉及的核心争议焦点为，当事人提供的使用证据是否可以充分证明诉争商标在法定期间内，在第35类"为他人推销"服务项目上进行了真实、合法、有效的使用。

根据上述案件裁判内容，笔者认为对于第35类"为他人推销"服务的定义方面，国家知识产权局与人民法院之间已经达成了统一意见，即均认为该服务系为他人提供咨询、宣传、推广、促销等商业辅助服务，而非仅仅将他人商品低价购入后再高价售出的赚取差价行为（批发、零售行为）；但由于商业主体与经营模式的多元化，对于如何判断当事人提交使用证据是否满足"为他人推销"服务的要求，行政与司法机关之间尚存在不同观点，且目前《类似商品和服务区分表》中并未就批发、零售行业设置服务项目，这导致商标权利人在行政、民事法律领域内维护自身权益时面临巨大法律风险与不确定性。本文中，笔者将根据现行法律规定，结合上述案例就第 35 类"为他人推销"服务的商标使用证据事宜进行分析论述。

（一）国家知识产权局对于"为他人推销"服务的证据的审查尺度

国家知识产权局发布的《关于第 35 类服务商标申请注册与使用的指引》中，明确指出：为他人推销服务，是指为帮助他人提升其商品或者服务在市场上的销量或者需求，提供具体建议、策划、咨询等服务。不包括通过零售或者批发等方式直接向消费者出售自己的商品或服务，也不包括销售他人的商品或者服务以赚取差价的情形，即单纯的商品销售行为不属于为他人推销服务范畴。商品或者服务的经销商或者提供者通常属于该类服务的被服务对象。从事为他人推销服务的典型主体主要包括在线下或者线上为推销他人商品或者服务而提供相应具体服务的主体。经营活动仅是销售他人品牌产品以赚取一定的差价时，其从事的经营活动实际上属于零售，不属于为他人推销服务。但若在经营活动中除销售商品外，还存在提供如广告宣传、商品展示、推销等服务时，相关主体可在对应具体服务上申请注册商标。

以上内容体现了国家知识产权局对于"为他人推销"服务的定义界定，并同时就收集留存使用证据提出了若干意见，包括妥善留存合同、发票、门头照片，工作人员服饰等方面。虽然上述意见仅为概括性意见，但在行政裁决实务中，国家知识产权局就"为他人推销"服务使用证据的审查尺度给出进一步指引：

国家知识产权局在就沈阳某贸易公司持有的马图形商标撤销复审案作出的决定书中认为："……第 35 类复审服务是指复审商标所有人在收取一定对价的前提下为他人提供特许经营的商业管理、进出口代理、为他人推销等服务，即服务提供者与服务接受者不能是同一主体。本案中，申请人销售商品及对自身销售活动的推广等行为并非复审商标核定使用的特许经营的商业管理、进出口代理、为他人推销等服务，与本案缺乏关联性，不能作为认定本案事实的依据。"

从上述决定书内容可以看出，国家知识产权局就"为他人推销"服务使用证据，主要从以下几个方面进行审查：

1. 使用证据是否系单纯的购销商品，赚取差价行为，若是则当然排除在"为他人推销"服务范畴之外；

2. 使用证据是否针对他人品牌商品、服务，若是当事人就自身商品或服务等经营活动内容提交使用证据，则属于该商品、服务领域的商标使用行为，而非"为他人推销"服务范畴；

3. 诉争商标使用人需提供证据证明其所从事的促销推广行为，系建立在收取一定对价，即在商业有偿性前提下，方可成立。

（二）司法机关对于"为他人推销"服务的证据的审查尺度

北京市高级人民法院发布的《商标授权确权行政案件审理指南》规定："19.14【'替他人推销'商标使用的认定】诉争商标注册人为商场、超市等，其能够证明通过提供场地等形式与销售商等进行商业合作，足以认定其为推销商品提供建议、策划、宣传、咨询等服务，可以认定诉争商标在'替他人推销'服务上进行了商标使用。"

根据上述指南内容，可知司法机关就"为他人推销"服务的使用证据的审查标准，与国家知识产权局的整体方向是一致的，但就商场、超市等传统批发零售行业主体的行业作出了进一步的指引，即若商场、超市可以就与他人（商品经销商）展开商业合作，通过提供场地，安排促销、打折优惠等商业辅助活动，促进商品销售等方面提供充分有效的证据证实，那么可以认定诉争商标在"为他人推销"服务上进行了商标使用。

该指引内容充分体现了在司法审判实践活动中的真实情况，商场、超市等传统批发零售行业属于"为他人推销"服务领域中的典型需求主体，但目前《类似商品和服务区分表》中并未就"批发零售"服务设置商标服务项目，所以商场、超市主体只能选择"为他人推销"服务作为商标品牌使用服务项目，但在商业交易惯例中，商场与超市往往与供货商签订购销合同，并在合同中约定促销、优惠等条款内容，相应费用也往往以冲抵货款形式实现，故针对该类主体的证据审查要求，在形式方面往往会结合证据本身的证明力予以判断。

若当事人提交的证据真实有效，且证明力充分（例如有公证书证明相关促销活动已经真实发生），那么往往可以推定当事人已经在"为他人推销"服务项目上进行了商标使用。结合本案，人民法院就当事人提交使用证据的审查重心，更多地放在相关证据是否能够充分证明先"促销""优惠"等推广促进商品销售的行为是否真实客观发生上，如能证明，则未就促销费用发票等间接证据作进一步要求。

通过上述案例分析，可以看出，国家知识产权局与人民法院之间就"为他人推销"服务证据审查，在以下方面达成一致：

1. 排除批发、零售等仅以赚取差价为目的的商业行为。
2. 被服务对象为他人的商品或服务，而非为当事人者自身。
3. 证据形式需满足真实、合法、有效等必备要件，并在法定期间之内。

但就"促销"服务费用票据、合同等证据的审查尺度，在国家知识产权局与人民法院之间，甚至人民法院内部依然存在不同观点与分歧。就"为他人推销"服务证据认定方面的分歧观点而言，是否应当将"促销""推广"服务合同与票据作为认定"为他人推销"服务成立的要件，即是否将商业有偿性作为"为他人推销"服务成立的要件，是目前行政与司法机关，乃至司法机关内部仍存在分歧的焦点。结合相关案例，笔者认为可分为以下两种观点：

1. 推定说

该观点认为，当事人若能够提供充分证据（例如就第三方平台或微信公众号内容进行公证保全），能够证明在法定期间内，当事人已经通过公开渠道为他人商品销售提供了促销、打折、优惠等宣传推广活动，那么该类直接证据可以证明当事人从事了为他人推销的服务活动。"促销服务"费用票据与合同属于认定争议焦点的间接证据,即若通过直接证据可以证明"为他人推销"服务已经实施存在,那么不必就此类证据过分苛责,可以推定当事人所从事的服务系"为他人推销"服务。

北京知识产权法院在哈尔滨奥威斯商业广场有限公司诉国家知识产权局、鑫海贸易顾问有限公司" "商标撤销复审行政诉讼案①中认为:"在本案诉讼阶段,根据原告补充提交的商场外部照片、大众点评网用户评价所附照片显示,原告于指定期间在其经营的奥威斯商业广场突出使用了诉争商标识。根据原告与入驻商户签订的合同显示,其与入驻商户之间系合作经营关系。原告在诉讼中的补充证据显示,原告在哈尔滨当地报纸刊登促销广告、举办店庆活动、微信公众号发文等宣传行为均属于对其入驻商户宣传促销,同时亦显示有诉争商标标识,故原告上述行为属于诉争商标核定使用'推销(为他人)'服务。"

此外,北京知识产权法院在国家知识产权局诉青岛维客集团股份有限公司、北京智宇慧中科技开发有限公司" "商标撤销复审行政诉讼案②中也持相同审查尺度,认为:"维客公司提交的其官方网站'爱在圣诞,情满新年'海报截图显示有诉争商标,网页内容更新时间为2018年12月14日,落入指定期间,海报显示有'民生银行随机满减民生信用卡用户消费满100元随机减10—100元'等宣传内容;维客公司提交的其官方网站'崂山百货&苏宁易购品牌内销会'海报截图显示有诉争商标,网页内容更新时间为2019年7月21日,落入指定期间,海报显示有'10元购727元代金券50元崂山百货服饰券677苏宁易购电器券''欧莱雅满1000元减100元同时叠加300元减50元''亨达新品5折,折后满269元再打9折'等商品促销信息;上述证据与维客公司提交的时间戳证书及大众点评截图、微信公众号文章、商场整体及局部照片等证据相互印证,已形成证据链能够证明维客公司在指定期间内在'推销(为他人)、广告宣传、商业管理咨询'服务上对诉

---

① 案号:(2019)京73行初5952号。
② 案号:(2021)京73行初13779号。

争商标进行了真实有效的商业使用。"

以上两案例说明在在案证据可以充分证明"促销"服务已经实际发生的前提下，人民法院并未就"促销服务费"的专项合同与发票等证据作进一步要求，推定当事人已经在"为他人推销"服务上使用了诉争商标。

2. 要件说

即当事人除了可以提供经公证保全的为他人商品促销、推广服务的直接证据外，还需要进一步提供双方就促销推广服务签署的协议及发票等直接证据，证明当事人从事的行为系商业有偿行为，方可认定当事人从事了为他人推销服务。在该观点下，"促销""推广"服务合同与票据成为认定"为他人推销"服务成立的必要条件，即便在有直接证据的前提下，若确实商业有偿性证据的佐证，依然不能认定当事人从事的是"为他人推销"服务。

北京知识产权法院在某连锁超市及图商标撤销复审行政诉讼案中认为："推销（为他人）服务是指为他人销售商品（服务）提供建议、策划、宣传、咨询等服务，是通过向他人提供上述服务赚取服务费。证据2中显示的内容并非上述服务；证据3、4未显示诉争商标标志；证据5、6、7与诉争商标核定使用的服务无关；证据8、10并非诉争商标的使用证据……"

需要特别指出的是，该案中当事人已经就其在微信公众号、大众点评等平台上常年发布促销推广他人商品的信息进行了公证保全，并向法院提交了公证书作为证据，主要集中在证据5、6、7。同时，当事人与供应商签署的《购销合同》中明确约定了促销服务的费用，但在交易过程中主要以抵扣货款形式予以履行，未能进一步提供促销服务费用的票据。

人民法院在该案中采取了服务成立要件说观点，将当事人是否通过提供"为他人推销"服务赚取服务费作为评价"为他人推销"服务是否成立的要件，进而作出了否定结论。

此外，北京知识产权法院在湖北美联商贸连锁有限公司诉国家知识产权局、美联尚品（北京）超市连锁有限公司"美の联"商标撤销复审行政诉讼案①中也采取了类似的审查判断标准，认为："……具体到本案中，原告与多个企业主体签订的商品购销合同书中不仅约定了代为销售的不同品牌，还约定了促销费以及保底销售的情况，原告于 2016 年 8 月 4 日向箭牌糖果（中国）有限公司、2017 年 7 月 20 日向襄阳文楚百货有限公司开具的发票均显示为'促销服务费'，可见原告并非仅仅从事购进货物后再对外销售的零售行为，还从事了前述'为他人推销'行为。"

笔者认为之所以存在以上分歧观点，可能与"为他人推销"服务自身特殊性有一定关系。以商场、超市为例，其向他人购入商品，在自身经营场所里摆放，以高于进货价的价格对外向消费者进行销售，完全符合批发、零售行业的特征。但商场、超市通常会在节假日等特殊时间点，采取促销、打折优惠、兑换积分礼品等商业手段促进商品销售。那么该促销行为与日常零售行为就构成了竞合，其促销行为是为当事人自身批发、零售而为，还是为促进他人商品销售而为就成为困扰当事人，乃至行政、司法机关的难题。故而在行政与司法实践中，将"促销服务费"合同与票据作为分辨两者区别，进而判定"为他人推销"服务成立的构成要件之一。

对此，笔者倾向认为，在现代商业环境中，商场、超市等传统零售行业，其在自身营业场所内进行的商业促销、打折、优惠等活动，其最终目的是增进商品销量，从而获得更多利益，但鉴于商场、超市与经销商之间存在定期结算货款等商业惯例安排，所以相关促销打折等商业辅助服务，也同时促成了他人品牌商品销量增加的客观事实。

因此该促销、打折等服务行为虽然为商场、超市增加了商品销量，但毕竟商场、超市方付出了智力成果安排（例如设计打折比例、优惠活动内容等），不宜认定为单纯的赚取商品差价行为，而是为商场、超市以及他人品牌商品经销商的共同利益而进行了商业辅助行为，目的是实现双赢。

（三）"为他人推销"服务使用的困局与解决途径

从上述行政与司法案例所体现的分歧可以看出，对于相关公众，尤其是

---

① 案号：（2019）京 73 行初 14687 号。

商场、超市等传统批发零售行业而言，"为他人推销"商标注册与使用存在不可回避的困局。

首先，当事人因商业交易的特点，可能无法在日常经营活动中严格按照行政与司法机关的要求留存使用证据，尤其是针对"促销优惠"等服务的费用支付凭证等细节，难以符合行政与司法机关对于证据审查的要求。若商场、超市提供了直接证据证明相关促销、优惠等行为已经实施，若行政与司法接管还将"促销服务费"支付凭证等作为判定"为他人推销"服务成立的要件的话，那么商场、超市等主体的商标权利势必存在巨大不稳定风险。

其次，如在当事人经营场所内，既销售自有商品又有他人商品的情形下，关于"为他人推销"商标使用范围的界定，也需要行政与司法机关给出进一步指引。例如，在北京市海淀区人民法院、北京知识产权法院在某服装店商标侵权纠纷案中认为虽然涉案服装店铺门头、装潢中使用了第35类"为他人推销"商标标识，且在店内服装商品上并未使用侵权标识，但依然认定当事人在第25类"服装"商品上构成侵权，店铺整体经营行为被认定为服装商品的使用，而非第35类"为他人推销"服务项目的使用。

最后，由于《类似商品和服务区分表》中未就"批发零售"等服务设置项目，且在注释中明确表示"商标销售不视为服务"；导致相关主体只能选择在第35类"为他人推销"服务上注册商标并进行民事维权活动。

但在涉及商场、超市等商标侵权民事诉讼案件中，主要侵权行为系围绕商品零售等商业活动展开，导致人民法院在该类案件中，又不得不将"批发、零售"等商业活动，认定为与第35类"为他人推销"的类似服务。因此在商标行政确权司法认定与商标民事侵权司法认定之间出现了矛盾现象。

例如，北京知识产权法院在北京亚奥金街坊商贸有限公司与华联超市股份有限公司侵害商标权纠纷、不正当竞争纠纷案[①]中认为："……经一审法院查明，亚奥金街坊经营便利店与华联公司第5345627号注册商标核定使用的'推销（为他人）'，第5825607号商标核定使用的'为零售目的在通讯媒

---

① 案号：（2023）京73民终1976号。

体上展示商品'服务项目属于类似服务。"

这一矛盾将可能直接导致商标行政与民事司法审判活动陷入更加混乱的困局。一方面，若在商标侵权民事诉讼审判程序中，维权方商标被他人以连续3年未使用而申请撤销，相关审查标准又不考虑批发零售等商品销售行为，则将直接导致维权方在商标侵权民事诉讼中败诉；另一方面，在商标撤销复审行政诉讼程序中，被申请人提交了商标侵权民事诉讼生效判决书作为证据，证明复审商标进行了使用，但民事判决书中又将商品零售行为判定为第35类"为他人推销"的类似服务，则颠覆了国家知识产权局与人民法院的审查标准。

笔者认为可考虑从以下方面解决：

1. 根据当事人商业经营模式，结合在案证据，酌定审查尺度标准

首先，若当事人系商场、连锁超市等主体，且已经提供真实、合法、有效的直接证据，可以证明在法定期间内，诉争商标已经在当事人经营场所的门头、员工服装、展台等介质使用，可以证明就他人商品促销、打折等商业活动进行了合同约定，并在相关公众中进行了展示与实施。那么可以适当降低对促销服务费用支付票据等方面的要求，推知相关活动属于"为他人推销"服务范畴。

其次，若当事人并非商场、超市等传统批发零售行业，且并不能提供直接证据证明相关促销、打折等"为他人推销"服务已经在法定期间内实施，则可以考虑适当提高对于促销服务费合同、票据等方面的间接证据要求，判定当事人提交证据是否能够形成完整的证据链，证明诉争商标在"为他人推销"服务上投入使用。

最后，若当事人能够提供关于诉争商标（第35类"为他人推销"服务）在商标侵权民事领域内的保护记录，例如生效判决文书、工商处罚决定书等，可以作为判定诉争商标是否在"为他人推销"服务上投入使用的参考依据。避免出现诉争商标品牌在商标侵权民事案件中已经获得保护，但因证据形式，反而在商标行政确权阶段丧失权利的尴尬局面。

2. 就《类似商品和服务区分表》进行增补修订，为商场、超市等传统

销售领域增设"批发、零售"服务项目，避免行政与民事诉讼程序中的类似服务判定矛盾

2023 年版的《类似商品和服务区分表》第 35 类服务注释中明确表示，商品销售不属于服务，也没有就批发零售等传统商业服务安排设置相应的服务项目。由此可见，目前国家知识产权局将相关商品的销售视为对商标在具体商品类别上的使用，而不是服务项目上的使用。

但一个无法回避的事实是，传统零售行业，作为社会化分工的产物，其核心职能就是将不同门类的商品汇总放置在特定经营场所内，供消费者选购。该行业已经存在相当长时间，如果将商品的销售一概排除在服务领域之外，那么等于将零售行业整体排除在商标权利之外。即便不考虑促销、打折等商业活动，也不能完全忽视静态零售行业存在的客观性与必要性，该领域涉及社会广大公众的切身利益，甚至与社会秩序形成了密切联系，若将如此庞大的行业群体排除在服务商标领域之外，势必造成一个行业整体商标权利真空，是极不稳定的事实状态，也会造成商标行政与民事司法审判标准互为矛盾的困局。

因此，笔者认为，有必要就《类似商品和服务区分表》进行增补修订，为商品零售行业设置独立的服务项目类别，以解决目前的困局。

3. 对于复杂案件，需要结合案件具体情况，审慎界定第 35 类"为他人推销"服务的范围

如前所述，若当事人经营场所内，既销售他人商品，又销售自有品牌，应当如何界定使用行为。笔者认为，应当根据具体经营活动的内容，判断门头、装潢上使用商标的类型，不宜一概而论。在店铺门头、装潢上使用标识的行为虽然更贴近于服务商标的使用形式，但还应当根据具体涉案证据综合判断。针对销售他人商品部分，如有证据证实当事人提供了促销打折等推广服务，则可以认定为第 35 类"为他人推销"服务上的商标使用行为；针对自有品牌的销售，则应当认定为第 25 类"服装"商品的商标使用行为。

六、费加罗传感科技（上海）有限公司与深圳市源建传感科技有限公司等侵害商标权及不正当竞争纠纷案[①][②]

案情聚焦

费加罗传感科技（上海）有限公司（以下简称费加罗公司）经商标注册人的授权获得第540692号"费加罗"、第540693号"FIGARO"、第43975807号"TGS"商标的普通使用许可，且有权以自己的名义针对侵权行为提起诉讼。费加罗公司认为深圳市源建传感科技有限公司（以下简称源建公司）在公司的官方网站和五大网络商城中编辑制作的图片和资料、销售的商品上多处使用"费加罗""Figaro""TGS"，侵害了费加罗公司享有的3个注册商标专用权并构成不正当竞争。

因此，费加罗公司以源建公司等为共同被告，向广东省深圳市中级人民法院起诉，提出赔偿费加罗公司经济损失500万元等诉讼请求。对此，源建公司的主要答辩意见为其销售的气体传感器产品来源于案外人菱商电子（上海）有限公司（以下简称菱商公司），而菱商公司提供的系获得商标注册人授权的产品，故提出商标权权利用尽和合法来源抗辩。

广东省深圳市中级人民法院一审判决认为源建公司商标权权利用尽和合法来源抗辩不成立，其行为构成侵权。源建公司等不服一审判决，上诉至广东省高级人民法院，二审法院同样认定源建公司不构成商标权权利用尽和合法来源，故源建公司构成商标侵权。

律师评析

本案主要涉及在商标侵权纠纷中对商标权权利用尽和合法来源抗辩的认定问题。

---

① 汪明政律师、史茜律师，贵州贵达律师事务所。
② 一审案号：（2021）粤03民初2947号；二审案号：（2022）粤民终3649号。

（一）关于商标权权利用尽的认定

商标权权利用尽是指附着有注册商标的商品通过正常合法的商业渠道售出后再行转售的，通常不构成商标侵权。商标权权利用尽是商标侵权纠纷中被告常用的抗辩理由。

本案一审、二审法院均认为，本案中，从双方当事人的举证情况看，第一，源建公司前后两次向菱商公司索取代理权限证明时，对方均无法提供，可见菱商公司所谓的被授权代理费加罗气体传感器的内容并不真实。第二，费加罗公司的官网上虽宣称仅授权3家企业作为中国市场的特约经销商，但官网宣传中所指的3家特约经销商并没有证据显示包括菱商公司。第三，源建公司向菱商公司采购的传感器与网上商城或网店所销售的被诉商品库存数相差10倍左右，无法证实源建公司通过多个渠道销售的侵权商品均系来源于菱商公司。综上，现有证据不能证明菱商公司是授权经销商，也无法证明被告的所有涉案商品均来自菱商公司。故源建公司主张商标权权利用尽的抗辩意见缺乏事实依据。

对于市场经营者而言，商标权权利用尽制度要求经营者在采购商品时，通过查明商标权人、在正规授权渠道购货、要求供货方提供合法有效的授权证明等方式确保购进的商品是来自商标权人授权的正品，并留存好相关证据。

（二）关于合法来源的认定

合法来源抗辩制度的设立是为了平衡商标保护与市场交易安全，对善意的市场主体予以合理保护。该理由是商标侵权纠纷中较为常见的抗辩事由，其法律依据为《商标法》第六十四条第二款规定。合法来源抗辩的成立需要满足两个条件：一是销售者能够证明被诉侵权商品是其合法取得并说明提供者，二是销售者主观上不知道其销售的商品侵犯了他人注册商标专用权。

针对涉案商品的合法取得，《商标法实施条例》第七十九条中列举了构成合法取得的三种情形，具体为：（1）有供货单位合法签章的供货清单和货款收据且经查证属实或者供货单位认可的；（2）有供销双方签订的进货合同且经查证已真实履行的；（3）有合法进货发票且发票记载事项与涉案商品对应的。

　　提出合法来源抗辩的，需要由被告对被诉侵权产品来源合法承担举证责任。《最高人民法院关于知识产权民事诉讼证据的若干规定》第四条明确了合法取得举证要求。

　　本案一审、二审法院均认为，本案中的气体传感器属精密电子元器件，品质要求高，费加罗气体传感器系根据具体客户需求定制并定量交付。从源建公司官网宣传资料及在多个电子产品交易网站、主要电商平台销售传感器产品的情况看，其为集设计、生产、销售环境相关类传感器的高科技公司，理应对传感器行业及费加罗传感器产品在该行业内的市场声誉和地位，乃至销售渠道有明确的认知，也具备判断商品是否来源于费加罗公司的知识和能力，但其仍然在未经充分核实授权的情况下销售侵害涉案商标权的商品，且在未经授权的情况下，在其官方网站及多个交易平台多处、反复使用侵权标识，通过商品链接名称、商品介绍多处宣传其销售的是来自商标权利人的正品。故源建公司具有明显的主观恶意，其关于合法来源抗辩的意见不能成立。

　　若能成功提出合法来源抗辩，则商品转售者可以免除赔偿义务，因此合法来源抗辩制度对于善意的商品转售者意义重大。该制度要求提出抗辩的销售者对于购货行为持有善意、具有合法来源并能够指出商品提供者。这就要求提出抗辩的销售者在进行交易时对交易中商标侵权的可能性尽到合理的注意义务，如交易价格不能过于偏离正常市场价，同时通过签订书面合同等方式留存供货方的身份信息，并保留完备的货物交接和货款打款记录。

　　对于商标权利人而言，合法来源抗辩制度并不会对维权造成太大的障碍，即便产品销售者的合法来源抗辩成功，也必然会明确侵权产品的提供者，商标权利人仍然可以继续追究侵权商品提供者的侵权责任。

　　本案在两级法院的审理中明晰了商标权权利用尽和合法来源抗辩的认定标准。对同类案件具有较大的参考价值。

七、郴州市北湖区麓峰酒店与丽枫舒适酒店管理（深圳）有限公司、艺龙网信息技术（北京）有限公司侵害商标权纠纷案①②

> **案情聚焦**

丽枫集团有限公司（以下简称丽枫集团）在第43类服务中注册12948606号"丽枫"和第13628121号商标，核定使用服务包括住所、咖啡馆、餐厅、饭店、餐馆等。2015年9月15日，丽枫集团将两枚商标授权给丽枫舒适酒店管理（深圳）有限公司（以下简称丽枫公司）使用。2015年2月3日，郴州市北湖区麓峰酒店（以下简称麓峰酒店）成立，经营范围包括住宿、餐饮服务，麓峰酒店经过授权使用郴州市兴之惠商业百货有限公司（以下简称兴之惠公司）在第43类上注册的"麓枫酒店"商标。经丽枫公司申请，国家知识产权局于2020年12月4日作出无效宣告裁定，认定兴之惠公司注册的"麓枫酒店"商标显著识别文字"麓枫"与引证商标"丽枫"构成近似标识，予以无效宣告。丽枫公司主张麓峰酒店构成商标侵权。

一审法院认为，根据《商标法》第四十七条规定，结合本案事实可知，"麓枫酒店"商标已被宣告无效并经公告，该商标曾获注册不能作为麓峰酒店使用被诉侵权标识的合法依据。无效宣告对已经履行的商标转让或者使用许可合同不具有追溯力，该条规定是注册商标被宣告无效的决定或者裁定对之前的已经履行的商标转让或者使用许可合同不具有追溯力，而非对具体商标使用行为不具有追溯力。因此，麓峰酒店构成商标侵权。

二审法院认为，麓峰酒店在酒店外墙、招牌、酒店大堂及客房用品等处突出使用包含"麓枫酒店"文字的组合标识，其中"麓枫酒店"构成相关组合标识的主要识别文字，而"麓枫"的显著性显然高于"酒店"，故"麓枫"构成麓峰酒店所使用的前述组合标识的显著识别文字。麓峰酒店使用的包含"麓枫酒店"文字的组合标识与权利商标相比，其显著识别文字"麓

---

① 卢萍律师，国浩律师（深圳）事务所。
② 一审案号：（2021）京0105民初66408号；二审案号：（2022）京73民终1283号。

枫"与权利商标显著识别文字"麗枫"首字字形十分近似、末字相同，消费者施以一般注意力难以明确区分，故应认定两者已经构成近似标识。因此，麓峰酒店在酒店外墙、招牌、酒店大堂及客房用品等处突出使用包含"麓枫酒店"文字的组合标识的行为，属于在同一种服务上使用与权利商标近似标识的行为，容易导致消费者对服务来源产生混淆、误认，侵害了丽枫公司对权利商标享有的注册商标专用权。

律师评析

第一，《商标法》第四十七条规定了商标被宣告无效的法律后果，一方面被宣告无效的商标，注册商标专用权视为自始不存在；另一方面注册商标无效的决定或裁定，对宣告无效前的部分情形不具有溯及力。实践中，对于无溯及力的例外情形，常常引发争议。本案的核心争议焦点就在于对《商标法》第四十七条的理解。

第二，原告经许可取得"麗枫"商标的使用权及诉讼维权的权利，其主张被告未经许可在相同服务上使用与注册商标近似的商标"麓枫酒店"，容易导致消费者混淆，构成商标侵权。被告抗辩其使用发生在"麓枫酒店"商标被无效宣告之前，使用商标具有合理性，不具有主观过错。

一、二审法院均在判决中明确，《商标法》第四十七条规定的不具有溯及力的情形，是指注册商标被宣告无效前以该商标为权利商标，法院作出并已执行的针对该商标案件的判决、裁定、调解书和行政部门作出并已执行的商标侵权案件的处理决定以及已经履行的商标转让或者使用许可合同等。而当被宣告无效的商标为被诉侵权商标时，其注册人在商标注册期间的所有使用行为，均不受法律保护，与通常的商标侵权行为无异，不在例外情形之内。相应地，既然上述情形不属于不具有溯及力的情形，那认定侵权就无须以商标使用人恶意为条件，仅需按照《商标法》第五十七条规定进行侵权判断，仅仅在确定具体赔偿金额时需要考虑侵权人的主观恶意情形。

第三，本案进一步明确了《商标法》第四十七条的含义，对于宣告无效的商标，以商标专用权自始不存在为原则，因此对于不具有溯及力的例外情形，法律是严格限制的。针对司法或者行政部门的判决、裁定、决定，需要满足作出并已执行，针对商标转让或者使用许可合同需要满足已经履行。笔者认为，立法者之所以如此设计，意在在维护公权力及市场交易稳定性的基础上，最大限度地保证实体正义。

八、上海米芝莲餐饮管理有限公司等与米其林集团总公司侵害商标权及不正当竞争纠纷案[1][2]

案情聚焦

米其林集团总公司（以下简称米其林公司）是成立于1863年的法国企业，是世界著名的轮胎生产商和全球500强企业之一。早在20世纪初，米其林公司就在轮胎等商品上使用"MICHELIN""米其林"系列商标，后在中国大陆地区注册"MICHELIN""米其林"商标，核定使用类别涉及第12、16、43类，具体核定使用在车轮、轮胎、内胎，以及为旅游者提供旅店和餐馆地址信息等商品或服务商上。

其中，涉案的第136402号"MICHELIN"商标于1980年4月15日核准注册，核定使用在第12类轮胎、内胎等商品上，经续展注册，该商标专有权期限至2030年4月14日，至少12次被认定为驰名商标。涉案的第519749号"米其林"商标于1990年5月20日核准注册，核定使用在第12类车轮、轮胎、内胎等商品上，经续展注册，该商标专有权期限至2030年5月19日，至少14次被认定为驰名商标。

上海米芝莲餐饮管理有限公司（以下简称米芝莲公司）成立于2013年10月，随后申请了多件"米芝莲"商标（均不予注册或注册后又被宣告无效），另外其在企业名称中使用"米芝莲"作为字号并注册使用"www.shmizhilian.com"域名。据米芝莲公司网站2018年3月披露的信息，截至2018年1月，

---

[1] 汪明政律师、史茜律师，贵州贵达律师事务所。
[2] 一审案号：(2018) 鄂01民初3552号；二审案号：(2022) 鄂知民终190号。

有关米芝莲的店铺即达500家。可知米芝莲公司自2013年成立截至2018年1月，仅5年时间内扩张范围广泛，获利巨大，500家店铺仅加盟费就高达3000万元。

米其林公司认为米芝莲公司等使用"米芝莲"的行为侵犯了其享有的第136402号"MICHELIN"和第519749号"米其林"注册商标专用权，且米芝莲公司构成不正当竞争，故诉至湖北省武汉市中级人民法院。

湖北省武汉市中级人民法院一审认为，本案中米芝莲公司等未经许可在餐饮服务上使用包含"米芝莲"文字的标识，米芝莲公司注册使用"www.shmizhilian.com"域名，侵犯了米其林公司对第136402号"MICHELIN"商标、第519749号"米其林"商标享有的注册商标专用权，应停止使用侵权标识及域名；米芝莲公司使用"米芝莲"作为企业的字号，会引人误认为其与米其林公司存在特定关系，构成不正当竞争，应停止使用该字号。

关于经济损失赔偿数额，因各加盟店铺系根据与米芝莲公司签订的合作协议独立进行经营，并非米芝莲公司的分公司，本案中不能按米芝莲公司自营及授权加盟的全部店铺的营业利润计算其侵权获利。相较之下，按米芝莲公司收取加盟费的数额计算侵权获利更为合理。本案中，米芝莲公司向加盟商收取的单店加盟费即达6万元，该费用尚不包括米芝莲公司额外收取的管理费等费用。据米芝莲公司网站2018年3月披露的信息，截至2018年1月，有关米芝莲的店铺即达500家。米其林公司请求米芝莲公司赔偿其经济损失及合理支出1000万元，并未超出米芝莲公司对外授权使用"米芝莲"商标所收取的加盟费，对米其林公司的该项请求一审法院予以全额支持。

故一审判决米芝莲公司等构成侵权；停止使用"米芝莲"相关标识、企业字号及域名；赔偿米其林公司1000万元，并登报声明消除侵权行为造成的影响。

米芝莲公司等不服一审判决，上诉至湖北省高级人民法院，二审法院经过审理，最终驳回上诉，维持原判。

律师评析

本案涉及的主要问题是驰名商标的方言表达，是否构成对驰名商标的翻译并适用《商标法》第十三条关于驰名商标保护的规定。

本案中，早在1990年，米其林公司就在中国香港地区注册了"MICHELIN"和"米芝莲"商标，后续米其林公司以"米芝莲"作为"MICHELIN"的粤语翻译在中国香港地区持续使用。2008年米其林公司所属公司在《香港澳门餐厅及酒店指南》上使用的中文为"米芝莲指南"，将"米芝莲"与"MICHELIN"对应起来，实际用于餐饮、酒店评级等。

通过米其林公司所举证的中国大陆地区的网络媒体、报纸、期刊等涉及"米芝莲"的报道或者介绍，米其林公司的"米芝莲"作为"MICHELIN"的粤语翻译，不仅为中国香港和澳门地区的公众知晓和使用，并且该种使用和称呼方式也为中国大陆地区的相关公众所知晓。而米芝莲公司在其宣传中宣称"我的名字叫米芝莲，在香港话里米芝莲就是米其林的意思，是全球顶级的那个餐饮指南""米芝莲其实就是米其林的粤语说法"。进一步印证中国大陆地区相关公众也知悉"米芝莲"与"MICHELIN"的对应关系。

因语言发音和地域差异，外文商标可能存在多个不同的中文译名。虽然"MICHELIN"的普通话翻译为"米其林"，且中国大陆地区更多接受并使用"米其林"作为"MICHELIN"对应的中文翻译，但不能因此否认"米芝莲"系"MICHELIN"的粤语翻译。因此，本案中，人民法院认为"米芝莲"系"MICHELIN"的粤语翻译，与"MICHELIN"存在对应关系，应当适用《商标法》第十三条关于驰名商标保护的规定。

值得注意的是，本案中米芝莲公司通过"米芝莲"商标的注册及后续商标无效、异议过程，已经明确知道"米芝莲"系在先驰名商标"MICHELIN"的粤语翻译，并且其在自身宣传中的用语也印证了这一点，若继续使用"米芝莲"标识将存在巨大的法律风险。但是，米芝莲公司不仅未采取任何避让行为，反而心存侥幸，为追求商业利益而更加大规模地使用"米芝莲"标识并对外招揽加盟商，快速扩张加盟规模。米芝莲公司虽在此过程中获得了巨大的商业利益，但由于其商标的权利基础缺失，导致相关权益不受法律保护，最终必须承担停止使用、赔偿损失等法律责任，付出了巨大的代价。

本案对于驰名商标的方言翻译的认定具有很高的参考价值，同时本案也提醒市场经营者，做好商标布局、留存商标使用的证据、留存媒体对于品牌的相关报道、留存品牌所获的各种荣誉对于维护商标权益具有重要意义。另外，对于他人在先权利，特别是在先驰名商标权，在企业字号、域名、商业标识等方面采取合理避让措施，方可行稳致远，避免因重大法律隐患导致多年心血付诸东流。

九、上海禹容网络科技有限公司与北京康智乐思网络科技有限公司、北京掌汇天下科技有限公司侵害商标权纠纷案[①][②]

案情聚焦

北京康智乐思网络科技有限公司（以下简称康智乐思公司）于 2012 年 12 月 24 日申请注册第 11943794 号"大姨吗及图"商标（以下简称涉案商标一），并于 2014 年 6 月 7 日核准注册，核准的商品类别为第 9 类，包括计算机软件（已录制）、计算机程序（可下载软件）等。康智乐思公司于 2013 年 4 月 1 日申请注册第 12358149 号"大姨妈及图"商标（以下简称涉案商标二），并于 2014 年 9 月 7 日经核准注册，核准的商品类别为第 9 类，包括计算机软件（已录制）、计算机程序（可下载软件）等。

上海禹容网络科技有限公司（以下简称禹容公司）将其开发的应用软件命名为"优谈大姨妈"，并在应用软件图标下方使用"大姨妈"字样，打开应用软件的首页上方中间也突出使用"大姨妈"文字，该应用软件向用户提供女性生理周期管理的服务。北京掌汇天下科技有限公司（以下简称掌汇天

---

① 汪明政律师、史茜律师，贵州贵达律师事务所。
② 一审案号：（2017）京 0105 民初 252 号；二审案号：（2018）京 73 民终 1001 号；再审案号：（2021）京 73 民再 2 号。

下公司）系"应用汇"网站及其手机软件平台的运营商，禹容公司将"优谈大姨妈"应用软件上传于"应用汇"网站及手机软件平台，供用户下载。康智乐思公司认为禹容公司和掌汇天下公司的行为侵犯其注册商标专用权，故诉至北京市朝阳区人民法院。

北京市朝阳区人民法院一审认为禹容公司的"优谈大姨妈"或"大姨妈"应用软件与康智乐思公司涉案二商标核定使用的第9类商品构成类似商品，故对禹容公司主张的其系在提供服务中使用，而非商品的抗辩意见不予支持。但是涉案二商标均为文字图形组合商标，并非单一的图形商标或文字商标。"大姨妈"在指代女性生理周期时本身并不具有显著性，故对康智乐思公司所主张的商标，应当将其作为整体来考量，其文字图形的整体组合具有一定的显著性。但现康智乐思公司仅以禹容公司使用"大姨妈"文字主张侵权明显超出了其核准注册的商标标识，并认为禹容公司的使用是一种描述性的正当使用，若将该通用词语纳入康智乐思公司商标权的保护范围，不利于人们在生活中的呼叫和使用。故认为康智乐思公司主张禹容公司涉案侵权行为不成立，驳回了康智乐思公司的全部诉讼请求。

康智乐思公司不服一审判决，上诉至北京知识产权法院，经过审理，对禹容公司的行为是属于将"大姨妈""优谈大姨妈"字样使用在软件商品上，还是相关服务上，二审法院与一审法院观点一致。但二审法院认为现并无证据证明"大姨妈"构成商品的通用名称或直接表示商品的功能、用途，"大姨妈"作为有关女性周期性生理现象的代称，仅限于特定领域内的约定俗成，并不是广泛领域内的有关女性周期性生理现象的权威公认的专业专用名词，更不可能是计算机软件（已录制）等商品的通用名称或直接表示类似程序或软件的功能、用途，即"大姨妈"使用在计算机软件（已录制）等商品上是具有显著性的。最后，二审法院还认为禹容公司作为康智乐思公司的同业竞争者，在其开发运营的应用软件"优谈大姨妈"中，大量突出使用与康智乐思公司注册商标显著识别中文部分相同或近似的"大姨妈"文字以及在部分界面使用与康智乐思公司注册商标图形部分"女孩头像"近似的"笑脸"图形，这种使用方式并无必要且存在恶意，并非描述性使用。因此，消费者在看到这些突出使用"大姨妈"的手机软件时，会误认为该软件商品由康智乐思公司所提供，或者会误认禹容公司与康智乐思公司存在某种关联关系。综上，二审法院认为，禹容公司对"大姨妈"字样的使用并非描述性的合理使用，一审判决对此认定有误，二审法院对此予以纠正。禹容公司的行为侵犯了康智乐思公司的注册商标专用权，禹容公司应承担停止侵权、消除影响并赔偿康智乐思公司经济损失200万元及合理支出3万元损失。

经禹容公司申诉及北京市人民检察院第四分院提出再审检察建议，北京知识产权法院决定再审。2023年7月27日，北京知识产权法院作出再审判决，认为因涉案商标二已被宣告无效，自始不存在，并且本案并未实际执行完毕，不属于法律中所规定的不具有追溯力的情形。关于禹容公司是否侵权涉案商标一，再审法院认为禹容公司在其提供的在线女性经期管理应用软件上使用"大姨妈"及图标识，用于指代女性经期管理服务，直接表明了服务的内容，不能起到识别商品服务来源的功能，不会导致消费者对商品来源产生混淆，不构成商标侵权。故撤销二审判决，维持一审判决。

律师评析

本案二审判决生效进入执行阶段后，因涉案商标二被宣告无效，人民检察院提出再审建议，因而启动再审。本案一审、二审、再审的观点和结果多次发生翻转，案件审理可谓一波三折，也给人诸多启发。

就康智乐思公司而言，其选用"大姨妈"作为商业标识时，未考虑到该标识本身所具有的多重特殊含义带来的社会影响力，导致后续该注册商标被宣告无效，给自身造成损失。同时，其将"大姨妈"标识用在女性生理周期管理服务软件上，由于"大姨妈"一词在一定的情形下又指代女性月经，因此导致该标识属于直接描述服务内容而不具有显著性，无法起到商标表明商品或者服务来源的作用，从而无法有效维护其自身合法权益。

就禹容公司而言，其在应用软件上使用"大姨妈"标识前未进行检索并避开在先的注册商标，导致二审败诉陷入被动。本案若非涉案商标被宣告无效而启动再审并最终改变结果，则禹容公司将继续承担高达200万元的法律责任。

本案争议的焦点问题是网络应用软件标识是否构成商标性使用。

基于大数据时代背景，移动互联网行业迅猛发展，越来越多的服务依托于移动互联应用程序开展，特别是现在智能手机的普及，网络应用软件几乎成为我们生活中每天都能接触到并不可或缺的存在。其中网络应用软件标识是网络应用软件最直接的外在表现，是消费者用于区分识别各个网络应用软件及其服务内容的关键，而商标同样是一种区别商品或服务来源的标志，故对网络应用软件标识是否能构成商标性使用的认定，是此类网络应用软件标识商标侵权案件的重要认定环节。

本案中一审法院和二审法院都一致认为，禹容公司将"大姨妈"字样使用于其开发的应用软件上，是属于使用在软件商品上，并非使用在软件所提供的相关服务上。但再审法院提出，本案中禹容公司通过"大姨妈及图"应用软件提供女性经期管理服务，"大姨妈及图"标识虽然出现在经期管理服务应用程序界面上，和该应用程序同时出现，但是该应用程序并非禹容公司单独提供的计算机软件商品，而是作为线上进行女性经期管理的工具，消费者下载"大姨妈及图"应用软件也主要是为了获取线上提供的女性经期管理服务。所以对于下载该应用程序的消费者而言，其明确知晓此应用程序是用于计算女性经期周期服务的工具。并且相应地，从服务内容、方式、消费者的认知角度看，与"大姨妈及图"标识相联系的主要为在线的女性经期管理服务，而非单纯地用于存储和处理数据的计算机软件商品。故禹容公司在其提供的在线女性经期管理应用软件上使用"大姨妈及图"标识用于指代女性经期管理服务，直接表明了服务的内容，不能起到识别商品服务来源的功能，亦不会导致消费者对商品来源产生混淆，不应当认定该标识使用在"软件"商品类别上，也不构成商标性使用。

本案一审、二审、再审法院在应用软件标识到底是标明软件商品的来源还是标明软件产品的服务内容上多次反复，反映了该类问题的复杂性，相关司法人员对此认识并不统一。笔者认为，应用软件上的标识既可能标明软件产品的来源，也可能标明软件产品的服务内容，经营者在使用标识时，应当对此有所认识并根据自己的使用目的对标识进行规范，避免不必要的纠纷。

律师也在此建议经营者在选择商标时，应当避免采用具有争议性的标识、避免采用因直接描述商品或者服务内容而不具有显著性的标识，同时对于他人的在先标识进行合理的回避。基于软件标识可标明商品来源也可标明服务内容的认识，在软件内容商品上使用标识时，应当根据使用目的规范使用，避免不必要的纠纷。

十、原告拜尔斯道夫股份有限公司与被告拜尔斯道夫股份有限公司侵害商标权及不正当竞争纠纷案[①][②]

案情聚焦

原告经营业务主要涉及化妆品，享有第753825号"拜尔斯道夫"注册商标专用权，核准类别为第3类肥皂、香料、护肤及美容制剂、美发剂等商品。被告经营业务主要为工业润滑油，自2014年7月23日至2022年6月30日持续申请注册20枚与"拜尔斯道夫"相同或近似的商标，其关联公司百年润滑油公司自2011年3月28日至2022年亦持续申请注册14枚与"拜尔斯道夫"相同或近似的商标，北京知识产权法院认为此情况构成2013年《商标法》第四十四条第一款规定的"其他不当手段取得注册"的情形，北京市高级人民法院维持一审判决，但均未支持原告驰名商标跨类保护的诉求。被告及关联公司为维持商标有效，随后不断再次申请新的相同或近似商标。原告随后提起民事诉讼，认为被告在相关商标被认定无效后，不断提交新的商标申请，构成不正当竞争。一审法院查明，涉嫌抢注的商标主要以被告申请注册的商标扰乱了正常的商标注册管理秩序，违背了商标法关于禁止以欺骗手段或其他不正当手段取得商标注册的立法精神为由，决定对其不予注册。一审法院认为因被告上述商标注册申请均未成功，未对原告利益产生实质性影响，且原告主张的被告抢注行为，不符合不正当竞争行为的构成要

---

① 申健律师，北京罗杰律师事务所；商家泉律师，北京高文律师事务所。
② 案号：(2023) 津民终314号。

件，驳回该诉讼请求。原告上诉后，二审法院天津市高级人民法院认为，被告长期批量申请注册与涉案商标相关商标，其行为扰乱了商标注册秩序，导致原告不断通过采取提起商标异议、申请无效宣告乃至行政诉讼等方式维护自身合法权益，付出大量时间人力物力成本，在一定程度上严重干扰了原告正常的生产经营，被告商标恶意注册行为有违诚实信用原则，构成《反不正当竞争法》第二条规制的不当竞争行为，一审判决对此认定有误，二审予以纠正。

律师评析

本案涉及对抢注行为本身的法律评价问题。对于恶意申请并恶意维权的行为，法院可认定其构成权利滥用或按不正当竞争处理，没有太多争议。对于仅仅恶意申请但没有恶意维权的行为，是否构成不正当竞争，司法实践具有一定分歧。

（一）仅商标申请行为本身，有观点认为构成不正当竞争

厦门艾默生公司诉和美泉公司等案[①]中，福建省高级人民法院认为，抢注行为本身已明显超出正常的生产经营需要，导致艾默生公司不得不通过提起商标异议、商标无效宣告请求、行政诉讼乃至本案民事诉讼的方式维护其合法权益，在一定程度上也干扰了艾默生公司的正常生产经营。和美泉公司、海纳百川公司的恶意抢注商标行为违反了诚实信用原则，破坏了公平竞争的市场秩序，损害了艾默生公司的合法权益，属于反不正当竞争法所规制的不正当竞争行为，依法应承担停止侵权、赔偿损失等法律责任。天津市高级人民法院拜尔斯道夫案和福建省高级人民法院在先判决观点基本一致。

（二）仅商标申请行为本身，也有观点认为不符合不正当竞争的要件

在安耐驰公司与嘉实多公司案[②]中，北京知识产权法院则认为，安耐驰

---

① 案号：（2021）闽民终1129号。
② 案号：（2021）京73民终1541号。

公司的商标申请注册行为系商标恶意注册申请行为。但仅就商标注册申请行为而言，不宜适用《反不正当竞争法》第二条予以救济。第一，商标注册申请行为本身可以通过《商标法》相关条款予以行政救济。如《商标法》第十三条关于驰名商标的保护、第十五条关于代理人或代表人抢注商标的规制、第三十条相同或类似商品的相同或近似商标的规制、第三十二条对在先权利或在先未注册商标的保护、第四十四条"其他不正当手段取得注册"条款对抢注商标的规制等条款均可以对商标恶意注册申请行为予以行政救济。第二，商标注册申请行为系向国家知识产权局申请注册商标的行政行为，在无注册后的滥用商标权行为的情况下，难以将单独的商标注册行为认定为生产经营行为，故不属于反不正当竞争法所规制的行为。第三，就在案证据而言，安耐驰公司的被诉行为仅为商标注册申请行为，且被诉5枚商标均已被驳回注册申请或决定不予注册，嘉实多公司的合法权益已得到充分救济。因此，嘉实多公司关于安耐驰公司的被诉行为构成不正当竞争行为的主张缺乏法律依据，本院不予支持。

（三）仅商标申请行为本身的法律规制，知识产权司法不能过分依赖反不正当竞争法，应回归民法典，定性为一般性财产损害赔偿纠纷

1. 仅商标申请行为本身，与生产经营脱节，为生产经营做准备的行为，最多是一种危险行为，不符合反不正当竞争的构成要件

本文认为，商标申请注册行为属于取得行政机关授权确权的行为，行政机关、异议或无效申请人、商标申请人为相关当事人，均以行政机关的具体行政行为为核心，并围绕该具体行政行为展开，商标申请注册过程不与消费者或其他经营者产生交易，也不存在许诺销售，从而与生产、销售、广告等经营环节隔绝，属于为生产经营所做的前期准备行为，与市场竞争行为存在差别，不应归入规制市场竞争行为的反不正当竞争法的调整范围。特别是本案的跨类申请注册，在驰名商标跨类打击未被法院支持的情况下，却认定其构成不正当竞争，具有很大的探讨空间。即便该申请行为具有不正当性，其申请行为本身不符合反不正当竞争法构成要件，未对"竞争性利益"产生损害，不应以《反不正当竞争法》第二条规制，知识产权司法不能过分依赖

《反不正当竞争法》第二条诚实信用这一原则性条款。

2. 因同类商标申请获得注册后，随时会投入生产并进入流通领域，故该行为系对其他竞争者构成"不当竞争危险"的行为，为消除该危险的必要开支，即为"已得而复失"的相关财产损失

上述厦门艾默生公司诉和美泉公司等案中，艾默生公司在主张适用《反不正当竞争法》第二条的同时，主张和美泉公司、海纳百川公司、王某平和兴浚公司的行为违反了原《侵权责任法》第六条规定，福建省高级人民法院也已经认识到上述行为违反了原《侵权责任法》第六条"行为人因过错侵害他人民事权益，应当承担侵权责任。根据法律规定推定行为人有过错，行为人不能证明自己没有过错的，应当承担侵权责任"的规定，但福建省高级人民法院认为，在一定程度上，涉案不正当竞争行为亦属于侵权行为的一种，考虑到对于恶意抢注商标行为已认定构成不正当竞争行为，对于同一侵权行为不作重复性评价和处理。这样，福建省高级人民法院在法条竞合的情况下，优先选择和适用了《反不正当竞争法》，舍弃了原《侵权责任法》。

一般性财产损害赔偿包括"应得而未得""已得而复失"两部分，《民法典》生效后，其第一千一百六十五条代替了原《侵权责任法》第六条，仍规定行为人因过错侵害他人民事权益造成损害的，应当承担侵权责任。为制止相关抢注行为，势必会支出律师费、公证费等必要费用，上述费用属于"已得而复失"的部分，并非市场份额受损的"应得而未得"，而是纯财产性损失，并由恶意申请行为本身导致，恶意注册与损害之间具有因果关系。但就要求停止侵权、赔偿损失的民事案件而言，鉴于一般性财产损害赔偿纠纷中不支持律师费，故在该类财产损害赔偿纠纷中不应支持律师费。

3. 针对上述恶意申请行为能否提起民事诉讼，仍应考察"与本案有直接利害关系"

《民事诉讼法》第一百二十二条第一项规定"原告是与本案有直接利害关系的公民、法人和其他组织"，包括知识产权纠纷在内的任何民事诉讼均应符合上述规定。故此，恶意申请行为，应区分仅仅是扰乱正常商标注册管理秩序（《商标法》第四十四条），还是对私权造成损害或潜在的实质性影

响。如果恶意申请损害的法益仅仅是商标注册管理秩序，未实质损害个体私权，则因不符合"直接利害关系人"原则，个体私权无权提起民事诉讼要求损害赔偿及停止侵权。如涉及私权损害，此时个体才有民事诉讼法意义上的"诉的利益"，方可提出民事诉讼要求抢注方承担民事责任。

关于申请行为本身是一种已经侵权的行为，还是随时可能的即发侵权行为的问题，应将其归入后者，因为如未经异议，则其具有通过注册申请拿到商标证并合法地进入市场经营领域的可能性，属于"即倒的危墙"，故此，申请行为本身不是已经发生的侵权行为，而是具有"侵权可能性"的危险行为。针对该行为，建议以"消除危险"解决，而非以"停止侵权"解决。"消除危险"的必要支出属于相关财产损失，应予以赔偿。

重点关注

一、"望京小腰"商标维权乌龙事件

为了维护"望京小腰"作为热门连锁烧烤品牌的商标权，望小腰公司起诉了某外卖平台上"望京小腰（东直门店）"的经营者北京味独道小吃店。一审法院经审理认为，北京味独道小吃店使用望京小腰（东直门店）作为其外卖平台店铺名称，已经构成对望小腰公司权利商标专用权的侵犯。北京味独道小吃店不服一审判决，主张自己并非望京小腰（东直门店）的实际经营者，向北京知识产权法院提起上诉。

2023年3月20日，北京知识产权法院对本案作出了二审判决。北京知识产权法院认为，当事人对自己提出的诉讼请求所依据的事实或者反驳对方诉讼请求所依据的事实，应当提供证据加以证明。人民法院应当按照法定程序，全面、客观地审核证据，依照法律规定，运用逻辑推理和日常生活经验法则，对证据有无证明力和证明力大小进行判断，并公开判断的理由和结果。北京知识产权法院经审理认为，在案证据能够证明某外卖平台上"望京小腰（东直门店）"店铺的实际经营者并非北京味独道小吃店的证明力，要远大于能够证明"望京小腰（东直门店）"店铺实际经营者系北京味独

道小吃店的证明力，故根据民事诉讼中高度盖然性的证明标准，结合逻辑推理和日常生活经验法则，认定望小腰公司起诉的某外卖平台上的"望京小腰（东直门店）"店铺的实际经营者并非北京味独道小吃店，北京味独道小吃店并非被诉侵权行为的实际实施者。望小腰公司起诉北京味独道小吃店要求其承担商标侵权的法律责任缺乏事实与法律依据，北京知识产权法院对其诉讼请求不予支持。

对这起维权乌龙案件，北京知识产权法院针对在该案审理中发现外卖平台对在该外卖平台注册的入网餐饮经营者的经营资质审核、管理存在欠规范的情形，及时向外卖平台经营者发送了司法建议，建议该外卖平台充分发挥技术优势和数据优势，完善入网餐饮经营者的身份实名认证、许可证信息审核机制，严格审核网络店铺经营者的经营资质，健全外卖平台入网餐饮经营者资质审查的日常巡查制度；进一步研究、分析外卖平台作为网络服务提供者，对入网餐饮服务提供者实施的冒用、盗用他人经营资质等违法行为是否明知或应知的具体情形，以及外卖平台应当承担何种程度的监管或注意义务，外卖平台对入网餐饮服务提供者实施的违法行为依法能够免责的具体情形等，厘清外卖平台对入网餐饮服务提供者实施的违法行为应当承担连带责任的法律边界，规避外卖平台作为网络服务提供者在经营中可能遇到的法律风险，平衡保护外卖平台、入网餐饮服务提供者和消费者的合法权益。

二、《2022年中国知识产权保护状况》白皮书发布

2023年6月30日，国家知识产权局发布《2022年中国知识产权保护状况》白皮书。白皮书从五个方面介绍了2022年度中国知识产权保护进展。一是保护成效方面，全链条保护不断强化，各方面工作效果显著。二是制度建设方面，制度体系不断完善，法治建设取得积极进展。三是审批登记方面，知识产权审批登记数量保持增长，审查质量效率稳步提升。中国有效注册商标量为4267.2万件，同比增长14.6%；累计批准保护地理标志产品2495个。四是文化建设方面，宣传渠道有效拓展，助力全社会保护知识产权

意识进一步提升。五是国际合作方面，多边双边合作走深走实，国际合作取得丰硕成果。

《2022年中国知识产权保护状况》的发布进一步传达出我国对于商标品牌发展的重视。商标品牌是企业、区域乃至国家竞争力的综合体现，是参与全球竞争的重要资源。近年来，国家知识产权局聚焦商标品牌保护的全过程全链条，通过强化政策指引、加强源头保护、提高服务水平、加大宣传推广、开展综合评价、培育产业集群等方面全方位打造商标品牌发展的良好环境。相信未来我国将继续深入实施商标品牌战略，为商标品牌建设发展提供更加优质的服务供给，努力提升中国商标品牌影响力。

三、商标"搭便车"，被判处赔偿上亿元

"盼盼到家，安居乐业"，这句耳熟能详的广告语让盼盼安全门在20世纪90年代走进千家万户，让盼盼公司逐渐成长为中国门业模范企业和中国门业领军品牌。然而，随着品牌知名度的不断提高，盼盼安全门也不断遭受商标侵权的影响。

2023年8月31日，最高人民法院对"鑫盼盼"侵害商标权及不正当竞争纠纷一案作出终审判决，维持了原审法院判处鑫盼盼公司等被告连带赔偿盼盼公司损失人民币1亿元的裁判结果，为泛家居行业中近年来处罚金额最高的侵权案件。

最高人民法院认为，盼盼公司的涉案系列商标已达到驰名程度，应作为驰名商标受我国商标法的保护。鑫盼盼公司使用被诉侵权"鑫盼盼""熊猫图案"标识的行为，具有明显攀附盼盼公司涉案系列商标知名度的恶意，在相同、类似及关联性较强的商品或者服务上使用被诉侵权标识，构成侵害盼盼公司涉案系列商标专用权。鑫盼盼公司及顾阳门厂作为盼盼公司的同业竞争者，在经营活动中使用"鑫盼盼"企业名称及其简称、字号，与盼盼公司从事相同的业务，明显具有攀附盼盼公司知名度和影响力的恶意，属于"搭便车"的行为，客观上造成了相关公众的混淆与误认，构成不正当竞争。其使用的熊猫吉祥物形象，构成《反不正当竞争法》规定的其他足以引人误认

为是他人商品或者与他人存在特定联系的混淆行为。鑫盼盼公司、顾阳门厂、周某某的虚假宣传、商誉诋毁行为亦成立。

四、特斯拉啤酒侵权案件

2023年9月，曾宣传为"美国预调酒先驱品牌""国际顶尖品牌"的特斯拉酒类产品被法院宣判商标侵权，相关公司中饮食品有限公司（以下简称中饮公司）、广东中饮食品有限公司（以下简称广东中饮公司）被处顶格罚款500万元。

作为电动汽车行业的龙头企业，特斯拉公司在中国具有极高的知名度。上海市高级人民法院认为，特斯拉公司的涉案商标经过广泛的宣传、使用，在第12类电动汽车、电动运载工具、汽车商品上于2019年已为中国境内相关公众知晓，属于驰名商标。且特斯拉公司的涉案图形商标系对英文字母T的艺术化设计，具有较强的显著性。特斯拉公司的6个涉案商标经广泛持续使用，在汽车商品上具有极高知名度，并通过组合使用形成了稳定的对应关系。

而中饮公司、广东中饮公司的被诉侵权标识"特斯拉啤酒"的中文、英文、图形等要素在字形、读音、构图等方面与特斯拉公司的涉案文字商标和图形商标相同或近似，各要素组合后的整体结构与特斯拉公司的涉案图形商标近似。因此，使用"特斯拉啤酒"的行为属于不正当地利用特斯拉这个驰名商标长期积累的商誉来进行市场竞争，此外其还在产品宣传中使用特斯拉汽车形象进一步加强特斯拉啤酒与之的联系，主观恶意明显，构成商标侵权。

本案中，中饮公司和广东中饮公司被判处赔偿特斯拉公司经济损失及合理费用500万元。根据《商标法》的相关规定，500万元的赔偿金额，已属于酌定最高赔偿数额。

五、"酒鬼"商标真的不吉利吗？

在白酒行业，酒鬼酒是人尽皆知的名酒，与沈从文的书、宋祖英的歌、黄永玉的画并称"湘西四张名片"。但在商标领域，"酒鬼"商标却备受争议。

2023年10月31日，北京市高级人民法院对"酒鬼"商标无效宣告请求行政纠纷作出了二审判决，判决驳回上诉，维持原判。北京市高级人民法院认为，《商标法》第十条第一款第八项规定，有害于社会主义道德风尚或者有其他不良影响的标志不得作为商标使用。审查判断有关标志是否构成具有其他不良影响的情形时，应当考虑该标志或者其构成要素是否可能对我国政治、经济、文化、宗教、民族等社会公共利益和公共秩序产生消极、负面影响。

"酒鬼"商标由汉字"酒鬼"及图构成。"酒鬼"虽有"酗酒且经常喝醉的人"等含义，且在一定场合用作贬义词，但"酒鬼"商标在酒类商品上经过多年的宣传和使用，获得多个奖项，曾在2000年被原国家工商行政管理局商标局认定为驰名商标。酒鬼酒公司对"酒鬼"商标的使用并未在社会生活中产生不良的影响。因此，北京市高级人民法院认定"酒鬼"商标不具有不良影响。

CHAPTER 3

第 3 章
专　利

综　述

2023年全年，我国授权发明专利92.1万件，实用新型专利209万件，外观设计专利63.8万件。专利复审结案6.5万件，无效宣告结案0.77万件。受理PCT国际专利申请7.4万件。中国申请人提交海牙外观设计国际申请1814件。截至2023年底，我国发明专利有效量为499.1万件。其中，国内（不含港澳台）发明专利有效量为401.5万件。我国每万人口高价值发明专利拥有量达11.8件。[1]

为与包括专利在内的知识产权拥有量的增加及企业创新活动的活跃相匹配，2023年我国在专利相关法律及规定的完善、知识产权管理体制改革等方面持续发力。国务院、国家知识产权局等在2023年陆续发布《关于加强新时代专利侵权纠纷行政裁决工作的意见》《关于修改〈中华人民共和国专利法实施细则〉的决定》《关于施行修改后的专利法及其实施细则相关审查业务处理的过渡办法》、《专利审查指南（2023）》《规范申请专利行为的规定》等，最高人民法院、国家市场监督管理总局等亦发布《关于修改〈最高人民法院关于知识产权法庭若干问题的规定〉的决定》《禁止滥用知识产权排除、限制竞争行为规定》等，从专利的申请与授权、专利权的转化及管理等多个角度，全面完善知识产权保护体系，加强知识产权法治保障。我国在提高知识产权质量、促进创新发展等方面作出的这些努力，不仅将进一步提高社会创新热情和效能，也将对经济发展和国际竞争产生持续影响。

---

[1] 《国务院新闻办发布会介绍2023年知识产权工作进展情况》，载中国政府网2024年1月16日，https://www.gov.cn/zhengce/202401/content_6926365.htm。

随着法律和规定的进一步完善，2023年度还涌现了许多具有典型意义的专利案例。这些案例就一些备受关注的法律问题提出了可供参考的分析思路，体现了专利领域在司法层面的发展和进步。比如：确认不侵害专利权之诉中，若权利人的侵权警告未明确具体指向，应如何确定被警告侵权产品的范围；标准必要专利使用费纠纷中，如何确定全球性许可费率；对于医药行业原料药领域涉嫌滥用市场支配地位的情形，如何分析间接竞争约束力的影响；对于复杂的技术秘密侵权案件，如何认定共同侵权以及停止侵权的责任承担；职务发明相关纠纷中，如何判断离职员工作出的发明创造的权属；对于药品专利链接诉讼，如何判断涉案专利是否属于药品专利纠纷早期解决机制涵盖的专利类型；审理专利发明点问题时，如何理解必要技术特征与发明点的关系；如何界定专利默示许可的认定范围，引导专利权人诚信行使专利权；专利侵权纠纷案件中，损害赔偿的举证责任的分配；知识产权恶意诉讼中，如何判断当事人是否为恶意。本章对这些案例进行了简述与评析，以帮助读者快速了解法院在判决中所持的态度，以供讨论。

通过观察专利领域相关规定和实践，创新主体与法律行业从业者能够更加深入地把握知识产权保护和创新发展的趋势，切实有效地参与到全社会推动知识产权保护和创新发展的进程之中。

典型案例

一、北京博睿勤信息技术有限公司、东莞市华盾电子科技有限公司确认不侵害专利权纠纷案[1][2]

案情聚焦

东莞市华盾电子科技有限公司（以下简称华盾公司）系专利号

---

[1] 杨璞律师，上海市方达律师事务所。
[2] 一审案号：(2019) 京73民初213号；二审案号：(2022) 最高法知民终1744号。

201610291906.2、名称为"一种金属分类的图像显示方法及装置"的发明专利（以下简称涉案专利一）和专利号 201610182859.8、名称为"手机探测的标定方法、测试方法及其系统"的发明专利的专利权人。2018 年 10 月 16 日与 11 月 15 日，华盾公司先后向广东省广州女子监狱、宿州市公共资源交易管理局发出《侵权产品告知函》。上述两告知函主要内容为：华盾公司是研发和生产手机探测门等安检设备的厂家，北京博睿勤信息技术有限公司（以下简称博睿勤公司）和广州阔源电子科技有限公司（以下简称阔源公司）所生产的手机检测门为仿制华盾公司产品研发，侵害华盾公司多项专利权，后附华盾公司相关专利。2018 年 12 月 24 日，博睿勤公司向华盾公司发出《关于警告函的回复》，要求华盾公司撤回告知函或向人民法院提起诉讼。华盾公司未提起诉讼亦未撤回告知函，故博睿勤公司提起确认不侵权之诉。

博睿勤公司请求确认其生产的酷卫士电子产品检测门（型号：BYing-Ljw0088）、酷卫士电子产品及违禁品安检速通门（型号：KWS-D6）、广州阔源手机探测门（型号：XYD-II）及该三款产品中所安装的酷卫士手机探测系统 V3.0 未落入涉案专利一权利要求 1 和涉案专利二权利要求 1 的保护范围。华盾公司明确表示其向广东省广州女子监狱和宿州市公共资源交易管理局发送的《侵权产品告知函》中指向的侵权产品为广州阔源手机探测门（型号：XYD-II）。

原审法院认为，专利权人的侵权警告是被警告人提起确认不侵害专利权之诉的基本前提，故被警告人请求确认的范围不应超出权利人侵权警告的范围。本案中，华盾公司明确表示其《侵权产品告知函》中指向的侵权产品为广州阔源手机探测门（型号：XYD-II），博睿勤公司提供的《宿州市公共资源交易管理局手机检测采购项目成交公告》所附《货物服务报价表》中显示的货物服务名称为"手机检测门、阔源 XYD-II"。各方当事人均认可阔源公司向广东省广州女子监狱销售的手机检测门系型号为 XYD-II 的广州阔源手机探测门，故在案证据可以认定华盾公司向广东省广州女子监狱和宿州市公共资源交易管理局发送的《侵权产品告知函》中侵权警告仅指向型号为 XYD-II 的广州阔源手机探测门，故本案的审理范围应为型号为 XYD-II 的广州阔源手机探测门是否落入涉案专利一权利要求 1 和涉案专利二权利要求 1 的保护范围。一审法院最终认定，在缺乏产品实物进行技术特征比对的情况下，现有证据无法认定博睿勤公司制造的型号为 XYD-II 的广州阔源手机探测门产品是否落入涉案专利一权利要求 1 和涉案专利二权利要求 1 的保护范围。

二审法院认为，人民法院在处理确认不侵害专利权之诉纠纷时，基于其法律目的，首先需要查明权利人的警告所涉及的行为和产品范围，以明确警告给被警告人可能带来负面影响的范围。在大部分情况下，权利人的警告对侵权产品会有明确具体的指向。如果权利人的侵害专利权警告未明确其所指向的具体被警告侵权产品，人民法院可以在被警告人因该警告而受到负面影响的产品范围内，结合被警告人的诉讼请求，合理确定确认不侵害专利权案件所应审理的具体被警告侵权产品。本案中，华盾公司在发出相关警告函时并未明确指向具体的某款侵权产品，但是该警告函所影响的范围在其发出时已经明确，即手机探测门产品。而且，根据现有证据，在华盾公司发出警告函时，被警告的手机探测门产品的具体型号尚无法从公开渠道获知，在华盾公司未提供证据证明其发出警告函时所针对的具体产品及型号的情况下，有理由认为华盾公司侵权警告函针对的是博睿勤公司生产的全部手机探测门产品。华盾公司在原审中的理由和陈述不足以构成对其先前警告函范围的修正与限缩。二审法院认定原审法院适用法律有所不当，对有关基本事实未予审查，导致案件基本事实认定不清，应当发回重审。

律师评析

本案对于确认不侵害专利权纠纷中被警告侵权产品范围以及案件审理范围的确定具有重要的指导意义。本案中，专利权人未在侵权警告函中限定被警告侵权产品的具体型号，而在被警告人提起确认不侵权之诉后于诉讼程序中明确侵权警告函所指向的具体产品型号。对此，最高人民法院认为，本案中权利人在诉讼程序中明确被警告侵权产品的具体型号无法构成对先前警告函范围的限缩与修正。

具体而言，根据《最高人民法院关于审理侵犯专利权纠纷案件应用法律若干问题的解释》第十八条的规定可知，当被警告人或利害关系人受到侵权警告，且经书面催告，权利人怠于行使诉权或者不撤回警告时，可能致使被警告人或利害关系人处于一种不安的状态，导致与被警告行为、被警告产品相关的法律关系处于不稳定状态，影响被警告人正常生产经营。为此需要为被警告人或利害关系人提供法律救济，使其有渠道摆脱所承受的不安状态，开展正常生产经营，确认不侵害专利权之诉的目的即在于消除因侵权警告引起的被警告人的不安状态。因此，确定权利人侵权警告所指向的行为和产品范围不得脱离确认不侵害专利权之诉的法律目的，应当基于警告函对被侵权人造成的不安之影响范围而予以认定。最高人民法院明确指出，权利人的侵权警告未明确其所指向的具体被警告侵权产品时，可以在被警告人因该警告而受到负面影响的产品范围内，结合被警告人的诉讼请求，合理确定具体被警告侵权产品，进而确定案件审理范围。

查明权利人侵权警告所涉及的行为和产品范围、明确案件审理范围是法院审理确认不侵害专利权纠纷案件的关键环节。最高人民法院从确认不侵害专利权之诉目的出发，阐释了在侵权警告未明确其所指向的具体被警告侵权产品时，确定被警告侵权产品及审理范围的裁判标准，有利于平衡各方当事人的诉讼程序利益，对权利人发出侵权警告函、被警告人提起确认不侵害专利权之诉诉讼请求具有参考价值。

二、OPPO 诉诺基亚标准必要专利使用费纠纷案[1][2]

案情聚焦

2018 年，OPPO 与诺基亚签订了涵盖 2G、3G 及 4G 标准必要专利的许可协议。2021 年协议到期后，双方未能就新的 5G 专利许可协议达成一致，

---

[1] 杨璞律师，上海市方达律师事务所。
[2] 一审案号：(2021) 渝民初 1232 号。

诺基亚随后在全球多国对 OPPO 发起专利侵权诉讼。作为回应，OPPO 在 2021 年 7 月将诺基亚诉至重庆市第一中级人民法院，请求法院确定 2G—5G 标准必要专利的全球许可条件。在该案审理过程中，诺基亚提起反诉，请求法院确认 OPPO 非善意实施人。然而，法院认为诺基亚的请求与本案为不同法律关系，因此未予处理。

2023 年 12 月 14 日，重庆市第一中级人民法院针对 OPPO 诉诺基亚标准必要专利使用费纠纷案作出的一审判决正式公开。该判决确认了诺基亚 2G、3G、4G 及 5G 标准必要专利组合的全球性许可费率，这也是我国首个确定标准必要专利全球许可费率的判决。在 4G 多模手机许可费的计算方面，法院采取了可比协议法。在 5G 多模手机许可费的计算方面，法院主要采取可比协议法，部分结合自上而下法的结论，这一做法具有开创性。具体而言，该判决确定的 5G 多模手机在全球内第一区的单台许可费为 1.151 美元/台，包含中国在内的第二区及第三区的单台许可费为 0.707 美元/台。4G 多模手机第一区的单台许可费为 0.777 美元/台，包含中国在内的第二区及第三区的单台许可费为 0.477 美元/台。[①] 此外，在判决中，法院还确认了手机行业的 5G 标准全球累积费率为 4.341%—5.273%，并明确了 5G 多模手机中 2G、3G、4G 及 5G 各代际技术的价值贡献占比，比例为 50∶40∶5∶5。

诺基亚 2018 年对外公布的 5G 专利收费标准显示，诺基亚要求每台使用其专利的 5G 手机应向其支付 3 欧元专利许可费。可见，重庆市第一中级人民法院判决确认的上述分区许可费显著低于诺基亚公开声明的许可费。

律师评析

根据中国信息通信研究院《全球 5G 标准必要专利及标准提案研究报告

---

① 第一区：人均 GDP 大于或等于 2 万美元的国家/地区；第二区：中国大陆地区；第三区：除第一区和第二区之外的其他国家/地区。

（2023 年）》① 显示，在 ETSI（欧洲电信标准化协会）进行 5G 标准必要专利声明的产业主体中，诺基亚在专利族数量上排在第 6 位，前 5 名分别为华为、高通、三星、中兴及 LG，OPPO 则排在第 9 位。可见，本案对 5G 领域的标准必要专利许可谈判均具有较大影响，可能促使其他专利持有者在设定许可费率时更加谨慎。

在本案判决中，法院结合自上而下法与可比协议法两种方法确定许可费率，这一方式在国内外司法案例中较为少见，为解决标准必要专利许可费率的确定提供了一个新的思路，有待在实践中进一步考察。

虽然重庆市第一中级人民法院判决重点关注许可费率的计算，未对 OPPO 及诺基亚双方的谈判行为是否符合 FRAND（公平、合理及非歧视）原则进行分析，但该判决通过翔实的许可费率计算体现了 FRAND 原则，体现了中国法院在确保标准必要专利许可费用的公平性和合理性，防止过高的费率可能对市场竞争造成的不利影响等方面作出的努力。

整体而言，本案判决内容细致且翔实，充分考虑了案件事实，并在进行详细分析的基础上，作出了具有开创性的认定。该判决凸显了中国法院在国际标准必要专利纠纷中愿意并能够扮演的积极角色，预示着中国法院在解决国际专利争议、参与标准必要专利全球治理中将发挥更加重要的作用。

三、扬子江药业集团广州海瑞药业有限公司、扬子江药业集团有限公司诉合肥医工医药股份有限公司、合肥恩瑞特药业有限公司、南京海辰药业股份有限公司滥用市场支配地位纠纷案②③

案情聚焦

本案原告为扬子江药业集团广州海瑞药业有限公司、扬子江药业集团有

---

① 《全球 5G 标准必要专利及标准提案研究报告（2023 年）》，载中国信通院网 2023 年 4 月 21 日，http://www.caict.ac.cn/kxyj/qwfb/ztbg/202304/P020230421528385442774.pdf。

② 刘鑫律师、谢冠斌律师，北京市立方律师事务所。

③ 一审案号：（2019）苏 01 民初 1271 号；二审案号：（2020）最高法知民终 1140 号。

限公司（以下合称扬子江药业），被告为合肥医工医药股份有限公司（以下简称合肥医工）、合肥恩瑞特药业有限公司（以下简称恩瑞特）、南京海辰药业股份有限公司，原告的诉讼请求主要为：判令合肥医工、恩瑞特立即停止实施垄断行为，包括停止限定扬子江药业只能与合肥医工等交易的行为、停止搭售无必要的专利许可、停止附加不合理条件；判令合肥医工、恩瑞特连带赔偿因垄断高价及搭售给扬子江药业造成的损失，暂计9000万元；判令合肥医工向扬子江药业赔偿因附加不合理条件导致其在盐酸头孢他美研究项目中的损失，暂计1000万元。一审法院经审理，认为合肥医工与恩瑞特构成滥用了在中国境内枸地氯雷他定原料药市场中的支配地位，实施了限定交易、不公平高价和附加不合理交易条件等行为，判令赔偿扬子江药业6800余万元。

合肥医工和恩瑞特不服一审判决，向最高人民法院提起上诉，主要主张本案相关市场应为第二代抗组胺药的原料药市场，且合肥医工和恩瑞特在相关市场中不具有支配地位，未实施相关滥用行为。扬子江药业也针对一审法院的损失计算认定提起上诉。

最高人民法院围绕案件基本情况总结了六大争议焦点，其中主要包括：本案相关商品市场的界定、合肥医工等是否具有支配地位以及合肥医工等是否实施了滥用行为等。

针对相关市场界定，最高人民法院从需求和供给替代两个方面进行了分析。首先从需求替代角度，被诉垄断行为直接涉及的特定商品是枸地氯雷他定原料药，故应以该原料药作为相关商品市场界定的起点。原料药和利用原料生产的制剂之间具有严格对应和深度绑定关系，特定制剂的原料药对制剂的生产而言不可替代，因此从需求替代角度枸地氯雷他定原料药对相应制剂的生产而言不可替代。其次从供给替代角度，国内原料药市场受到较为严格的行政管制，其他原料药企业短期内难以满足生产条件转产枸地氯雷他定原料药，且涉案原料药上的专利的存在也增加了其他企业短期转产的困难。鉴于当事人均对地域市场界定为中国市场无异议，最高人民法院最终将案件相关市场界定为中国境内枸地氯雷他定原料药市场。

针对市场支配地位认定，最高人民法院指出，合肥医工等在本案争议期间是生产、销售枸地氯雷他定原料药的唯一经营者，可以认定其市场份额为100%，并据此推定其具有市场支配地位。但最高人民法院同时提出，虽然推定合肥医工等具有支配地位，但其仍可能面临下游市场传递的间接竞争约束，这些约束虽然不足以使合肥医工等丧失支配地位，但仍对其市场地位有所弱化。

针对限定交易行为，最高人民法院认为合肥医工等以《长期供销协议》限定扬子江医药交易的行为符合了《反垄断法》所规定的限定交易行为的行为样态和封锁效果，但前述市场封锁效果是涉案专利的法定排他效力的必然结果，不构成反垄断法意义上的排除限制竞争效果，不属于反垄断法下的限定交易行为。

针对不公平高价行为，最高人民法院指出若高价行为未明确产生排除、限制竞争效果，也未明确损害消费者福利，则不宜简单认为构成滥用行为。对于不公平高价行为的认定和规制应当特别审慎，可先分析高价行为所处的相关市场竞争状况和创新风险，继而借助收益率分析、利润分析、价格比较分析等经济分析手段认定被诉价格是否属于不公平高价；最后从竞争效果和消费者福利两方面复验初步结论并最终作出认定。据此，最高人民法院认定从以内部收益率、价格与经济价值的匹配度等方法分析枸地氯雷他定原料药4.8万元/千克的交易价格难以构成不公平高价，并且从竞争效果和消费者福利复验分析角度来看，扬子江药业非但没有处于不利竞争地位，反而其市场份额逐步扩大且价格亦有下降，因此现有证据不足以证明合肥医工等滥用市场支配地位实施了不公平高价行为。

针对附加不合理交易条件，最高人民法院指出，当经营者与交易相对人一次谈判多个商业项目，谈判一方在其中部分商业项目所涉相关市场具有市场支配地位时，认定经营者利用其在一个相关市场的支配地位为其他相关市场的交易附加不合理交易条件，一般至少应当同时具备两个条件：一是行为样态条件，即要求该经营者具有强制附加不合理交易条件的明确或者隐含的意思表示；二是行为结果条件，该经营者通过附加不合理交易条件不正当地获取不应得的利益或者损害交易相对人的利益，排除或者限制相关市场的竞争。上述要件缺一不可。据此，最高人民法院认为，在本案中扬子江药业主张的捆绑盐酸头孢他美项目和所谓附加453万元提成费均不构成实施附加不合理交易条件行为。

律师评析

本案系医药行业原料药领域的滥用市场支配地位纠纷，最高人民法院在本案中针对间接竞争约束力对相关市场界定影响的分析具有重要指导意义。

在本案中，最高人民法院明确指出，间接竞争约束既可以在界定相关市场阶段予以考虑，也可以在认定市场支配地位阶段予以考虑。在滥用市场支配地位案件中，对中间投入品经营者所面临的下游市场传递而来的间接竞争约束而言，可以根据案件具体情况，在界定相关市场阶段予以考虑，或者在认定市场支配地位阶段予以考虑。换言之，最高人民法院认为，无论是在界定相关市场还是在认定市场支配地位的过程中，考虑间接竞争约束力均具有重要意义。

在界定本案相关市场时，最高人民法院认为，在本案中原料药是一种中间投入品，对中间投入品的需求来自使用该中间投入品的终端产品的需求。中间投入品的经营者不仅可能受到来自提供紧密替代品的经营者的直接竞争约束，还可能受到由下游市场传递而来的间接竞争约束。但是，只有当这种由下游市场传递而来的间接竞争约束对于中间投入品经营者施加了足够强大的竞争压力时，才可能影响相关市场界定。但合肥医工等在本案中并未提供充分证据证明其他第二代抗组胺药与枸地氯雷他定制剂之间的竞争对上游枸地氯雷他定原料药市场产生了足够强大的竞争约束。

在认定市场支配地位时，最高人民法院认为，经营者面临的实际竞争约束既可能是直接的也可能是间接的；如果间接的竞争约束能够对经营者的行为产生足够的影响，则在市场支配地位认定时，亦应充分考虑间接竞争约束。前已述及，原料药系中间投入品，对中间投入品的需求与使用该中间投入品的下游产品的需求存在关联性。一般而言，此种关联性越强，则中间投入品下游市场对上游经营者所施加的间接竞争约束就越值得重视。当特定中间投入品缺乏紧密替代品，且主要用于生产某一种下游产品时，则中间投入品的需求与使用该中间投入品的下游产品的需求存在紧密的关联性，有必要在评估中间投入品经营者的市场力量时考虑来自下游市场的竞争约束。就特定原料药而言，如果该原料药缺乏替代品且主要用于生产某一种制剂，则该特定原料药的经营者可能既面临着提供紧密替代原料药经营者的直接竞争，还可能面临着由下游制剂经营者所受到的竞争约束而带来的间接竞争约束，即下游制剂市场的竞争可能传递到上游原料药市场，并对该原料药经营者产生竞争约束。因此，即便考虑到原料药与其制剂之间存在严格对应和深度绑定关系，将一种特定原料药认定为一个单独的相关市场，也应当在关于市场支配地位的认定中，根据个案具体情况，结合实际证据，对特定时间范围内、特定经营者所面临的竞争约束作具体分析并予充分考虑。本案中，虽然合肥医工等在枸地氯雷他定原料药市场具100%的市场份额，但是其仍可能面临着下游枸地氯雷他定制剂市场竞争所传递的竞争约束。基于本案具体事实和证据，最高人民法院认为合肥医工等作为枸地氯雷他定原料药经营者，即便其拥有枸地氯雷他定原料药市场全部市场份额，具有市场支配地位，其依然面临着下游枸地氯雷他定制剂市场竞争所传递的间接竞争约束。尽管这些间接竞争约束不足以使合肥医工等丧失其在枸地氯雷他定原料药市场的支配地位，但仍对合肥医工等的市场支配地位有所弱化。

通过本案，最高人民法院强调了考虑间接竞争约束力在垄断纠纷中（特别是在界定相关市场以及认定市场支配地位的过程中）的重要意义，对于反垄断民事诉讼中的相关市场界定及市场支配地位认定具有重要参考和指导意义。

四、四川金象赛瑞化工股份有限公司诉山东华鲁恒升化工股份有限公司、宁波厚承管理咨询有限公司、宁波安泰环境化工工程设计有限公司、尹某大侵害技术秘密纠纷案[①][②]

案情聚焦

四川金象赛瑞化工股份有限公司（以下简称金象公司）为加压气相淬冷法年产 5 万吨三聚氰胺（即蜜胺）生产反应系统（以下简称涉案技术秘密）相关技术秘密的权利人。尹某大曾任金象公司总工程师兼技术中心主任，曾参与涉案技术秘密研发。山东华鲁恒升化工股份有限公司（以下简称华鲁公司）为建造年产 5 万吨蜜胺生产线，与宁波厚承管理咨询有限公司、宁波安泰环境化工工程设计有限公司签订三方协议，由宁波两公司分别提供技术和施工设计。宁波两公司从尹某大处非法获取了包含涉案技术秘密形成的技术包，请尹某大帮助修改相应技术图纸并给予高额报酬，在生产线建设过程中尹某大多次前往华鲁公司施工现场排查问题、提供技术指导。金象公司认为华鲁公司、宁波厚承管理咨询有限公司、宁波安泰环境化工工程设计有限公司、尹某大（以下合称四被诉侵权人）侵害了涉案技术秘密，构成共同侵权且侵权获利巨大，故向四川省成都市中级人民法院提起诉讼，请求判令四被诉侵权人停止侵权（包括停止披露、使用、允许他人使用涉案技术秘密，销毁承载有涉案技术秘密的资料，华鲁公司销毁承载有涉案技术秘密的生产系统、停止销售使用涉案技术秘密生产的蜜胺产品）、连带赔偿金象公司经济损失及合理费用 9800 万元。

一审法院认为四被诉侵权人共同侵害了金象公司的涉案技术秘密，应立即停止披露、使用、允许他人使用涉案技术秘密并销毁各自持有的涉案技术秘密的载体资料，并部分支持了金象公司主张的损害赔偿数额。一审法院基于社会资源的浪费以及生产安全的角度考量，判决不销毁生产设备，鼓励华

---

① 孙琦律师、谢冠斌律师，北京市立方律师事务所。
② 一审案号：（2017）川 01 民初 2948 号；二审案号：（2022）最高法知民终 541 号。

鲁公司与金象公司达成技术许可；同时，其认为因停止披露、使用、允许他人使用涉案技术秘密足以防止损害后果的扩大，故对金象公司要求华鲁公司停止销售利用涉案技术秘密生产的蜜胺产品的主张也未予支持。

双方当事人均不服，向最高人民法院提起上诉。最高人民法院二审认为，各被诉侵权人具有侵权的意思联络，主观上彼此明知，先后实施相应侵权行为构成完整的侵权行为链，客观上分工协作，属共同故意实施侵权行为，应当对全部侵权损害承担连带责任。遂改判支持权利人的全部诉讼请求，判令四被诉侵权人停止披露、使用、允许他人使用涉案技术秘密（其中华鲁公司的停止使用包括立即停止销售使用涉案技术秘密所生产的蜜胺产品），以包括但不限于拆除的方式销毁侵权生产系统及有关技术秘密载体，共同连带赔偿权利人经济损失及维权合理开支 9800 万元。

关于共同侵权的认定，最高人民法院认为，共同侵权是指数人共同不法侵害他人权益造成损害的行为。构成共同侵权需要满足以下要件：一是侵权主体的复数性，即共同侵权行为的主体必须是两个以上。二是共同实施侵权行为。从主观过错角度看，这里的共同实施行为主要包括三种情形：其一，共同故意实施的行为；其二，共同过失实施的行为，即基于共同的疏忽大意或者过于自信的过失而造成他人的损害；其三，故意行为与过失行为结合实施的行为，即数个行为人虽主观过错程度不一，但各自行为相结合而实施的行为，造成他人损害的，也可以构成共同侵权行为。以上三种情形，具备其一，即可认定构成共同实施侵权行为。三是造成受害人损害，且损害具有不可分割性。四是各行为人的侵权行为均与损害后果之间具有因果关系。在共同侵权行为中，有时各个行为人的侵权行为对造成损害后果的原因力可以有所不同，但必须存在法律上的因果关系，如果某个行为人的行为与损害后果之间没有因果关系，则不应与其他行为人构成共同侵权。

对于技术秘密侵权中共同故意实施侵权行为的认定，最高人民法院认为，技术秘密侵权案件中，各被诉侵权人具有侵害技术秘密的共同意思联络，主观上彼此明知，彼此先后实施相应的侵权行为形成完整的侵害技术秘密的侵权行为链，客观上已形成分工协作，应当属于共同故意实施侵权行为。构成共同故意实施侵权行为并不以各参与者事前共谋、事后协同行动为限，各参与者彼此之间心知肚明、心照不宣，先后参与、相互协作，亦可构成共同实施侵权行为。

关于技术秘密侵权案件中制造者停止销售产品的问题，最高人民法院认为，当制造者使用的技术秘密为制造特定产品所不可或缺的重要条件且该产品为使用该技术秘密所直接获得的产品时，因其销售该产品的行为显属同一侵权主体实施制造行为的自然延伸和必然结果，故禁止使用的范围应当包括禁止该制造者使用该技术秘密制造产品后进行销售。

律师评析

本案是最高人民法院继2021年"香兰素"案判赔1.59亿元后再次针对技术秘密侵权作出的高额判赔案件。本案中最高人民法院对共同侵权的认定、停止侵权的责任承担、针对技术秘密案刑民交叉处理相关问题的分析具有重要指导意义。

本案中，尹某大将涉案技术秘密披露并允许宁波二公司使用，系本案共同实施侵权行为中的关键人物和基础环节；宁波二公司从尹某大处非法获取涉案技术秘密并提供给华鲁公司，构成非法收买并转卖涉案技术秘密，属于本案共同实施被诉侵权行为的中间渠道及名义上的技术提供者；在案证据证明华鲁公司主观上明知其使用的技术方案的实际来源，其从宁波二公司受让涉案技术秘密的行为已构成2017年修订的《反不正当竞争法》第九条第二款规定的视为侵犯商业秘密的行为，其虽处于本案共同实施侵权行为的末端环节，但也是涉案技术秘密的最终使用者和最大获益者。针对四被诉侵权人上述各自的侵权行为，最高人民法院认为，四被诉侵权人之间具有侵害涉案技术秘密的共同意思联络，主观上彼此明知，彼此先后实施相应的侵权行为形成了完整的侵害涉案技术秘密的侵权行为链，客观上已形成分工协作，属于共同故意实施被诉侵权行为。最高人民法院进一步认为，四被诉侵权人虽不具有事前共谋、事后协同的行为表象，但其彼此之间心知肚明，先后参与、相互协作，亦可构成共同实施被诉侵权行为。

关于被诉侵权人停止侵权的侵权责任，最高人民法院对于华鲁公司是否应当停止销售使用涉案技术秘密生产的三聚氰胺产品的责任也进行了详细论述。最高人民法院认为，涉案技术秘密既是华鲁公司制造被诉侵权生产系统不可或缺的重要条件，也是其制造涉案三聚氰胺产品不可或缺的重要条件，而且涉案三聚氰胺产品为使用涉案技术秘密所直接获得的产品。因其销售该产品的行为显属同一侵权主体实施制造行为的自然延伸和必然结果，故此时该禁止使用的范围应当包括禁止该制造者使用该技术秘密制造产品后进行销售。原告金象公司所提出的责令华鲁公司停止销售使用涉案技术秘密生产的三聚氰胺产品的请求是作为制造者的华鲁公司停止使用涉案技术秘密的应有之义。据此，最高人民法院纠正了一审法院的做法，在判决华鲁公司停止使用涉案技术秘密的基础上，进一步明确华鲁公司应当立即停止销售使用涉案技术秘密生产的三聚氰胺产品。

另外，最高人民法院针对本案技术秘密纠纷因刑民程序并行涉及的相关分析亦具有指导意义。首先，技术秘密侵权民事程序不应因刑事案件未审理终结而中止。最高人民法院认为，本案中判断被诉侵权主体是否构成技术秘密侵权、是否构成共同侵权以及应当承担何种侵权责任时所要查明的事实以及所依据的证明标准与刑事案件中认定被告人是否构成侵犯商业秘密罪的事实和证明标准并不完全相同，两案需查明的事实及适用的证明责任不尽相同。因此，本案的审理并非必须以尹某大所涉刑事案件的审理结果为依据，本案无须中止审理。其次，当事人在刑事案件中所作讯问笔录可以作为民事案件中认定事实的依据。对于民事案件当事人在刑事案件中所作讯问笔录，经各方当事人举证、质证后，法院应当审查其真实性、合法性及关联性，在符合民事诉讼证据规则的前提下，可以予以采纳，并综合判断其与在案其他证据的证明力大小，对相关事实作出认定。实践中，以刑事报案形式启动对商业秘密犯罪的侦查和审判，有利于查明案件事实，一定程度上能解决技术秘密侵权取证难的司法现状。如果相关技术和侵权事实并非自力或民事公力救济能查明，权利人则可以考虑先刑后民、刑民交叉的维权策略。

本案中原告金象公司为中外合资企业，侵权人之一华鲁公司系国有上市企业。本案裁判充分体现人民法院对内资和外资企业、国有和民营企业等各类企业的一体对待、平等保护的态度。本案有关共同侵权、停止侵害责任的认定等，对于类似案件的处理具有重要参考意义。

五、惠州正威光电科技有限公司与惠州瀚星光电科技有限公司、吴某戈专利权权属纠纷案[1][2]

案情聚焦

惠州正威光电科技有限公司（以下简称正威公司）起诉要求：一、判决涉案专利权归正威公司所有；二、判决被告一惠州瀚星光电科技有限公司（以下简称瀚星公司）、被告二吴某戈连带赔偿正威公司维权合理费用（包括但不限于律师费、调查费等）1万元；三、判决瀚星公司、吴某戈承担本案全部诉讼费用。瀚星公司抗辩称涉案专利系瀚星公司在吴某戈入职前研发完成，与吴某戈无关。一审法院经审理，认为涉案专利系吴某戈与正威公司终止劳动关系后一年内作出的，与吴某戈在正威公司承担的本职工作或者被分配的任务有关的发明创造，属于职务发明创造。

瀚星公司不服一审判决，向最高人民法院提起上诉，主张涉案专利系瀚星公司在吴某戈入职前研发完成，与吴某戈无关，并在二审期间明确其主张涉案专利系瀚星公司在吴某戈入职前研发完成所依据的证据。最高人民法院立足本案两大争议焦点进行审理：一是涉案专利的发明人为专利文件中记载的吴某戈还是其新入职的瀚星公司？二是涉案专利属于吴某戈在正威公司还是瀚星公司的职务发明创造？

关于涉案专利的发明人为专利文件中记载的吴某戈还是其新入职的瀚星公司这一争议焦点，最高人民法院主要考虑现有证据是否足以证明完整的技术方案系由瀚星公司独立完成。最高人民法院认为从涉案图纸的真实性、完

---

[1] 张佳佳律师、闵睿律师，贵州贵达律师事务所。
[2] 一审案号：（2020）粤73知民初1932号；二审案号：（2022）最高法知民终1268号。

整性、各方收发渠道的验证、产品照片是否显示完整的技术方案等方面进行分析，各项证据亦未显示涉案专利的完整技术方案，不能证明瀚星公司在吴某戈入职前独立完成了涉案专利的研发，不能推翻涉案专利文件中关于发明人为吴某戈的记载。

关于涉案专利属于吴某戈在正威公司还是瀚星公司的职务发明创造这一争议焦点，根据《专利法》《专利法实施细则》的规定，离职员工作出的发明创造属于原单位的职务发明创造应满足以下要件：一是发明创造系员工与原单位终止劳动、人事关系后一年内作出；二是发明创造与员工在原单位承担的本职工作或者被分配的任务有关。从前述构成要件出发，最高人民法院经审理认为，灯具类产品的研发创新属于吴某戈在正威公司的本职工作。涉案专利涉及户外照明灯具，说明书记载其发明目的是提供一种灯罩受力均匀的照明灯具。因此，涉案专利与吴某戈在正威公司的本职工作有关，原审法院关于涉案专利属于吴某戈在正威公司的职务发明创造、涉案专利权归属正威公司的认定并无不当，瀚星公司、吴某戈的上诉理由不能成立。

律师评析

本案系关于职务发明权属的争议纠纷，最高人民法院在本案中阐明的标准对涉及离职员工作出的发明创造权属的纠纷审理具有重要指导意义。

最高人民法院在本案中对离职员工作出的发明创造其权属的判断标准进行了具体的解释：离职员工作出的发明创造属于原单位的职务发明创造应满足"时间性"和"相关性"两个条件，即发明创造系员工与原单位终止劳动、人事关系后一年内作出和发明创造与员工在原单位承担的本职工作或者被分配的任务有关。但同时，最高人民法院也指出"相关"不等于"相同"，故在对"相关与否"进行判断时，并不要求涉案发明创造的具体技术方案与原用人单位的技术方案完全相同，而是需结合技术领域、技术主题、技术思路等方面的相关性，对是否属于"有关的发明创造"作出判断。至于具体的考量因素，最高人民法院也指出可从涉案发明创造的图纸的真实性、完整性，各方收发涉案专利所涉相关文件、信息的渠道验证，涉案产品照片是否显示完整的技术方案等多方面进行分析。该案确定的相关判断标准及考量因素亦能对在类似案件中如何有效平衡原用人单位、离职员工及离职员工新任职单位之间的利益提供指导。

六、四川国为制药有限公司、阿斯利康（瑞典）有限公司确认是否落入专利保护范围纠纷案[①][②]

案情聚焦

本案原告为阿斯利康（瑞典）有限公司（以下简称阿斯利康公司），其起诉请求：确认四川国为制药有限公司（以下简称四川国为公司）申请上市的受理号为 CYHS2102104 国的达格列净片（10mg）化学 4 类仿制药（以下简称涉案仿制药）落入原告涉案发明专利权利要求 9 的保护范围。一审法院判决确认受理号为 CYHS2102104 国的"达格列净片"仿制药的技术方案落入涉案发明专利权利要求 9 的保护范围。

四川国为公司不服一审判决，向最高人民法院提起上诉。最高人民法院经审理认为，本案争议焦点为涉案发明专利权利要求 9 是否属于《药品专利纠纷早期解决机制实施办法（试行）》（以下简称《药品专利纠纷实施办法》）规定的可登记专利类型及对本案的影响。

关于该争议焦点，最高人民法院在对《药品专利纠纷实施办法》第五条"化学药上市许可持有人可在中国上市药品专利信息登记平台登记药物活性成分化合物专利、含活性成分的药物组合物专利、医药用途专利"之规定进行综合认定的基础之上，指出该条规定明确限定了可在专利登记信息平台上登记的专利类型，表明并非所有化合物专利和组合物专利均可登记。最高人民法院最终认定阿斯利康公司所有的特征表征结晶结构的化合物专利不应属于《药品专利纠纷实施办法》第五条规定的"药物活性成分化合物专利"，

---

① 张佳佳律师、闵睿律师，贵州贵达律师事务所。
② 一审案号：（2022）京 73 民初 586 号；二审案号：（2023）最高法知民终 7 号。

其相应的医药用途权利要求也不应属于《药品专利纠纷实施办法》规定的医药用途专利,因此,阿斯利康公司登记的权利要求并非《药品专利纠纷实施办法》第五条规定的三种专利类型,阿斯利康公司无权依据《专利法》第七十六条提起本案诉讼,其诉讼请求应予驳回。

律师评析

2021年,随着《最高人民法院关于审理涉药品上市审评审批专利民事案件适用法律若干问题的规定》(征求意见稿)、《药品专利纠纷实施办法》、《药品专利纠纷早期解决机制行政裁决办法》等规范性文件和法律法规的相继发布,我国正式建立了药品专利链接制度。通过中国裁判文书网的检索可以发现,目前我国仍然鲜有关于药品专利链接的案例,这在一定程度上表明我国药品专利链接制度尚处于探索阶段。

本案是药品专利链接诉讼领域在确认是否落入专利保护范围案由下,涉及如何判断涉案药品专利是否属于药品专利纠纷早期解决机制涵盖的专利类型这一问题的首例案件。在具体的判断过程中,最高人民法院指出,对于法律规定尚未明确的具体类型,应当从文义解释、目的解释、历史解释等多角度对有关法律规定进行综合分析,不宜将可登记的专利范围不当扩大;此外,最高人民法院认为在类案的判定过程中,人民法院需尊重有关行政主管机关已有的相关政策解读,其指出参考制定《药品专利纠纷实施办法》的国家行政主管机关发布的关于该办法的政策解读,亦可反向表明有关行政主管机关有意将阿斯利康公司所有的涉案专利类型排除在可登记专利范围之外,在此情形下,人民法院不宜再作不同解释。

最高人民法院在本案中确定的审理思路对完善我国药品专利链接制度的完善具有指引意义。

七、广东格兰仕微波炉电器制造有限公司与中山市美格电子科技有限公司侵害专利权纠纷案[①][②]

案情聚焦

广东格兰仕微波炉电器制造有限公司（以下简称格兰仕公司）系ZL201510373341.8、名称为"用于铆紧磁控管上盖的铆盖模具"发明专利（以下简称涉案专利）的专利权人。涉案专利所要求保护的一种铆盖模具，是磁控管生产流程中的核心装置，专用于铆紧磁控管上盖。

格兰仕公司发现中山市美格电子科技有限公司（以下简称美格公司）未经许可为生产经营目的大量制造、使用侵犯涉案专利权的铆盖模具（以下简称被诉侵权产品）。并且，美格公司在明知侵权的情况下，仍然利用其员工在格兰仕公司工作期间掌握的技术信息制造、使用被诉侵权产品，大规模生产磁控管，并供应给格兰仕公司的竞争对手威力公司，严重侵害了格兰仕公司合法权益，并给格兰仕公司造成严重的经济损失。格兰仕公司遂起诉至广州知识产权法院（以下简称广州知产法院），请求判令美格公司立即停止侵害涉案专利权的行为，立即销毁正在使用及库存的侵权产品以及制造侵权产品的专用设备和模具，赔偿经济损失及合理开支共计1020万元。

一审法院经审理认为，涉案专利是通过传动杆实现杠杆原理和上盖的铆紧，因此传动杆及相关的结构特征是涉案专利权利要求1实际解决技术问题而获得授权的必要技术特征，属于发明点特征。被诉侵权技术方案并无独立的传动杆结构，也没有与传动杆相关的连接关系和位置关系，故被诉侵权技术方案不具有与诉争技术相同的特征。由于被诉侵权技术方案并未利用涉案专利的发明点特征，不能认定实现了涉案专利实际解决其技术问题所要实现的功能和效果，对该技术特征应从严认定等同。被诉侵权技术方案并非采用传动杆，而是采用力臂上部设置内弧形结构的力矩变化方案，相对于涉案发

---

① 陈颖律师，金诚同达律师事务所。
② 一审案号：（2020）粤73知民初2237号；二审案号：（2022）最高法知民终1584号。

明具有一定的创造性贡献和相应的技术效果。因此，不能以被诉侵权技术方案最终实现了铆紧上盖的结果而认定功能和效果基本相同并据此认定构成等同，而应更加注重被诉侵权技术方案与涉案专利实现杠杆原理的力矩变化具体方案的差异，认定被诉侵权技术方案不具有涉案专利基本相同的技术手段，也不能实现基本相同的功能和效果，不构成等同。由于被诉侵权技术方案未落入涉案专利权的保护范围，美格公司未侵害涉案专利权。

广州知产法院判决驳回格兰仕公司的全部诉讼请求。格兰仕公司不服一审判决，上诉至最高人民法院。

最高人民法院经审理认为，关于涉案专利的发明点问题，必要技术特征既可以包括与最接近现有技术共有的特征，也可以包括与之区别的技术特征，其总和构成了区别背景技术方案的一个方案，而体现技术贡献的发明点通常指为解决发明或者实用新型技术问题的一个或多个特征，必要技术特征与发明点有一定关联性但并不能将其必然视为发明点特征，发明点的确定还应该回归到专利说明书中进行综合判断。涉案专利的技术特征体现该发明创造对现有技术作出贡献的技术特征并不是传动杆以及相关的连接结构特征，而在于利用杠杆原理的动力工装、传动连接动力工装的若干力臂以及各力臂中部转动连接力臂工装、各力臂底部同时向内作用铆盖模的整体结构。广州知产法院以传动杆及相关的结构特征是涉案专利权利要求1获得授权的必要技术特征即认为其属于发明点，从而从严适用等同原则，依据不足。涉案专利权利要求1中的诉争技术特征是通过连杆结构来实现角力臂和边力臂顶部同时径向往外摆动，被诉侵权产品没有连杆结构，相对应的是通过凸轮在角力臂和边力臂的内弧形面上进行向上的运动来驱动角力臂和边力臂同时径向往外摆动。根据在案证据可见在机械设计领域中，凸轮结构和连杆结构属于常用的传动结构，将两者进行替换是常规、等效的替换方式。因此，被诉侵权技术方案具有与诉争技术特征等同的技术特征，被诉侵权技术方案落入涉案专利权利要求1、2的保护范围。

关于美格公司应当承担的侵权责任部分，由于被诉侵权产品属于加工模具，其本身并不进入市场，也未有证据显示市场上存在其他技术方案可以替代被诉侵权产品，其市场价值无法确认。最高人民法院综合考虑专利侵权损害赔偿制度的设置目的在于充分补偿专利权人损失，而专利权人的损失在于其市场终端产品市场被侵占，因被诉侵权产品是制造其市场终端产品所需的必要生产工具，故其市场终端产品利润和销售数量可以用来计算专利权人的实际损失。综上，最高人民法院判决撤销一审判决，判令美格公司立即停止侵权、销毁铆盖模具，赔偿格兰仕公司经济损失及合理开支共计1020万元。

律师评析

本案实际是核心技术员工跳槽引发的侵权之争。2017年1月，格兰仕公司磁控管制造部接触核心技术的员工刘某某，接受某企业的聘任合同，成立了由该企业100%控股的美格公司。刘某某独自一人负责美格公司磁控管的开发研制，而涉案专利于2015年6月28日申请并于2017年1月25日授权，刘某某在涉案专利申请授权期间为格兰仕公司磁控管部门的核心技术人员。

对于制造业企业来说，其核心技术是企业的重点竞争优势，而核心技术的保护不仅涉及商业秘密保护，也可能涉及国家秘密保护，因此企业在进行合规管理时应当尤为重视涉密人员的保密管理。具体而言：首先，用人单位应当确定秘密的范围及其性质，明确相应的保密管理要求。其次，用人单位应当明确不同类型涉密人员的涉密范围、管理形式等。企业可以通过与涉密人员在劳动合同中约定保密条款、签订保密协议或竞业禁止协议的方式对劳动者进行管理，体现出企业的主观保密愿望，使劳动者知悉具体的保密客体及企业的保密需求。再次，企业内部应当做好涉密信息的整理和归档工作。对于企业的涉密信息，按照用途和重要性进行分类管理，并对涉密信息做到及时更新、归档。对于不同的涉密信息，均制定相应的查阅、交接手续。对于相关接触人员，做到"谁查阅，谁签字，谁负责"，从而将涉密信息进一步落实到个人，做到对涉密信息的有效管理。最后，定期对核心人员进行商业秘密法律教育和保密义务培训。通过有关商业秘密法律知识的培训，从思想上牢固核心人员的保密意识，普遍提高保护商业秘密的自觉性。综上，企业应当建立完善保密制度，严格落实保密措施，从而保持企业的市场竞争力。同时，相关保密制度、保密措施应注意留痕，便于企业在侵权纠纷中举证，从而更好地维护企业合法权益。

回归本案，最高人民法院确立了必要技术特征与发明点的关系，即必要技术特征与发明点有一定关联性但并不能将其必然视为发明点，在确定专利发明点时，应当回归专利说明书中进行综合判断。同时，对于必要生产工具价值的认定，可以利用该市场终端产品利润和销售数量来计算专利权人的实际损失。

八、江苏固耐特围栏系统股份有限公司与厦门高诚信工程技术有限公司等侵害发明专利权纠纷案[1][2]

案情聚焦

江苏固耐特围栏系统股份有限公司（以下简称固耐特公司）系ZL201110403257.8、名称为"围栏柱及具有该围栏柱的围栏系统"的发明专利（以下简称涉案专利）的专利权人。

固耐特公司主张，翔安监狱新建项目（以下简称涉案项目）所安装使用的围栏柱及围栏系统（以下简称被诉侵权产品）落入涉案专利权利要求的保护范围。厦门高诚信工程技术有限公司（以下简称高诚信公司）作为涉案项目代建单位，未经固耐特公司授权，为生产经营目的在涉案项目中使用的防攀爬围栏采用的技术方案，落入涉案专利权的保护范围。该防攀爬围栏由厦门中联永亨建设集团有限公司（以下简称中联永亨公司）安装，围栏的供应商为河北振兴金源丝网集团有限公司（以下简称振兴金源公司）。高诚信公司、中联永亨公司、振兴金源公司的行为侵害了固耐特公司的专利权，应当承担相应的侵权责任。

一审法院审理查明，2013年12月18日，福建省翔安监狱委托华庭工程

---

[1] 陈颖律师，金诚同达律师事务所。
[2] 一审案号：（2020）闽02民初1188号；二审案号：（2022）最高法知民终139号。

设计有限公司（以下简称华庭公司）承担涉案项目的设计工作。2015年1月27日，高诚信公司签订建设工程委托代建合同，成为涉案项目的代建单位。2015年2月6日，固耐特公司与华庭公司就涉案项目相关设计进行沟通。涉案项目包含被诉侵权产品在内的项目施工图由华庭公司设计，经高诚信公司转交给中联永亨公司。前述施工图明确了围栏柱等图样及技术要求。华庭公司确认中联永亨公司提交的被诉侵权产品的竣工图与施工图相符。庭审中，固耐特公司确认其对于华庭公司在涉案专利基础上设计图纸用于涉案项目知情，同意华庭公司使用涉案专利，并明确表示不针对华庭公司起诉。

一审法院认为，被诉侵权产品具备涉案专利权利要求1、18所记载的技术特征相同的技术特征，落入涉案专利权的保护范围。固耐特公司作为涉案专利权人，其明知华庭公司为涉案项目的设计方，还主动参与了被诉侵权产品施工图的设计并同意将涉案专利技术方案使用于前述施工图，视为其许可涉案项目使用涉案专利，不存在未经专利权人许可的情形，故固耐特公司关于各被告实施侵害其专利权行为的诉讼主张，缺乏事实和法律依据。固耐特公司怠于披露的行为导致业主单位、代建单位、施工单位陷入两难境地，其主观上具有滥用专利权的故意，此种恶意维权行为违背了诚实信用原则，损害了正常的市场交易秩序，造成了社会公共资源的浪费，不应得到鼓励和支持。

一审法院判决驳回固耐特公司的全部诉讼请求，固耐特公司不服，提起上诉。

最高人民法院经审理认为，结合在案证据，在专利权人固耐特公司明知其提供的设计方案用于涉案项目，且深度参与了设计工作，涉案项目亦严格按照图纸施工的情况下，应认定固耐特公司默示许可相关主体在涉案项目中实施涉案专利。关于专利许可费，首先，虽然根据固耐特公司的许可范围，在涉案工程中实施涉案专利的相关主体均可被视为获得了专利权人的许可而不构成侵权，但直接与固耐特公司进行沟通的是华庭公司。其次，涉案专利技术的价值已体现在华庭公司的设计图上，设计合同已经"包含了所有设计内容的相关费用"且相关费用已履行。最后，根据上述分析可知，固耐特公司知晓或至少应知华庭公司与涉案工程的发包方达成的具有对价的协议包含涉案专利技术。因此，固耐特公司也不应向高诚信公司和中联永亨公司主张许可费。最终最高人民法院判决驳回上诉，维持原判。

> **律师评析**

本案涉及专利默示许可的认定。《专利法》第十一条规定："发明和实用新型专利权被授予后，除本法另有规定的以外，任何单位或者个人未经专利权人许可，都不得实施其专利，即不得为生产经营目的制造、使用、许诺销售、销售、进口其专利产品，或者使用其专利方法以及使用、许诺销售、销售、进口依照该专利方法直接获得的产品。外观设计专利权被授予后，任何单位或者个人未经专利权人许可，都不得实施其专利，即不得为生产经营目的制造、许诺销售、销售、进口其外观设计专利产品。"因此，专利侵权判定的关键在于，行为人实施专利是否获得专利权人的许可。如果获得了专利权人的明示许可，行为人实施专利的行为自然不属于《专利法》第十一条所规定的侵害专利权的行为；如果行为人实施专利虽未获得专利权人明示许可，但结合具体案情，根据专利权人的行为可以推断其具有默示许可的意思表示，则可以认定行为人实施专利的行为不构成侵害专利权。

具体到本案，在专利权人固耐特公司明知华庭公司提供的设计方案用于涉案项目，且深度参与了设计工作，发包单位就该设计方案支付了合理对价，涉案项目亦严格按照图纸施工的情况下，应认定固耐特公司默示许可相关主体在涉案项目中实施涉案专利。况且，本案中专利权人固耐特公司系主动向被诉侵权人提供并意图使其实施专利技术方案，但未披露其专利权，直至被诉侵权人实施完毕方才请求侵权救济，主观上具有滥用专利权的故意，其行使专利权违背了诚实信用的原则，对专利权人主张被诉侵权人构成专利侵权的诉讼主张不应予以支持。

本案有效界定了专利默示许可的认定范围，为专利实施人进行专利默示许可抗辩起到了很好的指引作用；同时，对于专利权人行使专利权的过程中存在的不诚信的行为予以明确否定，有助于引导专利权人诚信行使专利权。

九、京信网络系统股份有限公司、京信通信技术（广州）有限公司与广东晖速通信技术股份有限公司侵害发明专利权纠纷案[①][②]

案情聚焦

京信网络系统股份有限公司［原京信通信系统（中国）有限公司］（以下简称京信网络公司）、京信通信技术（广州）有限公司（以下简称京信通信公司）系主要从事电子、通信与自动控制技术研究、开发，通信系统设备制造的大型高科技企业。2014年5月26日，京信通信公司向国家知识产权局提出名称为"腔体式微波器件"的发明专利申请（申请号201410225678.X），于2017年3月8日获得授权（以下简称涉案专利）。2017年7月28日，涉案专利的专利权人变更为京信网络公司、京信通信公司、京信通信系统（广州）有限公司和天津京信通信系统有限公司。2018年11月，在国家知识产权局和世界知识产权组织组织的第二十届中国专利奖评选中，涉案专利被授予"中国专利金奖"。

2019年5月，京信网络公司、京信通信公司在对被告广东晖速通信技术股份有限公司（以下简称晖速公司）销售给京信网络公司、京信通信公司的900/1800/FA/D\4+4+8+8通道电调智能天线产品进行技术分析后发现，晖速公司制造并销售的该天线使用的技术方案与涉案专利相同，落入涉案专利权权利要求1—12的保护范围，该行为侵犯了京信网络公司、京信通信公司涉案专利权。根据晖速公司与京信网络公司、京信通信公司签订的采购合同，晖速公司向京信网络公司、京信通信公司销售上述电调智能天线产品的总金额为655174元。根据中国移动发布的公告，晖速公司中标中国移动2018年至2019年4+4+8+8独立电调智能天线产品集中采购（第一批次）项目所涉及的天线价格（不含税）不少于163387640元。综上，在晖速公司通

---

① 蒋海军律师，江苏瑞途律师事务所。
② 一审案号：(2019)粤73知民初1679号；二审案号：(2021)最高法知民终379号。

过上述侵权行为所获利益中有较大部分应当被认定为因侵犯涉案专利权所获得的利益。此外，为制止晖速公司的侵权行为，京信网络公司、京信通信公司还产生了大量合理支出，晖速公司亦应当予以赔偿。京信网络公司、京信通信公司综合晖速公司中标金额、侵权产品利润率及涉案专利在侵权产品中的贡献以及京信网络公司、京信通信公司的合理支出，要求晖速公司赔偿京信网络公司、京信通信公司4000万元。

京信网络公司、京信通信公司认为，晖速公司未经京信网络公司、京信通信公司许可，以生产经营为目的擅自制造、销售侵犯京信网络公司、京信通信公司涉案专利权的被诉侵权产品，侵害了京信网络公司、京信通信公司的发明专利权，依法应当承担相应的法律责任。

晖速公司抗辩理由为：（1）被诉侵权产品实施的是现有技术，不构成侵权。（2）京信网络公司、京信通信公司主张赔偿数额过高，除了90万元律师费之外，主要在于京信网络公司、京信通信公司未提供证据证明其因侵权遭受的损失或者晖速公司因侵权实际获得的全部利益数额。从晖速公司公开的最新财务报表可知，晖速公司处于亏损状态。

京信网络公司、京信通信公司未提供损失和晖速公司具体获利数额，也未提供可以参考的专利许可使用费数额，请求法院根据销售情况和技术贡献率酌定赔偿数额。京信网络公司、京信通信公司提供了晖速公司销售收入和行业利润率的部分证据，并提交了多份专家证言证明专利价值和贡献。晖速公司作为上市公司的最近3年年报。京信网络公司、京信通信公司对此提交了涉案专利获奖证明及专家证人证言为证。

一审判决：一、广东晖速通信技术股份有限公司于判决发生法律效力之日起停止制造、销售侵犯专利号为201410225678.X、名称为"腔体式微波器件"发明专利权的产品；二、广东晖速通信技术股份有限公司于判决发生法律效力之日起10日内赔偿京信网络系统股份有限公司、京信通信技术（广州）有限公司4000万元；三、驳回京信网络系统股份有限公司、京信通信技术（广州）有限公司其他诉讼请求。

二审法院认为：京信网络公司、京信通信公司完成了初步举证责任，京信网络公司、京信通信公司同时向法院申请责令晖速公司提交账簿等相关证据，但晖速公司无正当理由一直未提交。晖速公司作为上市公司，应具有严格正规的财务账册及保管制度，在法院责令晖速公司提供相关账簿资料时应当提交，晖速公司在一、二审中均以公司内部整顿为由不提交相应财务数据，其提出的公司整顿不能成为拒绝提交的正当理由，应承担举证妨碍的不利后果。可以合理推定晖速公司如提交上述资料，相应数据应对其更为不利。最终，经衡量涉案专利权的类型，晖速公司侵权行为的性质、情节，其因实施侵权行为的可能获利情况以及京信网络公司、京信通信公司合理维权开支，京信网络公司、京信通信公司本案提出的赔偿请求合法有据，应予支持；一审法院据此全额支持京信网络公司、京信通信公司4000万元赔偿数额的主张，并无不当。

最终，最高人民法院知识产权法庭认为晖速公司的上诉请求不能成立，应予驳回。一审判决认定事实清楚，适用法律正确，予以维持。

律师评析

根据《专利法》的规定，侵犯专利权的赔偿数额按照权利人因被侵权所受到的实际损失确定；实际损失难以确定的，可以按照侵权人因侵权所获得的利益确定。权利人的损失或者侵权人获得的利益难以确定的，参照该专利许可使用费的倍数合理确定。赔偿数额还应当包括权利人为制止侵权行为所支付的合理开支。权利人的损失、侵权人获得的利益和专利许可使用费均难以确定的，人民法院可以根据专利权的类型、侵权行为的性质和情节等因素，给予酌定赔偿。在大多数专利侵权纠纷案件中，如何确定赔偿数额是难点问题。

本案中，京信网络公司、京信通信公司未提供证据证明其因晖速公司侵权所受到的损失，要求以晖速公司的侵权获利作为赔偿依据。关于晖速公司的侵权获利情况，根据《最高人民法院关于审理侵犯专利权纠纷案件应用法律若干问题的解释（二）》第二十七条规定，"权利人因被侵权所受到的实际损失难以确定的，人民法院应当依照专利法第六十五条第一款的规定，要求权利人对侵权人因侵权所获得的利益进行举证；在权利人已经提供侵权人所获利益的初步证据，而与专利侵权行为相关的账簿、资料主要由侵权人掌握的情况下，人民法院可以责令侵权人提供该账簿、资料；侵权人无正当理由拒不提供或者提供虚假的账簿、资料的，人民法院可以根据权利人的主张和提供的证据认定侵权人因侵权所获得的利益"。

《最高人民法院关于知识产权民事诉讼证据的若干规定》第三十一条规定："当事人提供的财务账簿、会计凭证、销售合同、进出货单据、上市公司年报、招股说明书、网站或者宣传册等有关记载，设备系统存储的交易数据，第三方平台统计的商品流通数据，评估报告，知识产权许可使用合同以及市场监管、税务、金融部门的记录等，可以作为证据，用以证明当事人主张的侵害知识产权赔偿数额。"依照上述规定，晖速公司作为国内上市公司，具有及时、准确报送和公告公司重大事件的信息披露义务。本案中，法院认为在无相反证据下，应认定上市公司公布的年报内容真实。鉴于本案涉诉标的额巨大，晖速公司作为上市公司每年亦须依法履行信息披露义务，原审法院责令京信网络公司、京信通信公司提交了晖速公司最近 3 年作为上市公司对外公布的年报并交双方质证。本案判决的前提是晖速公司拒绝提交相关证据且未作说明，一、二审法院根据案件实际情况，以其年报为主，以京信网络公司、京信通信公司提交的证据为辅，综合评估晖速公司实施涉案侵权行为的获利情况。

本案就专利侵权纠纷案件中关于损害赔偿的举证责任分配给予了明确的意见，是知识产权严格保护的具体体现。

十、苏州苏博包装有限公司与塞纳医药包装材料（昆山）有限公司恶意提起知识产权诉讼损害责任纠纷案[1][2]

案情聚焦

塞纳医药包装材料（昆山）有限公司（以下简称塞纳公司）于 2013 年 1 月

---

[1] 吴雪健律师，江苏瑞途律师事务所。
[2] 一审案号：（2021）苏05民初2247号；二审案号：（2023）苏民终411号。

17日向国家知识产权局（以下简称国知局）申请名称为"防潮盖"的外观设计专利，于2013年6月19日获授权公告，专利号为201330013294.8。

苏州苏博包装有限公司（以下简称苏博公司）曾于2020年4月9日向国知局对上述涉案专利提出了无效宣告请求，2020年8月24日，国知局作出无效宣告请求审查决定（第45929号），决定维持ZL201330013294.8号外观设计专利权有效。2020年9月21日，案外人贺某慧又向国知局对上述专利提出了无效宣告申请，国知局于2020年10月13日受理了上述无效宣告请求，组成合议组进行了审理。

塞纳公司发现原公司客户从苏博公司公证购买了防潮盖产品，该产品与塞纳公司的专利产品在整体视觉效果上无实质性差异，遂以其侵犯了塞纳公司专利号为ZL201330013294.8的外观设计专利权为由，起诉至法院。2020年10月27日，法院立案受理了塞纳公司诉苏博公司等侵害外观设计专利权纠纷一案[①]，该案审理过程中，国知局于2021年2月22日对贺某慧的前述无效宣告申请作出无效宣告请求审查决定（第48361号），决定宣告案专利号为ZL201330013294.8的外观设计专利权全部无效。上述专利权无效决定作出后，塞纳公司即于2021年3月9日向法院申请撤回1475号案件的起诉。

而后苏博公司以塞纳公司恶意提起知识产权诉讼为由向苏州市中级人民法院提起诉讼[②]，并主张塞纳公司构成恶意诉讼，要求塞纳公司赔偿损失并赔礼道歉。一审法院认定，塞纳公司提起1475号案件时，其主张保护的ZL201330013294.8号外观设计专利权利状态稳定，且经苏博公司请求宣告无效而由国知局维持有效。塞纳公司提起该案诉讼具备了一定的权利依据和事实基础，其起诉行为不存在明知不具有权利而起诉的权利滥用情形，且塞纳公司诉讼目的是保护其合法享有的专利权，维护自身的合法权益，并无主观恶意，因此苏博公司认为塞纳公司属于恶意提起知识产权诉讼的主张不能成立。

---

① 案号：（2020）苏05民初1475号。
② 案号：（2021）苏05民初2247号。

苏博公司不服一审判决而上诉至江苏省高级人民法院，在二审法院审理过程中，苏博公司提交了 KR3020060017470 专利文本和其他诉讼案件的证据材料，用以证明塞纳公司在已经明知其 BSFT 衍生系列产品自文献公开及推向市场后，仍于 2013 年申请外观设计专利，并据此主张塞纳公司专利诉讼具有恶意。二审法院归纳核心争议焦点为：（1）塞纳公司提起 1475 号案件的行为是否构成恶意诉讼。（2）如构成恶意诉讼，塞纳公司应承担何种民事责任。

二审法院认为，塞纳公司提起 1475 号案件诉讼前不久，国知局作出第 45929 号无效宣告请求审查决定维持涉案外观设计专利有效，即涉案外观设计专利已经国知局实质审查并被确认有效，故塞纳公司有理由认为其提起诉讼时涉案外观设计权利处于稳定的状态；而且，现有证据不能认定《Emballage Digest》《现代包装》等杂志中公开的 BSFT 衍生系列产品图片及对该系列产品的使用行为全面公开了涉案外观设计的全部技术特征，且国知局作出的第 48361 号无效宣告请求审查决定中，认定无效的依据是涉案外观设计专利与韩国、美国的两个外观设计专利相比不具有明显区别，而非依据上述文献公开或使用公开导致的新颖性丧失，结合专利权无效判断具有技术性及专业性强等特点，不能认定塞纳公司提起诉讼时明知其外观设计专利不具有新颖性而导致专利权必然无效。因此，一审法院认定塞纳公司提起 1475 号案件诉讼时不具有主观恶意，并无不当。

二审法院维持了一审判决，认定塞纳公司恶意提起知识产权诉讼的主张不成立。

律师评析

知识产权恶意诉讼可归责的意思状态应为主观恶意，具体而言，应从以下三个方面进行考量：一是行为人在提起诉讼时是否知晓其诉讼行为缺乏法律依据和事实根据；二是行为人是否有损害对方当事人利益或者为自己谋取不正当利益的目的；三是行为人在诉讼中是否存在明显不当且有违诚信的诉讼行为。

本案中，虽然在塞纳公司提起 1475 号外观设计专利侵权案件后，涉案专利被案外人宣告专利权全部无效，但是并不能以此认定塞纳公司主观上具有恶意。其原因在于：其一，国知局作出第 45929 号无效宣告请求审查决定，决定维持涉案外观设计专利有效，即涉案外观设计专利已经国知局实质审查并被确认有效，故塞纳公司有理由认为其提起诉讼时涉案外观设计权利处于稳定的状态。其二，第 48361 号案件虽然宣告涉案专利全部无效，但是，其依据的理由是涉案专利设计 1、2 均不符合《专利法》第二十三条第二款的规定，即涉案专利与之相比不具有明显区别，但是并不能认为涉案专利与在先公开的专利完全相同。其三，现有证据不能认定《Emballage Digest》《现代包装》等杂志中公开的 BSFT 衍生系列产品图片及对该系列产品的使用行为全面公开了涉案外观设计的全部设计特征。

因此，由于外观设计专利权无效判断具有技术性及专业性强等特点，不能认定塞纳公司提起诉讼时明知其外观设计专利不具有稳定性而导致专利权必然无效；因此法院认定塞纳公司提起 1475 号案件诉讼时不具有主观恶意，并无不当。

恶意诉讼本质上是侵权行为，对于某种具体的诉讼行为是否属于恶意提起知识产权诉讼，应从侵害行为、损害后果、主观过错以及侵害行为与损害后果之间是否存在因果关系等侵权责任的构成要件进行分析，其中行为人起诉时是否具有主观恶意是判断知识产权恶意诉讼成立的关键。就民事诉讼而言，依法提起诉讼是当事人的权利，可以表明权利人认真对待权利的态度。为保障诉权、鼓励当事人保护其知识产权，对于判断当事人是否为恶意提起知识产权诉讼应当持审慎的态度。

重点关注

一、《禁止滥用知识产权排除、限制竞争行为规定》发布[①]

事件回放

国家市场监督管理总局于 2023 年修订并发布《禁止滥用知识产权排除、限制竞争行为规定》（以下简称《规定》），自同年 8 月 1 日起正式施行。此次修订主要是为了鼓励创新、维护知识产权领域的公平竞争市场秩序，以及支持全国统一大市场建设和知识产权强国建设。修订重点关注近年来反垄断监管执法的新形势、新情况和新问题。

《规定》体现了更为透明、严格的法律执行标准，主要修订内容包括：

拓宽"滥用知识产权排除、限制竞争行为"的内涵。明确将利用行使知识产权的方式达成垄断协议，滥用市场支配地位，实施具有或者可能具有排除、限制竞争效果的经营者集中等行为列入调整范围。

完善利用行使知识产权的方式实施垄断行为的认定规则。基于 2022 年修订的《反垄断法》并结合实际，细化了相关市场界定、市场支配地位的认定和推定、有关垄断行为的认定、经营者集中审查的考量因素及附加限制性条件的具体类型等规则。

加强对知识产权领域典型、特殊垄断行为的规制。如完善专利联营有关规定，禁止专利联营实体和专利联营的成员利用专利联营从事垄断行为；加强对标准制定和实施过程中有关垄断行为的规制，禁止具有市场支配地位的经营者利用标准必要专利实施"专利挟持"。[②]

[①] 杨璞律师，上海市方达律师事务所。
[②] 《市场监管总局出台〈禁止滥用知识产权排除、限制竞争行为规定〉》，载中国政府网 2023 年 6 月 30 日，https://www.gov.cn/lianbo/bumen/202306/content_ 6889117.htm。

律师评析

《规定》的修订内容与新《反垄断法》相衔接，增强了反垄断制度规则的科学性、有效性。《规定》体现了国家市场监督管理总局在加强知识产权保护和反垄断监管方面的平衡，在保护知识产权的同时，明确了知识产权的行使需在合理范围内，避免损害市场公平竞争；通过强化反垄断规则，维护公平竞争的市场秩序，营造更有利于创新的市场环境；注重兼顾权利人和实施人的利益，保护合法权益的同时防止权利滥用，促进技术产业的健康发展。

总体而言，《规定》的修订凸显的是中国对于知识产权领域反垄断问题的重视和对知识产权保护与市场公平竞争双重目标的追求，确保了对知识产权行使的合理制约，从而构建一个更为公正、合理的知识产权法律环境。这些改动不仅提升了法律的明确性和预测性，还为企业经营提供了更为清晰的指引，特别是在全球化背景下，有利于中国企业更好地参与国际市场竞争。此外，亦反映了中国在全球经济一体化和知识经济时代中，对于知识产权管理和反垄断法律体系的不断完善和国际化适应，对国际社会展示了中国在全球经济治理中扮演的积极角色。

二、《关于实用新型专利保护客体判断的指引》发布[①]

事件回放

实用新型专利申请和审查过程中，对保护客体的判断常常涉及复杂的细节问题。为明确实用新型专利保护范围，加强知识产权的初步保护，国家知识产权局于 2023 年 11 月 3 日发布了《关于实用新型专利保护客体判断的指引》（以下简称《指引》）。《指引》详细阐述了实用新型专利保护的要素，并提供了具体示例，从而帮助专利从业者更好地理解和申请实用新型专利。

---

① 杨璞律师，上海市方达律师事务所。

《专利法》规定，实用新型是指对产品的形状、构造或其结合所提出的实用的新技术方案。即实用新型的三个核心要素是：产品本身、产品的形状/构造和技术方案。《指引》进一步明确了这三个要素。具体而言：

产品应当是经过产业方法制造，有确定形状、构造，占据一定空间的实体，一切方法以及未经人工制造的自然存在的物品不属于实用新型专利保护的客体。

产品的形状可以是在某种特定情况下所具有的确定的空间形状，不具有任意性。产品的构造是指产品的各个组成部分的安排、阻止和相互关系。

对于技术方案，需判断申请人要保护的对象是否利用了自然规律的技术方案，是否解决了技术问题。

此外，《指引》还指出，不论是独立权利要求还是从属权利要求，都应符合实用新型专利保护客体的相关规定，明令禁止在独立权利要求的符合实用新型专利保护客体的情况下夹带不符合保护客体相关规定的从属权利要求特征。

除在实用新型专利的撰写方面提供了详细指南外，《指引》对实用新型专利的授权、确权和维权程序亦具有一定参考价值。

律师评析

我国实用新型专利实行形式审查模式，不需实审、授权快、成本低，能够保护发明高度略低的发明，还与高新技术企业享受税收优惠等政策相关。因这些特点的存在，实用新型专利一直是包括企业在内的创新主体所关注的专利类型，其申请量亦居高不下。然而，自国家知识产权局2016年制定并实施《专利质量提升工程实施方案》①始，实用新型专利申请的审查趋向严格，对申请人的撰写提出了更高的要求。在此背景下，《指引》为实用新型专利保护客体的判定提供了更加明晰、更具有参考性的标准，进一步明确了

---

① 《实施专利质量提升工程 加快建设知识产权强国》，载国家知识产权局网2017年11月29日，https://www.cnipa.gov.cn/art/2017/11/29/art_ 503_ 41409.html。

实用新型专利撰写的质量要求，有助于专利从业者在准备申请文件时作出正确判断，提高实用新型专利申请及答复的质量，使得"伪实用新型"更难获得授权。

虽然实用新型的审查逐渐趋于严格可能会给实用新型专利的申请人带来一定的限制，但从另一角度而言，该趋势将有助于减少低质量专利的产生，推动实用新型专利制度的良好发展。此外，从专利侵权诉讼的视角来看，被诉侵权人在面对以实用新型专利为基础发起的侵权诉讼时，可以根据《指引》分析涉诉实用新型专利是否符合保护客体的要求，判断该专利的稳定性高低，从而可能更高效地选择采取无效不符合规范的实用新型专利的诉讼策略，消除侵权风险。

三、生成式人工智能服务的知识产权问题[①]

事件回放

2023年7月10日，中国国家互联网信息办公室等多个部门联合发布《生成式人工智能服务管理暂行办法》（以下简称《办法》），已于2023年8月15日正式生效。《办法》对利用生成式人工智能技术向中华人民共和国境内公众提供生成文本、图片、音频、视频等内容的服务进行规制，规定生成式人工智能服务在提供和使用过程中必须遵守法律、尊重社会公德和伦理，并从知识产权保护角度明确了以下两个条款：

首先，《办法》第四条规定生成式人工智能服务提供者和使用者不得侵犯他人知识产权，应当尊重知识产权、保守商业秘密，以及禁止利用算法、数据、平台等优势实施垄断和不正当竞争行为。

其次，《办法》第七条要求生成式人工智能服务提供者在进行训练数据处理活动时，应当合法获取数据和基础模型，确保不侵犯他人合法享有的知识产权。

---

① 李纯律师、谢冠斌律师，北京市立方律师事务所。

律师评析

《办法》第四条及第七条相辅相成，共同从知识产权层面对人工智能服务提供者、使用者的行为进行规范。同时，两条款也存在不同侧重点与区别，第四条强调的是生成式人工智能服务的提供和使用者的整体行为规范，第七条则更为具体，关注提供者在训练数据处理活动中对知识产权的尊重和保护。前述条款在现有体系中强调了提供和使用生成式人工智能服务需特别关注知识产权保护问题，明确保护要求，促进合规发展。

在人工智能服务的提供和使用中，提供者和使用者可能面临复杂的知识产权挑战，厘清相关内容有助于保护自身权益、降低侵权风险。

（一）生成式人工智能研发过程中的知识产权问题

专利、商业秘密方面，生成式人工智能研发可能涉及一些符合专利法要求的创新技术或商业秘密。第三方公司或个人可能拥有与生成模型、训练算法或应用领域相关的专利权或商业秘密。在研发过程中，需注意避免侵犯他人专利权、商业秘密，并考虑是否可申请专利、采取保密措施以保护自身创新。

著作权方面，生成式人工智能研发需要经历数据收集与准备、模型选择、模型训练、调优和验证、生成与评估等阶段。数据收集与准备阶段是涉及数据的第一个环节，需要注意数据的著作权归属，避免收集和使用他人享有著作权的作品内容。模型选择阶段还未涉及具体的数据使用，因此著作权问题在此阶段不是主要焦点。模型训练阶段是生成式人工智能研发过程中涉及数据的关键阶段。在模型训练时，大量的数据用于调整模型参数，这些数据可能包含有版权保护的内容，如图像、文本、音频等。确保合法使用这些数据，遵守著作权规定，防止侵权行为发生，成为模型训练阶段的重要关注点。在调优和验证阶段，开发者可能使用不同的数据来验证模型的性能，同样，需要关注所使用数据的著作权问题，确保其合法性。在生成与评估阶段，模型已经训练完成，可以生成新的内容。生成物也可能涉及著作权问题，尤其是当生成物与其训练数据出现大量相同和相似内容时。

数据收集与准备 → 模型选择 → 模型训练 → 调优和验证 → 生成与评估

图1　生成式人工智能研发过程

（二）生成式人工智能使用过程中的知识产权问题

结合《办法》中对用户在使用生成式人工智能所提出的要求，目前用户最需要关注的场景为利用他人享有知识产权的作品使用人工智能进行二次创作、使用人工智能创作的内容可能包含他人享有知识产权的内容等。在上述情形下，该由用户还是人工智能服务提供者承担责任尚存在分歧，平台是否能够适用避风港原则亦尚不明晰。

近年来，人工智能技术发展迅猛，由此也引发了生成式人工智能领域知识产权争议的新型案件，如近期备受关注的AI生成图片著作权侵权第一案。涉人工智能技术企业也越发关注人工智能相关的知识产权合规问题。在此背景下，《办法》的出台对于规范生成式人工智能服务相关的各方行为具有积极作用。总体而言，本次出台的《办法》，对提供和使用生成式人工智能服务知识产权方面的要求属于宏观原则性规定，强调知识产权保护等核心价值，指导生成式人工智能服务提供者和使用者合规使用涉知识产权内容。在实施层面中，期待未来进一步在监管、检测、责任承担等方面明确具体的规范，以确保规定的有效执行并助力企业的合规实践。

四、最高人民法院就《最高人民法院关于知识产权法庭若干问题的规定》的最新修改及其解读[①]

事件回放

最高人民法院于2023年10月16日通过了《关于修改〈最高人民法院关于知识产权法庭若干问题的规定〉的决定》（法释〔2023〕10号，以下简称司法解释），并于2023年10月21日下发了《最高人民法院关于贯彻执行

[①] 吴立律师、谢冠斌律师，北京市立方律师事务所。

修改后的〈最高人民法院关于知识产权法庭若干问题的规定〉的通知》（法〔2023〕183号，以下简称通知）。根据该司法解释和通知，这些涉及最高人民法院知识产权法庭的相关调整，于2023年11月1日生效。

> **律师评析**

结合该通知进行全面解读，笔者认为，该司法解释不但调整了最高人民法院知识产权法庭的管辖范围，还预示着最高人民法院知识产权法庭的定位未来有可能进一步发生变化。后续将如何发展，值得特别关注和进一步观察。

（一）关于最高人民法院知识产权法庭受理的上诉案件和再审案件范围的调整

根据该司法解释，最高人民法院知识产权法庭对涉及"实用新型专利、技术秘密、计算机软件"的权属、侵权民事和行政上诉案件的受理标准调整为"重大、复杂"。相较于此前的实践，此次调整明确提高了最高人民法院知识产权法庭对此类上诉案件的受理标准。

此前，此类涉及"实用新型专利、技术秘密、计算机软件"的权属、侵权民事和行政上诉案件，均统一由最高人民法院知识产权法庭受理。但本司法解释实施后，此类案件中，只有经由高级人民法院一审的这些被认定属于"重大、复杂"的案件，其上诉才能由最高人民法院知识产权法庭受理。而非由高级人民法院一审的"普通"的涉及"实用新型专利、技术秘密、计算机软件"的权属、侵权民事和行政上诉案件，将重新回到地方高级人民法院管辖。

另外，根据该司法解释第一条第二款第二项的规定，最高人民法院知识产权法庭将审理"对前款规定的第一审民事和行政案件已经发生法律效力的判决、裁定、调解书依法申请再审、抗诉、再审等适用审判监督程序的案件"。相比修改前的规定，该条款仅调整了表述，主体内容并没有发生变化。但是，由于根据前述修改，"普通"的实用新型专利、技术秘密、计算机软件的民事和行政上诉案件，现在将由地方高级人民法院进行管辖。那么这些由地方高级人民法院所作出的二审裁判如果生效，就其提起的再审、抗诉等审判监督程序案件，是仍应由最高人民法院知识产权法庭受理，还是另有安排？该司法解释似无明文规定。后续对此如何解读及实践，尚需要进一步观察。

值得重点关注的是，此前设立最高人民法院知识产权法庭一直被认为是设立国家级专利上诉法庭的探索和预演。但是此次修改中，对于"普通"的涉及实用新型专利的权属、侵权民事和行政上诉案件的管辖又重新调整回到地方高级人民法院。这一举措，究竟是对最高人民法院知识产权法庭"案多人少"现状的临时应对之策，还是在进行了充分探索之后有意恢复之前由地方高级人民法院管辖专利上诉案件的前序，最后仅由最高人民法院保留对专利案件生效裁判的审判监督程序的管辖，尚有待后续进一步观察。

（二）关于最高人民法院知识产权法庭受理的其他案件范围的调整

根据该司法解释，最高人民法院知识产权法庭增加受理特定第一审民事和行政知识产权案中涉及的"行为保全裁定申请复议"案件。

该条款的增加应该是为了统一全国范围内特定第一审民事和行政知识产权案中涉及的"行为保全裁定申请复议"的案件的批复尺度。此类案件包括诸如"诉前禁令"等，尤其是争议颇多的"禁诉令"，通常面临的情况比较复杂，牵涉面也很广，一直受到国内外高度关注。此前，针对此类保全裁定的复议申请由作出裁定的一审法院直接处理。经过此次修改，这类案件的复议审查权限统一提至最高人民法院，标志着最高人民法院有意对此类案件设立统一标准，以应对各方面的高度关注。

（三）关于滥用诉讼权利行为的遏制

该司法解释增加了一个新的"第四条"："知识产权法庭可以要求当事人披露涉案知识产权相关权属、侵权、授权确权等关联案件情况。当事人拒不如实披露的，可以作为认定其是否遵循诚实信用原则和构成滥用权利等的考量因素。"

该规定一定程度上有利于遏制权利人在知识产权诉讼中不诚信的行为。该规定是否仅限于最高人民法院知识产权法庭，还是将来能推广到各级法院，同样值得进一步的关注。

五、专利转化运用专项行动[①]

事件回放

2023年10月17日，国务院办公厅印发《专利转化运用专项行动方案（2023-2025年）》（以下简称《方案》），指出到2025年，要推动一批高价值专利实现产业化，使全国涉及专利的技术合同成交额达到8000亿元。《方案》从三个方面对专利转化运用专项行动作出具体部署，一是大力推进专利产业化，梳理盘活高校和科研机构存量专利，以专利产业化促进中小企业成长，加快专利价值实现；二是打通转化关键堵点，通过强化高校、科研机构专利转化激励，加强促进转化运用的知识产权保护工作等激发运用内生动力；三是通过高标准建设知识产权市场体系、推进多元化知识产权金融支持等方式培育知识产权要素市场，构建良好服务生态。

2023年10月25日，专利转化运用专项行动动员部署会在京召开。2023年11月9日，专利转化运用专项行动推进机制第一次全体会议召开，会议审议通过了专利转化运用专项行动推进机制工作规则、任务分工及落实举措。2023年12月26日，国家知识产权局透露，专利转化运用专项行动已向10万多家中小企业推送了4万多件试点开放许可专利，达成许可超过1.2万项。

律师评析

国家知识产权局《2022年中国专利调查报告》显示，2022年我国发明专利产业化率为36.7%[②]，是2018年以来的最高水平。但与发达国家相比，仍然面临专利转化率偏低、缺少高端专业人才、缺乏优质的专利转化及产业化服务、专利技术与市场脱节、与企业需求结合不紧密等问题。

为进一步解决上述问题，专利转化运用专项行动应运而生。作为指导性

---

① 张佳佳律师、闵睿律师，贵州贵达律师事务所。
② 《2022年中国专利调查报告》，载国家知识产权局网2022年12月28日，https://www.cnipa.gov.cn/art/2022/12/28/art_88_181043.html。

文件，《方案》明确，旨在通过组织实施为期 3 年的专项行动，从提升专利质量和加强政策激励两方面发力，进一步打通堵点、激发动力、激活市场，切实解决专利转化运用的源头质量问题、主体动力问题、市场渠道问题，从而有效提升专利转化运用效益，加快创新成果向现实生产力转化，大力推动专利产业化发展。

《方案》特别指出要盘活高校存量专利、强化高校和科研机构专利转化激励。对此，在 2023 年 10 月 26 日国务院新闻办公室举行的政策例行吹风会上，教育部相关司局负责人介绍近年来高校在专利转化方面的情况时指出，截至 2023 年 9 月，国内高校有效发明专利拥有量达到 76.7 万件，科研机构有效发明专利拥有量达到 22 万件，合计占国内有效发明专利拥有量的 25.3%，超过 1/4。[1] 与之形成对照的是，根据《2022 年中国专利调查报告》，2022 年高校和科研单位有效专利产业化率仅分别为 3.5% 和 14.3%。[2] 基于此，在谈及如何盘活存量专利、对高校和科研机构形成有效激励时，《方案》既总览性地指明了方向，又从探索高校和科研机构职务科技成果转化管理新模式、健全专利转化的尽职免责和容错机制、对专利等科技成果作价入股所形成国有股权的保值增值不再单独进行个案考核等方面明确了在专利转化运用专项行动应当采取的具体措施，这对解决高校和科研机构"不愿转""不会转""不敢转"的问题具有极为重要的指导作用。

六、专利视角下的数字技术发展[3]

事件回放

2023 年 3 月 20 日，国家知识产权局印发《数字经济核心产业分类与国

---

[1] 《教育部加快推动高校科技成果向现实生产力转化》，载百家号"中国教育新闻网"2023 年 10 月 27 日，https：//baijiahao.baidu.com/s?id=1780868110778587514&wfr=spider&for_pc。

[2] 《2022 年中国专利调查报告》，载国家知识产权局网 2022 年 12 月 28 日，https：//www.cnipa.gov.cn/art/2022/12/28/art_88_181043.html。

[3] 张佳佳律师、闵睿律师，贵州贵达律师事务所。

际专利分类参照关系表（2023）》，旨在助力构建数字经济统计监测体系，对数字经济核心产业专利发展状况进行宏观监测。

2023年5月23日，国家互联网信息办公室发布《数字中国发展报告（2022年）》，提到2023年数字中国发展形势与展望。其中指出，要加快推进数字领域关键核心技术突破，强化企业科技创新主体地位，发挥科技型骨干企业引领支撑作用。筑牢可信可控的数字安全屏障，切实维护网络安全，增强数据安全保障能力，提升个人信息保护水平。

2023年5月31日，国家知识产权局发布的《数字经济核心产业专利统计分析报告（2023）》显示，截至2022年底，我国数字经济核心产业（包括数字产品制造业、数字产品服务业、数字技术应用业、数字要素驱动业）发明专利有效量为160万件，占我国发明专利有效总量的38.0%，同比增长20.3%；与此同时，国外企业也加大了在华数字经济领域的专利布局，提交有关数字经济核心产业发明专利申请的国外企业数量由2016年的6418家增长至2022年的7613家。[①]

2023年9月25日，国家知识产权局发布《关于印发〈关键数字技术专利分类体系（2023）〉的通知》（以下简称《通知》）。提出要加强对关键数字技术专利规模、结构、质量的统计监测，助力数字经济关键核心技术攻关，推动数字技术成果转化，促进数字经济和实体经济深度融合。

律师评析

国家知识产权局在《通知》中指出："数字技术是数字经济发展的核心驱动力，加快突破关键数字技术，是推动数字经济健康发展的根基。"[②] 诚然，数字技术和数字经济对新一轮科技革命和产业变革的基础性作用愈发

[①]《数字经济核心产业专利统计分析报告（2023）》，载国家知识产权局网2023年5月31日，https://www.cnipa.gov.cn/art/2023/5/31/art_88_185644.html。

[②]《国家知识产权局办公室关于印发〈关键数字技术专利分类体系（2023）〉的通知》，载国家知识产权局网2023年9月25日，https://www.cnipa.gov.cn/art/2023/9/25/art_543_187767.html。

凸显。

近年来，我国大力推进数据知识产权保护工作，以此为数字经济发展保驾护航。数字技术专利也因此得到有力发展，但其同时也面临区域发展不平衡、产业结构待优化等挑战。为应对挑战，国家知识产权局发布的《数字经济核心产业分类与国际专利分类参照关系表（2023）》，参照关系表针对数字经济核心产业 4 个大类中的 15 个中类、86 个小类建立了与国际专利分类的参照关系，以此满足数字经济核心产业专利统计监测需求；而后，其进一步发布的《通知》更是重点聚焦关键数字技术、聚焦关键数字技术的核心领域构建与专利衔接的分类体系，以此支撑数字技术专利的保护。系列政策的出台将有效助力数字技术专利发展攻关。

七、《专利法实施细则》的解读[①]

事件回放

2020 年 10 月 17 日，第十三届全国人民代表大会常务委员会第二十二次会议表决通过了《关于修改〈中华人民共和国专利法〉的决定》。随后国家知识产权局立即启动《专利法实施细则》修改工作，形成修改建议征求意见稿，于 2020 年 11 月至 2021 年 1 月向社会公开征求意见。2022 年 2 月 5 日，我国向世界知识产权组织交存《工业品外观设计国际注册海牙协定》（1999 年文本）加入书及声明，该文本已于 2022 年 5 月 5 日对我国正式生效。

2023 年 11 月 3 日，国务院常务会议审议通过了《专利法实施细则（修正草案）》。同年 12 月 11 日，国务院总理李强签署第 769 号国务院令，公布《国务院关于修改〈中华人民共和国专利法实施细则〉的决定》并发布了修改后的《专利法实施细则》的全文。修改后的《专利法实施细则》将于 2024 年 1 月 20 日起施行。

---

① 陈颖律师，金诚同达律师事务所。

律师评析

本次《专利法实施细则》的修改是为保证新修改的《专利法》有效实施而进行的全面修改，同时也更加有利于与国际条约相关规定的衔接。本次修改主要包括以下五个方面：

第一，完善专利申请方面。（1）增加了电子形式的相关规定，明确电子形式视为书面形式，完善以电子形式提交和送达的日期的确定。（2）明确对局部外观设计专利申请的图片或照片以及简要说明的要求。（3）扩大了不丧失新颖性宽限期的学术会议或技术会议的范围，并放松了对国际展览会或者学术会议、技术会议的证明文件要求。（4）细化优先权相关制度。明确要求外观设计本国优先权的条件，增加了优先权期限届满后的优先权恢复、专利申请提交后优先权要求的增加或改正、援引加入等重要条款。（5）简化对专利申请文件的形式要求，优化专利权评价报告相关规定。

第二，完善专利审查方面。（1）引入诚实信用原则。要求提出各类专利申请应当以真实发明创造活动为基础，不得弄虚作假；违反上述规定可以作为初审和实审的驳回理由以及宣告无效的理由。（2）调整保密审查期限。删除了申请人未在期限内收到通知书或审查决定即可向国外申请专利的规定。（3）增加延迟审查制度。申请人可以对专利申请提出延迟审查请求。（4）完善复审制度。本次修改删除了复审程序的前置审查规定，明确审查内容除复审请求外，还包括专利申请存在其他明显违反专利法和本细则有关规定情形。

第三，加强专利保护方面。（1）新增"专利权期限补偿"专章。主要包括普通专利期限补偿和药品专利期限补偿，明确提出专利权期限补偿请求的条件和时间要求、补偿期限计算方式以及补偿范围等。（2）完善专利纠纷处理和调解制度。扩大了处理和调解专利纠纷的管理专利工作的部门的范围，明确在全国有重大影响的专利侵权纠纷的界定标准。

第四，促进专利实施方面。（1）细化开放许可制度。明确提出开放许可声明的时间以及开放许可声明应写明的事项、不得实行开放许可的情形及开放许可的备案等。(2)完善职务发明创造奖励报酬制度。适当提高授予专利权后的法定奖励标准，将转化实施后的法定报酬标准调整为依照《促进科技成果转化法》的规定给予合理报酬。

第五，与国际规则衔接方面。主要是增加了"关于外观设计国际申请的特别规定"专章来规定通过海牙协定途径申请外观设计的特别审查规则。(1)明确外观设计国际申请视为向国务院专利行政部门提出的外观设计专利申请，国际注册日视为专利法所称的申请日。(2)具体规定了优先权要求、新颖性宽限期、分案申请、设计要点简要说明、授权程序、权利变更手续等内容。

八、《专利评估指引》的解读[①]

事件回放

为深入贯彻落实党中央、国务院决策部署，健全知识产权评估体系，国家知识产权局会同中国人民银行、国家金融监督管理总局组织编制了推荐性国家标准《专利评估指引》（国家标准编号 GB/T42748-2023，以下简称《指引》)，将于 2023 年 9 月 1 日起实施。

《指引》提供了专利评估的基础性方法工具，有利于引导各方把握专利的制度特点和运用规律，实现评估指标更全面、评估方法更科学。《指引》在前期开展试点和广泛征求意见的基础上，构建了一套可扩展、可操作的专利价值分析评估指标体系，包括法律价值、技术价值、经济价值一级指标 3 项，二级指标 14 项，三级指标 27 项及若干项扩展指标，科学指导许可转让、金融、财税、侵权救济、分级管理等不同场景下的指标选取和权重调整，供企业、高校、科研组织、金融机构、评估机构等主体根据实际需求和具体场景选用，在此基础上通过谈判协商或综合市场信息分析，促成专利的市场定价和价值实现。

---

① 陈颖律师，金诚同达律师事务所。

下一步，国家知识产权局将会同相关部门加大《指引》的推广实施力度，推动完善专利评估机制，提升专利评估能力，为专利转化运用提供基础支撑，促进创新资源有序流动和高效配置。

律师评析

近年来，专利转化运用成为促进科技创新和经济发展的重要手段，专利高质量发展是产业可持续发展的基础支撑。而专利评估是高价值专利创造、专利价值管理与价值实现的关键，事关成果转化和科技合作能否顺利进行。

由于专利经济价值具有不确定性和难以预测性，且专利评估的市场机制尚不健全，因此，目前的专利评估普遍存在缺乏统一标准、评估结果市场认可度不高等问题，使得专利评估成为制约知识产权运用的卡点和堵点。《指引》的出台提供了一套科学、系统和可操作的评估体系，有利于完善专利评估机制，规范专利评估活动；同时，为专利资产管理和运用提供有力支撑，促进创新资源有序流动和高效配置。

高校和科研院所是科技创新的引领者和科技成果转化的主体。梳理盘活高校和科研院所存量专利，是推进我国专利产业化，加快专利价值实现的重点任务之一。截至 2023 年 9 月，我国高校和科研院所有效发明专利拥有量合计占国内有效发明专利拥有量的 25.3%，超过 1/4。[①] 而根据《2022 年中国专利调查报告》，2022 年高校和科研院所有效专利产业化率分别为 3.5% 和 14.3%。[②] 可见，高校和科研院所研发经费投入高、专利产出数量多的同时，一定程度上也存在专利运营管理水平不高、转化实施收益低的问题。

《指引》可有效应用于高校和科研院所专利转化运用的各个环节及不同场景，有助于提升专利质量和管理效率，为转化运用提供决策依据，促进科

---

① 《国新办举行〈专利转化运用专项行动方案（2023-2025）〉国务院政策例行吹风会》，载国务院新闻办公室网 2023 年 10 月 26 日，http：//www.scio.gov.cn/live/2023/32863/index.html。

② 《2022 年中国专利调查报告》，载国家知识产权局网 2022 年 12 月 28 日，https：//www.cnipa.gov.cn/art/2022/12/28/art_ 88_ 181043.html。

技创新成果的商业化应用。具体而言：首先，依据专利评价指标体系，高校和科研机构可以快速有效地对海量专利数据进行筛选、分类和管理，进一步提升分级分类管理效率。其次，专利评估有助于高校和科研机构对自身专利进行科学、客观的价值评估，明确专利的潜在价值和市场前景，促进专利质量的提高。再次，针对不同场景的专利评估，《指引》明确区分判定标准，为高校和科研机构在专利转化运用决策提供依据。最后，作为国家标准，《指引》为包括高校和科研院所在内的市场主体提供了统一、规范的标准，有助于完善市场专利评估机制，推动科技创新成果更广泛、更有效的应用。

九、《关于加强新时代专利侵权纠纷行政裁决工作的意见》工作解析[1]

行政裁决是指行政机关依照法律法规授权，对民事主体之间发生的与行政管理相关的特定民事纠纷作出裁决的具体行政行为，行政裁决与行政查处同属于行政行为。知识产权行政裁决制度（主要是专利行政裁决）也是中国特有的知识产权保护制度，专利侵权纠纷行政裁决作为中国特色知识产权制度的重要组成部分，在解决专利侵权纠纷时具有效率高、成本低、专业性强、程序简便等特点，很多时候涉及的设备、工艺方法位于涉嫌侵权人的地域范围内，如何固定证据就成为案件最难以进行的关键；行政裁决案件中行政机关的介入可以帮助权利人获取证据，更好地帮助权利人维护自己的权利。这些也就是越来越多知识产权权利人寻求行政裁决的根本原因，但同时我们也注意到，申请行政裁决的多，但行政裁决决定发布的少。原因主要是基层专利行政执法人员少、专业水平不强、专利案件较为复杂。这些问题都有待于从立法、政策层面到具体执行上予以系统解决。

《国家知识产权局、司法部关于加强新时代专利侵权纠纷行政裁决工作的意见》（以下简称《意见》）发布后，为专利侵权纠纷行政裁决提出了新趋势、新要求，改革完善专利侵权纠纷行政裁决制度，以应对跨专业、跨部

---

[1] 蒋海军律师，江苏瑞途律师事务所。

门、跨区域的专利侵权纠纷。《意见》强调要系统协同、改革创新，全面提升现代化行政裁决能力水平。首先，系统协同要求统筹跨区域行政裁决案件的管辖权。《意见》第七条针对省内跨区域行政裁决案件，在规定行政裁决属地责任时，侧重于以省级知识产权管理部门为单位，并通过明确管辖范围等方式来统筹处理。这一举措解决了过去省内跨区域案件分散立案的问题，有利于集中管理、高效审理这类案件，最终推动有效解决各项纠纷，为行政裁决提供了更为有序和统一的管辖建议，使其能更好地发挥作用。其次，改革创新要求破除专利侵权纠纷行政裁决体制中的机制障碍。《意见》第十五条鼓励各地聚焦行政裁决工作重点难点，改革创新、大胆探索，不断完善专利侵权纠纷行政裁决体制，保证行政裁决的顺畅运行。《意见》既肯定了当前行政裁决机制显现出的无可替代的制度优势，同时，鼓励各地开展制度创新，全面提升专利侵权纠纷行政裁决的处理能力。

关于跨区域专利侵权纠纷立案问题，《意见》规定省级知识产权管理部门可以通过指定管辖等措施，实现省内跨区域行政裁决案件管辖权的统筹，有效解决省内跨区域侵权纠纷立案分散的问题。然而，由于交通运输便利、网络购物发达，侵权行为可能会发生在不同的省份。专利权人在对不同省份侵权人主张权利时，则需要向不同省份的知识产权管理部门立案，不利于专利权人维权。如果未来将跨区域专利侵权纠纷管辖的统筹范围从省级扩大到全国，则可破除专利侵权纠纷行政裁决体制机制在地域中的障碍，加大保护力度。

2019年中共中央办公厅、国务院办公厅印发《关于健全行政裁决制度加强行政裁决工作的意见》，这一文件明确，通过行政裁决化解矛盾纠纷的政策导向，要加强行政裁决制度，积极探索行政裁决工作队伍专业化、职业化发展模式；明确提出要重点做好知识产权侵权纠纷和补偿争议等行政裁决工作。这份政策文件既充分肯定了知识产权侵权纠纷行政裁决的实践探索，也对其持续丰富和发展行政裁决制度提出了更高期待。可以说，该政策给专利侵权纠纷行政裁决进入新的发展阶段提供了理论支持。本政策文件的发布，也是中共中央办公厅、国务院办公厅相关精神在知识产权行政保护领域的具体深入贯彻。

十、专利无效程序中保密审查条款的适用[①]

2022年5月9日，国家知识产权局复审与无效审理部作出第55586号无效决定，并以2008年修正《专利法》第二十条第一款为无效理由，宣告涉案专利"一种可伸缩的传动总成装置及升降柱（专利号为201720389490.8）"全部无效。该案是我国《专利法》引入保密审查条款后以该理由宣告专利权无效的典型案件，涉及适用该条款的考量因素、举证责任分配等，严格审查专利向外申请的态度，引发了业界的广泛关注，对于发明或者实用新型专利申请的保密审查具有示范作用。保密审查条款虽然自2008年起开始实施，但是依据保密审查条款作为无效理由的无效案件却鲜有出现，本案成为国家知识产权局依据保密审查条款宣告涉案专利全部无效的首例案件，并且入选2022年度专利复审无效十大案件。

本案涉案专利原权利人为浙江捷昌线性驱动科技股份有限公司，无效宣告请求人为袁某中。请求人在专利检索过程中对比发现，涉案专利与美国申请US15639005专利事实上为同样的发明创造，专利权人同为浙江捷昌线性驱动科技股份有限公司。该美国申请US15639005专利的优先权为美国临时申请US62/436730，优先权日为2016年12月20日。而涉案专利的优先权为CN201720025981.4，优先权日为2017年1月10日；美国申请US15639005专利的优先权日早于涉案专利申请的优先权日，涉案专利的权利人先在美国提交了US62/436730临时申请，之后为要求优先权递交了美国正式申请US15639005，未依法在我国进行专利保密审查。请求人以涉案专利违反保密审查条款为由向国家知识产权局请求宣告专利权无效，并对于"涉案专利的实质性内容系在中国境内完成"进行举证，达到高度盖然性的要求，而涉案专利原权利人则未能充分证明发明创造是在国外完成的，因此承担不利法律后果。

经审查，国家知识产权局复审与无效审理部综合考虑涉案专利未经过保

[①] 吴雪健律师，江苏瑞途律师事务所。

密审查等具体情况，作出第 55586 号无效决定宣告涉案专利"一种可伸缩的传动总成装置及升降柱（专利号为 201720389490.8）"全部无效。而且，2023 年 3 月 27 日北京知识产权法院作出的（2022）京 73 行初 12860 号判决维持了国家知识产权局的无效决定。

专利保密审查条款是指任何单位或者个人将在中国完成的发明或者实用新型向外国申请专利的，应当事先报经国务院专利行政部门进行保密审查，对违反该规定向外国申请专利的发明或者实用新型，在中国申请专利的，不授予专利权。该条款的宗旨是保护国家安全或其他重大国家利益不受侵害，而且其他大多数国家也都制定了专利申请的保密审查制度，《与贸易有关的知识产权协议》（Agreement on Trade-Related Aspects of Intellectual Property Rights，TRIPs 协议）第七十三条对此也作了明确规定。适用专利保密审查条款需要满足三个要件：第一，适用保密审查条款的发明创造为发明或者实用新型；第二，发明创造是在中国境内完成的；第三，申请人向国外提交专利申请前是否进行保密审查。

第一个要件通常不会存在争议，难点在于后两个要件的判断。针对第二个要件，《专利法实施细则》第八条第一款规定，"专利法第十九条所称在中国完成的发明或者实用新型，是指技术方案的实质性内容在中国境内完成的发明或者实用新型"。对于何谓技术方案的实质性内容，要从发明创造的内容和申请文件的技术方案角度进行判断，一方面，所述实质性内容应当体现在诉争权利要求中；另一方面，实质性内容原则上应当属于现有技术中未曾披露过的技术方案。对于如何表明所述实质性内容在中国境内完成，一方面，可以参照《专利法实施细则》中关于发明人的认定方式进行判断，即《专利法》所称的发明人是对发明创造的实质性特点作出创造性贡献的人；另一方面，可能需要考虑申请人的研发场所、研发机构所在地。

第三个要件包括两种情形，其一，申请人按照国家知识产权局的规定提交保密审查，即《专利法实施细则》第八条第二款规定的，直接向外国申请专利或者向有关国外机构提交专利国际申请的，应当事先向国务院专利行政部门提出请求，并详细说明其技术方案；向国务院专利行政部门申请专利后拟向外国申请专利或者向有关国外机构提交专利国际申请的，应当在向外国申请专利或者向有关国外机构提交专利国际申请前向国务院专利行政部门提出保密审查请求，提交PCT[①]国际专利申请视为提交了保密审查。其二，进行保密审查的情形还包括国家知识产权局的被动审查，如果一件专利申请已经向国家知识产权局提出申请并被公布或者公告，自然是经过了国家知识产权局审查部门进行的初步审查，无论申请人在申请的时候是否提出了保密请求，国家知识产权局已经依法对该发明创造是否涉及国家安全或重大利益进行了审查，不再需要提请保密审查。

本案是我国《专利法》引入保密审查条款后以该理由宣告专利权无效的典型案件。本专利属于先在美国提出专利申请，后在中国提出专利申请且未进行保密审查的情形，其能否得到保护，关键在于本专利的实质性内容究竟是在中国完成还是在国外完成的。在举证证明发明创造完成地时，举证责任的分配应当遵循"谁主张，谁举证"的原则，即首先要求无效宣告请求人提供的证据可初步证明涉案专利的实质性内容在中国完成具有高度可能性。在此前提下，专利权人承担证明发明创造在境外完成的举证责任具有更大的合理性，而且专利权人占有或者接近证据、理论上更有能力收集证据，但本案中专利权人提供的反证仅有个别发明人的出入境记录，并不能代表发明创造在境外完成，专利权人应当承担专利被宣告无效的法律后果；但是，只有在无效宣告请求人证据达到高度可能性的情况下，才能将推翻这一事实的举证责任转移至专利权人，不能因为专利权人掌握有涉案专利研发过程中形成的详细技术信息，就一概将证明发明创造性的实质性内容在国外完成的责任直接给予专利权人。

该案涉及实用新型专利，其中有关保密审查条款的适用，维护了我国的技术安全，指引创新主体在走向国际市场的过程中依法进行专利保密审查，为创新主体知识产权合规管理起到了良好的示范作用。本案从保密审查条款要件出发，详细论证了案件中举证责任的分配和转移，使得专利无效宣告请

---

① Patent Cooperation Treaty，专利合作条约。

求人和专利权人都承担相应的举证责任，避免因举证责任分配不合理而使保密审查条款形同虚设。在技术全球化、市场国际化的今天，企业的发展与知识产权的保护越来越密切，关注技术创新是知识产权保护的重要环节，完善创新管理相关规范、固化保存相关信息、了解掌握不同国家的法律要求，对于技术创新的保护同等重要。

CHAPTER 4

第 4 章
商业秘密

综 述[①]

商业秘密保护在我国有着深刻的国内和国际背景。国内层面，与我国建立健全市场公平竞争制度以及知识产权强国建设密切相关；国际层面，是我国履行加入WTO承诺、遵循《与贸易有关的知识产权协议》的需要。根据中共中央、国务院印发的《知识产权强国建设纲要（2021—2035年）》，我国要建设面向社会主义现代化的知识产权制度，制定修改强化商业秘密保护方面的法律法规。可见在未来相当长一段时间里，强化商业秘密保护工作将是商业秘密工作的主基调，将会在制度层面得到更为充分的保障。在当今中国，加强商业秘密保护有着重要的现实意义，是强化反不正当竞争的重要任务，是强化知识产权保护的重要内容，有利于建立诚信社会，维护公平的市场竞争秩序，优化营商环境，推动我国经济的创新发展。此外，还有助于树立我国良好的国际形象，促进改革开放。

在各方参与者的努力下，我国的商业秘密保护工作近些年来取得了长足进步和明显成绩，刚过去的2023年亦是如此，无论是在规范层面还是司法层面上，无论是在司法保护还是行政保护上，都有新的突破和成绩，企业的商业秘密保护意识愈发明显，尊重和保护他人的商业秘密越来越得到社会的认同。

2023年，在规范层面上"两高"发布了《办理侵犯知识产权刑事案件适用法律若干问题的解释（征求意见稿）》，意在协调商业秘密犯罪司法解释和新修正《刑法》的关系，进一步加强商业秘密的刑事司法保护。此外，

---

① 张汉国律师、乔传林律师，北京市海问律师事务所。

地方司法机关和行政机关相继出台了一些与商业秘密保护和企业合规建设相关的指引，为企业和个人强化商业秘密保护合规建设提供了更为明确的指导，强化商业秘密保护正逐渐成为科技企业在强化知识产权保护工作中最为关注的内容之一。在司法判例上，2023年各级、各地法院作出一系列具有指导意义的司法判决，为市场主体强化商业秘密合规使用，威慑商业秘密侵权行为提供了预期指引。同时，司法判例对商业秘密"盗窃"边界、"可以且当时是"的原则等问题进行了有益探索。

此外，本章还关注了商业秘密保护领域的重要动态，对于对商业秘密保护可能产生重要影响的官方指引、金融保险与商业秘密保护的制度创新、前沿案件等内容进行了整理，期待能对读者理解中国商业秘密发展的方向和重点领域有所助益。

新法观察[①]

一、《最高人民法院、最高人民检察院关于办理侵犯知识产权刑事案件适用法律若干问题的解释（征求意见稿）》

2023年1月18日，最高人民法院、最高人民检察院起草了《关于办理侵犯知识产权刑事案件适用法律若干问题的解释（征求意见稿）》（以下简称征求意见稿）并向社会公开征求意见。本征求意见稿作为最新的知识产权刑事司法解释，吸收、汇总并调整了前三次关于知识产权刑事案件的司法解释的主要规定，并且在施行后会替代前三次司法解释。其中商业秘密部分一方面为对接新修正的《刑法》，调整了相应的条款规定；另一方面进一步加深了对商业秘密的保护力度，充分体现了国家对于商业秘密保护的重视。

例如，征求意见稿第十四条在《最高人民法院、最高人民检察院关于办理侵犯知识产权刑事案件具体应用法律若干问题的解释（三）》（以下简称

[①] 张汉国律师，北京市海问律师事务所；陈桥律师，北京市海问（深圳）律师事务所。

司法解释三）第四条的基础上，新增了一年内 3 次以上不正当获取商业秘密、二年内行政处罚 2 次以上又实施侵犯商业秘密行为的情节严重情形；本条新增将侵犯商业秘密行为次数作为情节严重的标准，不要求具体涉案数额，表明了将商业秘密犯罪作为行为犯的倾向。第十六条为新增条款，规制了为境外机构、组织、人员实施侵犯商业秘密的行为；本条对为境外机构等侵犯商业秘密行为的规定，则是将司法解释三在其征求意见稿中提及过但并未在最终司法解释中呈现的规定，根据最新《刑法》的条款重新拟定成条款，并明确了该罪的情节严重标准。第二十八条在司法解释三第五条的基础上，将损失数额认定方式的"可以"调整为"应当"；本条对损失数额的进一步细化要求，加强了对案件中如何认定损失数额的指引作用，同时也为权利人明确指明了有关损失数额举证的方向。

本征求意见稿中关于商业秘密条款的修订，表明了国家对商业秘密保护力度越来越大的趋势，并且充分结合考虑了国内及国际形势的具体情况，在原有司法解释条款的基础上进行了调整与完善，为新时代的商业秘密保护提供了良好的指引和依据。

二、《人民检察院办理知识产权案件工作指引》

2023 年 4 月 25 日，最高人民检察院发布了《人民检察院办理知识产权案件工作指引》（以下简称工作指引）并于同日施行。该工作指引共 5 章、45 条，除总则、附则外，分别规定了知识产权刑事案件，知识产权民事、行政诉讼监督案件的办理和知识产权公益诉讼案件的办理，全面而详细地覆盖了人民检察院的知识产权案件，同时也为案件当事人提供了程序、证据等问题上的参考依据。

本工作指引主要包括以下四个方面的规定：（1）明确了知识产权检察的案件范围和履职方式。工作指引明确规定了人民检察院的知识产权案件主要包括侵犯知识产权刑事案件、知识产权民事、行政诉讼监督案件和知识产权公益诉讼案件。通过审查逮捕、审查起诉等方式，履行知识产权刑事检察职能；通过提起抗诉、提出检察建议等方式对知识产权民事诉讼、行政诉讼活动实行法律监督；通过提出检察建议、提起诉讼和支持起诉等方式，履行知识产权公益诉讼检察职能。（2）明确违法线索移送和信息互通。工作指引明确检察机关应当加强与公安机关、人民法院、知识产权相关行政部门等沟通交流，建立健全工作联络机制，推进执法司法办案动态信息互通和共享。同时，对于发现行政执法机关应当依法移送涉嫌犯罪案件而不移送的，应当通过提出检察意见的方式要求移送。对于不起诉的刑事案件，对需要给予行政处罚、政务处分或者其他处分的被不起诉人，以向同级有关主管机关提出检察意见的方式做好知识产权综合保护，充分保障知识产权权利人的合法权利，避免不诉了之。（3）明确刑民行（政）关联案件的处理方式。工作指引规定人民检察院在办理知识产权刑事案件中，发现与人民法院正在审理的民事、行政案件或者人民检察院正在办理的民事、行政诉讼监督案件系同一事实或者存在牵连关系，或者案件办理结果以另一案件审理或者办理结果为依据的，应当及时将刑事案件受理情况告知相关机关，以关联案件的信息互通，保证司法裁判标准适用的统一。（4）积极参与社会综合治理。工作指引规定人民检察院在履行法律监督职责中发现有关单位和部门在履行知识产权管理监督职责方面存在《人民检察院检察建议工作规定》第十一条规定情形的，可以向有关单位和部门提出改进工作、完善治理的检察建议，预防和减少侵犯知识产权行为的发生。

　　本工作指引符合《最高人民检察院关于全面加强新时代知识产权检察工作的意见》的精神，具体化了意见中"坚持以办案为中心，全面提升知识产权检察综合保护质效""坚持开拓创新，建立完善知识产权检察体制机制"的相关要求，为新时代的知识产权检察工作提供了良好的指引，也为广大律师做好知识产权刑事案件提供了工作指引。

典型案例

一、中微半导体设备（上海）股份有限公司诉科林研发股份公司、泛林半导体设备技术（上海）有限公司、廖某隆、张某维、赖某达·芬某萨侵害技术秘密纠纷案[①][②]

案情聚焦

中微半导体设备（上海）股份有限公司（Lam Research Corporation，以下简称中微公司）致力于薄膜制造和等离子体刻蚀等半导体关键设备的研发、生产与销售。新加坡商中微半导体设备有限公司（以下简称新加坡商中微公司）系中微公司的关联企业，负责销售中微公司产品。科林研发股份公司（Lam Research Corporation，以下简称科林公司）系设立于美国特拉华州的半导体设备制造、销售及服务企业，与中微公司系同业竞争者。泛林半导体设备技术（上海）有限公司（以下简称泛林公司）致力于半导体设备的安装、调试和维修等服务，并销售自产产品，系科林公司的关联公司。

2006年，中微公司与其员工签订《保密协议》，《中微员工手册》对员工的保密责任进行了说明。同年，中芯国际集成电路制造有限公司（以下简称中芯国际）与中微公司签订《联合开发协议（介电材料刻蚀）》，约定双方对"90纳米闪存设备开发300毫米介电材料刻蚀机"负有保密义务。中微公司与华邦公司签订了《保密协议》，协议生效日期为2008年8月1日，终止日期为2013年8月1日。中微公司培训材料各页下方均记载"Copyright 2008 AMEC, All Rights Reserved（版权所有）"以及"Confidential（机密）"字样。

---

① 李德成律师，北京金诚同达律师事务所；白露律师，北京金诚同达（深圳）律师事务所。

② 一审案号：（2010）沪一中民五（知）初字第225号；二审案号：（2017）沪民终169号。

2008年，科林公司就其在中国台湾地区的第136706号"电浆反应器中之多孔的电浆密封环"的发明专利向中国台湾地区法院提出民事保全证据声请状，相对人为新加坡商中微公司，第三人为华邦公司。科林公司认为新加坡商中微公司的设备涉嫌侵害科林公司的专利权。中国台湾地区法院就科林公司所提民事保全证据申请作出民事裁定。科林公司向中国台湾地区法院出具委任状，委任张某维（Hsiao Wei Chang）、赖某达·芬某萨（Rajinder Dhindsa）代表公司至华邦公司执行证据保全。同日，中国台湾地区法院进行现场证据保全。2009年1月，科林公司向中国台湾地区法院以新加坡商中微公司为被告，提起专利侵权诉讼。同年9月，中国台湾地区法院和中国台湾地区"最高法院"就科林公司诉新加坡商中微公司、中微公司的专利侵权案件，在一审判决、二审判决和第三审民事裁定中均驳回起诉或上诉。

2007年6月，中微公司向中芯国际提供一台电浆刻蚀设备试用，该设备安装在中芯国际上海厂区的无尘室内；中芯国际有着严格的保密制度要求，任何国际设备提供商的员工进入无尘室对其设备进行安装、调试、维护和维修等，都必须由该设备提供商通过其在上海的分公司或办事处事先提出申请，并取得中芯国际的批准；2007年1月，中微公司曾在中芯国际的上海办公室向中芯国际的相关硬件和工艺工程师提供了关于其电浆刻蚀设备的培训，并以光盘形式给中芯国际提供了培训材料；2008年，本案被告张某维经许可后曾于2008年5月至2009年5月期间进入中芯国际厂房。

后中微公司以侵犯技术秘密为由向上海市第一中级人民法院（以下简称一审法院）起诉科林公司、泛林公司、廖某隆（Liao Daniel Jeen-Long）、张某维、赖某达·芬某萨（以下简称五被告），请求判令五被告停止侵权，禁止五被告使用原告的商业秘密；科林公司、泛林公司赔偿经济损失5000万元，廖某隆、张某维、赖某达·芬某萨承担连带赔偿责任。中微公司主张各被告实施侵权行为之时，廖某隆任泛林公司法定代表人，张某维任科林公司亚太区技术长，赖某达·芬某萨任科林公司技术员工。

中微公司主张，在2008年12月之前，各被告实施了如下侵权行为：科林公司在其他被告的帮助下指使张某维在上海获取中微公司培训材料全部内容和两张电浆密封环照片所载的商业秘密，偷看刻蚀机的内部结构，以盗窃手段获取商业秘密；张某维和赖某达·芬某萨在中国台湾地区法院专利诉讼证据保全中，超越保全范围，故意拆看、测量原告刻蚀机内部结构，以不正当手段获取商业秘密，且赖某达·芬某萨违反约定将中微公司商业秘密披露给科林公司。

一审法院判决科林公司销毁其持有的两张电浆密封环照片；禁止科林公司、张某维、赖某达·芬某萨披露、使用或者允许他人使用中微公司的技术秘密（即密点14、16、17），直至该技术秘密为公众知悉时为止；科林公司赔偿中微公司合理费用人民币90万元（其中律师费人民币40万元，科林公司应在中微公司实际支付后予以赔偿）。

中微公司、科林公司不服一审判决，向上海市高级人民法院（以下简称二审法院或上海高院）提起上诉。二审法院改判科林公司立即销毁其持有的中微公司电浆蚀刻设备技术简报资料及两张电浆密封环照片；改判禁止科林公司、张某维、赖某达·芬某萨披露、使用或者允许他人使用中微公司的技术秘密（即密点1、2、11、13、14、16、17），直至该技术秘密为公众知悉时为止；改判科林公司赔偿中微公司经济损失人民币100万元。

律师评析

本案认定科林公司以不正当手段所获取的以及在中国台湾地区法院证据保全中所获得的中微公司技术秘密均应销毁并不得披露、使用或者允许他人使用。起诉时笔者提出"所知即损失"主张，即中微公司因科林公司掌握其技术秘密而丧失相应的竞争优势并最终遭受损失应予赔偿。上海高院查明并认为：全球刻蚀机生产厂家仅10家左右，该行业属于一个技术门槛高、竞争不充分的行业，技术创新对于该行业意义重大，因此了解掌握主要竞争对手的技术方案可以使得刻蚀机生产厂家在技术或者市场竞争上获得相应的竞争优势。中微公司与科林公司拥有刻蚀机产品的共同客户，双方系直接竞争对手。虽然，本案中并无证据证明科林公司在其生产经营活动中使用了中微公司的涉案技术秘密，亦无充分证据可以证明科林公司在其产品研发中借鉴了涉案技术秘密，但是，科林公司通过不正当手段获取涉案技术秘密，掌握获得直接竞争对手技术或者市场竞争优势并最终获益，中微公司丧失相应竞争优势并最终遭受损失。因此，要求科林公司赔偿损失的诉讼请求应予支持。

笔者了解到，当前已发生几起非法获取技术秘密的刑事和民事案件，所涉技术及核心部件在全球范围内能掌握的机构仅3家到5家，且主要在国外。技术门槛高竞争不充分，技术创新的战略意义重大。掌握竞争对手的技术方案，甚至仅了解到正在研发的方向和路径，即可在技术或者市场竞争上节省巨大成本，避免因研发方向、方法错误浪费研发费用延误时机，必然获得相应的竞争优势。对已投入生产应用的技术秘密被非法获取而言，对权利人的损害主要体现为经济利益上，特别是竞争对手业已有"竞品"上市的情况下，更是如此。而对于准备计划上市在全球极具竞争力的高端产品来讲，特别是在竞争对手也没有"竞品"的情形下，一旦被竞争对手获得知悉技术秘密信息其损害后果，则是战略上的巨大损伤。因此非法获取此类技术秘密的危害性更大，适用"所知即损失"的必要性更明显。

自主创新需要良好的生态，只有严惩以不正当手段获取技术秘密的行为，才有可能提升自主创新的积极性。从这个角度出发，非法获取技术秘密行为本身就是一种粗暴的破坏创新环境，破坏公平竞争的社会主义市场经济秩序，极具社会危害性的违法行为。特别是在涉案技术国际领先随时可能被境外竞争主体获悉的境况下，引发《刑法》第二百一十九条之一为境外窃取、刺探、收买、非法提供商业秘密犯罪的同时，也必然对国家和企业经济利益造成巨大损害。为此，在认定非法获取技术秘密情节是否严重时，适用"所知即损失"具有明显的必要性，该等司法实践也体现出很强的参考价值。

二、程某某侵犯 OP 公司与某库公司商业秘密刑事案[①][②]

案情聚焦

被害单位 OP 公司与某库公司均系某控股公司 100%持股的关联公司。基于关联公司内部合作研发需要，OP 公司与某库公司共享服务器内研发数据。

被告人程某某原系某库公司的技术工程师，负责芯片硬件开发编程工作，配有某库公司及被害单位 OP 公司服务器的登录账户，并具有查看和使用服务器内研发数据的权限。2021 年 6 月开始，程某某违反某库公司的保密规定，多次通过绕开公司终端监控软件监管从某库公司服务器拷贝研发数据到 OP 公司的服务器，后从 OP 公司服务器将研发数据下载至其办公电脑，再利用局域网传输至其个人电脑后将部分数据复制到其个人的移动硬盘。其间，程某某先后通过上述方式获取某库公司及 OP 公司研发数据约 378 个（包括 hawkeye 片上系统源代码）。2022 年 5 月，OP 公司在对涉密部门进行安全信息审查时，发现程某某盗窃公司源代码的情况后向公安机关报案，同月程某某被公安机关抓获。

经广东省知识产权保护中心鉴定所鉴定，至鉴定日，被告人程某某盗窃的 OP 公司的 hawkeye 片上系统源代码属于不为公众所知悉的技术信息。经评估，hawkeye 片上系统源代码的合理许可使用费为 1436 万元。以上事实经过一审当庭举证质证的物证、书证、证人证言、被害人陈述、鉴定意见书、现场勘验材料，被告人程某某的供述与辩解及指认笔录等证据予以证实。

广东省东莞市第二市区人民检察院指控被告人程某某犯侵犯商业秘密罪，广东省东莞市第二人民法院（以下简称东莞二院或一审法院）审理该案并于 2023 年 1 月 16 日作出一审判决。一审法院认为，被告人程某某盗窃权利人的商业秘密，情节特别严重，其行为已构成侵犯商业秘密罪，但程某某归案后如实供述自己的犯罪行为，依法可以从轻处罚。判决被告人程某某构

[①] 李德成律师，北京金诚同达律师事务所；白露律师，北京金诚同达（深圳）律师事务所。

[②] 一审案号：（2022）粤 1972 刑初 3545 号；二审案号：（2023）粤 19 刑终 295 号。

成侵犯商业秘密罪，判处有期徒刑3年6个月，并处罚金20万元；随案移送的笔记本电脑2台、手机1部，予以没收上缴国库；随案移送的移动硬盘1个，予以销毁。

被告人程某某不服一审判决，向广东省东莞市中级人民法院（以下简称东莞中院或二审法院）提出上诉。东莞中院认为本案事实清楚，决定不开庭审理。二审期间，程某某提交了其向OP公司和某库公司出具的《悔罪书》、其妻子出具给OP公司和某库公司的道歉信；OP公司向二审法院出具了谅解书，表示对程某某的行为予以谅解，希望其能得到从宽处理。二审法院认为，程某某在无公司合法授权的情况下，利用计算机系统漏洞，绕开公司监管，下载、复制公司技术秘密，根据评估报告书，hawkeye片上系统源代码的合理许可使用费为1436万元，程某某窃取权利人的商业秘密，情节特别严重。二审期间，OP公司出具了谅解书，对程某某的行为予以谅解，故二审法院对程某某从轻处罚，判处有期徒刑3年2个月，并处罚金20万元。

律师评析

（一）员工将公司数据从办公电脑私发至个人邮箱或电脑的行为认定为以"盗窃"手段获取商业秘密具有积极意义

本案中，程某某侵犯商业秘密的行为是将研发数据（包括hawkeye片上系统源代码）通过服务器下载至办公电脑后传输至个人电脑，再部分复制到个人的移动硬盘。一、二审法院均认定为"盗窃"商业秘密的行为。

笔者曾撰文《员工违规将技术秘密发个人邮箱是盗窃行为》[①]，对员工将技术秘密信息从公司邮箱外发至个人邮箱的行为进行评述，明确表达了将此类行为认定为"盗窃"具有积极意义。此种定性有效避免了因该行为被认定为《刑法》第二百一十九条第一款第三项规定的"违约行为"而无法根据《最高人民法院、最高人民检察院关于办理侵犯知识产权刑事案件具体应

---

① 参见李德成、白露：《科创板技术秘密审查与技术秘密刑事保护》，法律出版社2022年版，第257—265页。

用法律若干问题的解释（三）》（以下简称《解释（三）》）第五条第一款第一项①以涉案技术秘密的合理许可费认定损失数额因而不构成犯罪的困境，在当前形势下为推动商业秘密的刑事保护起到了应有的作用。

（二）对《解释（三）》第三条第一款②和《征求意见稿》第十五条③规定的理解

《解释（三）》第三条第一款和最高人民法院、最高人民检察院起草的《关于办理侵犯知识产权刑事案件适用法律若干问题的解释（征求意见稿）》（以下简称《征求意见稿》）第十五条均规定，采取非法复制、未经授权或者超越授权使用计算机信息系统等方式窃取商业秘密的，应当认定为《刑法》第二百一十九条第一款第一项规定的"盗窃"。本案中员工将公司技术信息、商业信息或源代码从办公电脑私自发送个人电脑或邮箱的行为，是属于上述规定类型的盗窃行为，还是另一种类型的盗窃行为，在司法实践中有较大的争议。严格意义上讲，《解释（三）》第三条第一款规定的盗窃行为类型只能理解为复制、未经授权或者超越授权使用计算机信息系统等方式，不能作扩大解释，笔者认为不适用本案，但是应明确指出的是不能因为不是本款规定类型的盗窃行为就不能认定为盗窃。

笔者认为，司法实践中将其认定为《刑法》第二百一十九条第一款第一项规定的盗窃行为是正确的，为避免争议，建议《征求意见稿》第十五条修改为："采取非法复制、未经授权或者超越授权使用计算机信息系统，或利

---

① 《解释（三）》第五条第一款第一项规定："实施刑法第二百一十九条规定的行为造成的损失数额或者违法所得数额，可以按照下列方式认定：（一）以不正当手段获取权利人的商业秘密，尚未披露、使用或者允许他人使用的，损失数额可以根据该项商业秘密的合理许可使用费确定……"

② 《解释（三）》第三条第一款规定："采取非法复制、未经授权或者超越授权使用计算机信息系统等方式窃取商业秘密的，应当认定为刑法第二百一十九条第一款第一项规定的'盗窃'。"

③ 最高人民法院、最高人民检察院起草的《关于办理侵犯知识产权刑事案件适用法律若干问题的解释（征求意见稿）》第十五条规定："采取非法复制、未经授权或者超越授权使用计算机信息系统等方式窃取商业秘密的，应当认定为刑法第二百一十九条第一款第一项规定的'盗窃'。"

用管理系统漏洞绕开监管，或发送个人邮箱等方式窃取商业秘密的，应当认定为刑法第二百一十九条第一款第一项规定的'盗窃'。"

三、李某华、豆某平侵犯武汉市豪迈电力自动化技术有限责任公司商业秘密刑事案①②

案情聚焦

武汉市豪迈电力自动化技术有限责任公司（以下简称豪迈公司）成立于1999年，主营业务包括电力、电子、计算机、自动化系统、机电、测控仪器类产品的研制、开发和生产，主要产品有继保之星-702、继保之星-802、继保之星-1600等型号继电保护测试仪及互感器测试仪等，主张的技术秘密点是单片机CPU软件、单片机操作软件、下位机控制软件和CPLD软件。

1999年11月至2012年2月，李某华在豪迈公司担任生产部、中试部负责人等职务，主要从事继电保护测试仪的装配、设备调试等技术工作，在工作中能接触到"继保之星"继电保护测试仪软件的目标代码等技术信息，与公司签订有保密协议；2006年1月，豆某平入职豪迈公司担任销售部员工，从事产品销售工作。2009年4月，豆某平从豪迈公司离职，与李某华商定并于2010年6月成立武汉市瑞力特电气技术有限公司（以下简称瑞力特公司）。

2012年2月，李某华从豪迈公司离职后进入瑞力特公司，并担任技术负责人，使用其所掌握的豪迈公司上述三款产品中的CPLD软件目标代码及其他技术，生产同类型继电保护测试仪产品，豆某平负责对外销售。

经鉴定，自2012年2月至2021年5月，瑞力特公司制造并销售继电保护测试仪，不含税销售收入共计人民币39845940.95元，扣除直接成本，毛利润共计人民币25572206.91元。

武汉市江岸区人民法院于2022年12月13日作出刑事判决：豆某平和李

---

① 李德成律师，北京金诚同达律师事务所；白露律师，北京金诚同达（深圳）律师事务所。
② 一审案号：（2022）鄂0102知刑初4号；二审案号：（2023）鄂01知刑终1号。

某华犯侵犯商业秘密罪，两人均判处有期徒刑4年6个月，并处罚金人民币100万元；被告人不服一审判决提出上诉，武汉市中级人民法院于2023年4月17日作出刑事裁定，认为原审认定事实清楚、证据确实、充分，定罪准确，量刑在法定刑幅度内，驳回上诉，维持原判。

律师评析

本案技术秘密保护的对象是计算机软件程序目标代码，且载负相关目标代码的产品已经在市场进行流通，犯罪嫌疑人辩称涉案技术秘密是通过反向工程获得的未被采纳。笔者对此案件曾专题作过讨论，反向工程既涉及所采取的保密措施是否合理，也与合法来源抗辩是否成立有关。[①] 对于本案，有以下几个方面值得关注：

（一）计算机程序目标代码作为技术秘密保护对象载负于产品进入市场流通领域的，公检法均应当依法核查是否采取了特殊的针对性保密措施

根据《最高人民法院关于审理侵犯商业秘密民事案件适用法律若干问题的规定》第一条第一款[②]规定，案涉CPLD计算机软件程序代码及其文档属于受法律保护的技术信息。又依据《计算机软件保护条例》第二条可知，计算机软件是指计算机程序及其有关文档。计算机软件中既包括源代码部分，也包括目标代码部分，源代码作为技术秘密保护比较常见，已有多个典型案例，比如笔者代理的最高人民法院（2021）最高法知民终2298号案，就被评为2022年最高人民法院知识产权法庭技术秘密典型案例。而目标代码作为只有机器能够读得懂的语言，虽然也是技术秘密的保护对象，但由于常被载负于产品进入流通领域不能满足法律要件，司法实践中被支持的案件不

[①] 参见李德成、白露：《市场流通产品的保密措施与反向工程》，载《科创板技术秘密审查与技术秘密刑事保护》，法律出版社2022年版，第243—244页。

[②] 《最高人民法院关于审理侵犯商业秘密民事案件适用法律若干问题的规定》第一条第一款规定："与技术有关的结构、原料、组分、配方、材料、样品、样式、植物新品种繁殖材料、工艺、方法或其步骤、算法、数据、计算机程序及其有关文档等信息，人民法院可以认定构成反不正当竞争法第九条第四款所称的技术信息。"

多，刑事案件被定罪量刑的更少，因此本案特别值得关注。

本案中，继保之星-702、继保之星-802和继保之星-1600三款产品中所载负的是计算机目标代码，继保之星测试软件虽已进行了著作权登记，但涉案技术信息CPLD软件目标代码及其文档承载的继电保护装置的技术方案没有公开，所属领域相关人员通过观察豪迈公司对外销售的上述三款产品难以直接获得目标代码的技术信息，更无从获得源代码的详细技术信息。因此法院从涉案目标代码的秘密性、实用性和保密性三个方面进行分析后，认定三款产品中所载负的目标代码可以作为技术秘密保护。

笔者注意到，豪迈公司的继保之星-702、继保之星-802、继保之星-1600产品已经是成熟产品，在市场上进行流通，因此需要查证权利人是否采取了针对性的保密措施，或者为实现保密目的采取了何种技术措施，并在此基础上进一步判断所采取的措施可以对抗第三人通过反向工程获得涉案技术秘密的程度。从本案的法律文书来看，对此问题未见法院针对性的核实和论述，笔者多次撰文提醒并强调，进入市场流通领域产品载负涉案技术秘密是否采取针对性保密措施的抗辩构成合理怀疑，公检法均应依法予以排除。[①] 特别需要指出的是，排除该合理怀疑不以犯罪嫌疑人实施了反向工程为前提，因为在此审查的问题是保密措施而不是合法来源抗辩。

（二）以所使用的技术秘密有合法来源系反向工程获得进行抗辩的，应遵循"可以且当时是"的原则，并有义务证明所反向的产品是当时合法获得的

本案中，法院结合其他证据及犯罪嫌疑人口供，得出李某华在实施犯罪行为时没有对涉案产品进行反向工程的结论。

其一，李某华主张其是通过调货或者借用的方式，把豪迈公司的继电保护测试仪包括702、802、1600型拆开取得主板，并照样子做出新的产品，CPLD软件、EPROM软件是找到专门破解芯片的人，把软件提取出来的。可

[①] 参见李德成、白露：《对技术秘密保密措施质疑的核查》，载《科创板技术秘密审查与技术秘密刑事保护》，法律出版社2022年版，第160—165页。

见，对于上述三款产品的主板部分，通过拆卸即可看到内部构造，李某华作为本领域的技术人员，有能力照着样子做出来，但豪迈公司并未主张主板是公司产品的秘密点，也未对主板部分采取针对性的保密措施，因此李某华的这一拆卸行为并不是侵犯商业秘密的行为也不是本案需要讨论的问题。

其二，对于软件部分，李某华主张是找专门的人进行破解的，但在两级法院的审理过程中，李某华对这一主张并未提供相关证据。一审庭审时，李某华承认所说反向读取实际是破解过程，但法院认为这种破解过程不是法律意义上的反向工程，破解计算机软件程序代码所获得的技术秘密实际上是一种窃取计算机代码程序技术秘密的盗取行为，其获得的方式本身不具有正当性、合法性，因此李某华对于软件是通过反向工程得到的这一抗辩并不成立。

针对反向工程合法来源抗辩，法院遵循了"可以且当时是"的原则，首先是可以对合法获取的产品通过反向工程获得涉案技术秘密，且要审查在被指控的侵权行为发生之前确实就是，犯罪嫌疑人有义务证明其抗辩所持理由的真实性，否则不构成合理怀疑无须排除。

笔者注意到法院将"破解计算机软件程序代码所获得的技术秘密"的行为定性为"实际上是一种窃取计算机代码程序技术秘密的盗取行为"，未见说理容易引发争议：

其一，以破解计算机软件程序的方式获取技术秘密行为本身并无苛责性，不加区分地认定为不具有正当性、合法性，是没有事实根据和法律依据的；具体而言，如果针对的是已经进入市场流通领域的产品，第三人通过合法的技术手段或工具进行破解获取涉案技术秘密的，其行为就是正当的、合法的；但是，如果所破解的产品是非法获取的或产品虽然是合法获得但未进入市场流通领域且有合同约定禁止破解的，或者所采取的技术手段、破解工具是权利人特有的或所用技术手段和工具本身就是非法的等，此类行为就是不正当的，不合法的。

其二，在假定破解行为不具有上述所列正当性与合法性的基础上，其是否属于盗窃技术秘密的行为，也是值得讨论的；最高人民法院、最高人民检察院起草的《关于办理侵犯知识产权刑事案件适用法律若干问题的解释（征求意见稿）》第十五条规定："采取非法复制、未经授权或者超越授权使用计算机信息系统等方式窃取商业秘密的，应当认定为刑法第二百一十九条第一款第一项规定的'盗窃'。"笔者在《将研发数据传至个人电脑是盗窃行为》[①]一文中建议将该条修改为："采取非法复制、未经授权或者超越授权使用计算机信息系统，或利用管理系统漏洞绕开监管，或发送个人邮箱等方式窃取商业秘密的，应当认定为刑法第二百一十九条第一款第一项规定的'盗窃'。"本案给笔者以新的启发，即将非法破解保密技术措施的行为也定性为盗窃。

（三）刑事同一办案程序中无须更换不同的鉴定机构或鉴定人员，但已接受权利人委托的鉴定机构在立案后又接受侦办单位委托的，应当更换鉴定人员

对于本案鉴定材料，辩护人提出由公安机关在侦办案件过程中委托的相关鉴定系同步委托、同期鉴定，存在严重利害、利益问题。对此二审法院认为，本案相关鉴定既相关联，又各自独立，鉴定意见虽由同一家鉴定机构、相同鉴定人作出，但鉴定程序并不违反法律、法规的规定。

笔者曾撰文《技术秘密鉴定和评估的费用承担与资质问题》[②]，探讨了刑事案件中委托鉴定相关的问题，笔者认为从公平公正及避免被质疑的角度考虑，立案前受害单位与立案后办案单位委托同一鉴定机构的，已经参与鉴定工作的鉴定人应当回避；当然立案后办案单位委托不同的鉴定机构进行鉴定也是一种方案，但是成本太高且效果不好，从实际情况看更换鉴定专家还必须更换鉴定机构似乎并没有那么必要。

辩护人提出相关鉴定系同步委托、同期鉴定，但相关鉴定均系公安机关

[①] 参见李德成、白露：《将单位研发数据传至个人电脑是盗窃行为》，载《科创板技术秘密审查与技术秘密刑事保护 2023——实务要点精解与典型案例分析》第十八章，法律出版社 2024 年版，第 216—218 页。

[②] 参见李德成、白露：《科创板技术秘密审查与技术秘密刑事保护》，法律出版社 2022 年版，第 180—183 页。

进行委托，笔者认为这是正常的也确应如此，在同一办案程序中不委托同一机构、鉴定人员是例外，在不得不更换的情况下才会出现。如前文所述，立案前受害单位已经进行过委托鉴定，立案后公安机关还需要再行委托鉴定的时候，需要考虑更换不同的鉴定机构或鉴定人员，但需要强调指出的是，更换鉴定专家是必要的，但更换鉴定机构除非有显而易见的事实和理由，否则并非必须。

（四）新公司法定代表人在原公司同事未离职时约其成立公司生产同类产品，后明知非法使用技术秘密生产侵权产品仍销售非法获利，构成共同犯罪

本案中，豆某平为瑞力特公司的法定代表人，负责公司销售和财务，辩称其主观上不明知李某华使用的技术信息系豪迈公司所有，故不构成犯罪。

二审法院认为，豆某平与李某华曾同在豪迈公司工作，通过分析豪迈公司提交的证据可以证实豪迈公司作为技术型企业，制定了保密制度，对包括豆某平、李某华在内的员工有保密要求，且李某华曾与豪迈公司签订过《保密协议》，豆某平、李某华知晓豪迈公司的保密要求。李某华曾为豪迈公司技术岗位的负责人，掌握生产所需的技术秘密，其离职后违反保密义务，使用上述技术秘密生产同类型产品，非法获利巨大，构成侵犯商业秘密罪已不言而喻。

而豆某平离职后，明知李某华系豪迈公司生产岗位技术负责人，可接触到豪迈公司的技术秘密，在李某华还未离职的情况下仍邀约李某华成立公司生产豪迈公司的同类产品，后在明知李某华生产的产品是使用豪迈公司技术秘密的情况下，仍然将相关产品进行销售，非法获利巨大，这一行为也严重侵犯了豪迈公司的商业秘密，与李某华构成侵犯商业秘密罪的共同犯罪。

四、四川金象赛瑞化工股份有限公司诉山东华鲁恒升化工股份有限公司、宁波厚承管理咨询有限公司、宁波安泰环境化工工程设计有限公司和尹某侵犯技术秘密纠纷案[①][②]

> **案情聚焦**

原告四川金象赛瑞化工股份有限公司（以下简称金象赛瑞公司）是全球最大的三聚氰胺生产企业，公司自主研发了加压气相淬冷法三聚氰胺生产工艺和设备技术。原告针对该技术采取了严格和完备的保密措施。涉案技术秘密系加压气相淬冷法年产5万吨三聚氰胺生产反应系统，载体为设备图、设备布置图、管道布置图和管道仪表流程图等。北京烨晶科技有限公司（以下简称北京烨晶公司）、四川玉象蜜胺科技有限公司（以下简称四川玉象公司）和新疆玉象胡杨化工有限公司（以下简称新疆玉象公司）均是金象赛瑞公司的关联公司，北京烨晶公司与金象赛瑞公司合作研发涉案技术秘密，金象赛瑞公司是涉案技术秘密的权利人。2007年，眉山市经济委员会对四川玉象公司年产10万吨（5万吨/套×2）三聚氰胺技改项目（以下简称四川玉象项目）同意备案。2009年，新疆维吾尔自治区环境保护厅对新疆玉象公司新建11万吨/年三聚氰胺项目（以下简称新疆玉象胡杨项目）同意备案。

被告山东华鲁恒升化工股份有限公司（以下简称华鲁恒升公司）是一家综合性化工上市公司，被告宁波厚承管理咨询有限公司（原宁波远东化工集团有限公司，以下简称宁波厚承公司）和宁波安泰环境化工工程设计有限公司（原宁波市化工研究设计院有限公司，以下简称宁波设计院公司）是专门从事化工设计、化工研发和工程咨询等业务的化工工程公司。2011年，华鲁恒升公司与宁波设计院公司和宁波远东公司签订《大型三聚氰胺项目技术转让、服务建设工程设计合同》（以下简称工程设计合同），合同确定委托方

---

① 李德成律师，北京金诚同达律师事务所；白露律师，北京金诚同达（深圳）律师事务所。

② 一审案号：（2017）川01民初2948号民事判决；二审案号：（2022）最高法知民终541号。

为华鲁恒升公司，承接方为宁波设计院公司，技术授权方为宁波远东公司。2011年至2015年，项某裕和项某桥（项某裕之弟）在宁波厚承公司和宁波设计院公司共同担任董事长、总经理和董事等高级管理人员职务。

被告尹某为北京烨晶公司的员工，先后在北京烨晶公司、四川玉象公司、新疆玉象公司和金象赛瑞公司负责技术和三聚氰胺项目，并参与了气相淬冷法技术的研发。2012年1月，尹某在没有办理离职手续的情况下单方离开新疆玉象公司，将工作期间掌握的三聚氰胺全部技术资料存放在其笔记本电脑中。同年，尹某旧识项某裕①找其提供金象赛瑞公司三聚氰胺加压生产的技术，明确告知用于为华鲁恒升公司设计5万吨三聚氰胺装置，许诺事后付其酬劳。后尹某与宁波设计院公司的副总经理项某桥多次接触，将其掌握的金象赛瑞公司的三聚氰胺技术信息资料擅自拷贝给了项某桥。后尹某多次为华鲁恒升公司的三聚氰胺项目提供各种帮助。

金象赛瑞公司向四川省成都市中级人民法院（以下简称成都中院或一审法院）起诉华鲁恒升公司、宁波厚承公司、宁波设计院公司和尹某（以下简称四被告）②，一审法院判令四被告立即停止披露、使用和允许他人使用金象赛瑞公司的商业秘密，停止侵害的时间持续到涉案技术图纸、资料记载的技术信息已为公众知悉之日止；尹某、宁波设计院公司和宁波厚承公司立即销毁记载有金象赛瑞公司商业秘密的载体资料；华鲁恒升公司赔偿金象赛瑞公司经济损失及合理开支共计5000万元，尹某对其中的120万元、宁波厚承公司和宁波设计院公司对其中的500万元承担连带赔偿责任。

---

① 2011年8月5日项某桥为宁波设计院公司董事长兼总经理，2013年4月25日项某裕为宁波设计院公司董事长、项某桥为其董事兼总经理，2014年6月9日项某裕卸任董事长、项某桥卸任董事。2013年11月7日项某裕为宁波厚承公司董事长、项某桥为宁波厚承公司董事，2015年3月9日项某裕卸任董事长、项某桥卸任董事。

② 华鲁恒升公司、宁波厚承公司、宁波设计院公司和尹某均于一审诉讼的答辩期内提出管辖权异议，一审法院于2017年11月8日作出（2017）川01民初2948号民事裁定，驳回华鲁恒升公司、宁波厚承公司、宁波设计院公司和尹某对本案管辖权提出的异议。华鲁恒升公司、宁波厚承公司和尹某不服该管辖异议裁定，向四川省高级人民法院提起上诉，该院于2018年3月23日作出（2018）川民辖终52号民事裁定，驳回上诉，维持原裁定。

原、被告均不服成都中院一审判决，分别向最高人民法院提起上诉。最高人民法院撤销了一审民事判决，判令四被告立即停止披露、使用、允许他人使用金象赛瑞公司的涉案技术秘密，其中上述华鲁恒升公司的停止使用包括立即停止销售使用涉案技术秘密所生产的三聚氰胺产品；改判四被告销毁记载有金象赛瑞公司涉案技术秘密的载体[①]，包括10万吨/年三聚氰胺一期项目中涉及涉案技术秘密的设备；改判四被告连带赔偿金象赛瑞公司经济损失及合理开支9800万元。

律师评析

（一）化工领域技术秘密刑民风险升高，务必严格审查募投项目技术来源的合法性，对已投项目立即核查、分析研究并做好必要的应对预案

IPO[②]公司和已上市公司应高度重视募投项目涉技术秘密侵权风险，否则可能面临已采购的生产设备/已建成的生产线被强制销毁、已生产的产品被禁止销售的重大不利风险。

1. 非法使用技术秘密所建设的生产线，要强制拆除或销毁

本案中，华鲁恒升公司作为上市公司，在其2011年9月6日的公告中披露拟新建10万吨/年三聚氰胺项目，估算总投资约2.78亿元，一期生产线于2014年4月进入试生产阶段，二期项目于2018年12月（一审审判期间）进入试生产阶段。最高人民法院在确认一审法院关于华鲁恒升公司停止使用涉案技术秘密判项的基础上，进一步判决华鲁恒升公司应当立即停止销售使用涉案技术秘密生产出的三聚氰胺产品，并销毁侵权生产设备及设备图

[①] 华鲁恒升公司、宁波厚承公司、宁波设计院公司、尹某以金象赛瑞公司确认或者负责本案执行的人民法院可以验证的方式，销毁记载有金象赛瑞公司涉案技术秘密的载体，包括：（1）自本判决生效之日起10日内，宁波公司、宁波设计院公司、尹某销毁各自所持有的记载有金象赛瑞公司涉案技术秘密的技术资料；（2）自本判决生效之日起90日内，华鲁恒升公司销毁其10万吨/年三聚氰胺项目（一期）中涉及涉案技术秘密的设备（销毁的方式包括但不限于拆除有关设备中包含金象赛瑞公司涉案技术秘密的部分），销毁其持有的记载有金象赛瑞公司涉案技术秘密的技术资料。

[②] Initial Public Offerings，首次公开募股。

纸、技术资料。笔者认为该案最高人民法院的判决导向应引起 IPO 公司和已上市公司的高度重视，一旦募投项目被判令技术秘密侵权，即便生产线已经建成，产品已经生产，仍然可能面临产线被销毁，产品无法对外销售的情况，甚至存在因股价下跌导致投资者集体诉讼的重大风险。IPO 公司和已上市公司在规划募投项目时务必做好技术秘密侵权风险识别，切勿抱有侥幸心理。

2. 非法使用涉案技术秘密所生产的产品，要停止销售

本案一审法院认为，停止披露、使用、允许他人使用涉案技术秘密足以防止损害后果的扩大，不应判决停止销售利用涉案技术秘密生产的产品。最高人民法院认为，被告华鲁恒升公司使用涉案技术秘密建设被诉侵权生产系统，后使用该侵权生产系统和涉案技术秘密中的生产工艺制造三聚氰胺产品并进行销售，涉案技术秘密是制造被诉侵权生产系统和三聚氰胺产品不可或缺的重要条件，三聚氰胺产品为使用涉案技术秘密直接获得的产品。因此责令华鲁恒升公司停止销售使用涉案技术秘密生产的三聚氰胺产品的请求实质上已涵盖在要求其停止使用涉案技术秘密的范畴内，是作为制造者的华鲁恒升公司停止使用涉案技术秘密的应有之义。

3. 销毁侵犯技术秘密的生产设备、设备图纸和技术资料

最高人民法院认为一审判决虽以促成技术许可和避免资源浪费为初衷不支持销毁侵权生产设备及设备图纸和技术资料，但因该处理方式不当限制了权利人对其知识产权的行使并可能形成裁判执行僵局引发新的争议与诉讼，不但不能有效保护权利人的知识产权，且在一定程度上增加了纠纷解决成本，故改判销毁侵权的生产设备及设备图纸、技术资料。

4. 以先侵权占领竞争市场为手段寻求技术秘密许可，此路不通

本案被告华鲁恒升公司使用涉案技术秘密的侵权行为有三种方式：第一，利用涉案技术秘密建设侵权生产系统；第二，利用侵权生产系统和涉案技术秘密中的生产工艺制造三聚氰胺产品；第三，销售利用涉案技术秘密直接获得的三聚氰胺产品。在商业秘密民事侵权案件中，一般采用停止侵害和赔偿损失两种方式进行救济，"停止侵害"通常体现为"立即停止披露、使

用、允许他人使用涉案商业秘密，停止侵害的时间持续到涉案技术信息已为公众知悉之日止"。

笔者认为，本案中最高人民法院责令侵权方停止侵害技术秘密的判决内容与处理方式，在如下两个方面应引起化工领域的高度重视：

（1）不要再存留保存生产实力、保留技术秘密资料图东山再起的妄想；

（2）上市公司败诉赔款但依然获利不菲的模式现已结束。

（二）化工领域已经进入建设方、设计方和委托方等各合作主体共同侵犯技术秘密，承担连带赔偿责任并引发刑事风险的时期

笔者在实务中接触过多家化工行业的"重量级"企业，包括建设方和设计方等，在面对技术秘密侵权纠纷甚至是刑事控告时，常用的抗辩观点与本案的各被告十分相似，可谓简单而落后，不可能被采纳。

现结合本案梳理如下几点，希望能引以为戒：

1. 非法获取、非法使用技术秘密，以善意受让合法来源抗辩不成立

本案中华鲁恒升公司认为其是通过合法交易善意受让宁波厚承公司和宁波设计院公司提供的三聚氰胺技术，不存在任何主观过错，也无共同侵权的意思联络。华鲁恒升公司实际并未使用宁波厚承公司和宁波设计院公司提供的技术。最高人民法院认同一审法院查明的部分事实并认定以善意受让合法来源抗辩不成立。

2. 员工实施职务行为并体现公司意志，应由公司对外承担民事责任

宁波厚承公司和宁波设计院公司上诉主张项某裕、项某桥的行为系该二人的个人行为，不能因该二人实施的个人行为而认定公司实施了相应行为的观点未被支持。最高人民法院认为，宁波厚承公司和宁波设计院公司对该二人的行为是明知的，该二人的行为系公司职务行为且体现了两公司的意志，该两公司应对该二人的行为对外承担民事责任。

3. 利诱原公司员工非法获取、使用技术秘密构成共同侵权

华鲁恒升公司认为其与尹某、宁波厚承公司和宁波设计院公司之间无任何技术交流，不构成共同侵权，不应承担侵权责任；宁波设计院公司主张其仅提供工程设计，不提供专有技术，且其不认识也从未接触过尹某，不构成

共同侵权的观点未被支持。要点如下：（1）在查证非法获取技术秘密的案件中要充分发挥电子数据的证明效果；（2）在案证据文件夹电子数据属性信息显示主体是涉案被告。

4. 技术秘密共同故意侵权行为，主观上彼此明知，行为上分工协作

最高人民法院认为，华鲁恒升公司等被诉侵权人构成共同故意实施侵权行为，即主观上彼此明知，行为上分工协作：（1）共同实施侵权行为中的关键人物和基础环节；（2）共同侵权的始作俑者和中间渠道及名义上的技术提供者；（3）涉案技术秘密的最终使用者和最大获益者。

5. 构成共同故意侵权行为不以事前共谋、事后协同行动为限

华鲁恒升公司、宁波厚承公司、宁波设计院公司和尹某之间具有侵害涉案技术秘密的共同意思联络，主观上彼此明知，彼此先后实施相应的侵权行为形成了完整的侵害涉案技术秘密的侵权行为链，客观上已形成分工协作，属于共同故意实施被诉侵权行为。需特别指出的是，构成共同故意实施被诉侵权行为并不以各参与者事前共谋、事后协同行动为限，各参与者彼此之间心知肚明、心照不宣，先后参与、相互协作，亦可构成共同实施被诉侵权行为。

6. 销售侵权产品获利是共同侵权期望结果且实施之初已完全预见

华鲁恒升公司销售三聚氰胺产品的获利增长系该四被告共同实施被诉侵权行为时所共同期望达到的结果且在实施之初就已完全预见得到。本案侵权损害后果主要体现在华鲁恒升公司销售涉案三聚氰胺产品的获利，且该损害后果具有不可分割性。

7. 侵权行为与损害后果之间具有直接的因果关系

尹某违反与金象赛瑞公司有关保守涉案技术秘密的约定，在宁波厚承公司和宁波设计院公司的高额利诱下，将涉案技术秘密非法披露给宁波厚承公司、宁波设计院公司和华鲁恒升公司并允许该三公司使用，并自己使用涉案技术秘密为华鲁恒升公司涉案三聚氰胺一期项目的建设、使用提供技术指导。该四被告主观上存在意思联络，客观上形成分工协作，共同实施了侵害涉案技术秘密的行为，造成了不可分割的损害后果，且损害后果与该四者实施的侵权行为之间均具有直接的因果关系，构成共同侵权。

8. 以其仅为设计方,赔偿应以收取的设计费为限额的观点不被支持

宁波设计院公司认为金象赛瑞公司主张的赔偿数额过高,且即便侵权成立,宁波设计院公司仅一次性收取了设计费966万元,不应以华鲁恒升公司销售三聚氰胺产品的获利计算损失,也不应与华鲁恒升公司、宁波厚承公司和尹某承担连带赔偿责任。本案华鲁恒升公司等被诉侵权人虽共同实施了侵权行为,但华鲁恒升公司等被诉侵权人因侵权行为的实际获利显然不同,故应考虑各被诉侵权人实际获利及各自行为对损害后果的影响,确定连带责任的比例。宁波设计院公司辩称,其收取的设计费仅966万元,故即便承担赔偿责任,赔偿数额也应以此为限。

最高人民法院认为,华鲁恒升公司等被诉侵权人构成共同侵权,根据原《侵权责任法》第八条的规定,华鲁恒升公司等被诉侵权人应当承担连带责任。本案中,华鲁恒升公司等被诉侵权人各自实施的侵权行为均是共同侵权中不可或缺的一环,该四者的行为缺一不可且均造成了同一损害后果,该损害后果与该四者的行为之间均具有直接的因果关系,故各被诉侵权人理应就共同侵权行为所造成的损失全额承担连带赔偿责任。

(三)化工领域收购技术型标的,应高度重视技术秘密及研发人员的管理,谨防因人员流动或保密措施不延续,引发技术秘密纠纷和刑事风险

涉案技术秘密原为北京烨晶公司与金象赛瑞公司长期共同研发而成,后北京烨晶公司与金象赛瑞公司签订《技术秘密转让合同》,金象赛瑞公司成为涉案技术秘密的唯一权利人。

金象赛瑞公司后成为北京烨晶公司的控股股东,本案涉及的四川玉象公司和新疆玉象公司均是金象赛瑞公司的关联公司,被告尹某为涉案技术秘密的主要研发人员,曾先后在上述各关联公司任职。被告华鲁恒升公司、宁波厚承公司均辩称,尹某是在金象赛瑞公司控股北京烨晶公司之前与后者签署的劳动合同,尹某对金象赛瑞公司不负有保密义务,涉案技术秘密的保密措施不符合具体、明确、可识别的标准。

在技术型标的收购特别是化工领域的收购过程中,收购前应高度重视技

术秘密的梳理和风险识别，收购中和收购后应做好核心研发人员的保密管理和任职管理。笔者曾撰文《业务重组涉核心技术与核心技术人员的问询要点》[①]，针对技术资产收购的尽职调查与IPO回复应对提出了相应的建议。

（四）共同侵权中提供技术秘密的自然人已涉刑，共同侵权的其他单位主体应积极做好刑事风险评估及防范，谨防构成单位犯罪

本案中，金象赛瑞公司将一审法院调取的尹某涉嫌侵犯商业秘密罪侦查阶段部分卷宗材料作为证据提交。华鲁恒升公司上诉主张尹某在刑事程序中的讯问笔录、唐某报案所作询问笔录不能作为本案证据采信。最高人民法院认为，虽然该证据材料形成于刑事案件中，但该证据材料与本案事实的查明具有较大关联，在符合民事诉讼证据规则的情况下，可以予以采纳。

华鲁恒升公司在尹某被采取强制措施后并未予以重视，继续在一期生产线上生产产品，并于刑事一审判决作出前，民事一审受理后建设了二期产线并投产，即便是在一审法院作出了行为保全裁定后，仍在继续实施侵害技术秘密的行为获利，因而在民事案件中被认定为侵权且主观恶意明显。

笔者在此提示同类型各被告单位，以不正当手段获取权利人技术秘密已被认定为共同侵权又已经生产出产品，销售产生了巨额利润，在此前提下，要谨防构成侵犯商业秘密罪的单位犯罪，并做好必要的准备工作。刑事案件的证据可用于民事案件，民事案件的部分证据也可能被用于刑事案件。笔者认为，除《民事诉讼法》第一百五十三条[②]规定的应该中止诉讼的情况外，民事案件和刑事案件互不影响可并行推进。[③]

---

① 参见李德、白露：《科创板技术秘密审查与技术秘密刑事保护》，法律出版社2022年版，第55—57页。

② 《民事诉讼法》第一百五十三条规定："有下列情形之一的，中止诉讼：（一）一方当事人死亡，需要等待继承人表明是否参加诉讼的；（二）一方当事人丧失诉讼行为能力，尚未确定法定代理人的；（三）作为一方当事人的法人或者其他组织终止，尚未确定权利义务承受人的；（四）一方当事人因不可抗拒的事由，不能参加诉讼的；（五）本案必须以另一案的审理结果为依据，而另一案尚未审结的；（六）其他应当中止诉讼的情形。中止诉讼的原因消除后，恢复诉讼。"

③ 参见李德成、白露：《科创板技术秘密审查与技术秘密刑事保护》，法律出版社2022年版，第186—190页。

（五）被告公司要求出庭律师退庭不质证，后申请鉴定不被支持，当前刑民风险加剧必须保证技术秘密法律团队的专业性

1. 拒绝或放弃查阅本案保密证据，属于对诉讼权利的放弃

本案一审中，在法院组织当事人进行举证和质证时，华鲁恒升公司以避免接触金象赛瑞公司商业秘密为由，出具书面材料要求其委托诉讼代理人不得签署保密协议或保密承诺书，也不得接触本案保密证据材料；宁波厚承公司以本案部分证据材料已遭受污染为由，出具书面材料要求其委托诉讼代理人不参与庭前会议及庭审。

一审法院认定，华鲁恒升公司、宁波厚承公司、宁波设计院公司、尹某无正当理由退出庭前会议、退庭、拒绝或放弃查阅本案保密证据，属于对自己诉讼权利的放弃。

二审中，华鲁恒升公司、宁波厚承公司主张其二者按时参加了一审法院通知的每一次庭审，但根据公司指示，只要案件庭审中涉及金象赛瑞公司主张的技术秘密，其代理人就退出庭审。

2. 既要保障当事人诉讼中的相关权利，也要避免鉴定申请被滥用

二审期间，华鲁恒升公司向法院提出了鉴定申请，对于当事人提出的鉴定申请，既要避免当事人滥用申请鉴定的权利，也要避免不当剥夺其相关的诉讼权利，一般应着重从以下四个方面予以审查：

一是关联性，申请鉴定的事项与案件有待查明的事实是否具有关联性；二是必要性，即是否必须通过特殊技术手段或者专门方法才能确定相应的专门性问题，是否已经采取其他的举证、质证手段仍然对专门性问题无法查明；三是可行性，对于待鉴定的专门性问题，是否有较为权威的鉴定方法和相应有资质的鉴定机构，是否有明确充分的鉴定材料；四是正当性，鉴定申请的提出是否遵循了相应的民事诉讼规则，在启动鉴定之前是否已充分听取各方当事人的意见，以确保程序上的正当性。

3. 鉴定申请既无准许之必要，也因过于迟延提出而缺少程序的正当性

（1）申请鉴定的事项与待证事实的关联性审查

关于华鲁恒升公司提出的技术秘密鉴定申请，《最高人民法院关于适用

〈中华人民共和国民事诉讼法〉的解释》（以下简称民事诉讼法司法解释）第一百二十一条第一款规定："当事人申请鉴定，可以在举证期限届满前提出。申请鉴定的事项与待证事实无关联，或者对证明待证事实无意义的，人民法院不予准许。"

本案于 2017 年 8 月 28 日由一审法院立案，金象赛瑞公司提交了其主张作为技术秘密保护的技术信息证据，至一审判决作出时止，在 4 年的审理过程中，一审法院组织了 7 次庭前会议，组织各方当事人在签署保密协议的前提下进行举证、质证，并于 2021 年 10 月 20 日、21 日开庭审理本案，在此期间一审法院亦多次询问华鲁恒升公司、宁波厚承公司是否查阅本案保密证据，但华鲁恒升公司均明确拒绝查阅金象赛瑞公司提交的保密证据并无故中途退出 7 次庭前会议及两次庭审。

（2）鉴定申请超过举证期限且拒绝查阅证据或发表质证意见

二审期间，华鲁恒升公司因其自身原因，实质上已放弃了对金象赛瑞公司提交的载有金象赛瑞公司主张的技术信息的保密证据进行质证的诉讼权利，其在一审所提鉴定申请既无准许之必要，也因过于迟延提出而缺少鉴定申请提出的程序正当性。同理，最高人民法院对其二审提出的鉴定申请亦不予准许。

（六）被告公司拒不配合法院证据保全被处以罚款，在关联案件中保全的证据为本案起到关键性的证明作用

另案中，四川省眉山市中级人民法院工作人员来到华鲁恒升公司经营场所，告知华鲁恒升公司法务员工姜某证据保全裁定的内容并送达相应诉讼文书，同时还告知妨碍保全的法律后果。姜某答复，有资料公司清理后邮寄给法院，总控室不同意安排现场调取证据，现场询问过领导不同意保全人员过去，并拒签笔录。

2016 年，四川省眉山市中级人民法院作出罚款决定记载：华鲁恒升公司拒不履行该院生效的证据保全裁定，采取派人围堵、封路、跟踪等方式阻碍该院司法工作人员依法执行公务，其行为已构成对民事诉讼的严重妨害，决定对华鲁恒升公司罚款 80 万元。华鲁恒升公司不服，向四川省高级人民法院申请复议。四川省高级人民法院驳回申请，维持原决定。

虽然该关联案件以权利人撤诉告终，但该案件保全的相关证据均在本案起到了关键作用，不配合进行证据保全的被告公司也被法院在本案判决中给予了否定性评价，为此应该引起重视。

（七）对关联产品被告拒绝配合保全，法院适用修改性使用条款认定关联产品也是使用涉案技术秘密生产的事实，值得特别关注

一审判决记载，虽然涉案技术秘密仅涉及三聚氰胺的生产，被诉侵权项目还利用三聚氰胺尾气联产碳酸氢铵，人民法院应当认定属于《反不正当竞争法》第九条所称的使用商业秘密。

因此，在案证据已经初步证明华鲁恒升公司10万吨/年三聚氰胺项目是对涉案技术秘密进行修改后使用，根据《反不正当竞争法》第三十二条的规定，应由涉嫌侵权人证明其不存在侵犯商业秘密的行为。本案中，华鲁恒升公司实际建成并投产的三聚氰胺一期项目的相应技术图纸、资料处于其控制之下，华鲁恒升公司并未举示。宁波厚承公司、宁波设计院公司在2016年4月26日证据保全过程中，认可其实际掌握的被诉侵权项目的部分技术图纸、资料也未提交。

笔者曾撰文《技术秘密刑事案件中修改性使用的证明方法与证据标准》[①]，期望形成共识有效推动技术秘密刑事保护。虽然本案对生产关联产品属于修改性使用涉案秘密仅是根据有效转移举证责任而得，没有形成新的证明方法，笔者仍然觉得此方向的研究是有意义的。

[①] 参见李德成、白露：《技术秘密刑事案件中修改性使用的证明方法与证据标准》，载《科创板技术秘密审查与技术秘密刑事保护2023——实务要点精解与典型案例分析》第二十一章，法律出版社2024年版，第231—236页。

五、深圳市明灯科技有限公司诉湖北纳禹新能源科技有限公司、尤某禹技术秘密纠纷案[①][②]

案情聚焦

深圳市明灯科技有限公司（以下简称明灯公司）成立于2005年4月27日，主要从事结焦抑制剂产品的研发、销售与服务业务。结焦抑制剂配方为公司的核心技术秘密，相关载体为2018年、2019年发货统计表，存储在明灯公司产品经理寇某的电脑中。该发货统计表包括客户名称、发货日期、数量及针对客户需求的配方。配方的成分及配比，系根据客户锅炉结焦形成的原因结合应用场景所形成，包括两组分、三组分、四组分和五组分配方。

2018年9月4日，被告尤某禹与其妻子共同设立湖北纳禹新能源科技有限公司（以下简称纳禹公司），主要经营范围为工业自动化设备、机电产品、环保设备、水处理药剂、化工产品及原料、环保填料等产品的研发、生产、销售与技术咨询。2019年4月1日，尤某禹应聘到明灯公司工作，劳动合同期限为2019年4月1日至2022年4月30日，任高级技术经理，从事技术研发，于2019年6月14日被任命为技术部副总经理。

一审当庭对明灯公司产品经理寇某智能手机中钉钉系统存储的即时通信记录进行核对显示：寇某曾于2019年1月3日、6月5日分别向明灯公司技术部副总经理胡某发送明灯公司作为涉案技术秘密载体的2018年发货统计表和2019年发货统计表，下载复制次数分别为3次和5次。高某为明灯公司行政专员，在一审庭审时称，胡某离开明灯公司后，尤某禹拿到了胡某使用过的电脑，该电脑是明灯公司技术部专用的。高某对电脑里有什么内容，以及尤某禹如何拿到该电脑，均不清楚。尤某禹曾向其申请使用胡某的电脑，其向尤某禹称，该台电脑有密码，需要破解密码。在明灯公司还未作出答复的时候，2019年7月8日，尤某禹通过钉钉即时通信告诉高某："密码

---

① 李德成律师，北京金诚同达律师事务所；白露律师，北京金诚同达（深圳）律师事务所。

② 一审案号：（2020）粤03民初5769号；二审案号：（2022）最高法知民终275号。

不用问了，我把他电脑密码破解删除了。"尤某禹通过破解电脑开机密码知晓了明灯公司当时全部的高炉结焦抑制剂配方。后尤某禹又通过原料采购人员知晓了原料采购渠道，通过产品回访和调研知晓了明灯公司的客户名单。2019 年 8 月 19 日，尤某禹从明灯公司离职后，开始在纳禹公司生产销售结焦抑制剂，其产品采用与明灯公司产品相似的包装、装潢和规格，并广告声称纳禹公司生产的新产品纳禹结焦抑制剂有效解决了有色冶金、垃圾发电等行业的烟道炉膛结焦、结渣、过热器余热、锅炉积灰等问题，能够保障烟气通畅，提高换热面工作效率。此外，尤某禹离职后继续向明灯公司员工和离职员工刺探和窃取明灯公司新的客户信息，企图向明灯公司客户销售纳禹公司生产的产品。在明灯公司对尤某禹提起商业秘密侵权诉讼时，尤某禹在朋友圈威胁要公开其掌握的配方，并将结焦抑制剂价格从 2 万多元降到 1 万元以下。

原告明灯公司向广东省深圳市中级人民法院（以下简称深圳中院或一审法院）提起诉讼，请求其判令禁止尤某禹披露结焦抑制剂的成分及配方，纳禹公司立即停止生产、销售结焦抑制剂，纳禹公司与尤某禹连带赔偿明灯公司经济损失 200 万元。2020 年 8 月 7 日深圳中院立案受理。此前明灯公司曾于 2019 年 12 月 30 日向湖北省武汉市中级人民法院提起诉讼，起诉纳禹公司、尤某禹和王某艳侵害其商业秘密，后撤诉。一审法院认为，由于明灯公司与纳禹公司、尤某禹均未提供因侵权导致明灯公司受损或纳禹公司、尤某禹因侵权获利数额的确切证据，且明灯公司曾向湖北省武汉市中级人民法院提交的起诉状中称涉案结焦抑制剂产品的配方属于明灯公司多年前研发出来的、处于技术低端地位的技术方案，明灯公司将该部分技术纳入了 2020 年拟淘汰的技术行列，明灯公司的部分非研发人员也被许可接触该部分拟淘汰技术，尤某禹使用该技术秘密只能生产出效果较差的产品，酌定纳禹公司、尤某禹赔偿明灯公司经济损失及维权合理费用 10 万元。同时判决尤某禹对外不得披露明灯公司涉案的结焦抑制剂产品的成分及配方的技术秘密，纳禹公司立即停止使用明灯公司的涉案技术秘密生产、销售结焦抑制剂产品。

被告纳禹公司与尤某禹不服一审判决，上诉至最高人民法院，并在二审期间提交了9份新证据，用以证明明灯公司主张的结焦抑制剂配方不构成技术秘密。最高人民法院经审理认为一审判决认定事实清楚，适用法律正确，于2022年11月24日判决驳回上诉，维持原判。

律师评析

（一）未经公司同意，私自获取离职员工交接电脑并破解密码后获得技术秘密，应认定为盗窃

本案中，尤某禹在未经公司同意的情况下，私自获取离职员工交接电脑，未经公司许可破解电脑开机密码后获取电脑中的技术秘密，并在离职后使用非法获取的技术秘密，通过自己成立的纳禹公司生产结焦抑制剂产品，最高人民法院认定尤某禹违反保密要求，以不正当手段获取技术秘密后向其控制的纳禹公司披露并使用涉案技术秘密生产同类产品，尤某禹和纳禹公司共同侵害了明灯公司的技术秘密，判决赔偿10万元。从商业秘密民事侵权定性和赔偿的角度来看，本案案情是清楚而明确的；而在商业秘密刑事犯罪法律适用的问题上，还需要考虑不同的行为类型，区分获取行为是《刑法》第二百一十九条第一款第一项的"盗窃"还是"其他不正当手段获取"，抑或是《刑法》第二百一十九条第一款第三项规定的"违反保密义务或者违反权利人有关保守商业秘密的要求"等在实践中有着重要意义。笔者在《员工违规将技术秘密发个人邮箱是盗窃行为》[①]一文中，分析了定性盗窃的理由，即有效避免无法根据《最高人民法院、最高人民检察院关于办理侵犯知识产权刑事案件具体应用法律若干问题的解释（三）》（以下简称《解释（三）》）第五条第一款第一项以涉案技术秘密的合理许可费认定损失数额因而不构成犯罪的困境。[②] 笔者认为，尤某禹在公司任职时无权接触公司

---

① 参见李德成、白露：《科创板技术秘密审查与技术秘密刑事保护》，法律出版社2022年版，第257—265页。

② 《解释（三）》第五条第一款第一项规定："实施刑法第二百一十九条规定的行为造成的损失数额或者违法所得数额，可以按照下列方式认定：（一）以不正当手段获取权利人的商业秘密，尚未披露、使用或者允许他人使用的，损失数额可以根据该项商业秘密的合理许可使用费确定……"

2018年、2019年发货统计表中记载的商业秘密,在未获得公司准许的情况下,通过破解离职员工电脑开机密码的方式获取明灯公司的技术秘密,与《技术秘密刑案涉计算机程序目标代码的注意事项》中的破解行为类似,均应当认定为盗窃。①

(二)在被诉侵权人不能提供技术信息合法来源的情况下,反推被诉侵权人存在不当获取、披露、使用行为,无须进行同一性比对

二审中,尤某禹、纳禹公司虽然提交了其结焦抑制剂产品配方以证明其产品与明灯公司的技术秘密配方不相同,但最高人民法院认为,首先,上述材料缺乏产品研发或者生产过程中形成的原始资料予以佐证,真实性无法核实,不足以证明其产品配方与涉案技术秘密不构成实质相同。其次,"接触+实质相同"是《反不正当竞争法》第三十二条第二款第一项列举的初步表明商业秘密受到侵犯的情形之一,该证明方法的适用是在被诉侵权人有接触技术秘密的可能性、技术信息之间构成实质相同,且在被诉侵权人不能提供技术信息合法来源的情况下,反推被诉侵权人存在不当获取、披露、使用行为。如果权利人有初步证据表明其技术秘密受到侵害的,则无须按照上述证明方法予以证明。本案中,明灯公司已提供证据表明其技术秘密受到尤某禹、纳禹公司侵害并且存在进一步被尤某禹披露的风险,而尤某禹、纳禹公司未能反证其未实施被诉侵权行为,故无须就涉案技术秘密与被诉侵权产品配方是否构成实质相同进行比对。退一步讲,即便纳禹公司的产品与涉案技术秘密配方存在区别,纳禹公司仍然存在使用涉案技术秘密的高度盖然性。根据《最高人民法院关于审理侵犯商业秘密民事案件适用法律若干问题的规定》第九条的规定,使用技术秘密的行为并不限于在生产经营活动中直接使用技术秘密,对技术秘密进行修改、改进后的使用,也属于《反不正当竞争

---

① 参见李德成、白露:《技术秘密刑案涉计算机程序目标代码的注意事项》,载《科创板技术秘密审查与技术秘密刑事保护2023——实务要点精解与典型案例分析》第十九章,法律出版社2024年版,第219—224页。

法》所称的技术秘密使用行为。①

（三）本案所涉行为包括非法获取、非法披露和非法使用并以公开配方相威胁，情节恶劣社会危害性严重，本应适用惩罚性赔偿以警示

尤某禹于 2019 年 4 月 1 日应聘到明灯公司工作，于 7 月 8 日未经公司许可私自拿走离职员工交回公司的电脑，以破解电脑密码的方式获取公司的技术秘密。8 月 19 日尤某禹从明灯公司离职后，将所获取的技术秘密披露给纳禹公司并使用涉案技术秘密生产销售侵权产品结焦抑制剂。本案被诉的系列侵权行为均发生在 2019 年《反不正当竞争法》修改之后。根据《最高人民法院关于审理侵犯商业秘密民事案件适用法律若干问题的规定》第二十八条、第二十九条的规定，应当适用 2019 年修正后的《反不正当竞争法》。②

笔者在《伪造函件挖走客户被判 5 倍惩罚性赔偿》③一文中针对主张惩罚性赔偿倍数的组织证据问题提出了系列建议，包括侵权人主观恶意程度、是否有多项侵犯商业秘密行为类型并存、是否以侵权为业、是否导致涉案商业秘密部分或者全部为公众所知悉的角度等。本案中，被告尤某禹在实施被诉的系列侵权行为后，还继续向明灯公司人员刺探新的客户信息，企图向明灯公司客户销售纳禹公司生产的产品。明灯公司提起商业秘密侵权诉讼，尤某禹在朋友圈威胁公开其掌握的配方，并将结焦抑制剂价格从 2 万多元降到

---

① 笔者曾撰文对非法使用的证明方法作了详细分析，参见李德成、白露：《技术秘密刑事案件中修改性使用的证明方法与证据标准》，载《科创板技术秘密审查与技术秘密刑事保护 2023——实务要点精解与典型案例分析》第二十一章，法律出版社 2024 年版，第 231—236 页。

② 《最高人民法院关于审理侵犯商业秘密民事案件适用法律若干问题的规定》第二十八条规定："人民法院审理侵犯商业秘密民事案件，适用被诉侵权行为发生时的法律。被诉侵权行为在法律修改之前已经发生且持续到法律修改之后的，适用修改后的法律。"第二十九条规定："本规定自 2020 年 9 月 12 日起施行。最高人民法院以前发布的相关司法解释与本规定不一致的，以本规定为准。本规定施行后，人民法院正在审理的一审、二审案件适用本规定；施行前已经作出生效裁判的案件，不适用本规定再审。"

③ 参见李德成、白露：《伪造函件挖走客户被判 5 倍惩罚性赔偿》，载《科创板技术秘密审查与技术秘密刑事保护 2023——实务要点精解与典型案例分析》第二十五章，法律出版社 2024 年版，第 257—262 页。

1万元以下，使明灯公司的商业秘密随时有被公开的风险。尤某禹的侵权行为十分恶劣，危害后果严重，本案满足适用惩罚性赔偿的要件，而从判决书中所述诉请看，未见权利人主张适用惩罚性赔偿，且其在实际损失和侵权获利证据的举证问题上重大缺失，只获赔 10 万元着实遗憾。

六、盎亿泰地质微生物技术（北京）有限公司诉英索油能源科技（北京）有限责任公司、罗某平等技术秘密纠纷案[①][②]

案情聚焦

原告盎亿泰地质微生物技术（北京）有限公司（以下简称盎亿泰公司）的经营范围包括石油天然气勘探、开采和生物技术的技术开发、技术服务、技术转让、技术推广和技术咨询等。涉案技术是盎亿泰公司在 Geo-Microbial Technologies Inc.（以下简称 GMT 公司）和 AE&E Technology，LLC.（以下简称 AE&E 公司）技术许可的基础上自行研发的。盎亿泰公司主张的技术秘密是"一种微生物化学勘探采集检测技术"，载体为《微生物地球化学勘探采集技术规程》《8.1b 生产管理之海上取样施工规范》等。

被告英索油能源科技（北京）有限责任公司（以下简称英索油公司）的经营范围与原告相同。盎亿泰公司的前技术人员罗某平、李某、胡某宇、张某梦（以下简称四自然人被告）先后入职英索油公司。罗某平自盎亿泰公司成立即入职该公司，先后担任业务经理、项目经理、总裁助理、工程部总监等职务。2016 年 7 月，罗某平与盎亿泰公司协商解除劳动关系，现为英索油公司法定代表人。李某为盎亿泰公司研发部研究员，于 2016 年 11 月离职。2017 年 1 月，盎亿泰公司因李某在职期间为罗某平成立的英索油公司组建实验室，窃取公司绝密文件，作出开除李某的决定。胡某宇为盎亿泰公司工程部测绘工程师，2016 年 8 月离职。张某梦为盎亿泰公司勘探部、综合研

---

① 李德成律师，北京金诚同达律师事务所；白露律师，北京金诚同达（深圳）律师事务所。

② 一审案号：(2017) 京 73 民初 1382 号；二审案号：(2021) 最高法知民终 1363 号。

究部项目工程师，于 2016 年 11 月离职。李某、胡某宇和张某梦均否认现为英索油公司员工。四自然人被告与盎亿泰公司签署过《保密协议》，均从事与技术相关的工作，有接触盎亿泰公司技术秘密的便利条件和可能。

2017 年，英索油公司中标洛克项目，合同总金额 735 万元，认可收到全部合同款项。其中李某电脑中有 3 个文件为洛克项目文件，执行的检测标准即为保全的李某电脑中文件显示的标准，故盎亿泰公司主张英索油公司在洛克项目中使用了涉案技术秘密。根据盎亿泰公司的申请，一审法院对李某、胡某宇在英索油公司办公场所使用的笔记本电脑内数据及纸质文件进行了保全。经勘验，证据保全的李某电脑中的部分文件与李某在盎亿泰公司使用的办公电脑中存储的文件内容相同；保全的胡某宇电脑中的文件内容与部分密点的载体内容完全一致。因保全的李某电脑中的对比文件记载罗某平为起草人之一，故盎亿泰公司认为罗某平应承担共同侵权责任。保全的李某电脑中还搜索到洛克项目讨论过程文件显示"思梦负责用软件画图"，孙某涛是洛克项目的主要参与人之一，因孙某涛与张某梦为夫妻关系，盎亿泰公司据此主张张某梦积极参与了洛克项目。

原告盎亿泰公司向北京知识产权法院（以下简称一审法院）起诉英索油公司及罗某平、李某、胡某宇、张某梦，请求法院判令英索油公司及四自然人被告停止侵害技术秘密并主张英索油公司及四自然人被告共同赔偿其经济损失 588 万元及合理开支 50.7 万元（代理费 50 万元、公证费 0.7 万元），共计 638.7 万元，张某梦在 638.7 万元的 10% 范围内承担连带责任。一审法院判决英索油公司、李某和罗某平于判决生效之日起立即停止侵害盎亿泰公司涉案技术秘密的行为，英索油公司和李某共同赔偿盎亿泰公司经济损失 50 万元和合理费用 25 万元，共计 75 万元。

盎亿泰公司和英索油公司、罗某平、李某不服一审判决，上诉至最高人民法院。最高人民法院作出终审判决：一审判决关于罗某平虽构成侵权但无须承担赔偿责任的认定，胡某宇因不构成侵权而无须承担赔偿责任的认定有误，应予以纠正；根据盎亿泰公司提交的审计报告和洛克项目审计报告中（预算支出-实际支出）/预算支出的计算方法分别得出 43.85% 和 27.91% 的利润率，按照43.85%和27.91%利润率分别计算，英索油公司在洛克项目中的营业利润均大于原告主张的200万元。改判英索油公司及罗某平、李某、胡某宇于判决生效之日起立即停止侵害盎亿泰公司涉案部分技术秘密的行为并连带赔偿盎亿泰公司经济损失200万元及合理费用50.7万元。

> **律师评析**

（一）反思《商业秘密民事司法解释》第二十六条

笔者认为，排他实施许可的被许可人在权利人不起诉的情况下是提起技术秘密侵权诉讼的适格主体的相关规定，已不适应当前司法保护技术秘密需求，建议做必要的修改。

本案被告认为盎亿泰公司并非适格原告，若认定盎亿泰公司技术来源于GMT公司，则其应为涉案技术秘密的使用权人，而非原审认定的"利害关系人"。

一审法院认为，盎亿泰公司称其主张的技术秘密是在受让技术的基础上进行的自主研发，就技术秘密主张权利的当事人可以是技术的所有人也可以是利害关系人。盎亿泰公司向一审法院明确了其主张的技术秘密内容，并提交了载体文件，其技术秘密具体为一种微生物石油勘探技术。盎亿泰公司提交的技术秘密载体文件的形成时间均在罗某平、李某、胡某宇、张某梦离职时间之前。据此一审法院认定盎亿泰公司为涉案技术秘密的利害关系人，有权就涉案技术秘密提起诉讼。盎亿泰公司是不是其主张的涉案技术秘密的所有权人，不影响其在本案中主张权利。

最高人民法院认为，《最高人民法院关于审理侵犯商业秘密民事案件适用法律若干问题的规定》（以下简称《商业秘密民事司法解释》）第二十六条第二款规定，排他使用许可合同的被许可人和权利人共同提起诉讼，或者在权利人不起诉的情况下自行提起诉讼的，人民法院应当依法受理。本案中盎亿泰公司提交了GMT公司向AE&E公司转让陆域和海域微生物石油调查技术（MOST）和吸附气技术（SSG）的《技术转让协议》，及盎亿泰公司获得AE&E公司对陆域和海域微生物石油调查技术（MOST）和吸附气技术

（SSG）的《技术排他实施许可协议》，授权许可链条清晰，可证明盎亿泰公司确已获得陆域和海域微生物石油调查技术（MOST）和吸附气技术（SSG）的排他实施许可。盎亿泰公司作为相关技术的排他实施许可人，有权在权利人不起诉的情况自行提起本案诉讼，故盎亿泰公司为本案适格原告。

笔者认为一、二审法院就此问题在法律适用上是正确的，相较而言，一审法院重在审查认定盎亿泰公司是涉案技术秘密的利害关系人，是否为技术秘密所有权人不影响其在本案中主张权利的思路，更值得肯定。

同时也需要反思《商业秘密民事司法解释》第二十六条规定的合理性。该条第一款和第三款还分别规定：对于侵犯商业秘密行为，商业秘密独占使用许可合同的被许可人提起诉讼的，人民法院应当依法受理。普通使用许可合同的被许可人和权利人共同提起诉讼，或者经权利人书面授权单独提起诉讼的，人民法院应当依法受理。上述内容与2007年《最高人民法院关于审理不正当竞争民事案件应用法律若干问题的解释》（以下简称《反不正当竞争法司法解释（2007）》，现已失效）第十五条的规定完全相同，自2007年2月1日施行至今没有任何变化。

类似本案中因前员工组建新公司侵犯原任职公司技术秘密引发的案件比比皆是，利用不正当手段获取、复制带走，在实际经营中使用原单位的技术秘密，其主观恶意明显、损害后果严重，并因此而承担刑事责任的案件大有所在。原单位作为被许可人，不论是独占、排他还是普通的任何一种，都是此类侵权行为的直接利害关系人，依法均有权提起民事诉讼寻求法律救济。

起诉和立案的法定条件从未发生过变化，1991年4月9日颁布生效的《民事诉讼法》第一百零八条规定，与现行2023年修正的《民事诉讼法》第一百二十二条规定完全相同，即起诉必须符合下列条件：（1）原告是与本案有直接利害关系的公民、法人和其他组织；（2）有明确的被告；（3）有具体的诉讼请求和事实、理由；（4）属于人民法院受理民事诉讼的范围和受诉人民法院管辖。2022年修正的《最高人民法院关于适用〈中华人民共和国民事诉讼法〉的解释》第二百零八条规定："人民法院接到当事人提交的民事起诉状时，对符合民事诉讼法第一百二十二条的规定，且不属于第一百二十七条规定情形的，应当登记立案；对当场不能判定是否符合起诉条件的，应当接收起诉材料，并出具注明收到日期的书面凭证。需要补充必要相关材料的，人民法院应当及时告知当事人。在补齐相关材料后，应当在七日内决定是否立案。立案后发现不符合起诉条件或者属于民事诉讼法第一百二十七条规定情形的，裁定驳回起诉。"

然而《反不正当竞争法司法解释（2007）》第十五条的规定，很显然对商业秘密许可合同的独占、排他和普通使用被许可人在起诉与立案受理的条件上作了特殊要求或者区别性对待，且不论在当时情况下如此规定是否合理，但无论如何在客观上产生了对此类主体依法行使诉权、及时制止侵权行为并获得司法救济限制的结果。

历经十五载的发展变化，上述特殊要求确实还有继续存在的必要吗？

类似本案中，对权利人不起诉事实审查的标准如何把握？是只要权利人没有起诉即认定符合要求，还是在立案时或受理后问询权利人得到肯定不起诉的回复，或者是在立案时就要求原告提交权利人不起诉的书面文件等。

大量事实证明，商业秘密许可合同的普通使用被许可人取得权利人书面授权单独提起诉讼的难度非常大，特别是因为跨境区域、历时久远、主体变更和经办人离职等客观原因导致无法实现，更不要说是权利人共同提起诉讼的情况。

从另一层面思考，权利人基于多种原因可能对被侵权的技术秘密并不关心，或者在当今司法保护技术秘密效果不够理想的情况下，还不值得做如此多的付出，但普通的被许可人，针对其在职或者离职员工实施侵犯商业秘密的行为，如果不能及时通过诉讼制止侵权行为，可能导致极为严重的后果。这甚至关涉企业生死存亡的问题，任由这类情况的发生和扩大是不负责的表现。

就技术秘密保护范围的具体情况而言，在被许可的技术秘密基础上研发产生的改进或新技术方案的情况也比较多，原技术秘密权利人对新研发的技术秘密也可能并不享有权利。按现有规定，普通的被许可人只能就其后续研发且原许可人并不享有权利的这一部分技术秘密独立提起诉讼。事实上，查明新旧技术秘密保护范围的具体区别是困难的、成本也是巨大的。毕竟不是判断是否非法使用涉案技术秘密事实所必要，亦非审理改进技术秘密成果归属之所需，在这里允许将被许可技术秘密及改进的技术秘密成果作为权利基础独立提起诉讼，确实没有必要。

为此笔者认为法院应当将此问题回归原告是否属于被诉侵权行为的直接利害关系人这个根本问题上，并建议对《商业秘密民事司法解释》第二十六条规定做必要的修改，以适应当前对技术秘密司法保护的迫切需求。

（二）对技术秘密侵权与赔偿数额关联性审查的再思考

笔者曾撰写《技术秘密案件中的贡献率》[①]的专题文章，反思技术秘密案件中技术贡献率的适用问题。本案中原告所主张的部分秘密点被认定为不构成技术秘密，最高人民法院在计算赔偿金额时没有计算涉案技术秘密在项目技术中的贡献率，也没有考虑项目是否还使用了其他自有技术，这对技术秘密司法审判是有积极意义的，值得充分肯定。

1. 离职员工将原单位技术秘密用于为新单位制定技术规程也是非法使用行为，与新单位构成非法使用的共同侵权行为，需承担连带赔偿责任，单就这一侵权行为可考虑用应支出而未支出的成本费用作为确定赔偿数额的方法

本案原告主张各被告的侵权行为包括：（1）李某非法获取、披露和允许英索油公司在洛克项目中使用涉案技术秘密；（2）胡某宇披露和允许英索油公司在洛克项目中使用涉案技术秘密；（3）英索油公司明知李某、胡某宇的上述违法行为，仍获取并在洛克项目中使用涉案技术秘密；（4）罗某平使用涉案技术秘密参与起草英索油公司的企业标准；（5）张某梦积极参与洛克项目等。

一审法院认为，罗某平作为原告益亿泰公司的员工，应当知晓相关技术为原单位技术秘密，其违反保密义务使用涉案技术秘密用于英索油公司企业标准的制定，其行为视为侵犯技术秘密，但无证据表明罗某平起草的"微生

---

① 参见李德成、白露：《科创板技术秘密审查与技术秘密刑事保护》，法律出版社2022年版，第196—197页。

物油气勘探采集技术规程"用于洛克项目或给盎亿泰公司造成其他损害，故罗某平对此不应承担赔偿责任。根据盎亿泰公司提交的比对表，原审法院保全的胡某宇电脑中仅有"工程部工作手册（管理流程）"与密点7、8的载体内容相同，在密点7、8不构成技术秘密的前提下，胡某宇的行为不构成对盎亿泰公司技术秘密的侵害。

最高人民法院查明，李某电脑中的文件"微生物油气勘探采集技术规程"显示罗某平、胡某宇为该技术规程的起草者，该技术规程包含盎亿泰公司的密点1、2和9。英索油公司在洛克项目中使用了涉案技术秘密，且将部分涉案技术秘密制定为企业标准进行使用，属于"明知或者应知前款所列违法行为，获取、使用或者披露他人的商业秘密"的行为，构成侵权。罗某平、胡某宇作为盎亿泰公司前员工，明知相关技术为盎亿泰公司的技术秘密，但其违反保密义务，将涉案技术秘密用于为英索油公司制定企业标准，其行为属于"违反约定或者违反权利人有关保守商业秘密的要求，披露、使用或者允许他人使用其所掌握的商业秘密"，构成侵权。罗某平、李某、胡某宇均系盎亿泰公司的前员工，其明知盎亿泰公司享有涉案技术秘密，违反保密协议约定，披露、使用、允许他人使用涉案技术信息，共同经营或参与经营与盎亿泰公司同业竞争的英索油公司，具有共同侵权故意，应当与英索油公司承担连带赔偿责任。

本案中，已查明英索油公司在洛克项目中使用了涉案技术秘密，且将部分涉案技术秘密制定为企业标准进行使用。英索油使用涉案技术秘密承接洛克项目并实际收款的行为给盎亿泰公司造成了实际损失。罗某平、胡某宇作为盎亿泰公司前员工，明知相关技术为盎亿泰公司的技术秘密，仍违反保密义务，将涉案技术秘密用于为英索油公司制定企业标准。虽未查明"微生物油气勘探采集技术规程"是否在洛克项目中使用，但该企业标准为英索油公司参与市场经营和竞争起到了重要作用。笔者认为：（1）仅以公司内部管理文件未直接使用于公司业务并带来收入就认定未给权利人造成损害的结果是片面的；（2）此种类型的技术秘密非法使用仍然应当承担赔偿责任；（3）赔偿损失的计算的方法可以考虑以所降低成本的适当倍数或比例计算。

2. 判定赔偿额要审查的是非法使用涉案技术秘密的关联性，不是技术秘密点对侵权产品的贡献，也不是对侵权所得利润的贡献率，在侵权行为主观恶意明显的非充分市场竞争领域更应该如此

本案中，原告主张14个密点认定8个，英索油公司在洛克项目仅使用了密点9、13、14和16共4个密点，且英索油公司主张除洛克项目中期成果其他均使用自主研发技术。

一审法院认为，认定赔偿数额时应考虑技术秘密的贡献度和价值。英索油公司在洛克项目中使用的密点9为样品采集技术，密点13、14和16为实验分析技术。通常微生物石油勘探技术包括方案设计、样品采集、实验分析和综合评价四个环节，其中实验分析最为重要、价值更高，因此英索油公司在洛克项目中使用的密点13、14和16具有更高价值。

最高人民法院认为，英索油公司的"洛克项目还使用了自有技术"的主张不能否定其在洛克项目中未经许可使用盎亿泰公司所享有的技术秘密的事实，也不能据以改变英索油公司构成技术秘密侵权的判定结论。

本案系因前员工组建新公司并侵害原任职公司技术秘密引发的案件，英索油公司在实际经营中使用盎亿泰公司的技术秘密，具有明显的主观恶意，且考虑涉案技术信息应用的领域为油气微生物勘探领域，并非市场竞争充分的普通商业领域，可推定英索油公司不当攫取了原本属于盎亿泰公司的交易机会。在此情况下，英索油公司是否存在恶意低价竞标行为，是否在洛克项目中还使用了其他自有技术，以及所使用技术秘密的技术贡献率大小，均不影响赔偿金额的计算。

笔者认为，本案中已查明被指控的洛克项目中涉案技术秘密点被使用产生了实质性的作用，再区分微生物石油勘探技术各环节是重要还是次要，价值更高还是更低是没有意义的，因为被使用的技术秘密点在本案的侵权过程中是必要的且不可或缺的环节。易言之，在本案中没有使用涉案技术秘密点就没有侵权结果，损害后果也就不会发生，侵权行为人也就不可能获得侵权利润，所以不需要作上述区分。要特别强调的是，这里所讲的"必要的不可或缺的环节"是就本案客观事实而言的，并非在另一个主体或方案实施相同项目的情况下涉案技术秘密点依然还是必要的。这是必须明确的，是完全不同的两个问题。

笔者认为，一方面，不需要如一审法院作上述区分；另一方面，如果作了不必要的区分，又以此为基础讨论对侵权项目或者生产侵权产品的贡献时，必然要寻求被使用的技术秘密点贡献的大小和多少，于是就陷入了按权利人所主张的和被使用的技术秘密点的数量做加减乘除求得贡献率的泥潭而不能自拔。从这个角度和高度去思考，本案中最高人民法院不考虑技术贡献率大小，对赔偿数额计算不产生影响，就容易理解和接受，其意义是积极和重要的。

3. 英索油公司经释明后未提交审计机构利润率说明，最高人民法院根据非法使用涉案技术秘密项目审计利润率推算出营业利润确定赔偿金额，对当事人积极履行举证义务和说明责任将发挥积极的作用，值得借鉴

原告主张以其因侵权遭受的实际损失为依据计算赔偿金额，要求英索油公司及四自然人被告共同赔偿其经济损失200万元。主张根据洛克项目的合同金额、原告已经实施完毕的两个项目的平均利润率计算其损失数额。为此，原告向一审法院提交了其对白云深水区微生物地化样品室内研究分析服务、辽西南洼旅大8/9构造带微生物油气勘探服务两个项目所作的专项审计报告，该两个项目均与洛克项目同属于海域项目，前者利润率为53.19%，后者利润率为34.51%。作出上述审计报告的北京中新天华会计师事务所有限公司出具了情况说明，称报告根据项目报价明细为项目预算，项目所涉及的相关费用支出为项目的实际支出，其中包含了与该项目的销售、管理人员及财务等辅助成本及项目期间相关费用，因专项审计与报表审计的口径不同，专项审计中的余额相当于报表指标中的该项目的营业利润。同时，盈亿泰公司在二审期间补充提交了其参与投标洛克项目的相关证据情况，反映盈亿泰公司与洛克公司进行了多轮磋商，最终向洛克公司报价775万余元。

一审法院认为，盈亿泰公司仅提交了两项目的审计报告，且其计算的利润为销售利润，一审法院难以据此认定盈亿泰公司主张的利润为其项目的合理利润，故具体赔偿数额考虑以下因素酌情确定为50万元：(1) 侵权情节，

洛克项目的合同总金额为 735 万元，其中包含船舶费 285 万元，英索油公司在洛克项目仅使用了盎亿泰公司的密点 9、13、14、16；（2）涉案技术秘密的贡献度，英索油公司在洛克项目中使用的密点 9 为样品采集技术，密点 13、14、16 为实验分析技术；（3）涉案技术秘密的价值，通常微生物石油勘探技术包括方案设计、样品采集、实验分析和综合评价四个环节，其中实验分析最为重要、价值更高，因此英索油公司在洛克项目中使用的密点 13、14、16 具有更高价值；（4）被诉侵权行为并未导致涉案技术秘密公开等。

最高人民法院认为，根据盎亿泰公司所提交的海域项目审计报告所反映的盈利情况，两个项目的平均营业利润率约为 43.85%，以盎亿泰公司在洛克项目中的最终报价 775 万元计算，营业利润为 339 万余元，远超出盎亿泰公司的诉请金额 200 万元。即便依据英索油公司在洛克项目中的获利情况计算，英索油公司因洛克项目实际收到项目款项 735 万元，根据洛克项目专项审计报告的审计结论，洛克项目的实际支出占预算支出比例为 72.09%，即利润率为 27.91%。英索油公司经最高人民法院释明，未提交审计机构关于利润率的说明，自称依据该审计报告得出的利润率 27.91% 为销售利润率。但经比较，洛克项目专项审计报告中的审计口径与盎亿泰公司所提交的两个海域项目的专项审计报告的审计口径一致，故最高人民法院根据洛克项目专项审计报告认定洛克项目的营业利润率为 27.91%。据此，英索油公司在洛克项目中的营业利润为 205 万余元（735 万元×27.91%），亦超出盎亿泰公司在本案中诉请赔偿的金额。考虑本案的具体侵权情节，对盎亿泰公司诉请金额予以全额支持。

最高人民法院从多角度分别采用多种方法计算利润综合确定判赔金额的方法值得肯定，特别是在向英索油公司释明后其未证明亦未作合理说明其审计报告的 27.91% 就是销售利润率时，结合审计口径的具体情况认定该利润率是营业利润率，值得借鉴和学习。不知出于什么考虑，原告在上诉时将损失赔偿金额由 588 万元降至 200 万元，假如不降低赔偿金额，那么判决赔偿金应该会更高些。另外，根据本案事实，笔者认为原告方还应该充分论证以销售利润来主张损失赔偿的可行性。

七、吕某侵犯 F 公司技术秘密刑事案[①][②]

案情聚焦

F 公司是光纤光缆产业链及综合解决方案领域的科技创新型企业，研发了超低衰减光纤制备和套管设备制造（以下简称 B 技术）等技术。公司对涉密的技术信息采取了保护措施，包括在生产现场和研发实验区设置门禁权限管理，制定《电子文档加解密管理规范》《商业秘密文件管理规程》《电子邮件管理规程》等保密规定，并与员工约定保密条款。其中，《商业秘密文件管理规程》规定，研发过程中的立项报告、设计文件和会议纪要等均是机密等级，仅限授权范围内使用，授权人员仅可查阅，不可复制、扫描、打印、下载或拷贝；《电子邮件管理规程》规定，邮箱密码是进入邮件系统用户身份唯一、合法的重要身份标识。

2014 年 10 月 8 日，F 公司因研发 C 技术的需要，聘任被告人吕某为公司的技术顾问并签订《技术顾问聘任协议》，聘任期限为 2014 年 10 月 1 日至 2019 年 9 月 30 日，协议约定吕某为公司提供技术方案、图样等技术服务，不参与 F 公司项目的经营、管理和技术的决策。2019 年 9 月 6 日，F 公司与吕某继续签订《顾问服务合同》，委托其担任兼职外部顾问，主要提供 C 技术方面的顾问服务，期限自 2019 年 10 月 1 日起至 2023 年 9 月 30 日止。2018 年 1 月至 2020 年 4 月，吕某推测出 F 公司 B 技术和 C 技术研发人员王某、杨某等人的电子邮箱账号密码后，多次在自己家中登录上述人员邮箱下载邮件内资料，随后打印、拍摄上述资料存储在个人笔记本电脑中。

2020 年 4 月 30 日，王某发现邮箱被他人入侵后报案。公安机关于 2020 年 5 月 8 日立案侦查，5 月 21 日将吕某抓获归案，扣押其笔记本电脑 1 台和

---

① 李德成律师，北京金诚同达律师事务所；白露律师，北京金诚同达（深圳）律师事务所。

② 一审案号：（2022）鄂 0102 知刑初 11 号。

笔记本等纸质资料，2021年3月16日扣押其照相机1台。公安机关在笔记本电脑的恢复数据以及打印资料中查获涉及F公司5项不为公众所知悉的技术信息。案发后，F公司紧急采取更换邮箱系统等补救措施以重新恢复计算机信息系统安全。

经成本法评估，涉案5项技术信息的合理许可使用费为1000余万元，F公司更换邮箱的补救费用为260余万元。另查明，涉案5项技术信息中的4项技术已投入生产应用，一项技术在技术研发实验阶段已取得阶段性成果，尚未投入生产应用。

公诉机关认为，被告人吕某在担任F公司技术顾问期间，以电子侵入等不正当手段获取权利人的商业秘密，造成特别严重后果，应当以侵犯商业秘密罪追究其刑事责任，建议判处有期徒刑5年，并处罚金。2022年4月29日人民法院受理本案，于2023年5月8日作出一审刑事判决，认为被告人吕某以盗窃的不正当手段获取权利人的商业秘密，造成特别严重后果，其行为构成侵犯商业秘密罪，根据《最高人民法院、最高人民检察院关于办理侵犯知识产权刑事案件具体应用法律若干问题的解释（三）》第九条第四项规定，以不正当手段获取权利人的商业秘密后尚未披露、使用或者允许他人使用的，可以酌情从轻处罚。被告人吕某以不正当手段获取涉案商业秘密并未获利，其在获取商业秘密后亦未披露、使用或者允许他人使用，对其可以酌情从轻处罚。判决吕某犯侵犯商业秘密罪，判处有期徒刑3年，并处罚金人民币50万元；依法没收公安机关扣押的笔记本电脑1台、照相机1台和笔记本等与犯罪相关联的物品。被告人吕某不服，提出上诉。二审法院驳回上诉，维持原判。

律师评析

本案是聘用人员以不正当手段获取公司的技术秘密未披露、使用或允许他人使用被认定侵犯商业秘密罪的典型案例。二审法院认为吕某事先无权知悉涉案技术秘密且不知悉，其在未征得相关研发人员同意的前提下，通过推测他人邮箱密码的不正当手段长时间多次侵入多人邮箱获取涉案技术秘密，具有主观上的直接故意,属于以盗窃的不正当手段获取了涉案技术秘密。吕某的行为给公司造成了诸如邮箱搬迁和系统升级①等一系列直接经济损失,同时还使涉案技术秘密处于危险状态,导致公司投入巨额研发经费的涉案技术秘密的商业价值贬损。该行为破坏了自主创新的竞争环境和公平竞争的社会主义市场经济秩序,具有社会危害性,综合考虑评估机构出具的涉案技术秘密的合理许可使用费1000余万元和更换邮箱等补救费用260余万元,认定吕某的该行为造成特别严重后果,维持一审判决吕某有期徒刑3年。

本案中吕某的行为被认定为以盗窃手段获取商业秘密构成犯罪,值得肯定。笔者曾对中微半导体技术秘密民事案②中"所知即损失"司法实践进行过讨论,呼吁技术秘密刑事案件中适用"所知即损失"认定情节严重,确有必要且具有可行性。本案与中微半导体技术秘密民事案相同的是,权利人主张的涉案技术秘密在全球范围内只有3到5家公司掌握,且竞争对手均在国外;不同的是,本案中涉及的部分秘密点仍在技术研发实验阶段并取得了阶段性试验成果,尚未投入生产应用。本案有以下几个方面值得引起重视:首先,吕某将已经投入生产的技术信息通过推测同事邮箱密码登录他人邮箱并秘密下载邮件内资料,打印、拍摄后将邮件内容传输到个人笔记本电脑中存储的行为,认定为以盗窃的不正当获取技术秘密的行为,对此笔者表示赞同。③ 其次,吕某只有非法获取没有披露和使用涉案技术秘密的行为,且

---

① 邮箱搬迁的相关费用包括邮箱服务费、为邮箱单独开辟硬件服务资源的费用、邮箱与其他系统对接开发人力费用、邮箱搬迁技术验证和实施协调管理的人力费用、全员邮箱验证人力费用、研发设备排查的人力费用等。
② 一审案号:(2010)沪一中民五(知)初字第225号;二审案号:(2017)沪民终169号。
③ 参见李德成、白露:《员工违规将技术秘密发个人邮箱是盗窃行为》,载《科创板技术秘密审查与技术秘密刑事保护》第四十章,法律出版社2022年版,第257—263页;《伪造函件挖走客户被判5倍惩罚性赔偿》,载《科创板技术秘密审查与技术秘密刑事保护2023——实务要点精解与典型案例分析》第二十五章,第257—262页;《将单位研发数据传至个人电脑是盗窃行为》,载《科创板技术秘密审查与技术秘密刑事保护2023——实务要点精解与典型案例分析》第十八章,法律出版社2024年版,第216—218页。

获取的部分技术信息是尚未投入生产应用的技术秘密，是否造成严重或者特别严重后果的问题，笔者认为本案所涉技术门槛高，竞争极不充分，技术创新意义重大，掌握竞争对手的技术方案，甚至仅了解到正在进行的研发方向和路径，即可在技术或者市场竞争上节省巨大的成本，同时也避免因为研发方向方法错误浪费研发费用、延误时机，必然获得相应的竞争优势，已经产生损害后果。对已投入生产应用的技术秘密被他人非法获取并掌握的，对权利人的损害主要体现在经济利益上，特别是在竞争对手业已有"竞品"上市情况下更是如此。而尚处研发阶段计划上市极具全球竞争力的高端产品，在竞争对手没有同类产品上市时，一旦被竞争对手非法获得所产生的损害后果则是战略上的巨大损失，因此非法获取此类技术秘密的危害性更大。对以不正当手段获取此类技术秘密的，应当适用"所知即损失"的逻辑进行分析定罪量刑。需要特别说明的是，如果受害单位所属的行业技术门槛低，竞争非常充分，在适用"所知即损失"的逻辑进行分析时，要特别慎重。

　　自主创新需要良好的生态，只有严惩以不正当手段获取技术秘密的行为，才有可能提升自主创新的积极性。从这个角度出发，非法获取技术秘密行为本身就是一种粗暴的破坏创新环境、破坏公平竞争的社会主义市场经济秩序、极具社会危害性的行为。特别是本案被害公司在本行业有着领先地位，所掌握的技术信息随时可能被境外竞争主体获悉，在引发《刑法》第二百一十九条之一为境外窃取、刺探、收买、非法提供商业秘密罪的同时，也必然对国家和企业的经济利益造成巨大损失。

八、江苏百年梦新能源科技有限公司诉江苏翔鹰新能源科技有限公司、三六零安全科技股份有限公司、柳某、刘某迅等技术秘密纠纷案[①][②]

案情聚焦

2014年7月，北京市金能贸易有限公司（以下简称金能公司）董事长朱某能经人介绍认识了世界级的化学家和新型电池能源专家柳某（美国国籍）。柳某一直从事高能量密度的先进锂离子电池材料研发、合成、优化和锂电池技术应用试验、电池安全性能的改进工作。双方多次就锂离子电池、正极材料前驱体等相关产品的合作进行多轮会谈磋商并形成《会议纪要》，决定柳某团队以技术入股，朱某能团队以资金入股，共同成立新公司。纪要明确，柳某团队以江苏马斯特新能源科技有限公司（以下简称马斯特公司，柳某担任法定代表人）代为履行技术入股，朱某能团队由金能公司代为履行出资入股。2014年12月25日，江苏百年梦新能源科技有限公司（以下简称百年梦公司）成立，经营范围包括锂电池制造技术和工艺的研发；动力电池、储能电池、电子产品电池的生产和营销等。

截至2015年底，金能公司共向百年梦公司投资2000余万元，生产线基本建成。2015年2月5日至10月12日，柳某依据约定以电子邮件方式向朱某能发送部分技术资料，包括锂电子电池正极材料的生产计划、可行性研究报告和锂电池应用介绍及公司简介等文件。2015年12月9日，北京海润京丰资产评估事务所针对马斯特公司持有的知识产权——非专利技术"一种锂离子正极材料生产技术"出具了《评估报告》。报告显示，2015年11月30日该项技术的评估价值为5000万元人民币。

2016年1月，江南嘉捷电梯股份有限公司（以下简称江南嘉捷公司，原法定代表人金某峰，2018年2月28日更名为三六零公司）全资子公司苏州

---

① 李德成律师，北京金诚同达律师事务所；白露律师，北京金诚同达（深圳）律师事务所。
② 一审案号：（2017）京73民初1952号；二审案号：（2021）最高法知民终814号。

江南嘉捷机电技术研究院有限公司（以下简称嘉捷研究院公司或研究院）的员工徐某，通过朋友认识百年梦公司董事会秘书刘某迅，知悉锂电池项目并去往百年梦公司见到朱某能，经其介绍认识柳某。其后刘某迅就百年梦公司融资事宜与徐某进行交流。在此期间，柳某以锂电池正极材料等制备技术与江南嘉捷公司展开合作，并拒绝履行与百年梦公司签署的《设立有限公司合同》。2016年4月11日金能公司向中国国际经济贸易仲裁委员会提出仲裁，请求马斯特公司履行《设立有限公司合同》。仲裁庭于2017年2月14日裁决马斯特公司继续履行合同并驳回了马斯特公司解除合同的反请求。在仲裁期间，2016年6月12日江苏翔鹰新能源科技有限公司组建成立（以下简称翔鹰公司），经营范围与百年梦公司相同，金某峰担任董事并持有35%股权，柳某担任首席技术官。

根据生效仲裁裁决，金能公司向江苏省无锡市中级人民法院（以下简称无锡中院）申请强制执行。2017年5月21日，无锡中院作出（2017）苏02民特170号《裁定书》，裁定执行该仲裁裁决。执行过程中金能公司提交了《执行标的具体描述》，详细说明了请求继续出资的技术范围。2019年6月13日，无锡中院作出（2017）苏02执279号《执行裁定书》，认为马斯特公司继续履行以技术、知识产权出资义务的具体内容不明确，无法继续执行；马斯特公司无法履行相应出资义务所造成的损失，金能公司可以另行起诉；并据此裁定驳回执行申请。金能公司不服该裁定，向江苏省高级人民法院（以下简称江苏高院）提出复议请求。江苏高院于2020年7月7日作出（2019）苏执复181号《执行裁定书》，裁定驳回复议申请。

金能公司向北京知识产权法院（以下简称北京知产法院或一审法院）提起诉讼，主张刘某迅、柳某违反保密义务，披露、允许他人使用百年梦公司的商业秘密，构成《反不正当竞争法》第九条①第一款第三项规定之行为；金某峰明知上述情形，仍获取百年梦公司的商业秘密，披露并允许他人使用，三六零公司、翔鹰公司明知上述情形，仍获取和使用上述商业秘密，构成《反不正当竞争法》第九条第三款规定之行为。请求判令三六零公司、柳某、刘某迅等上述五被告立即停止侵犯百年梦公司商业秘密的行为，并赔偿经济损失2亿元。北京知产法院于2017年12月1日立案审理后认为：百年梦公司主张构成商业秘密的技术信息与经营信息中，只有部分经营信息构成商业秘密；百年梦公司无直接证据证明其主张的侵权行为；只是基于柳某、三六零公司与百年梦公司合作失败，后续柳某入职翔鹰公司，翔鹰公司经营范围与百年梦公司一致且亦生产锂电池等原因推定侵权行为发生；该推定无相应证据支持缺乏合理性不能合理表明商业秘密被侵犯，遂判决驳回百年梦公司诉讼请求。

原、被告双方均不服一审判决，向最高人民法院提起上诉。最高人民法院认为，百年梦公司主张构成商业秘密的技术信息与经营信息中，3个技术信息和5个经营信息构成商业秘密，柳某、金某峰和翔鹰公司存在相互配合共同侵害百年梦公司商业秘密知识产权和侵害其商业秘密债权的行为。二审撤销一审判决，改判翔鹰公司、柳某、金某峰于判决生效之日起10日内连带赔偿百年梦公司经济损失人民币5000万元，驳回百年梦公司其他诉讼请求，驳回翔鹰公司上诉请求。

---

① 《反不正当竞争法》第九条规定："经营者不得实施下列侵犯商业秘密的行为：（一）以盗窃、贿赂、欺诈、胁迫、电子侵入或者其他不正当手段获取权利人的商业秘密；（二）披露、使用或者允许他人使用以前项手段获取的权利人的商业秘密；（三）违反保密义务或者违反权利人有关保守商业秘密的要求，披露、使用或者允许他人使用其所掌握的商业秘密；（四）教唆、引诱、帮助他人违反保密义务或者违反权利人有关保守商业秘密的要求，获取、披露、使用或者允许他人使用权利人的商业秘密。经营者以外的其他自然人、法人和非法人组织实施前款所列违法行为的，视为侵犯商业秘密。第三人明知或者应知商业秘密权利人的员工、前员工或者其他单位、个人实施本条第一款所列违法行为，仍获取、披露、使用或者允许他人使用该商业秘密的，视为侵犯商业秘密。本法所称的商业秘密，是指不为公众所知悉、具有商业价值并经权利人采取相应保密措施的技术信息、经营信息等商业信息。"

律师评析

本案是以非专利技术作价出资成立公司引发的商业秘密侵权典型案例。该案涉及技术秘密名义出资方和实际出资人、目标公司、目标公司董事会秘书、竞争公司、竞争公司大股东和竞争公司原法定代表人等多方主体，除了在共同侵权的认定问题上值得充分肯定外，如下观点也特别值得关注，本文就侵犯商业秘密行为涉及不同债权及债的请求权进行评述，以期更好地发挥本案判决的积极引导作用。

（一）已经获得的和债务人应当交付即将掌握的商业秘密，权利人均可依据《反不正当竞争法》的相关不同规定，针对侵权行为提起民事诉讼寻求法律救济

在本案中，金某峰、柳某和翔鹰公司违反诚信原则、法律规定和商业道德的行为集中表现为两方面：一是，违反保密义务不当披露、使用百年梦公司已经和将要合法取得的商业秘密；二是，在百年梦公司面临融资困难时，不但没有提供融资等帮助，反而利用该公司寻求融资过程中披露的商业秘密，设立公司开展同业竞争，并促使百年梦公司原本高度依赖的关键技术人员柳某离职，由此直接导致百年梦公司经营进一步陷于困顿。

第一，二审判决将涉案商业秘密分为百年梦公司已经掌握的商业秘密和尚未掌握的商业秘密两部分。这是正确的也是必要的，因为请求权的基础不同，在法律适用与举证责任的分配上也有着重大的区别。

第二，商业秘密出资人或者转让人已经交付的部分商业秘密，目标公司或者受让人由此合法掌握的该部分商业秘密被侵害的，侵权行为人依据《反不正当竞争法》第十七条的规定承担损害赔偿责任，目前司法实践已经有成熟经验，在此不做赘述。

第三，出资人或者转让人尚未交付部分的商业秘密，目标公司或者受让人因没有掌握该部分商业秘密，其他出资人或者受让人对前述出资人或者转让人可以行使请求交付或者损害赔偿的合同债权，违约之债请求权依据充分。

第四，根据《公司法》相关规定，目标公司有权请求前述出资人交付尚未交付部分的商业秘密，虽然也是基于出资人或者转让人未交付部分的商业秘密这同一违约行为而行使的，属于（合同）债权，但相对其他出资人而言，目标公司请求权的法律依据不同。

第五，在民事基本法层面，侵权责任法原则上不调整合同当事人之间违约责任问题，但如果第三人故意侵害合同债权足够严重或者恶劣，仍可能构成侵权行为，可以适用侵权责任法的规定。

第六，据此，本案合同关系之外的行为人故意妨碍或者阻止前述出资人或者转让人履行交付商业秘密义务，由此损害目标公司或者受让人的（合同）债权，法院可认定为侵害债权的行为，判令承担侵权责任。

第七，即便在不讨论商业秘密权利（或法益）特殊性和保护必要性语境下，单就本案对已经造成损害后果有限可能的法律救济路径选择而言，如上分析明显具有合理性和可操作性，值得充分肯定。

第八，故意侵害合同项下一方期待获取商业秘密的债权的行为，不属于《反不正当竞争法》第二章及知识产权专门法等法律规定情形，违反的是第二条第一款规定的竞争原则，不当夺取交易机会或者破坏其他经营者竞争优势产生损害后果，遵循原《侵权责任法》第五条"其他法律对侵权责任另有特别规定的，依照其规定"的指引，优先适用《反不正当竞争法》处理。

综上，金某峰、柳某和翔鹰公司的涉案行为，明显违反《反不正当竞争法》第二条、第九条的规定，构成不正当竞争行为，其应当依法承担侵权责任。就本案而言，百年梦公司遭受的损失包括两大方面：一是柳某、金某峰和翔鹰公司等行为人故意侵害百年梦公司的商业秘密债权而引起的，二是柳某、金某峰和翔鹰公司等行为人侵犯百年梦公司商业秘密知识产权而造成的，前者为主要原因，后者是次要原因。

（二）笼统、抽象的技术信息上位概念不能作为商业秘密来保护，在投资或技术转让协议中应明确具体交付的技术秘密范围与技术秘密载体形式

本案中，百年梦公司主张的经营信息与技术信息是否构成商业秘密，一审法院和二审法院作出了不同的认定。一审法院认为，百年梦公司主张构成商业秘密的技术信息，大部分信息仅为相关技术的一般原理、原料及工艺流程介绍，并非具体的可用于实施的技术方案，从技术角度而言不具有商业价值。其余秘密点中的非技术类经营信息，如百年梦公司介绍、相关技术介绍等信息属于行业常识或已经被公开的内容，不构成商业秘密。百年梦公司的开发计划、产品规划、利润估算等经营信息未被公开，符合保密性和价值性的要求，构成商业秘密。

二审法院认为，诉争 12 项商业信息均为百年梦公司合法掌握的商业信息。其中技术信息 3、8、10 为概括性描述，并不是明确、具体的技术信息。当事人主张通过商业秘密来寻求保护的技术信息，应当是明确、具体的技术信息，而不能是笼统、抽象的上位概念。所属技术领域中的上位概念由于缺乏明确、具体的技术信息细节，一方面导致当事人主张的技术信息范围难以准确确定而予以合理保护，而笼统、抽象的上位概念又容易不当夸大保护范围而损害其他人正当权益。另一方面该类技术信息也难以在特定生产经营活动中被加以运用，缺乏实用性，自然也没有必要通过技术秘密加以保护。故技术信息 3、8、10 不应当作为技术秘密予以保护，但该 3 项技术信息的概括性描述属于所在文件中的经营信息部分内容。对于技术信息 16，系汇科公司、唯竺公司、清河公司和百年梦公司共同合法掌握的有关商业信息，最高人民法院指出：商业秘密具有相对性，即其秘密性并非要求有关信息处于绝对秘密的状态而仅由一个人或者几个人了解该信息，在必须让一定范围内的人员接触、了解或者实施有关商业秘密的情况下，权利人采取必要的保密措施即可；其相对性还可表现为两个或者两个以上的权利人在没有公开披露的前提下可以同时掌握有关商业秘密的情形。

在商业秘密出资或者转让交易中，当事人出于既有利于保障促成交易，又能够有效避免商业秘密信息披露给对方后丧失交易主导权等因素的考虑，在合同及其他相关交易文件中除书面部分明确具体可操作的商业秘密外，还会概括性描述部分商业秘密的范围及其实现目标，而约定目标的具体实现还需要商业秘密出资人或者转让人（即掌握技术秘密的人员）进行具体技术操作与执行。该部分商业秘密是否能够实现完全交付，需要以商业秘密出资人或者转让人在概括性描述范围内实现既定经营目标（如生产线正常投产）为标准来认定或判断。然而，在商业秘密出资或者转让合同履行过程中，大量存在如下情况：商业秘密出资人或者转让人向目标公司或者受让人以书面形式交付部分明确具体可操作的商业秘密，同时以技术实操行为交付部分概括性描述的商业秘密，之后因种种原因对当时以技术实操行为交付的部分商业秘密不再交付书面文件或者载体资料。

对于投资协议或转让合同中已经约定需要交付但尚未交付的商业秘密而言，因为该部分商业秘密无法像已经交付的商业秘密那样进行特征识别，只能运用逻辑推理和日常生活经验合理推断其是否构成商业秘密。一旦发生纠纷，法庭就只能分析认定当事人是否可以合理预见或者相信该约定的商业信息构成商业秘密，选择侵害商业秘密债之请求权路径追究侵权责任，虽然也可以获得部分法律救济，但是毕竟难度太大风险难以控制。

综上，投资协议对交割的技术如仅以笼统、抽象的上位概念来界定，可能会带来以下系列问题：（1）技术交割的范围和载体出现争议、遗漏或错误；（2）实际交付的技术不是约定的技术秘密，可能是公知技术或仅为经营信息；（3）一旦出现纠纷，目标公司以技术秘密侵权或技术秘密刑事控告来维权可能面临失败；（4）在拟进入资本市场时，如核心技术的研发历程证据缺失，无法证明该技术系自主研发取得等。

为此，特别提醒技术标的投资人在签署投资协议前，一定要对技术合伙人或者投资的技术标的公司的技术秘密作实质性尽调，明确圈定最终进入目标公司的技术秘密的载体范围，并对该类信息是否构成商业秘密作实质性判断，以保证所投资的技术和目标公司最终获得的技术是一致的，一旦发生纠纷可以及时行使交付约定商业秘密的请求权。

（三）投资主体入股前务必做好被投技术公司和其关联公司的技术尽调，谨防因被投公司或其关联公司而卷入技术秘密侵权纠纷中

本案中与百年梦公司最初接触商谈合作的嘉捷研究院公司原为江南嘉捷公司的全资子公司，法定代表人原为金某铭，2018年2月22日变更为金某峰。江南嘉捷公司原法定代表人为金某峰，2018年2月28日更名为三六零公司，法定代表人变更为周某祎。百年梦公司主张，三六零公司、金某峰自刘某迅、柳某处获取商业秘密后，通过合作成立翔鹰公司，由翔鹰公司利用商业秘密生产锂电池产品，构成侵害商业秘密。

最高人民法院认为，金某峰最初知悉或者应当知悉百年梦公司提供的关于案涉商业信息出资的《马斯特公司知识产权—非专利技术资产评估报告》，系在百年梦公司于2016年1月至3月与嘉捷研究院公司协商融资事宜过程中。金某峰之后出资设立翔鹰公司可能与嘉捷研究院公司有某些关联，但嘉捷研究院公司与江南嘉捷公司（三六零公司）毕竟为独立法人，现有证据不足以证明江南嘉捷公司（三六零公司）与金某峰的上述涉案行为存在直接关联。虽然金某峰在翔鹰公司成立时为江南嘉捷公司的法定代表人、嘉捷研究院公司的董事，但本案中没有证据证明金某峰系为江南嘉捷公司的利益而出资设立翔鹰公司，故难以将金某峰以个人名义出资成立翔鹰公司的责任归咎于江南嘉捷公司（三六零公司）。即使本案中涉及嘉捷研究院公司需要对金某峰作为其高级管理人员的行为承担责任，江南嘉捷公司（三六零公司）只能基于其作为一人有限公司（嘉捷研究院公司）的股东，依据2013年《公司法》第六十三条关于一人有限公司债务承担的规定，三六零公司在不能证明嘉捷研究院公司财产独立于自己的财产时，应对嘉捷研究院公司债务承担连带责任。而百年梦公司没有将嘉捷研究院公司列为被告起诉，本案中无从认定嘉捷研究院公司的责任，也相应不能认定三六零公司的责任，故百年梦公司在本案中请求三六零公司承担侵权责任缺乏事实和法律依据，不予支持。

综合本案事实和最高人民法院的上述观点，假设原告律师在起诉时将最初与百年梦公司接洽的嘉捷研究院公司作为共同被告，如果法院认定金某峰与嘉捷研究院公司、柳某构成共同侵权，则当时作为嘉捷研究院唯一股东的三六零公司被认定共同侵权的风险是极大的。因此，再次提醒技术型标的收购方，务必在收购前做好被收购标的及其关联公司的技术秘密风险的尽职调查。

（四）公司董事会秘书与外部投资人接洽交流过程中应提高注意义务，防止泄露公司技术秘密，或者避免被指控以不当手段获取商业秘密

本案中，百年梦公司主张刘某迅在与嘉捷研究院公司洽谈接触过程中违反保密义务，披露、允许他人使用百年梦公司的商业秘密，构成《反不正当竞争法》第九条第一款第三项规定之行为。针对这一指控，一审法院认为，在案证据未直接显示刘某迅披露的内容，刘某迅作为董事会秘书，与三六零公司沟通引资的工作属于职务行为，对此百年梦公司亦知情，其适当披露公司信息符合职务要求，且后续百年梦公司和三六零公司亦进行沟通并交流了公司信息。因此，在无直接证据证明刘某迅不正当披露商业秘密的情况下，不应认定其侵害了百年梦公司的商业秘密。二审法院认为，刘某迅在百年梦公司工作期间，于2016年1月至3月为该公司与嘉捷研究院公司联系融资事宜。据时任嘉捷研究院公司副总经理徐某于2016年6月6日出具《和江苏百年梦新能源科技有限公司洽谈过程》，百年梦公司于2016年3月14日在与嘉捷研究院公司协商参股比例和股份溢价问题过程中出具关于涉案商业信息出资的《马斯特公司知识产权—非专利技术资产评估报告》，百年梦公司当时在场人员有其财务总监洪某潮、刘某迅、陈某欢一行三人，而非刘某迅一人，据此尚难以认定上述评估报告系刘某迅当时擅自决定提供的；而且，百年梦公司当时出于解答嘉捷研究院公司关于股份溢价的提问而出具上述评估报告也有其合理性，故百年梦公司提供上述评估报告的行为尚难以归咎于刘某迅。本案也没有证据证明刘某迅与金某峰、柳某和翔鹰公司有串通侵害百年梦公司商业秘密债权和侵害百年梦公司商业秘密知识产权的行为，故百年梦公司在本案中请求刘某迅承担侵权责任缺乏事实和法律依据，不予支持。

刘某迅作为百年梦公司的董事会秘书，其岗位职责是参与公司的对外联络与沟通，在百年梦公司遇到融资需求时为公司寻找、介绍潜在投资者。这一行为本身属于正常的商业沟通，但是在这一过程中，董事会秘书自身的确需要提高注意义务，注意防范风险，防止在与投资机构/人接触过程中因泄露公司技术秘密而招致麻烦。建议董事会秘书在代表公司与投资机构接洽时，对于需要披露的文件应经公司领导机构审批，对于涉密文件，建议与投资机构签署保密合同，要求其对谈判过程中知悉的商业信息进行保密，并不得披露或使用。

同时还应当引起注意的是，在洽谈与投融资的过程中接受合作方或合作意向方的资料时，建议主动问询是否涉及技术秘密信息与经营信息类商业秘密，并针对性地采取有效的措施避免被指控以不正当手段获取或披露商业秘密。

（五）以不正当手段获取他人的技术秘密后修改使用，或者未经许可的修改性使用行为构成商业秘密侵权，依法应承担相应的法律责任

笔者曾对商业秘密刑事案件中修改性使用有关的鉴定、犯罪事实查证、排除合理怀疑等方面进行讨论。① 本案是民事案件，最高人民法院并未查证翔鹰公司等侵权行为人是否对获知的百年梦公司商业秘密进行过修改，而是通过合理分析后认为翔鹰公司等侵权行为人不仅使用了直接获取的百年梦公司的商业秘密，还使用了在此基础上进一步修改、改进后产生的商业秘密。

最高人民法院认为，根据《最高人民法院关于审理侵犯商业秘密民事案件适用法律若干问题的规定》第四条第二款的规定，"将为公众所知悉的信息进行整理、改进、加工后形成的新信息，符合本规定第三条规定的，应当认定该新信息不为公众所知悉"。本案中，百年梦公司将《百年梦公司锂离子电池正极材料生产计划》《金属回收项目》《正极材料及前驱体项目可行性研究报告》《正极材料可行性研究报告》整体性地作为一个经营信息，即便其对市场前景分析等个别具体部分内容已经被公开或与公开材料相雷同，但根据上述司法解释的规定，其对这些商业信息再进行整理后的信息整体，未被证明为所属领域的相关人员从公开渠道可以容易获得，故应当认定这些商业信息不为公众所知悉，百年梦公司对上述商业信息采取了合理的保密措施，上述商业信息可被认定为商业秘密。

---

① 李德成、白露：《技术秘密刑事案件中修改性使用的证明方法与证据标准》，载《中国律师》2023年第10期。

金某峰、柳某和翔鹰公司在决定成立翔鹰公司过程中以及翔鹰公司实际投产经营过程中，不可避免地会使用柳某向百年梦公司提供的部分商业秘密，其中柳某向金能公司、百年梦公司提供的关于涉案商业信息出资的《马斯特公司知识产权—非专利技术资产评估报告》应当是诱发金某峰策划成立翔鹰公司的最初商业信息之一。不当获取商业秘密的人"使用"或者"允许他人使用"的方式不仅体现为直接使用，还包括在该商业秘密基础上进一步修改、改进后再进行使用，以及根据该商业秘密相应调整、优化、改进与之有关的生产经营活动。金某峰和翔鹰公司获取百年梦公司合法掌握的部分商业秘密并与柳某串谋，专门安排投产经营与百年梦公司相同的业务。该事实不仅本身已经表明金某峰、柳某和翔鹰公司使用了百年梦公司的商业秘密，且还有较大的可能性受该商业秘密的启示并在此基础上改进、调整翔鹰公司的生产经营，由此金某峰、柳某和翔鹰公司的上述行为已经构成对百年梦公司商业秘密的非法使用。

综合本案事实，一审和二审判决结果大相径庭的主要原因是百年梦公司和柳某就技术秘密出资的范围和转让方式约定不清晰，导致百年梦公司在提起诉讼时无法证明自己是诉争商业秘密的权利人，无法举证自己商业秘密的合理范围。虽然在二审中最高人民法院经过细致分析，对百年梦公司本来能够获得而尚未获得的商业秘密进行了保护，挽回了企业部分损失，但在以技术秘密出资成立公司时，各出资人都应当在合作洽谈过程中对出资的商业秘密的范围、交付载体、交付时间、交付方式等做清晰的约定，有效保护自身的合法权益。

重点关注

一、《北京知识产权法院侵犯商业秘密民事案件当事人诉讼问题解答》发布[①]

事件回放

2023年11月30日,北京知识产权法院发布《北京知识产权法院侵犯商业秘密民事案件当事人诉讼问题解答》(以下简称《解答》)和侵犯商业秘密十大典型案例。

为引导当事人在诉讼中更好地完成举证责任,北京知识产权法院在2021年对外发布《侵犯商业秘密民事案件诉讼举证参考》(以下简称《举证参考》)的基础上,针对数字经济时代面临的新问题和市场主体的新需求,修订完成了《解答》。《解答》全文共计61条,包括商业秘密的概念及其法定构成要件、商业秘密诉讼主体、侵权行为、民事责任和程序事项五个部分。

律师评析

《解答》采用一问一答的形式,这种形式更加便利当事人理解和适用相关法律规定。原《举证参考》虽然在法律专业性和条文严谨性方面有所保证,但其条文列举的方式有时对非专业人士而言可能显得晦涩难懂。法律文件的可接近性对于公众的法律意识和法律实践至关重要。通过将常见问题以及对应的解答形式化,修订后的《解答》更加贴近商业秘密案件审判的实际情况,使得当事人能够通过具体的问题场景找到自身的位置,从而更快捷、更准确地理解自己的权利和义务。这种针对性和实用性的提升,无疑将有助于提高司法效率,减少不必要的误解和纠纷。

《解答》还加大了对程序性事务的指引。众所周知,程序性事项在商业

[①] 汪妍瑜律师,上海市锦天城(北京)律师事务所。

秘密保护案件中的重要性不容忽视。程序不仅是实现正义的手段，也是保障当事人合法权益的基础。因此，此次《解答》对程序性事项加大指引，无疑是对商业秘密全流程保护的一大进步。

在商业秘密侵权案件中，正确的管辖法院选择、合规的鉴定程序、对先前刑事判决的合理运用以及刑事附带民事诉讼和行政投诉等程序的明确，都是确保案件顺利进行的关键。《解答》在这些方面的增加和细化，为当事人在面对复杂的法律程序时提供了明确的指引，从而减少了因程序错误导致的权利无法实现的风险。

加强程序性事项的指引，意味着当事人在保护自己的商业秘密时，可以更加高效和有序地进行举证和主张权利。这不仅提升了司法透明度和预见性，而且有助于提高当事人对司法过程的信任，减少不必要的诉讼成本，促进了法律资源的合理分配和司法效能的提升。

此次修订的意义还在于，体现了司法机关在不断优化司法服务、提高司法效率方面的努力，同时也显示了法律对于市场经济中商业秘密保护重要性的认可。商业秘密作为企业的无形资产，对于维护市场竞争秩序、促进技术创新和经济发展至关重要。因此，确保商业秘密得到有效的法律保护，对于营造良好的商业环境，激发市场活力具有深远的影响。

二、国内首部企业商业秘密刑事保护体系合规建设指引发布[①]

事件回放

2023年4月25日，深圳市人民检察院举办了商业秘密刑事保护体系合规建设工作座谈会暨《商业秘密刑事保护体系合规建设指引（试行）》（以下简称《指引》）发布会。[②]

---

① 汪妍瑜律师，上海市锦天城（北京）律师事务所。
② 参见《市检察院发布〈商业秘密刑事保护体系合规建设指引（试行）〉》，载深圳检察网2023年4月26日，https://www.shenzhen.jcy.gov.cn/Dynamic/Image/6310.html。

《指引》正文就商业秘密刑事保护体系合规建设给出了商业秘密确定、涉密人员管理、商业秘密侵权维权、合规风险防范 7 大类，30 大项，125 小项的指引。具体包括：

1. 商业秘密确定。《指引》从商业秘密识别、商业秘密清单确定及更新、商业秘密权利归属、保密级别、保密期限、知悉范围等关键要素给出了 5 大项 20 小项指引。

2. 涉密人员管理。《指引》从入职管理、日常管理、离职管理等方面给出了 3 大项 15 小项指引。

3. 保密措施管理。《指引》从涉密专区管理、涉密设备管理、涉密载体管理、信息系统管理等方面给出了 4 大项 20 小项指引。

4. 保密信息管理。《指引》从信息存储、复制、流转、销毁等方面给出了 4 大项 14 小项指引。

5. 商业秘密外部管理。《指引》从信息发布、商业合作、技术合作、跨境合作、并购重组等方面给出了 5 大项 20 小项指引。

6. 商业秘密侵权维权。《指引》从应急预案生效、侵权证据收集、侵权行为评估、维权途径确定等方面给出了 4 大项 21 小项指引。

7. 合规风险防范。《指引》从入职人员背景调查、商业秘密权属查明、合作风险防范、研发记录存档、国际业务评估等方面给出了 5 大项 15 小项指引。

律师评析

近年来，商业秘密的刑事保护正受到越来越多的重视，尤其是在知识产权保护和技术创新日益成为国家战略的背景下。随着市场经济的快速发展和国际贸易的不断扩大，企业间的竞争越发激烈，商业秘密成为企业核心竞争力的重要组成部分。然而，商业秘密泄露和侵权事件频发，给企业带来了巨大的经济损失和信誉风险，这凸显了刑事合规在商业秘密保护中的重要性。

我国法律对于商业秘密的保护设有明确的规定，虽然侵犯商业秘密行为可能触犯《刑法》相关条款，构成刑事犯罪，然而，现实中企业在商业秘密刑事合规方面仍面临诸多困境。首先，由于商业秘密的无形性，界定和证明其泄露、非法获取或使用的行为往往存在较大难度。其次，企业内部对于商业秘密的认识和保护意识不足，导致在管理和操作层面缺乏有效的保护措施。另外，法律实务中对于商业秘密侵权的调查取证、定性及量刑等方面仍存有争议和不确定性，增加了企业在维权过程中的复杂性和不确定性。

实施商业秘密刑事合规带来的好处是显而易见的。它能够提升企业内部对商业秘密重要性的认识，强化员工的保密意识，有效预防商业秘密的泄露风险。合规措施还能够帮助企业建立起一套系统的商业秘密管理机制，从而在遭遇侵权时能迅速应对，保护企业利益。此外，良好的商业秘密刑事合规记录也有助于提升企业形象，增强合作伙伴和投资者的信心，对企业的长期发展和市场竞争力具有积极影响。

《指引》的出台正好契合了很多企事业单位的合规需求，深圳是科技创新的沃土，深圳市人民检察院也办理过大量的商业秘密刑事案件，《指引》的内容是基于对深圳市商业秘密刑事案件的全面分析，并采用学术性的课题研究方法精心总结提炼而成。它不仅反映了当前司法实践中的最佳做法，而且提供了一个系统性的框架，旨在协助企业揭示在建设和维护商业秘密刑事保护体系方面可能存在的漏洞。通过对照本《指引》，单位能够制定出更细致、更个性化的合规策略，以确保商业秘密的安全与法律利益的最大化。

但是任何指引都无法完全涵盖所有的情况与风险，因此，《指引》应被视为单位在商业秘密刑事保护体系合规性建设上的一个重要参考，而非一成不变的法律保障。在具体的商业秘密案件中，获得刑事保护的可能性应当基于实际事实，且需严格依照现行法律及司法解释来进行判断。

三、中美商务部会谈中双方讨论并同意两国专家将就强化行政许可过程中的商业秘密和保密商务信息保护问题进行技术磋商[①]

事件回放

美国商务部部长雷蒙多于 2023 年 8 月 27 日至 30 日访华。中美双方讨论并同意两国专家将就强化行政许可过程中的商业秘密和保密商务信息保护问题进行技术磋商。

律师评析

行政许可过程中企事业单位需要提交很多资料，这些资料中往往就包括自己的商业秘密和保密商务信息，如财务数据、技术秘密、商业策略等。然而行政许可涉及的多个环节，包括申请、受理、审查、听证、决定、异议处理、监督等，每个环节都可能存在商业秘密和保密商务信息泄露的风险。例如：

1. 申请材料的提交与管理中，如果材料的存储和管理不当，比如在非加密的环境中存储，或者未对访问权限进行严格控制，就可能导致信息泄露。

2. 行政审查过程中，材料需要在不同的部门和人员之间传递，这可能导致信息在传递过程中被泄露。如果审查人员不遵守保密规定，或者审查过程中使用的通信渠道不安全，也可能导致商业秘密外泄。

3. 内部人员的不当行为，例如因为疏忽、故意或被胁迫或者因为私利而泄露商业秘密。

4. 行政机关使用的信息系统可能存在安全漏洞，如软件缺陷、未及时打补丁等，这可能被黑客利用来窃取商业秘密。

5. 行政机关可能缺乏对商业秘密保护的意识和专业知识，导致在处理敏感信息时出现疏漏。

[①] 汪妍瑜律师，上海市锦天城（北京）律师事务所。

6. 行政机关可能需要与第三方服务提供商合作，如外包 IT 服务、法律顾问等，这些第三方在接触敏感信息时可能存在泄露风险。

这些问题已经被政府机关关注到，2020 年 8 月 14 日，司法部根据《2020—2021 年贯彻落实〈关于强化知识产权保护的意见〉推进计划》关于"强化行政许可过程中商业秘密和保密商务信息保护"的要求和行政许可法等有关法律的规定，提出关于《强化行政许可过程中商业秘密和保密商务信息保护的指导意见（征求意见稿）》。征求意见稿从准确界定保密范围、认真落实保密管理措施、严格保密义务和责任、加强组织领导几个方面对行政机关的行为进行了指引。

虽然该指导意见尚未正式实施，但在实践中已经指导了一些行政机构的行为，然而，其在实施过程中还存在很多技术难点。这次在中美部长级会议中就这一议题进行技术磋商，体现了两个经济大国之间在知识产权保护领域的合作意愿。这种磋商相信会带来更加严格和统一的商业秘密保护标准，从而为企业提供更清晰的法律环境和更高的安全保障。如果两国能够就此达成一致，并制定出一套更加有效的保护措施和执行机制，那么这将有助于降低企业在国际贸易中的风险，增强商业运作的安全性和稳定性。

四、各地陆续发布行业相关的商业秘密保护合规指引[①]

事件回放

2023 年 4 月 20 日，山东省淄博市市场监督管理局发布《淄博市医药产业商业秘密保护工作指引》。

2023 年 11 月 7 日，上海市奉贤区人民检察院、上海市奉贤区市场监督管理局、东方美谷企业集团股份有限公司、上海日用化学品行业协会举办新闻发布会，联合发布《化妆品企业商业秘密合规管理指引》。

2023 年 11 月 8 日，北京市市场监督管理局发布《北京市互联网企业商

---

① 汪妍瑜律师，上海市锦天城（北京）律师事务所。

业秘密保护工作指引》。

> **律师评析**

今年是《反不正当竞争法》颁布实施 30 周年，为了进一步明确商业秘密的认定、监管执法等规则，加强商业秘密保护，各地结合不同行业的商业秘密保护特点纷纷制定和发布针对行业相关的商业秘密保护规则、指引、标准，旨在帮助各行业内的企业解决目前商业秘密保护面临的具体问题，帮助企业提升商业秘密保护意识，给企业商业秘密保护指明道路、给出明确的指引，促进企业合法权益的维护。

近年来，商业秘密诉讼案件呈现出逐年上升的趋势，案件涉及行业也相当广泛，如医药行业、制造业、软件和信息技术、化工行业等。由于商业秘密案件往往涉及不同的专业领域，涉及不同领域的专业性技术知识，因此商业秘密的认定以及侵权认定和审理往往具有专业化程度高、复杂性强的特点。并且，商业秘密案件的审理还涉及相关行业内的公知常识、惯常做法，使得不同行业的商业秘密案件呈现出与该行业有关的不同认定的疑难点、争议点。

伴随着企业对于商业秘密的重视，针对不同行业的商业秘密合规指引发布显得尤为迫切。制定符合相关行业特点的商业秘密合规指引，有助于企业迅速理顺商业秘密保护的合规路径，看清企业维权需要注意的问题点，给出本行业内商业秘密保护的明确参考，对维护公平竞争市场秩序具有至关重要的作用；也有助于营造促进研发创新的营商环境，使商业秘密保护向更高的水平、更高的层次快速迈进，意义重大。

五、全国首单百万级商业秘密保险落子黄埔[①][②]

事件回放

2023年7月28日下午，广州市黄埔区，广州开发区商业秘密保险创新成果发布会在国际人才会客厅成功举办。中国人民财产保险股份有限公司与广州天赐高新材料股份有限公司正式签约全国首笔百万级商业秘密保险保单，保额高达180万元，为目前全国保额最高的商业秘密保单。

此前，中国人寿财产保险股份有限公司广州分公司与广东省大湾区集成电路与系统应用研究院于2023年7月4日签订广东省首单商业秘密保险，将为研究院提供30万元的风险保障，这是广州市黄埔区在商业秘密保护领域的又一全省首创举措。

律师评析

众所周知，商业秘密维权案件往往涉及高额维权费用，尤其是技术秘密侵权案件。除了常见的非公知性司法鉴定外，还可能涉及技术秘密同一性鉴定，费用动辄十余万元，这使得维权企业在面对高额的维权费用时对商业秘密侵权的追究与否再三考虑、犹豫不决。还有一些企业则在已经发起维权案件之后又撤回。在前述2023年7月28日的发布会上，广州市公安局食品药品和环境犯罪侦查支队五大队大队长曾武亮就"关于商业秘密保护的交流分享"进行主旨演讲时就指出："商业秘密保护案件撤回起诉率高达45.68%，主要原因是证据不足难以立案。引入商业秘密保险，由专业保险公司对维权费用提供保障，切实解决了商业秘密案件的鉴定难、成案难、费用高、时间

[①] 汪妍瑜律师，上海市锦天城（北京）律师事务所。
[②] 参见《破解"鉴定难、费用高、时间长"立案痛点，全国首单百万级商业秘密保险落子黄埔》，载广州市黄埔区人民政府网2023年9月4日，https://www.hp.gov.cn/gzjg/qzfgwhgzbm/kfqyshjggj/xxgk/content/post_9193539.html。

长等问题，为企业进行商业秘密维权提供了有力保障。"① 商业秘密保险范围涵盖了被保险人在遭遇知识产权侵权时可能发生的调查费用、鉴定费用、法律费用等基本费用。这对于维权企业来说无疑是降低可能发生的维权成本的有效手段，特别是针对企业资金不充足的初创公司，或是商业秘密侵权高发的相关技术领域企业。

商业秘密保险是保险产品在商业秘密领域的一个有益创新实践，"保险+司法保护"的组合，有效地将保险产品的专业优势特性与维权企业商业秘密维权的法律需求相结合，对全国商业秘密保护举措创新均有启发和示范作用。

六、北京市监局首次专题会议，聚焦商业秘密保护②③

事件回放

2023年6月14日下午，北京市市场监督管理局组织召开北京市反不正当竞争工作联席会议商业秘密保护专题会议。市公安局、市司法局、市高级人民法院、市人民检察院、市知识产权局以及海淀区、通州区市场监督管理局派员参会。会议聚焦商业秘密保护的跨部门协作，就正在起草的《北京市商业秘密保护协作机制》（以下简称《协作机制》）以及其他商业秘密保护中的难点问题开展研讨交流。

律师评析

商业秘密维权是知识产权维权案件中难点最多、问题最复杂的领域。商

---

① 参见《全国首笔超百万级商业秘密保险落地广州市黄埔区》，载百家号"广州日报"2023年8月20日，https://baijiahao.baidu.com/s?id=1773117419054895938&wfr=spider&for=pc。

② 汪妍瑜律师、裴沐曦律师，上海市锦天城（北京）律师事务所。

③ 参见《商业秘密保护服务月丨首次专题会议 聚焦商业秘密保护》，载北京市市场监督管理局网2023年6月15日，https://scjgj.beijing.gov.cn/zwxx/scjgdt/202306/t20230615_3135964.html。

业秘密的维权途径涉及行政、民事、刑事等领域。从行政保护角度，企业商业秘密被侵犯，可向市场监督管理部门投诉举报；从民事保护角度，维权企业可向人民法院提起民事诉讼请求赔偿；最后，商业秘密侵权还可以获得刑事保护，在被侵权行为符合刑事案件立案追诉标准的情况下，企业可以直接向公安机关报案。如果三个部门独立发挥作用，不仅不利于商业秘密法律保护的权威性机制的建立，还会增加企业维权的成本。

2021年10月《"十四五"国家知识产权保护和运用规划》明确提出实施商业秘密等专项工程。今年又正值《反不正当竞争法》出台30周年，《协作机制》的起草及商业秘密保护的跨部门协作的提出不仅是为了解决现存商业秘密保护的重大、疑难问题，也是我国为了配合国际经贸规则营造保护创新的良好营商环境的必然要求，体现了国家对商业秘密保护的重视。推动商业秘密保护的跨部门协作及《协作机制》的起草，不仅有助于实现各部门之间的信息共享、统一执法标准和审理标准，也有助于实现各部门之间工作的有效衔接、有机配合，发挥各个部门在商业秘密保护中各自的优势，更高效地构建商业秘密保护的司法生态环境、进一步完善商业秘密保护体系。

七、全国首例数据交易买受人商业秘密侵权案[1][2]

事件回放

2023年8月4日，重庆自由贸易试验区人民法院判决了全国首例数据交易买受人侵犯商业秘密民事案。该案的基本事实如下：

原告光某公司与被告三某公司同为摩托车生产、出口企业。2019年4月17日，三某公司与第三方数据公司订立合同，约定购买摩托车出口量前十位的企业数据。第三方数据公司向其提供了含光某公司在内多家摩托车企业每次出口报关详情信息，包括出口目的国、中转国、起运港、大区、商品名

---

[1] 汪妍瑜律师，上海市锦天城（北京）律师事务所。
[2] 一审案号：（2022）渝0192民初8589号。

称、规格型号、成交方式、申报单位、申报币制、运输方式、包装种类、货主单位名称、申报单位名称、出口目的地、规格型号、排量、美元单价、美元总价、申报数量等 21 项具体项目。被告三某公司接收上述信息后，在两个作为原告的外观设计专利侵权诉讼案件中作为证据使用了该数据，用于佐证计算赔偿损失。其中 2019 年外观设计专利侵权诉讼案件为不公开审理案件，被告为案外人。2021 年外观设计专利侵权诉讼案件为公开审理案件，被告为本案原告。原告认为被告的上述行为侵害了原告的商业秘密，要求被告立即停止侵害原告商业秘密的行为并赔偿原告经济损失 300 万元。

法院经审理后认为：原告主张经营信息中针对某目的国出口某款摩托车（品牌、排量、型号）对应的数量、单价组合信息是不为相关人员普遍知悉和容易获得的，能为原告带来竞争优势和经济效益的，并已采取了合理保密措施的商业秘密。

被告三某公司是通过数据交易的方式获得原告光某公司针对某目的国出口某款摩托车（品牌、排量、型号）对应的数量、单价组合信息，即便三某公司在与北京某某科技有限公司签订《数据服务协议》购买海关出口数据时不知道数据涉及原告光某公司的商业秘密，但在其接收北京某某科技有限公司数据时，其作为摩托车生产者，理应清楚同行竞争企业针对某目的国出口某款摩托车（品牌、排量、型号）对应的数量、单价组合信息涉及他人商业秘密，其仍予以接收，证明该经营组合信息的交付符合三某公司进行数据交易的目的。被告购买包含涉案经营信息数据的行为主观上存在过错，属于通过不正当手段获取他人商业秘密。

三某公司在非公开庭审中未经原告同意即向案外人举示上述特殊组合的经营信息，已超出了法律赋予其在诉讼中所享有的权利边界。三某公司在诉讼中向他人披露光某公司涉案商业秘密的行为非具有必要性，侵害了原告的商业秘密。但在三某公司与光某公司侵害外观设计专利权纠纷案中，三某公司举示涉案出口数据商业秘密时，光某公司作为诉讼相对方未要求不公开审理，系其对三某公司披露其涉案商业秘密的放任，不应当由三某公司承担侵害责任。

最后法院判决被告停止侵权并赔偿原告经济损失及合理开支共计 5 万元。

律师评析

本案为超边界的数据使用敲了一记警钟。在知识产权侵权诉讼中，由于无法直接拿到被告的销售数据，往往需要同行业的数据以佐证其利润、销售量等。目前市场上也有不少提供行业各类数据的数据公司、咨询机构。但这些数据的获取本身就可能侵犯了数据源人的商业秘密。

因此，考虑从数据公司购买数据务必注意以下法律风险：

1. 隐私法规遵守：确保所购买的数据遵守了所有适用的隐私法律和规定，如《数据安全法》《欧盟通用数据保护条例》（GDPR）或《加利福尼亚州消费者隐私法案》（CCPA）。违反这些法规可能导致重大的罚款和法律责任。

2. 数据来源合法性：验证数据公司提供的数据来源是合法的，数据收集和处理过程中未侵犯任何个人或实体的知识产权或隐私权。首先，在购买数据前，需要确认数据公司拥有合法的知识产权，或者有权出售或许可这些数据。在购买同行业数据时，即便得到数据公司肯定答复，也需要从自己的经营场景审查，以确保所购买的数据中不包含任何未经授权披露的商业秘密。在本案中，数据公司声称这些数据从公开渠道获得即可推导得到，但直到判决也未能提供推导方法。其次，在交易过程中，还需要与数据公司签署保密协议。要确保接触到该等数据的员工了解并遵守这些协议的条款，以避免不当披露可能导致的法律后果。

3. 数据安全性：评估所购买数据的安全性，以及数据公司是否采取了适当的措施来保护数据不被未经授权地访问或泄露。

CHAPTER 5

第 5 章
反不正当竞争

综　述

公平竞争是构建高水平社会主义市场经济体制的必然要求，反不正当竞争法是公平竞争立法的重要内容之一。由于经济社会的不断发展变化，对于正当竞争的判断，不能只依赖于法律条文，更要着眼于整体的市场竞争秩序，并结合商业道德及诚实信用原则，从而作出全面客观的判断。商业发展模式层出不穷，不正当竞争行为也各式各样，正是有赖于反不正当竞争法规制范围的广泛性，才能更好地解决商业发展所引致的新问题。正如孔祥俊教授所言，《反不正当竞争法》具有宽范围、低门槛和开放性，奉行实用主义哲学，并采取"三元利益叠加"的法律分析框架。[①] 与此同时，反垄断法律规范体系也在不断完备。2023年，在立法、司法和执法领域都能看到反不正当竞争法和反垄断法的不断创新和突破。本章从新法观察、典型案例和重点关注等角度出发，解读、剖析反不正当竞争及反垄断领域在立法、司法及执法上的亮点，以期能让市场经营主体及律师同行更了解、洞悉该两领域的发展动态。

新法观察板块，因2022年反不正当竞争领域和反垄断领域在立法上都有不小的动作，2023年的新法动态相对较小。国家市场监督管理总局为夯实反垄断法律制度规则，发布了《制止滥用行政权力排除、限制竞争行为规定》《禁止垄断协议规定》《禁止滥用市场支配地位行为规定》《经营者集中审查规定》四部反垄断法配套规章，针对监管执法存在的突出问题进行修

[①] 孔祥俊：《理念变革与制度演化：〈反不正当竞争法〉30年回望与前瞻》，载《知识产权》2023年第7期。

改、完善与扩充，以期能处理好规范与发展的关系。

典型案例板块，本章节选 10 个典型案例，这些典型案例既涉及华为技术有限公司、深圳市腾讯计算机系统有限公司、北京微播视界科技有限公司（抖音的经营主体）、云南白药集团股份有限公司等国内的知名企业，也涉及福特汽车有限公司、西门子股份公司、法国干邑行业协会等跨国公司及机构；其中既有涉及知名企业名称和驰名商标的不正当竞争行为，也有涉及地理标志的反不正当竞争法保护问题；既有涉及知名商品包装装潢的混淆行为，也有针对网红产品包装装潢权益的认定问题；既有涉及互联网数据权益的保护问题，也有游戏代练这种新型经济模式的不正当竞争行为判断问题；既有一直存在的民办学校宣传推广中出现的商业诋毁行为，也有新出现的法律服务领域中咨询公司傍知名律师事务所名牌的不正当竞争行为；既有涉及损害竞争优势、破坏公平竞争秩序等典型的不正当竞争行为，也有涉及滥用市场支配地位的垄断行为。从所选取的案例中来看，司法实践适用反不正当竞争法时不仅局限于同行业的直接竞争关系，更加着眼于整个市场竞争秩序的维护，包括竞争优势的减损、消费者的注意力、跨界合作或者联名等商业机会的获取等（如案例二）。如何在错综复杂的商业模式和竞争行为中挖掘出令人信服的说理论述，是对律师同行的考验；如何在激烈的市场竞争环境中权衡原、被告的利益，做到不僵化、不牵强适用法律，是对裁判者的重大挑战。

重点关注板块，本章针对司法执法领域的热点进行追踪。2023 年是《反不正当竞争法》实施 30 周年，国家市场监督管理总局公布《反不正当竞争法》实施 30 年以来十大影响力事件，总结《反不正当竞争法》的实施成效、研究部署未来的工作重心。在"守护"专项执法行动上，国家市场监督管理总局以查处互联网不正当竞争行为、民生领域营销行为和保护企业核心竞争力为工作重点，不断拓展反不正当竞争执法深度和广度，提升市场竞争整体质量和水平。

新法观察

一、国家市场监督管理总局发布四部反垄断法配套规章[①]

为贯彻党的二十大关于"加强反垄断和反不正当竞争，破除地方保护和行政性垄断，依法规范和引导资本健康发展"的要求，落实2022年修正的《反垄断法》，进一步夯实反垄断法律制度规则，国家市场监督管理总局发布《制止滥用行政权力排除、限制竞争行为规定》《禁止垄断协议规定》《禁止滥用市场支配地位行为规定》《经营者集中审查规定》四部反垄断法配套规章，自2023年4月15日起施行。

此次修订，市场监管总局坚持问题导向，处理好规范与发展的关系，针对监管执法存在的突出问题，重点在如下方面进行了修改、完善与扩充：

一是细化反垄断法的有关规定。根据2022年修正的反垄断法，细化行政约谈的内容、程序、方式等；明确横向垄断协议中"具有竞争关系的经营者"的主体范围；明确收入协议中"组织其他经营者达成垄断协议"和"为其他经营者达成垄断协议提供实质性帮助"的具体表现形式；细化经营者集中审查期限"停钟"制度；明确经营者集中审查中"控制权""实施集中"等的判断因素；优化参与集中的经营者营业额计算等。

二是优化监管执法程序。明确滥用行政权力排除、限制竞争行为的查处过程中，有关单位和个人配合调查义务、被调查单位书面报告改正情况的义务，将消除相关竞争限制作为执法机构结束调查或者提出行政建议的基础；完善关于未达申报标准但有证据证明具有或者可能具有排除、限制竞争效果的经营者集中的审查和调查规定；优化经营者集中审查简易案件程序；规范垄断协议和滥用市场支配地位行为案件查处中的中止调查、终止调查和案件报告备案程序等。

三是强化有关主体的法律责任。针对垄断协议中负有个人责任的经营者

[①] 陈东生律师、黎佩琪律师，北京市天元（广州）律师事务所。

法定代表人、主要负责人和直接责任人员，规定了申请减轻或者免除处罚的幅度；夯实经营者集中的申报人及其代理人的责任义务，优化受托人选任规则等。

二、国家市场监督管理总局修订出台《禁止滥用知识产权排除、限制竞争行为规定》[1][2]

为鼓励创新，维护知识产权领域公平竞争的市场秩序，助力全国统一大市场建设和知识产权强国建设，结合近年来反垄断监管执法的新形势、新情况、新问题，市场监管总局修订出台了《禁止滥用知识产权排除、限制竞争行为规定》，于 2023 年 8 月 1 日起正式施行。

《禁止滥用知识产权排除、限制竞争行为规定》注重平衡知识产权保护和公平竞争秩序维护，聚焦知识产权领域反垄断重难点问题，强化规则引领，促进公平竞争和创新发展。相较于 2015 年制定的《关于禁止滥用知识产权排除、限制竞争行为的规定》，重点在以下方面进行了修改完善：

一是扩充"滥用知识产权排除、限制竞争行为"的内涵。将利用行使知识产权的方式达成垄断协议，滥用市场支配地位，实施具有或者可能具有排除、限制竞争效果的经营者集中三类垄断行为均纳入调整范围。

二是健全利用行使知识产权的方式实施垄断行为的认定规则。根据 2022 年修订的反垄断法，结合知识产权的特点和监管实际，对相关市场界定、市场支配地位的认定和推定、有关垄断行为的认定、经营者集中审查的考量因素及附加限制性条件的具体类型等予以完善细化，增强规则的指引性、可操作性。

三是加强对知识产权领域典型、特殊垄断行为的规制。如完善专利联营有关规定，禁止专利联营实体和专利联营的成员利用专利联营从事垄断行为；加强对标准制定和实施过程中有关垄断行为的规制，禁止具有市场支配

---

[1] 陈东生律师、黎佩琪律师，北京市天元（广州）律师事务所。
[2] 《市场监管总局出台〈禁止滥用知识产权排除、限制竞争行为规定〉》，载中国政府网 2023 年 6 月 30 日，https://www.gov.cn/lianbo/bumen/202306/content_6889117.htm。

地位的经营者利用标准必要专利实施"专利挟持"。

下一步，市场监管总局将以《禁止滥用知识产权排除、限制竞争行为规定》的出台为契机，统筹做好知识产权保护、反垄断等工作，促进创新要素自主有序流动、高效配置，切实维护公平竞争的市场秩序。

典型案例

一、华为技术有限公司与深圳市优者科技有限公司、肖某华不正当竞争纠纷案[①][②]

案情聚焦

被告深圳市优者科技有限公司（以下简称优者公司）在天猫网络平台上开设店铺"优者数码旗舰店"销售移动电源，在淘宝网首页输入关键词"华为充电宝"进行搜索，搜索结果页面前端显示涉案两个被控侵权产品，且商品标题名称分别为"超大量10000000充电宝超薄小巧便携大容量适用华为苹果专用移动电源超薄迷你快充2万毫安自带线官方旗舰店正品""官方旗舰店正品超大容量超薄小巧便携迷你超级快充2万毫安适用华为小米苹果专用手机"。与标题同时出现的配图中均标有"支持华为超级快充"字样，其中"支持"二字较小。

华为技术有限公司（以下简称华为公司）认为优者公司侵害其注册商标及构成不正当竞争行为，遂向广东省深圳市福田区人民法院提起侵害商标权及不正当竞争之诉。经审理，福田区人民法院认为涉案侵权行为不属于商标性使用行为，不构成商标侵权，但优者公司主观上具有攀附华为公司商誉的故意，客观上容易造成相关公众混淆，诱使相关公众点击商品链接，获取交易机会，构成对华为公司的不正当竞争。因此，福田区人民法院判令被告优

---

① 谢湘辉律师、吴燕莹实习律师，国浩律师（深圳）事务所。
② 一审案号：（2023）粤0304民初4453号；二审案号：（2023）粤03民终24251号。

者公司赔偿华为公司经济损失及合理开支 20 万元。

优者公司不服一审判决，向深圳市中级人民法院提起上诉。深圳中院驳回上诉，维持原判。

> **律师评析**

对于优者公司在被控侵权商品的标题及配图中使用"适用华为""支持华为超级快充"等字样，本案法院认为该使用行为属于功能性描述，不属于商标法意义上的商标性使用，不具有识别商品来源的功能，消费者在看到该标题时，亦不会误认为该商品系原告销售或者与原告有关联。但优者公司利用淘宝电商平台的搜索规则，将"华为充电宝"作为被诉侵权商品链接标题的关键词，导致消费者搜索"华为充电宝"，被诉侵权商品链接均会出现在搜索结果中，属于利用电商平台的搜索规则和命名规则，获取商业利益。本案法院适用了《反不正当竞争法》第六条第二项之规定，认为优者公司此种擅自使用"华为"字号的行为，主观上具有攀附原告商誉的故意，客观上容易造成相关公众的混淆误认，诱使相关公众点击该商品链接，从而获取相关交易机会，构成不正当竞争。

随着我国市场经济的不断发展，新领域新业态的市场竞争出现新的情况和问题。互联网及电商平台的快速发展赋予生活更多便利的同时，也使得不正当竞争行为层出不穷、千姿百态。笔者曾代理过涉及使用他人商标作为搜索引擎中竞价排名的关键词的商标侵权及不正当竞争行为，与本案类似。本案被告优者公司利用电商平台的搜索规则和命名规则以及华为公司的字号来获取交易机会，当然属于不正当竞争行为。

笔者认可本案判决结果，但认为适用《反不正当竞争法》第二条[①]以及

[①] 《反不正当竞争法》第二条规定："经营者在生产经营活动中，应当遵循自愿、平等、公平、诚信的原则，遵守法律和商业道德。本法所称的不正当竞争行为，是指经营者在生产经营活动中，违反本法规定，扰乱市场竞争秩序，损害其他经营者或者消费者的合法权益的行为。本法所称的经营者，是指从事商品生产、经营或者提供服务（以下所称商品包括服务）的自然人、法人和非法人组织。"

《最高人民法院关于适用〈中华人民共和国反不正当竞争法〉若干问题的解释》第一条①、第二条②来规制涉案不正当竞争行为更为适宜。因为《反不正当竞争法》第六条第二项所列举的混淆行为，必须容易引人误认为被诉侵权商品是他人商品或被诉侵权人与他人存在特定联系。如前所述，本案判决在论述商标侵权行为时已认为"适用华为""支持华为超级快充"等字样属于功能性描述，并不会导致消费者误认为该商品系华为公司销售或者与华为公司有关联。实际上，一般理性的消费者知悉淘宝的搜索规则，亦会浏览商品页面，初步判断商品的来源，而被诉侵权商品仅使用功能性描述文字的情况下，消费者并不会因为搜索页面出现被诉侵权商品，就会当然地认为被诉侵权商品属于华为公司的商品或者与华为公司有关联。因此，笔者认为，利用"华为"字号来获取交易机会，应属《反不正当竞争法》第二条规定的扰乱市场竞争秩序，损害其他经营者或者消费者的合法权益的行为；而华为公司则属于《反不正当竞争法》第二条规定的其他经营者，即与经营者（优者公司）在生产经营活动中存在可能的争夺交易机会、损害竞争优势等关系的市场主体。因此，笔者认为，涉案侵权行为同时也落入《反不正当竞争法》第二条以及《最高人民法院关于适用〈中华人民共和国反不正当竞争法〉若干问题的解释》第一条、第二条的规制范围。

---

① 《最高人民法院关于适用〈中华人民共和国反不正当竞争法〉若干问题的解释》第一条规定："经营者扰乱市场竞争秩序，损害其他经营者或者消费者合法权益，且属于违反反不正当竞争法第二章及专利法、商标法、著作权法等规定之外情形的，人民法院可以适用反不正当竞争法第二条予以认定。"

② 《最高人民法院关于适用〈中华人民共和国反不正当竞争法〉若干问题的解释》第二条规定："与经营者在生产经营活动中存在可能的争夺交易机会、损害竞争优势等关系的市场主体，人民法院可以认定为反不正当竞争法第二条规定的'其他经营者'。"

二、福特汽车（中国）有限公司、长安福特汽车有限公司与法国国家干邑行业办公室及苏州天驰新佳汽车销售服务有限公司不正当竞争纠纷案[①][②]

> **案情聚焦**

福特汽车（中国）有限公司（以下简称福特中国公司）、长安福特汽车有限公司（以下简称长安福特公司）将其销售的汽车命名为"Cognac特别版"，并以"干邑棕"命名相关汽车配色。法国国家干邑行业办公室认为，福特中国公司、长安福特公司利用"干邑（Cognac）"地理标志对涉案汽车进行商业宣传，构成不正当竞争行为。因此，法国国家干邑行业办公室向江苏省苏州市中级人民法院起诉，请求福特中国公司与长安福特公司停止侵权并赔偿损失。

江苏省苏州市中级人民法院作出一审判决，判令福特中国公司与长安福特公司立即停止使用地理标志"干邑""COGNAC"命名其汽车和汽车配色的行为并赔偿法国国家干邑行业办公室经济损失及合理维权费用200万元。

福特中国公司与长安福特公司不服一审判决，向江苏省高级人民法院提起上诉，二审判决认为一审判决认定事实清楚，适用法律正确，驳回福特中国公司与长安福特公司的全部上诉请求，维持原判。

> **律师评析**

本案是全国首例通过反不正当竞争法跨行业保护国外地理标志的案件。法院认为现代市场经济中，市场供应充足，消费者时间和注意力有限，购买力也有限，经营者展开竞争的重要突破口是争夺消费者的注意力。随着市场竞争的日益激烈，跨界合作已成为国际潮流趋势，擅自使用他人的具有高知名度的地理标志，不仅会夺取他人的商业利益，也可能降低他人的产品形

---

① 谢湘辉律师、吴燕莹实习律师，国浩律师（深圳）事务所。
② 一审案号：（2019）苏05知初353号；二审案号：（2021）苏知终6号。

象，构成不正当竞争。本案判决一经作出就引发了较大的争议。

本案的主要裁判观点及典型意义归纳如下：

第一，地理标志作为一种独立的法定权利，对其保护不应仅仅依附于商标法，也不以是否申请集体商标或证明商标为要件，法律也未对其有效期进行限定。

第二，经营者之间是否具有经营同类产品的直接竞争关系，并不是适用反不正当竞争法的先决条件。反不正当竞争法着眼于对整个市场竞争秩序的维护，并非仅限于狭义上的经营同类商品或替代商品的竞争对手所实施的违反公认的商业道德的侵权行为，而且还包括整个市场经营者从事的违反商业道德或诚实信用的行为。只要经营者以不正当的手段谋取竞争优势或者破坏他人竞争优势的行为，损害了竞争对手或竞争对手之外的经营者，损害了竞争秩序，就应当适用《反不正当竞争法》予以规制。本案干邑行业办公室和福特中国公司、长安福特公司之间是否存在竞争关系在于福特中国公司、长安福特公司是否通过不正当手段获取竞争优势，而不取决于其与干邑行业办公室是否从事同一行业。本案双方，干邑行业办公室主要在葡萄酒行业，福特中国公司和长安福特公司主要在汽车行业，二者虽不存在产品的直接替代关系，但是存在争夺竞争资源的竞争关系，竞争资源包括消费者的注意力、跨界合作机会等。

第三，在中国关于颜色的国家标准中，并不存在"干邑棕"这一颜色名称，干邑棕也并非约定俗成的通用名称。福特中国公司与长安福特公司将汽车内饰颜色描述为干邑，并非仅仅为了颜色描述的需要，而是借用干邑来不正当地抬高自己的产品形象，向其潜在客户传达其汽车具有与干邑产品同样优秀的品质和高雅的格调，其客户群也是日常消费干邑产品的高档人群，以此不正当地获取比其他竞争者更有利的优势地位和交易机会。福特中国公司与长安福特公司的此种行为违反公认的商业道德。

第四，涉案侵权行为增加了"干邑"地理标志通用化的风险。即使福特中国公司、长安福特公司的涉案行为不会导致相关公众的混淆误认，但由于福特中国公司、长安福特公司系经营规模遍布全球的汽车生产商，消费群体众多，其在旗下汽车产品和内饰颜色命名上使用"干邑（Cognac）"地理标志，将会使得相关公众在该地理标志系指向白兰地葡萄酒特殊产地的第一含义的原有认知中，出现指代汽车产品名称和颜色名称的其他含义；如不加以制止，越来越多的行业使用"干邑（Cognac）"地理标志指代颜色，这必将会弱化其原本指向白兰地葡萄酒特殊产地的第一含义，将"干邑（Cognac）"地理标志置于通用化的风险中。

本案的特殊之处在于，涉案侵权行为发生时以及起诉时，"干邑"尚未正式取得中国的集体商标授权，其 2009 年注册的"干邑"地理标志在到期届满后也没有办理延期。因此，无法适用《商标法》予以保护，只能迂回适用《反不正当竞争法》，由此引发法律界的讨论。

由于上述特殊性，有学者认为本案的请求权基础应当是法国国家干邑行业办公室对"干邑"的在先使用法益，而不是地理标志。本案判决给予尚未获得商标授权的当事人过强的法律保护，《商标法》对于涉及地理标志保护的集体商标规制是否还有存在的价值和必要？在无法通过《商标法》予以保护的情况下，扩张适用《反不正当竞争法》，试图通过兜底条款过度延伸解释《反不正当竞争法》，是否适宜？汽车和白葡萄酒属于不同的销售市场，"福特"本身的知名度较高，甚至是驰名商标，福特公司应当不存在"攀附"原告商誉的意图，仅是借由"干邑"在烈酒界的声誉来"比拟"自身在汽车界的优越性，购买福特汽车的消费者并不会以为其汽车是由原本酿制白兰地酒的厂家生产制造的，既无构成混淆误认之虞，也难谓构成不正当竞争，而本案判决将涉案行为视为不正当竞争行为，是否存在保护过当？

在上述争论问题中，各执一词。但无论判决结果是否正确，本案对于国外地理标志的保护思路都值得借鉴和深入探讨。

三、腾讯科技（成都）有限公司、深圳市腾讯计算机系统有限公司诉江苏爱代网络科技有限公司不正当竞争纠纷案[①][②]

案情聚焦

《王者荣耀》游戏具有较高知名度，腾讯科技（成都）有限公司系其著作权人，深圳市腾讯计算机系统有限公司经其授权，有权在全球范围内代理运营以及著作权许可使用该游戏，并在该游戏拥有的合法权益遭受第三方不正当竞争时单独以其名义维权。该游戏采用 ELO 等级分系统来评估每一位召唤师的实力，并尽量匹配 10 个实力相当的对手及队友进行一场酣畅淋漓的比赛。《王者荣耀》协议约定：不得将游戏账号提供给他人使用，不得作为代打代练等商业性使用。2018 年起《王者荣耀》对游戏全体用户实施强制实名校验，未满 18 周岁的用户受到防沉迷系统的限制，仅能在特定时间进行游戏，充值金额也有限度。《王者荣耀》官方网站明确记载对代练即通过代玩游戏，由第三方帮助玩家提高其段位及完成相应成就的行为的处罚范围和处罚措施。

江苏爱代网络科技有限公司（以下简称爱代公司）运营的"电竞帮大神端"App 通过设立《王者荣耀》游戏代练专区招募游戏代练打手，鼓励包括未成年人在内的用户通过该平台进行游戏代练交易并从中获益，两腾讯公司主张爱代公司的行为干扰了《王者荣耀》"ELO 等级分系统"公平竞技匹配机制及游戏平衡，破坏消费者游戏体验，亦使未成年人游戏"防沉迷"机制失效，故向法院提起诉讼，请求判令爱代公司停止实施提供《王者荣耀》游戏代练的不正当竞争行为、赔偿损失 300 万元以及在"电竞帮大神端"App 首页刊登声明，以消除影响。

一审南京市中级人民法院经审理认为，爱代公司的行为构成不正当竞争，并酌定爱代公司赔偿两腾讯公司经济损失及为制止侵权行为所支付的合

---

① 邱奎霖律师、王莉律师，国浩律师（南京）事务所。
② 一审案号：（2022）苏 01 民初 555 号；二审案号：（2023）苏民终 280 号。

理开支共60万元。其中，关于爱代公司的行为的不正当性，法院主要从以下五个方面进行了认定：

第一，爱代公司通过其运营的"电竞帮大神端""电竞帮"平台撮合游戏账号代练行为，完全规避了法律、部门规章对未成年人实施特别保护的强制性规定。

第二，爱代公司作为网络服务提供者，明知代练行为系涉案游戏所禁止，仍无视法律规定和行业惯例，组织商业化、规模化的代练经营行为，违反了诚实信用原则及商业道德。

第三，爱代公司的行为实质性地破坏了《王者荣耀》游戏的公平竞技匹配机制及游戏平衡，将对腾讯公司经营管理的妨害转化成自身竞争优势，严重扰乱了互联网行业的市场竞争秩序。

第四，爱代公司的行为损害了正常实名游戏用户的合法权益。

第五，爱代公司撮合游戏代练的行为，一方面，给腾讯公司的商誉造成损害。另一方面，如爱代公司撮合游戏代练的行为持续，将减损腾讯公司的相关市场份额。

一审判决后，爱代公司提出上诉。江苏省高级人民法院审理认为，爱代公司的行为构成不正当竞争，一审法院判决爱代公司承担的民事责任并无不当。据此，二审法院驳回上诉，维持原判。

律师评析

随着新技术的不断涌现和新模式的持续创新，目前网络游戏已经成为具有高度竞争活力的行业。代练行业系游戏行业的衍生品，目前网络游戏行业普遍禁止代练行为，一旦发现会采取相应的处罚措施。由于目前我国尚未对游戏代练行为进行专门立法规制，对于游戏代练行为的性质实务中也存在争议。本案认定游戏代练行为构成不正当竞争，有利于游戏行业的健康发展以及未成年权益的保护。

关于代练平台和游戏公司是否存在竞争关系，本案中，法院经审理认定爱代公司与腾讯公司均系互联网游戏服务业的经营者。爱代公司提供网络游戏代练交易服务，腾讯公司提供网络游戏运营服务。虽然从形式上看两者不存在直接竞争关系，但爱代公司提供的服务建立在《王者荣耀》游戏服务基础之上，两公司基于相同游戏用户开展经营活动。爱代公司提供代练交易机会直接针对腾讯公司《王者荣耀》游戏产品，影响用户对腾讯公司运营游戏的真实体验，进而影响其游戏运营业务及竞争权益。爱代公司也从商业化提供该游戏代练交易机会、撮合交易完成而获取收益，由此破坏游戏业的公平竞争生态。故两者业务相互关联，存在事实上的竞争关系。

关于代练行为的不正当竞争性，法院从游戏产业内公认且应该遵守的行业规范、行为规则、商业道德、游戏产业公平竞争机制、游戏运营公司和游戏用户的合法权益以及社会公共利益等多个方面进行了综合认定。

本案不仅清晰划定了游戏产业代练服务这种商业模式的边界，而且有力地维护了网络游戏产业公平竞争秩序，体现出保护通过公平、诚信、守法经营形成的竞争优势的司法导向，对于网络游戏行业的规范发展具有重要的示范作用和指导意义，同时对于防止未成年人沉迷游戏、保护其身心健康等也具有积极的推动作用。

四、北京微播视界科技有限公司诉北京创锐文化传媒有限公司不正当竞争纠纷案[1][2]

案情聚焦

北京创锐文化传媒有限公司（以下简称创锐公司）未经许可，直接抓取、搬运抖音平台数据集合中的 5 万余条短视频文件、1 万多个用户信息、127 条用户评论内容，并在刷宝 App 进行展示和传播。北京微播视界科技有限公司（以下简称微播公司）以创锐公司的行为构成不正当竞争为由诉至北京市海淀区人民法院，请求判令创锐公司刊登声明、消除影响，并赔偿经济

---

[1] 邱奎霖律师、王莉律师，国浩律师（南京）事务所。
[2] 一审案号：（2019）京 0108 民初 35902 号；二审案号：（2021）京 73 民终 1011 号。

损失 4000 万元。

一审法院经审理认为，微播公司作为抖音 App 的开发者和运营者，投入相应的人力、财力成本，通过正当合法的经营，一方面吸引用户至抖音 App 平台发布短视频，积累用户和短视频内容；另一方面通过经营短视频资源吸引用户观看、评论、分享，带来相应流量。此外，微播公司与用户之间定有协议，其在正常的经营活动中使用抖音 App 上的短视频内容亦具有合法的授权依据，故抖音 App 平台所展示的短视频内容、用户评论等资源均是微播公司通过正当合法的商业经营所获得，并由此带来经营收益、市场利益及竞争优势，上述合法权益应受反不正当竞争法的保护。

创锐公司运营的刷宝 App 提供短视频服务，与抖音 App 构成直接竞争关系，双方之间属于同业竞争者。现有证据能够证明创锐公司系采用技术手段或人工方式获取来源于抖音 App 中的视频文件、评论内容并通过刷宝 App 向公众提供。创锐公司未通过正常运营刷宝 App 产品，吸引用户、培育市场、建立竞争优势，并以此获得相应的合法经营利益，而是直接采用技术手段或人工方式获取微播公司赖以经营和获利的视频资源、评论内容。创锐公司在未投入相应成本的情况下，直接获取上述资源，掠夺微播公司的经营成果，并以此与微播公司争夺流量和用户，削弱了微播公司的竞争优势，损害了微播公司的合法权益，此种行为违反诚实信用原则和公认的商业道德，构成不正当竞争。

考虑到创锐公司实施涉案不正当竞争行为的主观恶意明显，情节较为恶劣，且涉案视频数量多达 50392 个，影响范围较为广泛，故对微播公司要求创锐公司消除影响的诉讼请求予以支持。因双方未提交充分证据证明微播公司因本案被诉行为所受实际损失或创锐公司非法获利情况，酌情确定创锐公司因本案不正当竞争行为应向微播公司支付赔偿数额 500 万元。

一审判决作出后，创锐公司提起上诉，主张涉案短视频内容，属于著作权法保护的范畴，微播公司不具有反不正当竞争法规定的合法权益、微播公司没有实际损失等。二审法院审理后，判决驳回上诉，维持原判。

律师评析

本案作为首例短视频平台数据集合不正当竞争案例，其典型性在于厘清了非独创性数据集合的法律性质和经济价值，明确了著作权法保护的权利以及反不正当竞争法保护的法益之间的异同。

本案中，创锐公司未经许可，直接抓取搬运抖音平台数据集合中的 5 万余条短视频文件、1 万多个用户信息、127 条用户评论内容，并在刷宝 App 进行展示和传播。在一、二审过程中，创锐公司主张涉案短视频内容，属于著作权法保护的范畴，微播视界公司不具有反不正当竞争法规定的合法权益。

二审审理过程中，法院首先对短视频是否构成作品，在著作权法意义上进行了区分。认定短视频中约 40%内容具有独创性，构成作品。其余短视频内容，均为不具备独创性的有伴音或者无伴音的连续形象、录像的录制品。

其次，法院明确了尽管涉案短视频的内容构成我国著作权法保护的作品或者录像制品，但是著作权法提供的保护是针对单一著作权客体，享有著作权或录像制作者权利的是单一作品或者录像制品的作者或者录像制作者。著作权法保护的不是短视频平台收集者付出的成本。因此，著作权法对单一作品或者录像制品创作者的法律保护，并不适用于微播公司。

在此基础上，法院通过对非独创性数据集合的特点、所能带来的经济利益的分析，进一步认定涉案短视频整体、用户信息、用户评论的集合，具有数据集合的属性。这个数据集合以非独创性方式呈现，内容能够单独检索，具有独立价值，因此构成非独创性数据集合。尽管这个集合不构成著作权法保护的汇编作品，但其收集控制者对数据集合的收集、储存、加工、传输进行了实质性的投资，这种投资的规模集聚效应能够产生巨大的经济利益，并在市场竞争中形成竞争优势，因此这些数据集合应当纳入反不正当竞争法保护的权益范畴。

在大数据时代，数据已成为企业重要的资产和创新驱动力。面对社会公众的信息需求，互联网平台投入大量人力、物力、财力，收集、存储、加工并传输相关海量数据，以此吸引大量用户，实现流量变现，创造巨大的经济利益。然而，这些信息数据大多并非由平台自行生产，而是由平台用户产出。因此，平台对于此类数据往往不享有著作权等排他性权利，这无疑加大了维权的难度。在不能适用著作权法进行保护的情况下，法院借助反不正当竞争法，并结合互联网平台的商业模式、经营规模、传播对象以及获利方式等，对数据集合的保护进行了明确指引。本案确立了对短视频平台经营者收集、存储、加工、传输数据过程中形成的合法权益给予法律保护的司法裁判规则，也为在法治轨道上推进数字中国的高质量建设、加快构筑国家竞争新优势贡献了司法智慧和力量。

五、西门子股份公司、西门子（中国）有限公司与宁波奇帅电器有限公司、昆山新维创电器有限公司、龚某其、王某、武某志侵害商标权及不正当竞争纠纷案[1][2]

案情聚焦

核准注册在洗衣机商品上的涉案注册商标"西门子"由西门子股份公司（以下简称西门子公司）及西门子（中国）有限公司（以下简称西门子中国公司）享有专用权，经过长期使用具有较高知名度。西门子公司及西门子中国公司的字号"西门子"亦具有一定的影响力。宁波奇帅电器有限公司（以下简称奇帅公司）在其生产销售的洗衣机产品、产品外包装及相关宣传活动中使用了"上海西门子电器有限公司"标识；个人独资企业昆山新维创电器有限公司（以下简称新维创公司）销售了前述被诉侵权产品。西门子公司及西门子中国公司以奇帅公司、新维创公司的前述行为侵害了其注册商标专用权并构成不正当竞争为由提起本案诉讼，请求赔偿经济损失1亿元及合理开支16.3万元。江苏省高级人民法院一审认为，奇帅公司、新维创公司

---

[1] 郝朋宇律师，国浩律师（深圳）事务所。
[2] 一审案号：（2019）苏民初2号；二审案号：（2022）最高法民终312号。

的行为构成商标侵权及不正当竞争，全额支持了西门子公司及西门子中国公司的赔偿请求。奇帅公司等不服，提起上诉。

最高人民法院二审认为，奇帅公司在洗衣机机身上、商品外包装及宣传活动中使用"上海西门子电器有限公司"标识，分别对西门子公司构成商标侵权及《反不正当竞争法》第六条第二项、第四项规定的不正当竞争行为。鉴于奇帅公司在诉讼中拒不提供与侵权行为相关的财务资料，一审法院将在案的媒体报道内容作为销售总额的计算依据，并按照 1/15 计算被诉侵权产品的销售额占比，进而确定赔偿额的做法并无不当。虽现有证据无法证明侵权获利及侵权损失，但足以认定奇帅公司因生产、销售被诉侵权产品而获得的利益明显超过《反不正当竞争法》第十七条第四款规定的法定赔偿最高限额，综合考虑西门子公司及西门子中国公司企业名称具有较高的知名度，奇帅公司具有明显的主观恶意、侵权规模、侵权持续时间，并结合洗衣机产品的利润率等因素，一审确定的赔偿数额并无不当。最高人民法院二审判决，驳回上诉，维持原判。

> **律师评析**

本案是打击仿冒混淆行为的典型案例，对于如何确定将与他人有一定影响的企业名称中的字号及注册商标相同或相近似的标识作为字号使用的行为性质、法律适用及判赔金额具有指导意义。

仿冒混淆行为是指因擅自使用他人相同或者近似的商业标识而导致或者可能导致市场混淆的行为。《反不正当竞争法》第六条旨在保护注册商标以外的具有识别或区分商品和服务来源的商业标识，包括商品名称、包装、装潢等商品标识，商号、企业名称等营业标识以及域名、网站名称等经营活动标识。

本案中，最高人民法院针对奇帅公司使用"上海西门子电器有限公司"标识的三种情形（一是使用在洗衣机机身上，二是使用在洗衣机外包装上，三是使用在宣传活动中），分别进行评判，厘清了《商标法》和《反不正当竞争法》在保护商业标识时的适用界限。首先，针对直接使用在洗衣机商品控制面板上的行为，由于该企业名称的显著识别部分为"西门子"三个字且该使用方式与商品的连接更为紧密，从整体上可以认为属于使用与涉案"西门子"商标近似标识的情形，从而直接适用《商标法》进行评判。其次，针对使用在外包装和宣传活动中的行为，最高人民法院考虑到具体的使用情形，适用《反不正当竞争法》第六条第二款和第四款进行评判，体现了充分尊重立法原意的体系化思维。

此外，关于本案判赔的确定，人民法院细化了确定赔偿数额的考量因素，在奇帅公司拒不提交相关财务证据的情况下，将在案的媒体报道内容作为销售总额的计算依据，并按照1/15计算被诉侵权产品的销售额占比，在综合相关案件因素的基础上，在法定最高限额以上裁量性确定本案赔偿数额。这也是本案的一个亮点。

六、云南诺特金参口腔护理用品有限公司因与云南白药集团股份有限公司擅自使用与他人有一定影响的商品名称、包装、装潢等相同或者近似的标识纠纷一案[1][2]

案情聚焦

云南白药集团股份有限公司（以下简称云南白药集团）生产的"云南白药牙膏"（留兰香型）采用了相对固定的包装装潢，该装潢与"云南白药牙膏"及云南白药集团之间建立了固有的联系，具有识别商品来源的功能，是云南白药集团特有的、有一定影响的装潢。经云南白药集团保全公证，云南诺特金参口腔护理用品有限公司（以下简称诺特金参口腔护理公司）在市场上售卖的"云南三七牙膏"（清新留兰型）的外包装装潢与云南白药集团的"云南白药牙膏"（留兰香型）外包装装潢一致。法院依据上述事实，于2020年9月4日作出了（2020）云民终875号民事判决，认定诺特金参口腔

---

[1] 陈东生律师、黎佩琪律师，北京市天元（广州）律师事务所。
[2] 一审案号：（2021）云01民初5899号；二审案号：（2023）云民终330号。

护理公司构成不正当竞争，判令其停止不正当竞争行为。该案生效后，云南白药集团发现市场上仍然有被认定为侵权的"云南三七牙膏"（清新留兰型）出售。云南白药集团通过公证购买被控侵权商品及 12315 网络举报平台关于针对被控侵权商品的投诉记录，遂向人民法院提起诉讼，诉请人民法院判令诺特金参口腔护理公司停止侵权，并赔偿经济损失人民币 500 万元。

云南省昆明市中级人民法院经审理后，认定诺特金参口腔护理公司构成侵权，并判令停止侵权，赔偿云南白药集团经济损失人民币 500 万元。诺特金参口腔护理公司向云南省高级人民法院提起上诉。云南省高院审理后认为，云南白药集团一审诉请具有事实和法律依据，诺特金参口腔护理公司在因前案被判定构成不正当竞争并要求其停止生产、销售被控侵权商品的情况下，仍未遵守人民法院的生效判决，继续销售涉案被控侵权商品，属擅自使用与他人有一定影响力的商品装潢相同的标识，依法应当承担停止侵权，并赔偿经济损失的民事责任。"云南白药牙膏"属知名商品，市场占有率较高，鉴于诺特金参口腔护理公司侵权行为的持续时间长，销售范围广，其在销售过程中的混淆行为，必然挤占"云南白药牙膏"的市场份额，根据《反不正当竞争法》等相关法律规定，驳回上诉，维持原判。

律师评析

本案是云南省知识产权纠纷案件中，首例法院顶格判赔 500 万元的生效案例，对以后的知识产权纠纷案件有极大的指导作用。同时，有效地震慑了社会各行各业中那些妄图通过模仿知名品牌商品包装装潢、扰乱市场竞争秩序、损害其他经营者合法权益获利的人，具有重大意义；也让企业能够意识到商标权、专利权、版权、商业秘密等无形财产的巨大经济价值，一定程度上增强了社会大众对知识产权的保护意识。

云南白药作为中华老字号著名品牌，一直被誉为"中华瑰宝"。知名商品的商业标识属知识产权保护的重要内容之一，知名商品的特有包装、装潢能够与商品及商家形成紧密联系，成为知名商品的识别符号，能够成为消费者作出消费选择的考量因素，具有重要商业价值。《反不正当竞争法》明确规定禁止仿冒行为，包括擅自使用知名商品特有包装装潢的行为。而法院通过司法裁判，让相关公众对知识产权的保护范围有更深刻、全面的认识。

此次云南白药的成功维权，不只是维护了企业和消费者的合法权益，更是对市场上无视司法裁决恶意侵权的行为再次敲响了警钟。

七、广州逸仙电子商务有限公司诉广州辛瑞化妆品有限公司、广州淘奇信息科技有限公司、广州市白云区昕薇化妆品厂等不正当竞争纠纷案[①][②]

案情聚焦

广州逸仙电子商务有限公司（以下简称逸仙公司）创立于2016年，经营范围包括化妆品零售批发等。逸仙公司先后在第3类化妆品等商品核准注册了"Pink Bear""皮可熊"相关商标。2021年3月16日，逸仙公司在天猫平台开设了"Pink Bear 皮可熊"品牌旗舰店，同日，涉案"Pink Bear 皮可熊琉光镜面水唇釉"开始通过直播带货等方式在小红书、抖音、B站等网站上进行销售。在"Pink Bear 皮可熊琉光镜面水唇釉"上市销售后，逸仙公司发现，广州辛瑞化妆品有限公司（以下简称辛瑞公司）开设的网店"pipl化妆旗舰店"以及广州淘奇信息科技有限公司（以下简称淘奇公司）开设的网店"广州淘奇实力供应商"中销售有涉嫌侵权商品，该商品使用了与逸仙公司的商品包装装潢高度近似的包装装潢。逸仙公司认为，辛瑞公司、淘奇公司、广州市白云区昕薇化妆品厂（以下简称昕薇化妆品厂）等共同生产，并由辛瑞公司、淘奇公司共同销售的涉嫌侵权商品，使用了与逸仙公司有一定影响的"Pink Bear 皮可熊"唇釉商品相近似的包装装潢，构成不正当竞争。因此，逸仙公司诉至一审法院，索赔100万元。

庭审中，逸仙公司就"Pink Bear 皮可熊琉光镜面水唇釉"的销量情况

---

① 陈东生律师、黎佩琪律师，北京市天元（广州）律师事务所。
② 一审案号：（2022）粤0111民初6970号；二审案号：（2023）粤73民终691号。

以及"Pink Bear 皮可熊"品牌宣传推广情况进行了相关举证，拟证明"Pink Bear 皮可熊"品牌及涉案唇釉已在国内具有较高的知名度，涉案商品的装潢属于有一定影响的商品装潢。

一审法院经审理认为，涉案"Pink Bear 皮可熊琉光镜面水唇釉"产品装潢早于被诉侵权产品的生产时间，设计上具有一定的独创性，但尚不足以产生与逸仙公司唯一对应的关系，且逸仙公司提交的证据不足以证明其真实的销售数量，也无法证明就涉案产品在互联网上进行了持续及广泛的宣传，况且涉案产品开始销售的时间距被诉侵权产品的上架时间不足半年，也并无受保护的情况，不能证明其商品的装潢在相关公众中具有一定影响。因此，一审法院判决驳回了逸仙公司的全部诉讼请求。逸仙公司不服，上诉至广州知识产权法院。广州知识产权法院经审理，认为：案件的争议焦点在于涉案商品装潢在被诉侵权行为发生前是否已经属于"具有一定影响"的商品装潢。虽然在互联网环境下，商品通过直播带货等形式进行宣传销售，有可能在较短时间内就形成一定的市场关注度，与传统线下商业销售宣传模式存在较大差异，但在认定相关商品装潢是否"具有一定影响"，仍需结合商品实际销售情况、宣传持续情况、标识受保护或受第三方认可情况综合判断相关公众对涉案商品装潢的知悉程度以确定其知名度和市场影响力。涉案产品属于传统商品类型，市场竞争比较充分，并不因互联网环境而额外获得竞争优势或高度注意力。逸仙公司未能提供证据证明涉案装潢获得官方或第三方授奖或认可的情况，涉案商品装潢并未有过受保护记录，尽管逸仙公司经营的"完美日记"品牌具有一定的市场知名度和影响力，但与涉案商品无关联，不足以证明涉案商品装潢在被诉侵权行为发生前已经"具有一定影响"。故判决驳回其上诉请求，维持原判。

律师评析

商品的影响力是其受到保护的基本门槛，是其包装、装潢受到《反不正当竞争法》保护的判断前提。《反不正当竞争法》修订时，也借鉴了《商标法》第三十二条关于"一定影响的商标"的表达，将"知名商品特有名称、包装、装潢"修改为"有一定影响的商品名称、包装、装潢",但在具体实务认定中,"有一定影响的商品"与"知名商品"并无实质性区别。"有一定影响的包装、装潢"往往要求该包装、装潢经过较长时间的使用,产生一定的知名度与影响力。另外,这种知名度应是有积极影响的知名度。在实践中通常表现为相关商品在权威性评奖活动中的获奖情况、媒体赞誉报道等,是一种承载商誉的积极影响,而非基于社会负面评价而产生的消极影响。

结合到本案中,逸仙公司所主张的有一定影响的商品包装、装潢至本案被诉侵权商品备案时,涉案产品公开销售不足半年,虽然目前网络信息的传播、交流的速度加快,对于商品销售时间的审查可以适当放宽,但逸仙公司未能提供充分证据证明其持续宣传情况及作为知名商品受保护的情况。相关公众对产品的商业标识的认识与接纳是在经营者的持续使用、宣传过程中逐渐获得的,逸仙公司不能仅凭其在两个网络店铺、数个平台上直播带货即证明其商品的装潢在相关公众中具有一定影响,继而也不能证明涉案商品的装潢的特有性。

在互联网环境下,部分网红商品通过网络平台以直播带货等形式进行宣传销售,有可能在较短时间内具有一定的销售数量及市场关注度,但网络销售情况和自媒体宣传只是认定知名度和影响力的其中一个考虑因素①,法院还会结合其他因素综合判断。因此,律师在代理此类案件时应该从多方面进行论述和证明争议标识具有较高的知名度和一定的市场影响力。

八、北京市盈科律师事务所与盈科(广州)法律咨询服务有限公司不正当竞争纠纷案②③

> **案情聚焦**

盈科(广州)法律咨询服务有限公司(以下简称盈科公司)在其经营

---

① 《如何认定直播带货的商品"具有一定影响"》,载微信公众号"广州知识产权法院"2023 年 11 月 17 日,https://mp.weixin.qq.com/s/uxlP_6mKnoJgHTeHgPXFgQ。
② 谢湘辉律师、吴燕莹实习律师,国浩律师(深圳)事务所。
③ 一审案号:(2022)京 0105 民初 55656 号;二审案号:(2023)京 73 民终 1059 号。

的抖音平台、微博平台、微信平台、域名为 legalpccw.com 的网站中使用了"盈科法务 Legalpccw""盈科法务""盈科法务 YINGKE""盈科法商学院"作为服务名称。北京市盈科律师事务所（以下简称盈科律所）认为，盈科公司的该行为侵犯其第 13974639 号注册商标"盈科"的专用权，且盈科公司擅自使用其具有一定影响力的字号"盈科"，将其第 13974639 号注册商标"盈科"作为企业名称中的字号使用，误导公众，构成不正当竞争。因此，盈科律所以盈科公司为被告，向北京市朝阳区人民法院提起商标侵权及不正当竞争之诉。

一审法院判令盈科公司停止使用含有"盈科"字样的企业名称，并办理企业名称变更登记手续，变更后的企业名称中不得含有"盈科"字样。

盈科公司不服一审判决，向北京知识产权法院提起上诉，认为其仅提供非诉讼类服务，为企业提供法律服务外包为主，而盈科律所是以线下诉讼代理为主营业务，两种业务有本质区别，因此其不构成不正当竞争。二审法院认为，盈科公司关于其行为不构成不正当竞争的上诉请求，无事实和法律依据，不予支持，驳回盈科公司的上诉请求，维持原判。

律师评析

有不少法律服务咨询公司擅自使用知名律所的字号作为其企业名称中的字号，并在微信公众号等社交媒体平台上发布具有较大争议的文章，引起法律圈的广泛关注。例如，2023 年 11 月 22 日，上海汉坤法律咨询公司在其微信公众号"汉坤法律"上发布一篇正标题为《欢迎来到汉坤，一个崭新又隐秘的法律世界》、副标题为《如何合法地开除一名孕妇》的文章，引起法律圈的热议。北京市汉坤律师事务所迅速在其微信公众号"汉坤律师事务所"上发布《严正声明》，要求上海汉坤法律咨询公司立即停止侵害汉坤律所权益及抹黑法律执业群体的行为。随即，上海兰迪律师事务所正式参战，在其微信公众号"兰迪律师"上发布《严正声明》，要求重庆兰迪法律咨询有限公司停止使用其注册商标"兰迪"作为企业字号并对外提供法律咨询服务。

法律服务咨询公司明目张胆地"傍名牌",给不少知名律师事务所带来困扰。本案一、二审判决认为,盈科律所成立以后,经过持续广泛的使用,"盈科"字样已与盈科律所建立稳定的对应关系,为相关公众所熟知,具有较高的市场知名度,属于有一定影响的企业名称。盈科公司的企业名称中包含"盈科"字样,足以引人误认为与盈科律所具有商业联合、许可使用等特定联系,已达到"引人误认为是他人商品或者与他人存在特定联系"的程度。因此,法院依据《商标法》第五十八条、《反不正当竞争法》第六条以及《最高人民法院关于适用〈中华人民共和国反不正当竞争法〉若干问题的解释》第十三条的规定,认为盈科公司构成不正当竞争。

本案的意义更多在于助力净化法律服务市场。伴随经济发展,法律服务需求稳定增长,而许多经营者从中看到"商机"。由于咨询公司通常在市场监管部门登记注册,而律师事务所则在司法行政管理部门登记注册,二者并不联网检索,于是一些别有用心的经营者以知名律师事务所的名称注册法律咨询公司,而且都顺利获得注册。这些"傍(大所)名牌"的经营者一旦公司注册成功,要么以"律师经纪人""法务经纪人"等名头作为诉讼代理人参与诉讼活动,要么发布一些虚假宣传,甚至严重违反法律和社会主义道德的文章博取关注度,极大地抹黑了法律执业群体,扰乱了法律服务市场,亟待整顿。笔者认为在倡导法律服务多元化的同时,也应积极鼓励法律服务从业者合法经营、正当竞争,而不是没有底线没有原则地进行不正当竞争,本案也给所有的法律服务从业者敲响了警钟。

九、深圳市城市绿洲学校与深圳市三只小象教育科技有限公司商业毁谤不正当竞争纠纷案[1][2]

案情聚焦

原告深圳市城市绿洲学校是全国顶尖国际高中深圳国际交流书院(以下

---

[1] 谢湘辉律师,国浩律师(深圳)事务所。
[2] 一审案号:(2023)粤 0304 民初 3532 号。

简称深国交）的姊妹学校，在深圳市的国际教育领域享有良好的声誉，"城市绿洲"在学生家长的认知中已经成为绿洲学校的专属名称及标志。2021年9月10日被告深圳市三只小象教育科技有限公司（以下简称三只小象公司）的股东康某军等两人以学生家长身份访校，因未遵守访校纪律被老师要求纠正而心怀不满。后通过其注册的微信公众号"聪明的大白"、知乎账号及关联媒体发布文章《终于探校城市绿洲，除了能进深国交真没啥优势》《探校城市绿洲被老师各种嫌弃劝退？看完这篇防止探校踩雷》和《城市绿洲从探校开始就筛选家长》，文中对绿洲学校的老师及学校作了不实的负面描述。此后，被告还在其微信公众号发布标题为《太过分！城市绿洲居然纵容校园霸凌！》的视频，该视频中主播以接到学生爆料为由，描述绿洲学校存在校园霸凌等情况，且使用了"太过分""纵容校园霸凌""无语"等一系列带有倾向性的贬损、诋毁用语。经调查，原告发现被告陈述的上述情况不实后，对被告提起诉讼，请求法院依法判决：（1）被告立即停止对原告的侵权行为，删除侵权文章；（2）被告在微信公众号、抖音账号等显著位置连续30天就其诋毁原告商誉的行为刊登道歉声明以消除影响；（3）被告赔偿原告合理维权费用。

深圳市福田区人民法院经审理后作出一审判决，认定：被告传播的"绿洲学校存在且纵容校园霸凌"的信息系未被证实的、虚假的信息，被告在制作、发布该视频时并未对事情的真实性进行核实。被告在涉案视频中作出的"在此也温馨提醒各位家长，别人眼中再好的学校，不一定适合你，不要盲目跟风做选择"的提醒，传递出建议相关公众不要选择绿洲学校的信息。结合被告在微信公众号等平台发布的两篇文章《终于探校城市绿洲学校，真失望》《终于探校城市绿洲，除了能进深国交真没啥优势》，文章的标题和内容均具有明显的个人主观评判色彩，可以认定被告意图通过负面评价绿洲学校的方式，影响学生择校。因此，被告具有诋毁的主观故意。一审判决进一步论述：校园霸凌是社会关注的热点问题，学校存在校园霸凌情况，容易引起学生的恐慌及社会的担忧；而对学校纵容校园霸凌的行为，必须作出违反法律及不符合道德规范的评价。被告的涉案商业诋毁行为将容易导致相关公众对绿洲学校得出负面评价，严重损害了绿洲学校的商誉，并可能引起学生放弃选择或者拒绝就读绿洲学校的后果。被告三只小象公司应该依法承担停止侵权、赔偿损失、消除影响等民事责任。遂判决：一、被告应于本判决发生法律效力之日起 10 日内在其经营的微信公众号、小红书账号、抖音账号及知乎账号的首页刊登道歉声明；二、被告赔偿原告为制止侵权行为所支付的合理开支共计 64800 元。

律师评析

在互联网时代，信息可以通过互联网高效快速传播，各种媒体都充分利用公众号、抖音等网上平台进行宣传和推广。在此情况下，媒体经营者以及自媒体人士都应该保持应有的客观、谨慎和理性，不能为了一己私利或者愤懑情绪而诽谤或者诋毁他人。

在本案中，被告的股东可能因为在访校过程中的不愉快经历而写出带有情绪的负面报道，抑或为了商业方面的原因而传播某些未经证实的传闻，等等。如果突破了法律的底线，依法会受到反不正当竞争法的规制，而不只是道德层面的谴责。

本案判决不仅充分意识到自媒体对包括国际学校在内的经营主体的巨大影响力，而且准确分析了社会对校园霸凌的极高关注和强烈批评，以及由此对原告绿洲学校造成的极大负面影响，从而正确认定涉案行为的不正当性和后果的严重性，认定被告构成商业诋毁，依法判令被告停止侵权并公开赔礼道歉，消除对原告的不良影响。这一判决不仅有效解决了涉及校园霸凌的热点媒体事件问题，也依法保护了民办学校的合法权益，有利于我国教育事业的高质量健康发展。

十、扬子江药业集团广州海瑞药业有限公司、扬子江药业集团有限公司与合肥医工医药股份有限公司、合肥恩瑞特药业有限公司、南京海辰药业股份有限公司滥用市场支配地位纠纷案①②

案情聚焦

扬子江药业集团有限公司及其子公司（以下合称扬子江方）起诉称，其系商品名为"贝雪"的抗过敏药物枸地氯雷他定片剂生产商。合肥医工医药股份有限公司拥有枸地氯雷他定有关专利，长期以来，该公司及其子公司、关联公司（以下合称医工方）是生产"贝雪"所必需的枸地氯雷他定原料药的唯一供应方。医工方除生产枸地氯雷他定原料药外，也生产枸地氯雷他定硬胶囊剂。因而，医工方与扬子江方既是涉案原料药的供需双方，也是涉案制剂的竞争双方。医工方利用其在涉案原料药市场的支配地位，限定扬子江方只能向其购买涉案原料药，大幅提高涉案原料药价格，以停止供应涉案原料药为要挟，强迫扬子江方接受与涉案原料药交易无关的其他商业安排，给扬子江方造成巨大损失，构成反垄断法意义上的限定交易、不公平高价、搭售、附加不合理条件等滥用市场支配地位行为，请求判令医工方停止滥用市场支配地位行为，并赔偿扬子江方损失及维权合理开支1亿元。一审法院认为，医工方实施了限定交易、不公平高价、附加不合理交易条件等滥用市场支配地位行为，判决医工方立即停止上述行为并赔偿扬子江方6800余万元。双方均不服，提起上诉。医工方认为其在相关市场不具有支配地位，未实施滥用市场支配地位行为，请求撤销原判并依法驳回扬子江方的诉讼请求；扬子江方认为一审判赔数额过低，请求改判赔偿7800余万元。

最高人民法院二审认为，医工方在中国境内的枸地氯雷他定原料药市场虽然具有市场支配地位，但因其面临来自下游第二代抗组胺药制剂市场的较强间接竞争约束，故其市场支配地位受到了一定程度的削弱，且现有证据难

---

① 陈东生律师、黎佩琪律师，北京市天元（广州）律师事务所。
② 一审案号：（2019）苏01民初1271号；二审案号：（2020）最高法知民终1140号。

以证明其实施了滥用市场支配地位行为。一是枸地氯雷他定落入医工方专利权保护范围，医工方限定扬子江方在一定期限和范围内只能向其购买涉案专利原料药的行为系对专利权的正当行使，由此产生的市场封锁效果也并未超出专利的法定排他效力范围，不构成无正当理由限定交易的行为。二是综合考虑涨价后的内部收益率及价格与经济价值的匹配度，涉案专利原料药初始价格系促销性价格的可能性较大，后续涨价较大可能系对促销性价格向正常价格的合理调整，仅凭价格涨幅明显高于成本涨幅尚不足以认定不公平高价行为。三是现有证据尚不足以证明医工方存在将案外项目与涉案专利原料药销售作捆绑交易的明示或暗示，故难以认定存在附加不合理交易条件行为。最高人民法院终审判决，撤销一审判决，改判驳回扬子江方的诉讼请求。

律师评析

医药生产属于高投入高风险的行业，业界一直存在"三个十"的说法，即"十亿美元资金投入，十年研发期，百分之十的成功率"。但这种高风险也意味着待药品成功上市后，医药企业能够获得超高收益作为回报，才能鼓励市场资金投资医药创新的热情。这也就要求政府必须为研制专利药品提供强有力的专利权保护。当医药企业研发出某种原研专利药时，该医药企业拥有一定期限的垄断权，以弥补药品的研发成本并激励药企进行创新。然而，一旦专利保护到期，随着大量仿制药争相进入相关市场，原研专利药丧失垄断权，其价格将大幅度下跌，迅速陷入"专利悬崖"困局。因此，原研药企业往往利用其专利期限内的法定垄断权实施超高定价以弥补其研发成本和风险并获取高额利润。[1]

本案中，涉案枸地氯雷他定原料药落入医工方的专利保护范围内，在该专利保护期内，市场上仅有医工方可以提供该原料药（医工方未许可他人进行生产）。医工方也采取了诉争有关限定交易、制定高价等行为以弥补自己

---

[1] 《国内体育行业被罚第一案！北京市围棋协会被查处》，载新浪网2023年9月13日，https://sports.sina.com.cn/go/2023-09-13/doc-imzmpmzq7625553.shtml。

的成本。一审法院认定医工方实施了滥用市场支配地位的垄断侵权行为，没有考虑到专利权人前期的研发投入等知识产权利益成本，没有在保护有价值的知识产权和防止恶性限制竞争间把握平衡。本案经上诉至最高人民法院，最高人民法院对此则采取了截然不同的态度，认定涉案原料药落入了地洛他定多元酸碱金属或碱土金属盐复合盐及其药用组合物专利的保护范围，认为本案排除、限制竞争效果属于被告依法正当行使以及保护其药品专利的权利的必然结果，被告医工方获得了胜利，这也体现了国家对于保护药品知识产权的决心以及刺激药品创新的用心。

重点关注

一、体育行业反垄断处罚首案：北京市围棋协会被罚款[①][②]

事件回放

2023年9月1日，北京市市场监管局依法对北京市围棋协会（以下简称市棋协）组织部分会员单位达成垄断协议案作出行政处罚决定，责令市棋协及参与达成并实施垄断协议的八家会员单位停止违法行为，对市棋协处罚款5万元；对八家会员单位处2021年度销售额2%的罚款，合计116184.89元。

北京市市场监管局根据其他机关移交的线索，于2022年8月4日对市棋协涉嫌组织达成垄断协议行为立案调查。经查，市棋协于2021年8月17日召开理事会，就"北京市围棋协会围棋业余段位、级位证书及赛事服务费收费标准"征求理事单位意见，采用无记名投票方式进行表决，最终对收费标准建议指导价形成决议，并在其官网向"各业务相关单位"公示。参加会

---

① 陈东生律师、黎佩琪律师，北京市天元（广州）律师事务所。
② 《北京市市场监管局查处北京市围棋协会组织达成垄断协议案》，载北京市市场监管综合执法总队官方微信公众号"市监方正"2023年9月12日，https：//mp.weixin.qq.com/s/lH76zf37NqxsQqIhCE7ENw？poc_token＝HDZuIGajeqI3Jm8lTYT6V_c-pP-16QPQq16ebG_H。

议的北京市东城区棋牌运动协会等八家会员单位均为北京市围棋业余段位或级位赛组织单位，属于具有竞争关系的经营者。在随后组织的围棋赛事中，八家会员单位按照会议讨论的标准对证书或赛事服务费作出一致性上调。2022年2月25日，市棋协表决废止了收费标准。市棋协违反了修改前的《反垄断法》第十六条的规定，八家会员单位违反了修改前的《反垄断法》第十三条第一项的规定。

> **律师评析**

该案系全国首例体育行业被罚案，在该案中，北京市围棋协会要求其成员不得高于特定价格收费，而在效果上导致大部分会员单位按推荐最高价收费。竞争者之间协商确定最高收费价格，被认定为横向垄断协议，算是一个司法新动向。

价格是市场主体间开展竞争的重要手段。本案中，市棋协及八家会员单位的垄断行为使北京市原本差异化以及未来可能差异化的围棋业余段、级位赛赛事服务费和证书服务费趋同，排除、限制了北京市围棋业余段、级位赛服务市场的市场竞争；同时推动北京市围棋业余段、级位赛赛事服务费及4段以下（不含4段）证书服务费上涨，尤其是段位赛赛事服务费上涨幅度高达80%，加重了参赛人员的经济负担，损害了消费者利益。[①]

市棋协案是依据《反垄断法》对国内体育行业作出处罚的第一案，也是将行业协会作为经营者进行反垄断处罚的第一案。北京市市场监管局依法查处本案，及时纠正违法行为，打破围棋业余段、级位赛服务费价格同盟，促进行业回归有序竞争，有力保护了消费者利益，提升了人民群众的获得感和幸福感；同时对其他体育类、艺术类等赛事服务行业形成示范效应，有利于预防类似垄断行为的发生，促进行业规范健康持续发展。

---

① 《体育行业反垄断处罚首案：北京市围棋协会被罚款》，载观察者网2023年9月13日，https：//www.guancha.cn/sports/2023_09_13_708430.shtml。

二、国家市场监督管理总局开展 2023 年反不正当竞争"守护"专项执法行动[①][②]

事件回放

为贯彻落实党的二十大的决策部署，国家市场监督管理总局组织开展 2023 年反不正当竞争"守护"专项执法行动，从创新发展、高质量发展的大局出发，坚持规范监管和促进发展并重，不断拓展反不正当竞争执法深度和广度，提升市场竞争整体质量和水平。本次专项执法行动突出三个重点：一是以查处互联网不正当竞争行为为重点，严厉查处刷单炒信、网络直播虚假宣传等网络不正当竞争行为，为数字经济发展保驾护航。二是以规范民生领域营销行为为重点，加强对新型商业营销行为监管，严打医药购销、餐饮旅游等重点行业商业贿赂违法行为，提升消费信心，促进消费提质升级。三是以保护企业核心竞争力为重点，加强商业秘密、商业标识和商业信誉等保护，激发企业创新活力，促进商品和要素高效流通，推动建设全国统一大市场。

律师评析

近年来，由于网络直播经济的不断发展，流量带来的巨大经济效益日益显现，于是涌现大量通过网络直播中营造虚假人气、虚构成交量等方式进行虚假宣传的不正当竞争行为，通过仿冒涉农产品、应用软件图标、网站页面设计、网络游戏等混淆行为，通过盗窃、电子入侵、频繁跳槽、设立同类型公司、售卖数据等不正当手段侵犯他人商业秘密的行为。这不仅严重地扭曲了公平的市场竞争秩序，还严重地欺骗了消费者，误导消费者作出不理智的消费行为。

---

① 陈东生律师、黎佩琪律师，北京市天元（广州）律师事务所。
② 《市场监管总局开展 2023 年反不正当竞争"守护"专项执法行动》，载新浪网 2023 年 4 月 18 日，https://finance.sina.com.cn/jjxw/2023-04-18/doc-imyqvafm8341322.shtml。

在反不正当竞争法成立 30 周年之际，总局开展本次"守护"专项活动，旨在守护公平竞争的市场秩序和营商环境，守护人民群众的合法权益和消费信心。国家市场监督管理总局作为行政执法单位，针对此类严重扰乱市场秩序的不正当竞争行为需要加大行政执法力度，认真总结过去开展的相关专项执法行动中形成的宝贵工作经验，加强对各类违法行为模式的分析研判，加大执法办案力度，强化监管力度，强音回应市场主体的消费需求，有力规范市场竞争秩序。

三、国家市场监督管理总局出台《禁止滥用知识产权排除、限制竞争行为规定》[1][2]

事件回放

为鼓励创新，维护知识产权领域公平竞争的市场秩序，助力全国统一大市场建设和知识产权强国建设，结合近年来反垄断监管执法的新形势、新情况、新问题，2023 年 6 月 29 日，国家市场监督管理总局修订出台了《禁止滥用知识产权排除、限制竞争行为规定》（以下简称《规定 2023》），自 2023 年 8 月 1 日起正式施行。

律师评析

2015 年制定的《关于禁止滥用知识产权排除、限制竞争行为的规定》（以下简称《规定 2015》）自颁布实施以来，为知识产权领域反垄断执法工作提供了依据，取得了良好的实施效果，在保护知识产权、促进市场公平竞争等方面发挥了积极作用。为贯彻落实党中央、国务院关于强化反垄断、深入推进公平竞争政策实施，实施知识产权强国战略的重大决策部署，落实新

---

[1] 邱奎霖律师、王莉律师，国浩律师（南京）事务所。

[2] 《市场监管总局出台〈禁止滥用知识产权排除、限制竞争行为规定〉》，载中国政府网 2023 年 6 月 30 日，https://www.gov.cn/lianbo/bumen/202306/content_6889117.htm。

《反垄断法》精神，健全完善知识产权领域反垄断制度规则，增强制度科学性、针对性、有效性，国家市场监督管理总局对《规定 2015》进行了修订。

相较于《规定 2015》，《规定 2023》在篇幅和内容上都有所扩充，从 19 条增加至 33 条。它与新反垄断法紧密衔接，完善了体例，并针对知识产权领域的典型行为进行了修改，使其内容更为翔实、具体。《规定 2023》的出台不仅扩充了"滥用知识产权排除、限制竞争行为"的内涵，加强了对这一领域典型、特殊垄断行为的规制，也健全了利用行使知识产权的方式实施垄断行为的认定规则。

作为新《反垄断法》的配套规章之一，《规定 2023》的出台对企业、监管机构乃至整个社会都具有深远的影响。它为企业提供了明确的指引，降低了知识产权行使过程中可能存在的反垄断风险。对于监管机构来说，《规定 2023》为其提供了更为明确的执法依据，有助于其更好地打击滥用知识产权的垄断行为。对于整个社会而言，这一规定有助于促进公平竞争，鼓励创新，推动知识产权市场的健康发展。《规定 2023》的公布实施，对于全面落实新反垄断法的制度和精神、促进公平竞争和创新发展、加快建设全国统一大市场，以及促进我国经济的高质量发展具有重要意义。

四、国家市场监督管理总局公布《反不正当竞争法》实施 30 年以来十大影响力事件[①][②]

事件回放

2023 年 9 月 20 日，国家市场监督管理总局在北京举行《反不正当竞争法》实施 30 周年座谈会，深入贯彻落实党中央、国务院决策部署，系统总结我国反不正当竞争法实施成效，研究部署下一步重点工作。

[①] 邱奎霖律师、王莉律师，国浩律师（南京）事务所。
[②] 《反不正当竞争法实施三十年以来十大影响力事件（1993—2023）》，载国家市场监督管理总局网 2023 年 9 月 21 日，https：//www.samr.gov.cn/xw/zj/art/2023/art_3a364603eebb4d0b80549ab0698ba2b8.html。

会议指出，我国《反不正当竞争法》自 1993 年开始实施，历经 2017 年全面修订、2019 年修正完善，第三次修订工作正在推进，是我国第一部促进公平竞争、规范市场竞争秩序、维护市场经济健康运行的基础性法律制度，具有重要的开创性、前瞻性意义。30 年来，反不正当竞争战略定位不断提升、法律规则不断完善、监管执法不断拓展深化、商业秘密保护力度不断加大、宣传倡导不断创新，为促进社会主义市场经济繁荣发展作出重要贡献。会上，国家市场监督管理总局发布了《反不正当竞争法》实施 30 年以来十大影响力事件。

律师评析

2023 年是全面贯彻落实党的二十大精神的开局之年，也是《反不正当竞争法》实施 30 周年。在这个特殊的历史节点上，国家市场监督管理总局公布《反不正当竞争法》实施 30 年以来十大影响力事件，是对《反不正当竞争法》实施成效的一次全面总结和回顾，具有非常重要的意义。

这些影响力事件充分展示了《反不正当竞争法》在维护市场公平竞争中的重要作用。市场竞争是市场经济的基本特征，而《反不正当竞争法》则是维护市场竞争秩序的重要法律制度。通过打击虚假宣传、商业贿赂、侵犯商业秘密等不正当竞争行为，《反不正当竞争法》为市场主体提供了公平竞争的环境，保护了消费者的合法权益，促进了经济的持续健康发展。

同时，这些影响力事件也反映了我国在反不正当竞争领域的法律实践和制度建设的不断进步。随着市场经济的不断发展，不正当竞争行为的形式和手段也在不断变化，因此《反不正当竞争法》的法律规则和监管执法也需要不断适应新的形势和需求。通过不断修订和完善《反不正当竞争法》，我国在反不正当竞争领域的法律实践和制度建设取得了显著成果，为维护市场公平竞争提供了有力的法律保障。

五、最高人民法院发布 2023 年人民法院反垄断和反不正当竞争典型案例[1][2]

事件回放

2023 年 9 月 14 日，最高人民法院发布 2023 年人民法院反垄断和反不正当竞争典型案例。本次共发布 10 件典型案例，包括 5 件反垄断典型案例和 5 件反不正当竞争典型案例。

律师评析

此次最高人民法院发布的 5 件反垄断典型案例涉及不公平高价、限定交易、附加不合理交易条件、拒绝交易、垄断协议等垄断行为，行业领域涵盖医药、殡葬、汽车销售和建材等，均与民生息息相关。5 件典型案例回应了民生关切，彰显了人民法院保护经营者、消费者合法权益的司法理念。

5 件反不正当竞争典型案例既包含仿冒混淆、侵害技术秘密等传统不正当竞争类型，也涵盖数据抓取、网络游戏代练、刷单炒信等新问题，体现了人民法院对网络黑灰产的规制意愿和积极探索，回应了社会对这类高发不正当竞争行为的关切。

最高人民法院作为最高司法机关，适时发布相关领域的典型案例，有利于统一裁判尺度，回应司法关切。此次发布的典型案例对于法院和律师办理类似案件具有指导意义。

---

[1] 郝朋宇律师，国浩律师（深圳）事务所。
[2] 《最高法发布 2023 年人民法院反垄断和反不正当竞争典型案例》，载最高人民法院网 2023 年 9 月 14 日，https://www.court.gov.cn/zixun/xiangqing/411742.html。

六、深圳市中级人民法院发布涉互联网不正当竞争纠纷热点二十问[1][2]

事件回放

2023年9月2日，深圳市中级人民法院发布涉互联网不正当竞争纠纷热点二十问。

律师评析

互联网天然具有开放性、包容性、创新型特点，新模式、新业态层出不穷，因此如何规制互联网领域新型不正当竞争行为一直是立法和司法的难点和热点。

深圳是中国改革开放的最前沿，孕育了众多知名的互联网企业。近几年，深圳法院审理了一系列涉及互联网不正当竞争领域的典型案例，有些案例对互联网反不正当竞争的司法问题进行了有益探索，在全国范围内也具有较大影响。

深圳市中级人民法院在总结理论发展和司法实践的基础上，以一问一答的方式，梳理了互联网不正当竞争纠纷的热点法律问题，对于指导互联网行业经营者合法合规经营具有积极意义。

---

[1] 郝朋宇律师，国浩律师（深圳）事务所。
[2] 《涉互联网不正当竞争纠纷热点二十问》，载微信公众号"深圳市中级人民法院"2023年9月2日，https://mp.weixin.qq.com/s/wf2d84nHuBUfnPVRdZoRtw。

CHAPTER 6

第 6 章

技术交易与知识产权商用化

综　述

2023年5月27日下午，在2023年中关村国际技术交易大会开幕式暨全球技术交易生态伙伴大会上，科技部成果转化与区域创新司负责人介绍称，我国技术市场活力持续释放，技术转移和成果转化规模显著提升。数据显示，全国技术合同从2018年的41.20万项提高到2022年的77.3万项，成交额从2018年的1.77万亿元提高到4.78万亿元，分别增长87.6%和170%，4年增长170%。企业科技成果转化主体地位更加突出，贡献了全国93.7%的技术输出和82.8%的技术吸纳。数据表明，我国持续深化科技成果转化体制机制改革已经初见成效，政策法规体系日趋完善，持续推动国家技术转移体系建设，技术要素市场活力不断提升，不断强化企业科技创新主体地位，企业主导的产学研融合初步形成。[①]

近年来，响应党和国家创新型国家建设的指导精神，国务院及各部委出台了多项鼓励科技创新和成果转化的政策，通过引导和推动创新主体、优化创新环境，为科技成果转化提供了有力的保障和支撑，促进了科技与经济的深度融合发展。2023年，国务院及各部委共计发布了36项与科技成果转化、专利转化运用、技术经理人培养等相关的政策，包括通用政策15项，促进行业发展类政策16项，促进区域创新类政策5项。本章将就2023年具有典型意义的案例、政策及重大事件进行梳理。

---

① 《我国科技成果转化规模显著提升》，载中国政府网2023年5月28日，https://www.gov.cn/yaowen/liebiao/202305/content_6883437.htm。

典型案例

一、上海市第一人民医院"免疫年龄诊断试剂盒技术"专利转让6亿元[1][2]

2023年10月28日，上海市第一人民医院与广东泰恩康医药股份有限公司就市一医院临床研究院执行副院长、疑难疾病精准研究中心主任王宏林团队研发的"免疫年龄诊断试剂盒"相关专利签署技术转让合同，合同总金额6亿元（包括技术转让费用5000万元，以及按获批产品当年度净销售额的6%计提销售提成），创下了今年国内科技成果转化的记录。近年来，新冠、甲流等病毒在全球肆虐。王宏林团队发现，病毒感染者的病情进展差异与其免疫力密切相关，如果能便捷、准确地评估机体免疫能力，就可为临床诊疗提供重要参考。经过三年多对人体骨髓组织样本的研究，他们发现了指征机体衰老的免疫学指标，在此基础上通过高通量单细胞测序3岁至91岁的人骨髓组织样本，在仅取1毫升样本、耗时1小时、针对1个主要指标的条件下，准确评估人体"免疫年龄"。据介绍，该产品在体检、年龄相关性疾病、中重度炎症和癌症等风险筛查领域具有巨大应用前景，有望成为国内首个获得注册批准的人体免疫年龄精准检测三类医疗器械。

本次技术交易是双方在上海技术交易所的协助下顺利完成。上海技术交易所总裁颜明峰介绍，之所以能促成这项交易，源于国家级平台的公信力保障，通过标准的转化流程指导医院依法合规地完成转让交易。在服务过程中，交易所邀请专业评估机构，对交易采用的"技术转让+销售提成"方式进行了全面的分析论证，并提出优化建议，保障了交易双方的合法商业权益。

---

① 王卫东律师，北京大成律师事务所高级顾问。
② 《一周内3项千万级专利成功签约转让，这家医院如何让沉睡专利成为患者福利？》，载上观网2023年11月2日，https：//export.shobserver.com/baijiahao/html/675247.html。

二、维信诺科技股份有限公司专利包许可 2.75 亿元①②

2023 年 6 月 10 日，深圳证券交易所上市公司维信诺科技股份有限公司发布公告称，为顺利推进合肥第六代柔性有源矩阵有机发光二极体显示器件 AMOLED 模组生产线项目，维信诺及其 3 家控股公司（统称为维信诺）与公司参股公司合肥维信诺电子有限公司（简称为合肥维信诺）签署《技术许可及服务合同》，维信诺拟对合肥维信诺进行专利许可及相关的技术服务，共涉及 AMOLED 方面的相关发明、实用新型专利等专利权、专利申请及 PCT 专利申请等共计 738 件，许可费共计 2.75 亿元，许可方式为普通实施许可，许可期限为永久许可，相关的技术服务费为 2500 万元。

合肥维信诺是合肥东欣投资有限公司、合肥鑫城控股集团有限公司与维信诺共同投资设立的第 6 代柔性 AMOLED 模组生产线项目运营主体，项目总投资 110 亿元，主要从事 6—12 寸柔性 AMOLED 模组生产、研发与销售。维信诺是国内 AMOLED 行业领先的新型显示整体解决方案创新型供应商，集 AMOLED 研发、生产与销售于一体的全球 OLED 产业领军企业，在技术方面有着深厚的研发能力和产业化经验，在柔性显示技术领域，公司同样具有先进的生产经验及技术优势，相关的研发与量产技术能够满足合肥维信诺缩短建设投产过程等方面的迫切需求。

三、湖南省专利转化对接会签约 3.5 亿元③④

2023 年 2 月 27 日，湖南省专利转化对接会在株洲举行。对接会上，发

---

① 王卫东律师，北京大成律师事务所高级顾问。
② 《维信诺：关于与参股公司签署〈技术许可及服务合同〉的公告》，载新浪网 2023 年 6 月 10 日，http：//money.finance.sina.com.cn/corp/view/vCB_AllBulletinDetail.php？id=9282089。
③ 王卫东律师，北京大成律师事务所高级顾问。
④ 《【红网】湖南省专利转化对接会签约 3.5 亿元》，载湖南省市场监督管理局网 2023 年 3 月 2 日，http：//amr.hunan.gov.cn/amr/xxx/mtzsx/202303/t20230302_29260445.html。

布了22所高校2597件拟转化的专利，涉及生物医药、新能源、农林业生产、食品农产品加工、先进制造与自动化、环境治理、新材料等领域，现场成功签约高价值专利转化项目10个，签约金额高达3.5亿元。

其中，中南大学与岳阳市洞庭能源发展有限公司（以下简称洞庭能源）签署合作协议，中南大学以"高性能低成本碳基材料"相关的10项发明专利（含专利申请）和5项专有技术作价入股，与洞庭能源合作成立产业化公司湖南金钺新材料有限责任公司，注册资金为10亿元，洞庭能源持股比例为73%，中南大学技术作价2.7亿元，持股比例为27%。湖南大学的"一种金属冶炼废渣衍生材料及其制备方法与应用"专利作价4000万元落户株洲；湖南工业大学将"一种剔除高纯石英砂中气液包裹体的工艺方法"专利技术以530万元转让给湖南科罗兹硅业有限公司；湖南农业大学以开放许可方式将红茶加工方法专利提供给太青山茶业使用，被许可方湖南太青山茶业有限公司只需向许可方湖南农业大学支付5万元专利许可使用费。

近年来，湖南深入实施专利转化专项计划，积极推动专利开放许可试点，知识产权转化运用政策体系和服务体系不断完善，初步建立起了以高校为源头，以知识产权战略推进专项资金、质押融资风险补偿资金重点产业运营基金等为支撑，以保护中心、交易中心和园区分中心为载体，以知识产权试点示范为抓手的运营体系。2022年，湖南省专利转让许可1.8万次，发布开放许可专利1796件，专利产品备案1199件，专利密集型产业增加值4948亿元，知识产权质押融资金额达65.87亿元，知识产权证券化产品实现了零的突破。

四、涉及国有资产的重大技术转让违反相关决策程序导致合同无效[①]

如果当事人一方或双方转让/受让专利技术涉及国有资产的处置，按照相关规定属于重大对外投资事项的，需要遵循相关的法律法规和规章制度，

---

① 王卫东律师，北京大成律师事务所高级顾问。

进行合法合规的决策流程。如果决策流程不规范，可能会导致国有资产流失、决策失误、责任追究等风险。

实践中就发生过，国内某公立高校以 1.2 亿元的价格将一项国家重点研发计划项目成果转让给一家民营企业，但未经过"三重一大"事项的决策流程，导致被上级主管部门责令撤销转让合同，并对相关责任人进行了问责处理。某国家科研院所也曾低价将一项具有重大战略意义和市场潜力的科技成果转让给一家外资企业，但没有经过"三重一大"事项的决策流程，也没有经过科技成果权属、定价、转化等方面的严格审查和管理，导致科技成果被低价出售，从而存在被对方用于垄断市场、损害我国社会公共利益的风险。

"三重一大"是指：重大事项决策、重要干部任免、重大项目投资决策、大额资金使用。"三重一大"制度则指"重大事项决策、重要干部任免、重要项目安排、大额资金的使用，必须经集体讨论作出决定"的制度。该规定最早可溯源于 1996 年第十四届中央纪委第六次全会公报。2005 年中共中央颁布的《建立健全教育、制度、监督并重的惩治和预防腐败体系实施纲要》（中发〔2005〕3 号）第六款第十三条提出："加强对领导机关、领导干部特别是各级领导班子主要负责人的监督。要认真检查党的路线、方针、政策和决议的执行情况，监督民主集中制及领导班子议事规则落实情况，凡属重大决策、重要干部任免、重大项目安排和大额度资金的使用，必须由领导班子集体作出决定……"

中共中央纪委、教育部、原监察部《关于加强高等学校反腐倡廉建设的意见》（教监〔2008〕15 号）规定："二、完善制度深化改革，加强管理和监督（八）健全领导班子科学民主决策机制。坚持民主集中制原则，按照党委领导下的校长负责制的要求，完善并严格执行议事规则和决策程序。坚持和完善重大决策、重要干部任免、重要项目安排、大额度资金使用（以下简称'三重一大'）等重要问题应经党委（常委）会集体决定的制度。对于专业性较强的重要事项，应经过专业委员会咨询论证；对于事关学校改革发展全局的重大问题和涉及教职工切身利益的重要事项，应广泛听取群众意见。"

2010 年 7 月 15 日，中共中央办公厅、国务院办公厅印发了《关于进一步推进国有企业贯彻落实"三重一大"决策制度的意见》，其中明确规定，按照中央关于"凡属重大决策、重要人事任免、重大项目安排和大额度资金运作（简称'三重一大'）事项必须由领导班子集体作出决定"的要求，国有企业应当健全议事规则，明确"三重一大"事项的决策规则和程序，完善群众参与、专家咨询和集体决策相结合的决策机制。国有企业党委（党组）、董事会、未设董事会的经理班子等决策机构要依据各自的职责、权限和议事规则，集体讨论决定"三重一大"事项，防止个人或少数人专断。要坚持务实高效，保证决策的科学性；充分发扬民主，广泛听取意见，保证决策的民主性；遵守国家法律法规、党内法规和有关政策，保证决策合法合规。

五、来者不"善"：数据交易中开展数据尽调是否事与愿违[①]

近年来，数据交易在推动数据经济发展中发挥着越来越重要的作用。通过数据的流通和交易，不同企业可互相借力，不同产业间相互赋能，数据的价值得以激活。与此同时，当今社会也日益重视数据合规和安全。数据交易中的尽调环节与此息息相关。实践中，企业在进行数据相关尽调时普遍存在种种困惑。首先，数据立法中的概念难以把握，且法规更新快。其次，数据本身不同于其他资产，信息量大、范围广、难以追溯来源，导致尽调不知从何做起或偏形式，也担心尽调能否真正揭露出法律风险。此外，如果尽调揭示拟交易的数据存在数据合规或侵权问题，买方可能会被认定为对合规或侵权问题是知情的；如果不做尽调，其可以主张是不知情的"善意"买方而规避责任，似乎对企业更有利。实际上，类似的观点对企业是一种误导。最近重庆市两江区人民法院一则有关数据交易中的商业秘密侵权案判决显示，主张不知情可能并不能帮助买方规避标的数据中存在的风险。[②]

本案是一起由数据交易引发的商业秘密案件，案情并不复杂，但因涉及数据交易场景而引发广泛关注。据本案的判决书，本案原告（商业秘密权利

[①] 傅广锐律师、王笛律师，金杜律师事务所上海分所。
[②] 详见重庆光某某摩托车制造有限公司与广州三某摩托车有限公司侵犯商业秘密纠纷案，（2022）渝0192民初8589号。

人）与被告均为摩托车行业经营者。2019年4月，被告与一家数据公司签订《数据服务协议》，约定被告向其采购一批海关出口数据。随后，该数据公司向被告发送了一份excel文件，文件包含原告在内的多家企业的报关信息，具体包括出口型号名称、数量、目的国、价格、排量、运输方式等21项信息。据此，原告以商业秘密侵权为由将被告诉至法院。值得注意的是，与一般商业秘密侵权涉及的场景不同，本案被告是一起数据交易的买方，其并未主动采取接触商业秘密行为，也不涉及雇佣商业秘密权利人的前员工等常见商业秘密侵权场景。涉案商业秘密实际上是通过数据交易链条传导至被告处。被告在签订合同时可能并不清楚。

本案中，在将涉案信息认定为商业秘密后，法院将被告购买上述数据的行为认定为商业秘密侵权行为。值得注意的是，本案判决书论述了数据购买场景下购买数据行为构成商业秘密侵权的法律标准："如企业采购数据时不知道数据系侵害他人商业秘密的数据，但在接收数据时知道或应当知道采购的数据系侵害他人商业秘密的信息，仍予以接收，证明该数据交付符合企业数据交易的目的，该企业亦构成通过不正当手段获取他人商业秘密。"

进一步，在如何判断买方是否"应当知道"的问题上，法院考虑了双方的地位、一般商事主体应当具有的商业常识等因素。结合本案案情，法院认为，原、被告企业同为摩托车行业经营者，即便在签订《数据服务协议》之时对数据涉及商业秘密不知情，但在接收数据时，被告也理应清楚同行优势竞争企业的某些数据（如出口量、价格信息）涉及他人商业秘密，因此属于具有获得商业秘密的主观意图，获得商业秘密后使用该商业秘密的可能性较大。据此，法院认定，被告的购买行为主观上存在过错，构成通过不正当手段获取他人商业秘密。

此外，法院还引用了《数据安全法》第三十二条规定，强调企业采购数据时不可使用非法方式获取数据。《数据安全法》第三十二条规定，任何组织、个人收集数据，应当采取合法、正当的方式，不得窃取或者以其他非法方式获取数据。除引用《反不正当竞争法》外，法院对于《数据安全法》的引用亦表明，企业购买数据的行为作为一种数据收集行为亦受到数据相关立法的监管，数据法相关规范亦不允许企业在收集数据的过程中侵犯他人权益。

（一）"应当知道"带来的风险

对于数据交易从业者而言，本案的启示在于，买方并不能因为没有做尽调进而主张不知情从而免责。从交易的一般流程上来看，买方先进行尽职调查，后签署协议，从而对资产的风险状况摸底，最后卖方交付数据。本案中，买方并未进行尽职调查，因此在签署数据购买协议时，其可能无从知晓标的数据是否侵权。但法院认为，即便买方在签署协议时不知情，在接收数据时应当认识到侵权数据的存在。换言之，一旦接收数据，另一道风险的大门即将打开：法院审查的中心不在签约前是否做了尽调、签约时是否实际知情，而在于接收时是否"应当知情"，此时晚矣。

最高人民法院有关商业秘密的司法解释同样包括对于第三人"应当知道"侵权存在而构成共同侵权的规定。根据《最高人民法院关于审理技术合同纠纷案件适用法律若干问题的解释》（以下简称《技术合同司法解释》），权利人如证明侵权行为人与第三人恶意串通，或者第三人知道或者应当知道侵权行为人侵权仍与其订立或者履行合同的，侵权行为人与第三人构成共同侵权，二者承担连带责任。

此外，本案法院采用的"应当知情"或"应当知道"标准在法律领域并不鲜见。侵权法上，承担法律责任的主观要件包括故意、重大过失等。故意所要求的"知情"也可进一步分为"实际知情"（actual knowledge）与"推定知情"（constructive knowledge）。"应当知情"是一种法律推定，是指按照一般人的普遍认知能力可以推断出行为人应当知道某种状态。"实际知情"是单纯地对行为人的主观知情状况考察；而"推定知情"则是以一般人标准对行为人主观知情状况的推断，带有一定客观标准，这意味着行为人不能罔顾客观实际、对于应当认识到的情况漠然无视。

（二）商业秘密的善意取得

与此相关的一个问题是，买方在何种情况下可被认定为善意受让人，从而适用商业秘密的善意取得。《技术合同司法解释》还规定了商业秘密的善意取得。侵害他人技术秘密的技术合同被确认无效后，除法律、行政法规另有规定的以外，善意取得该技术秘密的一方当事人可以在其取得时的范围内继续使用该技术秘密，但应当向权利人支付合理的使用费并承担保密义务。

但对于商业秘密侵权下善意取得的构成要件，目前相关法律法规尚无规定。参照其他部门法下的相关规定或可作为借鉴。《最高人民法院关于适用〈中华人民共和国民法典〉物权编的解释（一）》第十四条规定："受让人受让不动产或者动产时，不知道转让人无处分权，且无重大过失的，应当认定受让人为善意。真实权利人主张受让人不构成善意的，应当承担举证证明责任。"在涉及第三方商业秘密的交易中，围绕着交易对象、交易习惯等因素，受让人是否履行了必要的询问或审查职责，可能会影响受让人是否善意的判断。同时，是否支付合理的对价也可能成为裁判者关注的焦点之一。

（三）合规领域的潜在影响

若将目光转向数据合规领域，在数据交易中，拟采购的数据标的可能存在潜在的数据合规问题，例如可能存在未经授权获得个人信息主体同意的情形。若买方以没有进行尽职调查、不知情为由主张其不应承担相关责任的，这一抗辩在现行法下恐怕难以成立。

首先，《个人信息保护法》等数据合规相关的法律法规中，判断行为人是否违反监管规则的实体标准中没有包括主观要件。《个人信息保护法》第十条规定，任何组织、个人不得非法收集、使用、加工、传输他人个人信息，不得非法买卖、提供或者公开他人个人信息；不得从事危害国家安全、公共利益的个人信息处理活动。第十三条第一款列出了7种可以合法处理个人信息的事由。此外，《个人信息保护法》还包括敏感个人信息的处理规则、向其他个人信息处理者提供个人信息的处理规则等。这些规则各有其监管要求，但均不考察行为人在处理数据时是故意还是过失为之。

其次，《个人信息保护法》等数据合规相关的法律法规中，罚则条款所涵盖的处罚对象主体范围宽泛，并不区分前手传输者与后手接收方。《个人信息保护法》第六十六条第一款规定，违反本法规定处理个人信息，或者处理个人信息未履行本法规定的个人信息保护义务的，由履行个人信息保护职责的部门责令改正，给予警告，没收违法所得，对违法处理个人信息的应用程序，责令暂停或者终止提供服务；拒不改正的，并处 100 万元以下罚款；对直接负责的主管人员和其他直接责任人员处 1 万元以上 10 万元以下罚款。可见，其处罚对象在于实施个人信息处理行为的行为人，即处理者。《个人信息保护法》第四条对"处理"的定义较为广泛，包括收集、存储、使用、加工、传输、提供、公开、删除等行为。若标的数据涉及个人信息，数据交易中的买方也因此实施了个人信息的处理。其亦落入《个人信息保护法》处罚规则下处罚对象的范围。

这起数据交易引发的侵权案件表明，在数据交易中，即便买方不进行调查，可能也难以主张对标的数据中存在的问题不知情从而减轻责任。买方仍应重视签约前的尽调环节，并采取措施应对风险。首先，参与数据交易的企业应当聘请专业律师，根据项目需要进行定制化的尽调，履行必要的询问和审查职责，并妥善留存相关证据。其次，可考虑通过合同相关条款与机制要求卖方承担相应风险，例如要求卖方作出相关的保证与陈述，例如不存在侵犯知识产权、数据的收集依法依规等，并要求卖方就知识产权与数据合规事项提供赔偿（indemnities）。最后，也可考虑知识产权侵权保险等新兴风险控制手段；必要时，需要重新评估交易的可行性。

重点关注[①]

一、重新组建科学技术部，强化促进科技成果转化等职能

2023 年 3 月，中共中央、国务院印发《党和国家机构改革方案》，决定重新组建科学技术部，推进国家新体制建设、优化科技创新全链条管理、促进科技成果转化、促进产学研结合等职能科技与经济社会发展相结合，加强促进科技成果转化等职能、保留国家技术转移体系建设、科技成果转移转化和产学研结合、科技人才队伍建设等相关职责，区域科技创新基地建设科技监督评价体系建设、科研诚信建设、国际科技合作、科技人才队伍建设、国

[①] 王卫东律师，北京大成律师事务所高级顾问。

家科技奖励等。本次科技部机构改革，就是要更好发挥国家体制优势，为加快建设世界科技强国、实现高水平科技自立自强提供更多新动能。

二、国务院办公厅印发《专利转化运用专项行动方案（2023—2025年）》

2023年10月17日，国务院办公厅印发《专利转化运用专项行动方案（2023—2025年）》（国办发〔2023〕37号），对我国大力推动专利产业化，加快创新成果向现实生产力转化作出专项部署。方案提出，到2025年，推动一批高价值专利实现产业化。高校和科研机构专利产业化率明显提高，全国涉及专利的技术合同成交额达到8000亿元。一批主攻硬科技、掌握好专利的企业成长壮大，重点产业领域知识产权竞争优势加速形成，备案认定的专利密集型产品产值超万亿元。要求把专利转化运用的着力点和落脚点放在服务实体经济上，通过梳理盘活高校和科研机构存量专利、培育推广专利密集型产品等举措，促进专利产业化，支撑经济高质量发展。

三、国家知识产权局等发布《关于加快推动知识产权服务业高质量发展的意见》

2023年1月12日，国家知识产权局等17部门发布《关于加快推动知识产权服务业高质量发展的意见》（国知发运字〔2022〕47号），意见以打通知识产权创造、运用、保护、管理、服务全链条为目标，以满足创新主体和市场主体服务需求为导向，提出6个方面共27条具体举措。其中明确，到2030年，知识产权服务高质量、多元化供给持续扩大，从事知识产权服务的规模以上机构超过2000家，行业营业收入突破5000亿元，知识产权服务业从业人员达到150万人。要求以促进知识产权市场价值实现为导向，构建完善知识产权运营服务体系，培育发展知识产权运营机构。加快发展知识产权许可、转让等交易经纪服务，畅通知识产权交易流转。

四、国务院发布《支持北京深化国家服务业扩大开放综合示范区建设工作方案》

2023年11月23日，国务院发布《支持北京深化国家服务业扩大开放综合示范区建设工作方案》（国函〔2023〕130号）。其中第十六条提出要建设创新成果转化运用体系，研究探索在重点前沿科技领域建立专利池市场化运营机制。发挥国家级运营服务平台作用，完善专利开放许可运行机制，打造综合性知识产权运营服务枢纽平台。优化技术出口中涉及的知识产权对外转让审查制度。建立完善知识产权公共服务区域协同工作机制，推进京津冀知识产权公共服务一体化。第二十一条提出，要优化知识产权保护体系，探索建立分级分类的数据知识产权保护模式，探索开展数据知识产权工作试点。积极参与并推动标准必要专利国际知识产权规则研究与完善。本方案对于立足首都城市战略定位，深化综合示范区建设，更好发挥对全国服务业开放创新发展的引领作用，提升服务领域贸易投资合作质量和水平，稳步扩大规则、规制、管理、标准等制度型开放，促进服务业高水平开放、高质量发展，将起到良好的引领示范作用。

五、工信部等发布《科技成果赋智中小企业专项行动（2023—2025年）》

2023年5月25日，工信部等10部门发布《科技成果赋智中小企业专项行动（2023—2025年）》（工信部联科〔2023〕64号）。专项行动汇集了中央各部门支持中小企业科技创新和成果转移转化等方面的务实举措，突出产业链、创新链深度融合，围绕科技成果的产生与汇聚、成果供需双方精准对接、科技成果转化服务等重点环节部署了3大重点任务、10项具体工作举措。提出到2025年，健全成果项目库和企业需求库，完善赋智对接平台体系，遴选一批优质的科技成果评价和转移转化机构，推动一批先进适用科技成果到中小企业落地转化；开展不少于30场赋智"深度行"活动，有效促进科技成果转化应用，实现产学研用深度合作；围绕培育更多专精特新中小企业，健全成果转化服务格局，促进中小企业产出更多高质量科技成果，形成闭环激励机制,构建成果"常态化"汇聚、供需"精准化"对接、服务"体系化"布局的创新生态,实现成果价值和经济效益持续增长。

六、国家发展和改革委员会发布《产业结构调整指导目录(2024年本)》

2023年12月27日,国家发改委发布了《产业结构调整指导目录(2024年本)》,其中,"知识产权服务、技术转移服务"被正式列入产业结构调整指导目录鼓励类。

根据《产业结构调整指导目录(2024年本)》,技术转移服务包括:科技信息交流、科技查新与文献信息检索、技术咨询、技术孵化、科技成果评估、科技成果推广、技术交易、技术尽职调查、科技成果转移转化服务和科技鉴证等服务。知识产权服务包括:知识产权代理、转让、登记、鉴定、检索、分析、评估、运营、认证、咨询和相关投融资服务。

鼓励政策的实施将极大促进第三方知识产权服务及技术转移服务机构的繁荣与发展。这些机构凭借专业化的团队和丰富的经验,能够有效发挥知识产权专业人员和技术经理人的专业优势,为企业科技成果转化提供更加优质、高效的服务。同时,各地政府通过积极培育和建设技术转移示范机构,进一步推动了科技成果的转化和应用能力。2023年多个地方政府部门公布了技术转移机构或示范机构名录,正是这一发展趋势的生动体现。

七、科技部等部门发布《关于进一步支持西部科学城加快建设的意见》

2023年4月12日,科技部等14部门发布《关于进一步支持西部科学城加快建设的意见》(国科发规〔2023〕31号),以西部(成都)科学城、重庆两江协同创新区、西部(重庆)科学城、中国(绵阳)科技城作为先行启动区,加快形成连片发展态势和集聚发展效应,有力带动成渝地区全面发展,形成定位清晰、优势互补、分工明确的协同创新网络,逐步构建"核心带动、多点支撑、整体协同"的发展态势。为此,意见提出要整合成渝地区创新资源，培育创建成渝国家技术创新中心。培育建设一批国家产业创新中心、国家工程研究中心、国家技术创新中心、临床医学研究中心、国家医学中心、国家野外科学观测研究站等国家级创新平台。布局建设制造业创新中心，支持建设国家技术转移成渝中心，打造国家科技成果转移转化枢纽平台。鼓励科技领军企业牵头组建创新联合体和共性技术研发基地，承担国家重大科技项目。加大国家级双创示范基地、孵化器、大学科技园、众创空间布局力度。以"一城多园"模式加快建设西部科学城，打造具有全国影响力的科技创新中心。推动科技与金融深度融合，鼓励有关机构依规申请设立国家科技成果转化引导基金创业投资子基金。意见还提出要加强国际科技交流合作。高水平建设"一带一路"科技创新合作区和国际技术转移中心，布局"一带一路"国际科技合作基地和国别合作园区。

八、科技部火炬中心发布《高质量培养科技成果转移转化人才行动方案》

2023年3月10日，科技部火炬中心发布《高质量培养科技成果转移转化人才行动方案》，提出到2025年，培养科技成果转移转化人才超过10万人，在各类技术转移和成果转化相关机构内从业的职业技术经理人不少于1万人，全国建成人才培养基地超过50个，建成不少于300人的科技成果转移转化顾问队伍。方案要求，"十四五"期间，科技部火炬中心将以全面提高我国科技成果转移转化人才自主培养质量为宗旨，以优化人才供给结构、强化技术经理人市场化配置、搭建完成人才培养支撑体系为目标，推动我国科技成果转移转化人才队伍建设向高质量发展阶段迈进。并布置了多项重点任务，包括推动人才培养工作规范化发展、升级国家技术转移人才培养基地功能等。

九、国家技术转移海南中心正式成立

2023年3月28日，国家技术转移海南中心（以下简称海南中心）在海南海口正式成立。海南中心是由科技部和海南省共同推进，科技部火炬中心、海南省科技厅给予支持指导，由中国通用技术（集团）控股公司市场化运营的全国第 12 家国家级技术转移中心，也是唯一一个由央企运营的国家级技术转移平台。海南中心是国家技术转移体系的第 12 个区域中心，是"2+N"国家技术转移体系的重要组成部分，将依托海南自由贸易港制度集成创新优势，充分发挥对技术要素跨境流动的枢纽作用，打造全要素集聚、全链条贯通的国际化技术转移服务平台。根据《国家技术转移海南中心建设方案》，海南中心的主要建设内容包括：建设"互联网+"技术转移综合服务平台；建设"线上线下"融合的国际技术转移服务体系；建设国际技术转移示范区，打造高新技术产业发展新引擎；推动政策和制度创新，打造国际技术转移新高地。到 2025 年，成为技术要素跨境自由流动体制机制试点的"排头兵"、技术跨境流动制度创新新高地、国际技术转移机构和技术贸易服务。

十、工信部等部门发布《关于加快传统制造业转型升级的指导意见》

2023 年 12 月 28 日，工信部等 8 部门发布《关于加快传统制造业转型升级的指导意见》（工信部联规〔2023〕258 号），指出我国制造业已形成了世界规模最大、门类最齐全、体系最完整、国际竞争力较强的发展优势，成为科技成果转化的重要载体，为促进经济稳定增长作出了重要贡献。石化化工、钢铁、有色、建材、机械、汽车、轻工、纺织等传统制造业增加值占全部制造业的比重近 80%，是支撑国民经济发展和满足人民生活需要的重要基础。

为加快传统制造业转型升级，意见提出坚持创新驱动发展，加快迈向价值链中高端；加快数字技术赋能，全面推动智能制造；强化绿色低碳发展，深入实施节能降碳改造；推进产业融合互促，加速培育新业态新模式；加大政策支持力度，营造良好发展环境等 5 个方面 18 项工作要求。

十一、全国多省份提出探索科技成果转化新机制新模式

2023年,浙江、上海、江苏、天津、陕西、海南、河南、湖北等地出台了多项创新政策,以期在促进科技成果转化方面取得更大突破,赋权改革、单列管理、概念验证、先用后转、先投后股等新机制、新模式遍地开花,给行业发展带来勃勃生机。

3月28日,《浙江省构建科技成果"转移支付"体系打造高质量发展新动能》入选全国科技成果转化改革典型案例。浙江聚焦科技成果转移转化中的堵点和难点问题,构建科技成果"转移支付"体系,以"先用后转""以需定转""要素跟转"等方式,促进科技成果、资源要素向郊县区和中小企业"下沉"转移,加快缩小"技术差距""科技鸿沟"。

7月31日,《上海市科技成果转化创新改革试点实施方案》印发,聚焦科技成果产权制度改革、科技成果全链条管理、市场政府双向支撑的合规保障方面,实施7项改革试点任务、1项保障任务,并在科技成果转化尽职免责、职务科技成果单列管理两个方面形成工作指引,指导试点单位结合实际建立配套制度。

11月9日,《江苏省概念验证中心建设工作指引(试行)》发布。概念验证中心是提高科技成果转化质效的重要基础性工作,是推动创新概念和早期科技成果迈向市场化、产业化应用早期阶段的关键驱动环节。该工作指引明确了概念验证中心建设指导思想、功能定位、建设原则、布局重点、建设条件、建设管理、保障措施等具体内容。

12月20日,《陕西省推行科技成果转化"先投后股"项目资金投资工作指引(试行)》印发。根据该工作指引,各试点市(区)可委托相关国有投资平台作为投资主体和"科技成果转化合伙人",在"先投"阶段,财政科技经费以科技项目扶持资金拨付至投资主体,再由投资主体将资金投入被投企业。在"后股"阶段,当触发转股条件时,根据投资主体与被投企业的约定,该笔资金性质转化为投资资金,由投资主体持有被投企业相应股权,鼓励和引导试点市(区)探索通过"先投后股"方式,创新财政资金支持科技成果转化模式,提高科技成果转化和产业化水平。

此外，天津为深入实施科教兴市人才强市行动，进一步推进天津市高校技术转移机构高质量发展，充分发挥高校创新优势和策源功能，加快打造高校科技成果孵化、转化、产业化良好生态，出台了《关于进一步推进高校技术转移机构高质量发展的若干措施》；海南省科技厅等9部门联合印发《海南省赋予科研人员职务科技成果所有权或长期使用权试点实施方案》，提出将在海南大学的基础上，面向海南省相关单位逐步推广赋权试点；河南和湖北等地也分别推出了赋权改革以及职务科技成果单列改革等政策措施，将进一步激发科研人员创新创业活力和成果转化热情，推进高校技术转移机构高质量发展，加快打造高校科技成果孵化、转化、产业化良好生态。

十二、中关村国际技术交易大会和全球技术转移大会成功举办

2023年5月27日下午，2023中关村国际技术交易大会开幕式暨全球技术交易生态伙伴大会在中关村国家自主创新示范区展示中心拉开序幕。技术交易大会旨在促进全球科技成果转化和项目落地，会议举办了全球技术交易生态伙伴大会、世界知名高校技术转移发展大会、中关村论坛技术经理人大会，发布了《百项新技术新产品榜单》和《百项国际技术交易创新项目榜单》，并优选"十大最具影响力新技术新产品"和"十大国际技术创新转移项目"，在会期间进行重点展示宣传。科技部科技评估中心当日也发布了《中国科技成果转化年度报告2022》，以及我国首部《科技成果转化工作指南》，全面呈现中国科技成果转化发展现状和趋势，为加速科技成果向现实生产力转化，挖掘创新增长新动能，提供行动指南，也反映了我国科技成果转化呈现欣欣向荣的崭新局面。

2023年9月10日下午，2023年浦江创新论坛——全球技术转移大会（InnoMatch EXPO）于上海张江科学会堂开幕。本届大会由科技部和上海市人民政府指导，科技部成果转化与区域创新司、科技部科技人才与科学普及司、上海市委组织部、上海市科学技术工作委员会、上海市科学技术委员会、上海市人力资源和社会保障局主办，国家技术转移东部中心承办。主宾国为巴西联邦共和国，主宾省为湖北省。18个国家和地区主题馆吸引13个

国家、8个地区参展，线上线下共有600余家企业机构加盟助力，打造资源流通集散地，600余个高校院所待转化优质成果重磅亮相，500多个高新技术企业与中小企业创新产品首发首秀。全球技术转移大会也已经成为技术经理人的盛会，本届大会依托InnoMatch全球供需对接平台打造"1+3+365"展会对接模式，共吸引到5693位技术经理人和302家服务机构共同参与供需对接。InnoMatch平台自去年在浦江创新论坛开幕式上发布以来，已吸引12163位技术经理人入驻，意向投入金额超过250亿元，汇聚国际国内2082企业的3381项需求、2618项成果，需求对接率超60%。

CHAPTER 7

第 7 章
植物新品种

综　述[①]

　　我国属于人口大国和农业大国，保证粮食安全是我国永恒的课题。种子作为农业的"芯片"，是保证我国粮食安全的核心。2020年12月，中央经济工作会议强调，要"立志要打好种业翻身仗"。2021年7月，中央全面深化改革委员会第二十次会议审议通过了《种业振兴行动方案》，把"种源安全"提升到关系"国家安全"的战略高度，这些均反映出国家对种业创新和种业发展的高度重视。在农业领域，新品种权成为各国之间在农业产业较量的新战场。因此，如何完善我国植物新品种保护制度，从而促进我国种业发展，提高我国种业竞争力，是我国目前应当重点研究的课题。

　　种子作为农业的"芯片"，在我国对应的知识产权是植物新品种权。如何进一步完善我国的植物新品种权保护体系、有效打击品种权侵权、鼓励种业创新，是当前我国植物新品种保护立法和司法领域所关注的重点。律师作为法律共同体的一份子，在代理相关案件的过程中，也会从律师的角度对植物新品种保护领域的相关问题进行研究和思考。本章从律师的视角对2023年度植物新品种领域的立法、典型案例、新闻进行选取和评析，全方位介绍律师视角下的中国植物新品种保护在过去一年的发展情况。其中典型案例部分，选取10个2023年度植物新品种保护典型案例。相关案例所涉及的法律问题包括：侵权行为"情节严重"的认定、"私人非商业性使用"的认定、委托制种回购是否导致品种丧失新颖性等相关热点、难点法律问题。这些案例所涉及的法律问题，对今后的法律适用和行业发展均具有很强的意义。

---

　　① 江本伟律师，北京高文律师事务所；杨燕律师，北京市盈科（南京）律师事务所。

"一粒种子可以改变一个世界。"种子是农业的"芯片",是中国粮食安全的关键。加强对植物新品种权的司法保护则是从最后一道防线出发加强种质资源的保护利用、实现种源安全、推动种业高质量发展、打好种业翻身仗,为做好新时代种业法治工作提供保障。

新法观察

一、2023年3月21日农业农村部植物新品种保护办公室关于印发《农业植物新品种保护在线申请和审查工作规范(试行)》(品保办〔2023〕6号)[①]

农业农村部1997年启动我国农业植物新品种保护工作,农业农村部科技发展中心承担全国的新品种权申请的受理审查与测试具体工作。截至2022年7月,农业农村部科技发展中心共受理国内外植物新品种权申请55525件,授权20682件,占全球植物新品种权授权总量的5%,在UPOV78个成员中已位列第一。此次《农业植物新品种保护在线申请和审查工作规范(试行)》的出台,进一步规范了植物新品种申请和审查全流程网上业务办理工作,确保能为申请人提供更加便捷、高效的在线申请和审查服务。

规范规定,植物新品种申请完成初步审查的期限为自受理申请之日起6个月内。初步审查通过的,予以公告。审查未通过的,将通过线上系统通知申请人在3个月内作出陈述或修改。申请人逾期未答复或修正后仍然不合格的,驳回申请。上述操作规范,既保证了审判机关的审查效率,又给了申请人充分的陈述和修正时间,兼顾了效率与公平。

同时该规范还规定,品种保护办公室应通过审查系统进行实质审查。在品种保护办公室认为必要时,可以委托指定的测试机构进行测试或者考察业已完成的种植或者其他试验的结果。因此,对于实质性审查一般情况下均全程通过线上进行,仅在审查机关认为有必要时,才会委托第三方机构进行线

[①] 江本伟律师,北京高文律师事务所。

下测试和考察。这种操作方便了申请人，同时通过引入第三方服务，线上线下相结合的方式极大地降低了行政审查机关的工作量，提高了工作效率。

2022年7月27日，农业农村部联合海南省人民政府设立的海南自由贸易港农业植物新品种审查协作中心在海南省三亚市正式挂牌，这标志着全国首家农业植物新品种审查协作中心正式运行。结合此次规范的出台，我国现在已经在国内"南繁"和"北育"两个重要育种区域建立了线上和线下两条审查通道，极大地方便了申请人的申请，对我国的植物新品种保护工作有很大的促进作用。

二、2023年3月9日海关总署对《进境动植物检疫审批管理办法》进行修正[①]

我国《进境动植物检疫审批管理办法》自2002年颁布至今，已经过2015年、2018年、2023年三次修订或修正。此次修正，进一步加强了海关总署对进境动植物检疫工作的集中管理，取消了原来规定的"其他审批机构"，规定海关总署可对外委托开展检疫审判初步审查的主体只有"直属海关"。取消了直属海关对各自辖区进境动植物检疫审批申请进行初审的职权，改为由海关总署授权委托的方式来确定具体的初审直属海关。

此次修正同时进一步简化了进境检疫申请手续，对如"法定代表人身份证明"此类的文件不再要求作为申请材料提交。删除了部分要求填写申请表格的规定，简化了申请的手续和形式要求。

规定对海关审批结果应以行政决定的形式作出，不再直接以签发《检疫许可证》或者《检疫许可证申请未获批准通知单》的形式作出。新规定延长了《检疫许可证》的有效期，从"三个月或者一次"延长为"十二个月或者一次"。

以上修正内容，体现了国家对进境动植物检疫审批工作简政放权、为申请单位提供便利的决心。其目的是鼓励企业积极引进更多优秀的动植物品种，促进我国"种业振兴"的早日实现。

---

① 江本伟律师，北京高文律师事务所。

三、《国家市场监管总局、农业农村部关于开展农作物种子认证工作的实施意见》[①]

为深入贯彻落实党的二十大精神和中央种业振兴行动有关部署要求,根据《种子法》和《认证认可条例》,市场监管总局、农业农村部于2023年8月31日联合印发《关于开展农作物种子认证工作的实施意见》(以下简称《实施意见》)。《实施意见》的发布,有如下几点重要意义。

(一)标志着国家统一推行的农作物种子认证制度正式建立

种子认证,是依据种子认证方案,由认证机构确认并通过颁发认证证书和认证标识来证明某一批种子符合相应的规定要求的活动。

《实施意见》主要包括以下内容:一是确定了农作物种子认证"统一管理、共同规范、政府引导、市场运作"的工作原则,明确了市场监管总局和农业农村部在相关工作中的职责分工。二是明确了农作物种子认证机构的资质条件、审批程序和行为规范要求。三是制定了农作物种子认证推广应用的有关措施,鼓励种子企业获得认证。四是规定了市场监管部门、农业农村部门对农作物种子认证工作的监督管理措施。

(二)有助于发挥质量认证对提升种子质量水平、增强企业竞争力的作用,加快推动农作物种业高质量发展,促进农业增产增效

在"一带一路"的大背景下,为好种子贴好"信用证",可以加速好种子走出去。

种子是发展现代农业、保障国家粮食安全的基础。种子认证是以高质量种子为目标、强调过程管理的标准化质量保证体系,是实现由"好品种"到"好种子"的有效途径,是体现企业质量管理水平的重要标志,也是国际通行的种子质量管理模式,被誉为好种子的"信用证"、种子企业的"体检证"、国际贸易的"通行证"。实施农作物种子认证,不仅有利于提升种子质量和种子企业质量管理水平,而且可以提升我国种业的国际竞争力,对推

[①] 杨燕律师,北京市盈科(南京)律师事务所。

动我国种子"走出去"意义重大。下一步，市场监管总局和农业农村部还将制订发布农作物种子认证目录、认证实施规则、技术规范等配套文件，并通过多种渠道大力开展农作物种子认证制度宣传和政策解读，推动行业管理、市场流通等领域采信认证结果，共同推进认证工作全面实施。

（三）走好种子产业化、现代化和国际化必由之路

种子作为农业的"芯片"，是国家粮食安全的基石。农作物种子认证制度的建立，为符合一定质量标准的好种子贴上"信用证"，可以更好更精准地控制种子质量，为后续的品种审定提供可靠的种质资源。

多年来，我国种子质量控制重点是放在产后种子检验上，只能解决净度、水分、发芽率等问题，若种子纯度达不到国家标准则无法通过种子处理解决。实际在种子质量事故中种子纯度问题影响最大。纯度检验需要一个生长季节，往往是当天得不到鉴定结果，一旦发现问题，为期已晚。这也是我国种子质量上不去的根本原因所在。按照种子质量认证办法，将质量控制重点放在种子生产、加工、贮藏等环节，通过在产前、产中、产后过程中严格控制种子纯度以达到保证种子质量的目的。这样则可解决我国种子检验的被动局面，有利于控制种子质量。

不仅如此，根据国际种子质量认证规则，除蔬菜种子外，参与国际种子贸易活动的其余作物种子必须经过种子质量认证。因此我国种子要走出国门，必须和国际上指定的种子生产办法接轨，这样才能被世界认同。实施和推行种子认证工作是我国种子产业化、现代化和国际化必由之路。

四、《上海市种子条例》[①]

上海市第十六届人民代表大会常务委员会第六次会议于2023年9月26日通过《上海市种子条例》（以下简称《条例》）并对外公布，自2023年11月1日起施行。此次通过的《条例》，对推动种业发展有如下几点重要突破。

---

① 杨燕律师，北京市盈科（南京）律师事务所。

（一）专设一章强调"种业创新"，助力上海用好科技资源密集优势，攻克种子"芯片"难题

要打好"种业翻身仗"，种业科技必不可少。此次立法，正是为了破解限制创新的种种瓶颈，激励社会各主体开展联合育种攻关，培育经得起市场考验的新品种，提高种子质量，推进现代种业高质量发展。上海市人民代表大会常务委员会法制工作委员会相关负责人表示："上位法中关于种业创新的表述分散于各章节，此次地方立法集中归并后专辟一章，就是为更好激励种业科技创新。"

《条例》草案公开征询意见时，数百条建议直指建立长期稳定的科研支持机制。为此，《条例》草案在二审中新增"种业创新公共服务"条款，明确推进公共服务相关平台建设，促进资源开放共享。种业研究中，科学家的启动资金往往来源于国家科研项目，支持期一般为五年，对于更偏向基础研究的种质资源收集保存项目来说，期满后难以找到长期稳定的接续资金，无法确保前期研究不会白白浪费。

《条例》明确各部门应当加强种业创新资源整合和利用，优化科研布局，推进公共服务相关平台建设，促进大型科学仪器设施、实验室、公益性研究成果等资源开放共享，支持专业机构为企业提供技术支持和咨询服务，提升种业创新公共服务能力和水平。立足上海科创中心建设优势，助力实现从"有没有"到"好不好"的新跨越。

（二）打通种源创新推广转化，让创新成果惠及百姓餐桌

"长期以来，种业和其他领域一样，科研单位育种与市场脱节，存在科研与生产'两张皮'问题。建立以企业为主体的商业化育种体系能整合企业与科研单位的优势资源，取得'1+1大于2'的效果。"上海市农业农村委员会种业管理处相关负责人解释，强调商业化育种是《条例》创新内容之一。《条例》明确支持种子企业开展商业化育种创新，与高等院校、科研机构共设研发基金、共建实验室、组建创新联盟等，开展种业自主创新和突破性品种选育。

《条例》还引入"实质性派生品种"这一概念，明确提升实质性派生品

种管理，提升植物新品种保护水平。这意味着，一旦被定性为"实质性派生品种"，企业要在商业化销售中将部分收益反哺给原始创新品种的研发单位，共享利益。通过知识产权保护的方式，保护原始创新成果，激发科研机构、种源企业创新动力。激励育种创新，保护植物新品种权，维护种子生产经营者、使用者的合法权益。

（三）夯实管理职责，建立健全种业科技成果权益分配机制

《条例》不仅明确相关规则，还夯实了有关部门的管理职责。过去，种源保护的责任通常落在农业部门。但是，认定实质性派生品种涉及 DNA 分子检测、新品种测试等，常常超出农业部门的能力范畴。《条例》指出，知识产权等部门应当为植物新品种权等种业知识产权的创造、运用、保护、管理等活动提供指导和服务。以强化种业知识产权保护为重点，坚持部门协同、上下联动、标本兼治，综合运用法律、经济、技术、行政等多种手段，推行全链条、全流程监管。

《条例》还明确健全种业科技成果权益分配机制。此前试点中，上海部分科研单位已与种源企业形成一次性转让、按比例合作等方式。部分手握原始创新成果的科研机构，不仅能从"一锤子买卖"中获得可观收益，更能从高附加值技术服务中收获长期稳定的效益，反哺创新。

《条例》于 2023 年 11 月 1 日起实施，对我国的育种行业来说是一次新的开始，既有机遇又有挑战。有关企业应当抓住机遇，布局品种发展和品种权保护，不断提高种子质量，推进现代种业高质量发展。

典型案例

一、四川雅玉科技股份有限公司与云南金禾种业有限公司、云南瑞禾种业有限公司侵害植物新品种权纠纷案[1][2]

案情聚焦

四川雅玉科技股份有限公司（以下简称雅玉科技公司）系"YA8201"玉米植物新品种的品种权人。雅玉科技公司以云南金禾种业有限公司（以下简称金禾种业公司）以商业为目的重复使用"YA8201"生产"金禾玉618"和"金禾880"玉米种子，云南瑞禾种业有限公司（以下简称瑞禾种业公司）向金禾种业公司出借农作物种子生产经营许可证为由，向云南省昆明市中级人民法院起诉，请求判令金禾种业公司、瑞禾种业公司停止侵害并连带承担惩罚性赔偿责任。一审法院认为，金禾种业公司构成侵权，瑞禾种业公司构成帮助侵权，判令两公司停止侵害并在两案中分别连带承担惩罚性赔偿10万余元和45万余元。雅玉科技公司、金禾种业公司均不服，提起上诉。最高人民法院二审认为，金禾种业公司明知"YA8201"为雅玉科技公司享有品种权的植物新品种，仍非法向他人租借农作物种子生产经营许可证，实施有关侵权行为，构成情节严重的故意侵权，应当从严适用惩罚性赔偿；金禾种业公司拒不提供财务账簿，构成举证妨碍，可以采纳品种权人主张的利润，并考虑"YA8201"品种权对"金禾玉618""金禾880"的贡献率，认定惩罚性赔偿计算基础。改判金禾种业公司在两案中分别赔偿雅玉科技公司69万余元和152万余元；瑞禾种业公司因非法出借农作物种子生产经营许可证应承担连带赔偿责任。

---

[1] 江本伟律师，北京高文律师事务所。
[2] "YA8201"玉米植物新品种侵权案。一审案号：（2021）云01知民初136号、（2021）云01知民初106号；二审案号：（2022）最高法知民终783号、（2022）最高法知民终789号。

律师评析

（一）侵权人为实施侵权行为租借农作物种子生产经营许可证的，可认定为构成情节严重的故意侵权

2022年3月1日实施的修改后的新《种子法》将惩罚性赔偿的倍数从1倍以上3倍以下调整到1倍以上5倍以下，进一步提高了惩罚性赔偿的最高倍数，显示出国家在植物新品种保护中加大惩罚性赔偿的决心。惩罚性赔偿并非当然适用，只有认定侵权行为情节严重的才可以适用。然而《种子法》并未对什么情形属于构成情节严重作出具体规定。在新《种子法》公布之前《最高人民法院关于审理侵害植物新品种权纠纷案件具体应用法律问题的若干规定（二）》（以下简称《规定二》）第十七条，结合品种权侵权行为的特点，列举了属于情节严重的六种情节：（1）因侵权被行政处罚或者法院裁判承担责任后，再次实施相同或者类似侵权行为；（2）以侵害品种权为业；（3）伪造品种权证书；（4）以无标识、标签的包装销售授权品种；（5）违反《种子法》第七十七条第一款第一项、第二项、第四项的规定；（6）拒不提供被诉侵权物的生产、繁殖、销售和储存地点。并规定存在第一项至第五项情形的，适用惩罚性赔偿时可以按照最低2倍起算，并且没有设置最高倍数的封顶。该解释虽然在《种子法》之前发布，但司法机关已经考虑到了与即将实施的新《种子法》的衔接问题。因此，新《种子法》颁布后，该规定关于情节严重的规定，可以很好地与种子法形成互补。

本案侵权人为实施侵权行为租借农作物种子生产经营许可证的行为，并不属于《规定二》所列举的六种情形之一。但最终法院并未局限于《规定二》所列举的六种范围，而是根据查明的事实，将侵权人租借农作物种子生产经营许可的行为认定为构成情节严重。司法机关的这一做法对此类案有着很好的指导意义，明确了《规定二》所列举的六种严重情节，并非完全列举，司法机关无须局限于其列举的六种行为来确定侵权人是否构成情节严重。因为，《规定二》属于司法解释的范畴，而《种子法》属于法律的范畴，从效力上来说，《种子法》的效力明显高于《规定二》，《规定二》对构成情节严重行为的列举，不应被视为对《种子法》的限缩。并且从《规定二》的用语上来看，也没有把自己所列的六种行为作为认定情节严重的全部行为，《规定二》规定"除有关法律和司法解释规定的情形以外，以下情形也可以认定为侵权行为情节严重"。因此，《规定二》列举的六种情节严重行为，属于对其他法律和司法解释的一种补充而非限制。

《种子法》仅把情节严重作为适用惩罚性赔偿的前提条件，从立法技术上来看其显然无法也无须对情节严重的情形进行详细列举。一方面是构成情节严重的情形在实务中太过复杂，无法一一列举。另一方面也是有意留出自由裁量的空间，方便法院根据具体案件进行合理的自由裁量。

（二）合理确定亲本品种权对侵权利润的贡献率确定赔偿金额

本案中，金禾种业公司以商业为目的重复使用"YA8201"生产"金禾玉618"和"金禾880"玉米种子。"YA8201"是二者的亲本，因此法院不能直接以"金禾玉618"和"金禾880"所获得的全部利益作为计算赔偿的依据。但是"YA8201"被重复用于"金禾玉618"和"金禾880"的生产繁殖，其本身对"金禾玉618"和"金禾880"的研发是存在贡献的。最终法院根据查明的事实，合理确定"YA8201"品种对侵权利润的贡献率并从严适用惩罚性赔偿，确定了最终赔偿金额。

（三）适用举证妨碍排除规则，破解"举证难"

根据《规定二》第十五条规定："人民法院为确定赔偿数额，在权利人已经尽力举证，而与侵权行为相关的账簿、资料主要由被诉侵权人掌握的情况下，可以责令被诉侵权人提供与侵权行为相关的账簿、资料；被诉侵权人不提供或者提供虚假账簿、资料的，人民法院可以参考权利人的主张和提供的证据判定赔偿数额。"本案中，金禾种业公司拒不提供财务账簿，最终被法院认定构成举证妨碍，法院依法采纳了品种权人主张的利润。

举证妨碍，是一种可以导致法院对妨碍人作出不利事实推定情形。在品种权侵权案件中，由于相关财务账簿、资料均属于侵权人的内部资料，权利人难以获得。此时，法院可依法责令对方提交相关证据材料。举证妨碍制度，破解了权利人举证难的困局，合理地将举证不能的不利后果转移给实际掌握相关证据但拒绝向法庭提交的侵权人。

二、四川依顿猕猴桃种植有限责任公司与马边彝族自治县石丈空猕猴桃专业合作社侵害植物新品种权纠纷案①②

案情聚焦

四川依顿猕猴桃种植有限责任公司（以下简称依顿猕猴桃种植公司）为"杨氏金红1号"猕猴桃植物新品种实施被许可人，经品种权人授权可以自己名义维权。依顿猕猴桃种植公司以石丈空猕猴桃合作社未经许可种植涉案授权品种猕猴桃树 7000 株为由，向四川省成都市中级人民法院提起诉讼，请求判令马边彝族自治县石丈空猕猴桃专业合作社（以下简称石丈空猕猴桃合作社）无须停止侵权，但向其支付许可使用费至不再种植或品种权保护期限届满为止。一审法院判决石丈空猕猴桃合作社支付依顿猕猴桃种植公司 2019 年 12 月 18 日至 2021 年 7 月 16 日的品种许可使用费 11 万余元；从 2021 年 7 月 17 日起，按每株每年 10 元的标准支付许可使用费至停止种植之日，最长不超过授权品种保护期限；并支付本案维权合理开支 3 万元。石丈空猕猴桃合作社不服，提起上诉。最高人民法院二审认为，石丈空猕猴桃合作社的种植行为不属于"私人非商业性使用"，应当认定为未经许可生产繁殖授权品种繁殖材料的侵权行为；对于多年生植物，应当肯定和鼓励品种权人以给付许可使用费的请求代替停止侵害请求。在确定许可使用费时，既要尊重授权品种的市场价值，也要保障种植者通过勤勉劳动、科学管理从种植行为中可以获得的合理预期利益。因一审确定的许可使用费标准已考虑了上述因素，遂判决驳回上诉，维持原判。

---

① 江本伟律师，北京高文律师事务所。
② "杨氏金红1号"猕猴桃植物新品种侵权案。一审案号：（2020）川 01 知民初 523 号；二审案号：（2022）最高法知民终 211 号。

律师评析

本案被侵权品种系无性繁殖品种，侵权人以"私人非商业性使用"进行抗辩，但最终被法院认定为生产授权品种繁殖材料构成侵权行为。本案的亮点在于，当事人并未要求侵权人停止侵权，而是选择在不停止侵权的情形下要求支付许可费。这种做法既维护了权利人的合法权益，又合理兼顾到了种植户的利益，也避免了社会资源的浪费。

植物新品种权作为与农业经济密切相关的一种权利，法院在保护权利人合法权益的同时，应当鼓励当事人直接采取更为合理的维权方式，避免造成社会资源的浪费以及引发其他社会问题。品种权人在进行维权时，亦应当注意采取合理的维权方式，在能够确保自己合法权益的情形下，应尽量避免进一步造成社会资源的浪费。

三、"强硕68"玉米植物新品种无效案[1][2]

案情聚焦

第三人衣某为"强硕68"玉米植物新品种的品种权人。2008年，衣某委托案外公司生产"强硕68"，并约定制种回购。其后，原告公司以"强硕68"丧失新颖性为由向被告农业农村部植物新品种复审委员会提出无效宣告请求。被告作出2020年第25号品种权无效宣告审理决定，维持"强硕68"品种权有效。原告公司不服，提起行政诉讼，认为衣某自2008年起将"强硕68"的繁殖材料交付给案外公司制种，至2009年12月9日申请品种权已经超过一年，丧失新颖性。北京知识产权法院一审认为，育种者委托他人制种而交付申请品种繁殖材料，同时约定制成的品种繁殖材料返归育种者，不会导致申请品种丧失新颖性。

---

[1] 江本伟律师，北京高文律师事务所。
[2] 一审案号：(2021)京73行初3144号；二审案号：(2022)最高法知行终809号。

北京知识产权法院一审判决：驳回原告公司的诉讼请求。原告公司不服一审判决，上诉至最高人民法院。最高人民法院终审判决：驳回上诉，维持原判。

> **律师评析**

新颖性是指申请品种权的品种在申请日前，经申请权人自行或者同意销售、推广其种子，在中国境内未超过一年；在境外，木本或者藤本植物未超过六年，其他植物未超过四年。

《种子法》施行后新列入国家植物品种保护名录的植物的属或者种，从名录公布之日起一年内提出植物新品种权申请的，在境内销售、推广该品种种子未超过四年的，具备新颖性。

除销售、推广行为丧失新颖性外，下列情形视为已丧失新颖性：(1) 品种经省、自治区、直辖市人民政府农业农村、林业草原主管部门依据播种面积确认已经形成事实扩散的；(2) 农作物品种已审定或者登记两年以上未申请植物新品种权的。

本案权利人委托他人生产其授权品种"强硕68"，并约定制种回购。如果单纯地从权利人从受托制种人处回购授权品种繁殖材料的行为来看，的确存在将授权品种繁殖材料进行交易的行为。但是如果从这种交易行为发生的原因和交易的后果来看，该交易行为与法律所规定的可导致品种丧失新颖性的销售行为是完全不同的。

首先，从回购原因来看，回购行为系因权利人委托受托人制种在先，后为了从受托人处获得制种所得的品种繁殖材料而发生的。因此回购本身是为了实现委托人制种的目的。受托人对其所生产的品种繁殖材料并不享有任意对外销售权利，其必须根据委托制种合同的约定交付给委托人。另外，根据行业惯例，委托人按照制种数量向受托人支付制种费用，是行业惯常做法，回购的真正原因是为了根据制作结果向受托制种人支付制种费用。

其次，从委托人向受托人回购制种所得繁殖材料造成的后果来看，该繁殖材料并未流入到品种权人之外的第三方，最终制种作业所得的繁殖材料仍由权利人所控制，始终没有脱离品种权人的掌控。因此，上述回购行为并没有使品种的繁殖材料流入市场或权利人之外的其他第三方。

从以上两点来看，委托制种后再按照制种数量进行回购的做法与可以导致品种丧失新颖性的销售行为完全不同。销售行为是权利人以实现商业利益为目的，将授权品种的繁殖材料作为商品进行交换，授权品种繁殖材料一旦售出，即脱离了权利人的掌控。

四、"玛索"辣椒植物新品种侵权案[1][2]

案情聚焦

原告公司拥有名称为"玛索"的辣椒属新品种权，其发现被告北京某种子公司销售"圣红"品种侵犯其品种权，遂起诉至法院要求停止侵权并进行赔偿。被告北京某种子公司认为，其销售的系其拥有的名为"PP1201"授权甜椒品种（曾用名称为"圣红"），故不构成侵权。法院依法启动鉴定程序后，在组织"被诉侵权品种""玛索""圣红"两两进行基因指纹图谱检测（DNA指纹鉴定）比对后，结果为差异位点数均为0的情况下，法院接受了原告公司的田间观察检测（DUS测试）申请。结果显示，被告北京某种子公司销售的辣椒品种与原告拥有植物新品种权的"玛索"辣椒品种具有明显差异，案件结果得以明晰。原告就此提出撤诉申请。

北京知识产权法院裁定：准许原告某种苗公司撤回对被告的起诉。

律师评析

DNA指纹鉴定具有高灵敏度、高效性和可重复性等优点，能够有效区分植物品种，为植物品种鉴定提供科学依据。但由于DNA指纹比对仅仅是对有限基因点位的对比，并不能完全反映出对比品种之间全部的生物特征特

---

[1] 江本伟律师，北京高文律师事务所。
[2] 一审案号：（2020）京73民初810号。

性。至少就目前的技术条件来看，DNA 指纹鉴定的结论还无法达到 DUS 测试结果那样的准确性。《最高人民法院关于审理侵害植物新品种权纠纷案件具体应用法律问题的若干规定（二）》（以下简称《规定二》）也明确规定，当二者出现不同结果时，应以 DUS 测试结果为准。但 DUS 测试的试验周期长，成本高，往往会增加权利人的维权难度和维权成本。为此，《规定二》确定了基因指纹图谱等分子标记检测的初步证明效力，并规定当通过基因指纹图谱等分子标记检测方法进行鉴定，待测样品与对照样品的差异位点小于但接近临界值，被诉侵权人主张二者特征、特性不同的，应当承担举证责任。因此，DNA 指纹检测结果在诉讼程序中能够起到初步证明和转移举证责任的法律效果。当事人对 DNA 指纹检测结果有异议的，可以申请法院采取扩大检测位点进行加测或者提取授权品种标准样品进行测定等方法，来进一步确定检测结果是否准确。

本案所涉及的两个授权品种的 DNA 指纹比对结果为：差异位点为 0，二者属于"疑同品种"。此种情形下，原告主动向法院申请对二者进行 DUS 测试，法院依法批准，最终 DUS 测试结果显示二者并非同一品种，后原告主动撤诉。本案从另一个侧面反映出现有技术下 DNA 指纹鉴定结果的确存在一定的偏差，这种现象应当引起司法机关的重视，尤其是在片亲本存在姊妹系或其他相近的亲缘关系的情况下。

在《规定二》实施后，一旦 DNA 鉴定结果为差异点位为 0，被控权人要想再启动 DUS 测试还是存在一定难度的。根据《规定二》第二十二条规定："对鉴定意见有异议的一方当事人向人民法院申请复检、补充鉴定或者重新鉴定，但未提出合理理由和证据的，人民法院不予准许。"这种司法安排固然可以降低品种权人的举证难度，提高司法审判效率。但司法机关在把握被控侵权人申请 DUS 测试司法合理时，还是应当仔细审查，考虑到 DNA 指纹鉴定在相关存在相近亲缘关系品种间容易出现误差的客观情形。本案中，如果不是原告申请 DUS 测试而是被控侵权人申请 DUS 测试，且其无任何充分证据证明其申请的合理性，则其申请被法院批准的可能会大大降低，那么届时本案的真正事实也就难以被法院查明。尽管 DAN 指纹比对结果为差异位点为 0 时，比对样本不是同一品种出现的概率很低，但并非不可能出现，尤其是在亲缘关系相近的品种之间，这种误差概率会加大。

五、辣椒"奥黛丽"品种权侵权行政执法案[1][2]

案情聚焦

涉案品种为辣椒新品种"奥黛丽"，授权日为 2016 年 1 月 1 日，品种权号为 CNA20100522.3，品种权人为先正达种苗（北京）有限公司（以下简称先正达公司）。

2021 年 8 月 24 日，济南市农业农村局（以下简称济南农业局）接到先正达公司投诉，济南裕丰种苗有限公司（以下简称裕丰公司）未经授权许可生产、销售"奥黛丽"种苗，侵害先正达公司品种权。2021 年 8 月 26 日，济南农业局进行现场执法检查，发现裕丰公司并不存在，涉嫌侵权主体实为济南阳光润土农业发展有限公司（以下简称阳光润土公司），现场发现该公司 1 号棚内存放着涉嫌侵权的辣椒品种"奥黛丽"种苗 13.15 万株。经农业农村部植物新品种测试中心检验，确认涉案品种和"奥黛丽"为近似品种。阳光润土公司对检验结果无异议。

经进一步溯源，济南农业局确定阳光润土公司共有 13.2 万株"奥黛丽"种苗。其中，5 万株嫁接种来源合法，购于寿光市先正达种子有限公司，种植于济南海创农庄；8.2 万株未嫁接"奥黛丽"辣椒种苗合法来源证据不足，货值共计 6610 元，违法所得共计 6610 元（其中，7.64 万株计划种植于商河县裕丰蔬菜专业合作社，因暴雨导致大棚垮塌未定植；5600 株分别于 2021 年 8 月 25 日销售 500 株、违法所得 1000 元，2021 年 9 月 1 日销售 2600 株、违法所得 2860 元，2021 年 9 月 2 日销售 2500 株、违法所得 2750 元）。

济南农业局认为阳光润土公司未经授权许可生产 7.64 万株辣椒种苗、

---

[1] 江本伟律师，北京高文律师事务所。
[2] 一审案号：(2018) 鲁 02 民初 1777 号；二审案号：(2019) 最高法知民终 703 号。

销售5600株辣椒种苗，侵害了先正达公司的品种权。2021年12月6日，阳光润土公司对未定植7.64万株辣椒种苗进行灭活、填埋处理。根据2015年修订的《种子法》第七十三条第五款"县级以上人民政府农业、林业主管部门处理侵犯植物新品种权案件时，为了维护社会公共利益，责令侵权人停止侵权行为，没收违法所得和种子，货值金额不足五万元的，并处一万元以上二十五万元以下罚款……"，以及原《山东省农业行政处罚裁量基准（2019年）》第一款"种子、食用菌"第二项"侵犯植物新品种权的"，"货值金额一万元以下的，并处一万元以上七万元以下罚款"的规定，济南农业局作出处罚决定，没收违法所得6610元，并处罚款5万元。

律师评析

本案是关于基层农业行政执法机关通过多方溯源，合理区分合法来源品种和侵权品种，并最终合理确定侵权责任的典型案例。

本案中，农业行政执法机关对授权品种种苗的来源进行了细致的调查和溯源，最终确认部分种苗是从品种权人许可销售的企业处购买，根据权利用尽原则，该销售行为不属于侵权行为，因此对于该部分种苗不作为侵权种苗进行查处。对其他没有合法来源的种苗，则认定构成侵权，依法对侵权种苗进行了灭活处理，并对侵权人处以违法所得近8倍的处罚。

需要注意的是，本案所指的合法来源即种植育种者许可销售的授权品种，与《最高人民法院关于审理侵害植物新品种权纠纷案件具体应用法律问题的若干规定（二）》（以下简称《规定二》）提到的免除侵权人赔偿责任的合法来源抗辩不是同一概念。根据《规定二》第十三条第一款规定的"销售不知道也不应当知道是未经品种权人许可而售出的被诉侵权品种繁殖材料，且举证证明具有合法来源的，人民法院可以不判令销售者承担赔偿责任，但应当判令其停止销售并承担权利人为制止侵权行为所支付的合理开支"。该条所说的合法来源抗辩，前提条件是行为人本身构成侵权，但因存在合法的抗辩理由，因此可以免除其赔偿责任。但其仍需要向品种权人承担停止侵权和支付合理开支的责任。而本案所说的合法来源则实际是权利用尽的一种情形，是认定被控侵权物不构成侵权的理由，就该部分被控侵权物，行为人无须向品种权人承担任何责任。

六、中国种子集团有限公司江苏分公司诉李某贵侵害植物新品种权纠纷案①②

案情聚焦

中国种子集团江苏分公司（以下简称中种江苏公司）获得品种权人许可，可以实施"扬麦25"小麦植物新品种权，并以自己名义进行维权。李某贵未经许可，通过抖音软件发布视频面向种植户宣传"杨麦25，100斤白包装"。中种江苏公司经公证向李某贵购得被诉侵权种子，公证照片显示大量白皮袋包装货物，李某贵向取证人员宣称其销量大并保证出芽率。中种江苏公司起诉请求判令李某贵停止侵害，并适用惩罚性赔偿判令李某贵赔偿损失135万元和合理费用6.94万元。

杭州市中级人民法院一审认为，综合考虑"杨麦25"与"扬麦25"的字形相近、读音相同，李某贵经法院释明仍未举证证明实际存在"杨麦25"小麦品种，以及李某贵在取证过程中的具体情节，现有证据已经初步证明被诉侵权种子与授权品种为同一品种，提交反证推翻两者不具备同一性的责任在于李某贵。综合考虑李某贵在取证过程中表述的销售规模、侵权手段、销售侵权种子的价格、侵权行为的持续时间、地域范围等因素，按照侵权获利的计算方式确定支付补偿性赔偿数额为39.6万元。李某贵销售白皮袋种子属于侵权行为情节严重，确定惩罚性赔偿的倍数为2倍。最终判决李某贵停止侵害，并赔偿损失118.8万元和维权合理开支6.94万元。一审宣判后，当事人均未提起上诉。

---

① 杨燕律师，北京盈科（南京）律师事务所。
② 一审案号：（2022）浙01知民初96号。

律师评析

本案是善用举证责任转移和因销售"白皮袋"种子适用惩罚性赔偿的植物新品种侵权案件。

（一）举证责任转移

1. 当侵权人使用授权品种名称从事侵权行为时，证明二者不属于同一品种的举证责任转移

实践中，被诉侵权人使用授权品种名称从事侵权的行为多发，在诉讼中，当品种权人举证证明被诉侵权品种繁殖材料使用的名称与授权品种相同时，被诉侵权人往往以被诉侵权品种繁殖材料并非授权品种繁殖材料为由提出抗辩。此时，如果要求品种权人提供进一步的证据以证明被诉侵权品种繁殖材料确系授权品种繁殖材料，则品种权人将不得不采取鉴定等方式实现证明目的，大大增加维权难度。

实际上，品种权的名称有相应的法律制度规范，授权品种的名称具有唯一性。《种子法》第二十七条规定，授予植物新品种权的植物新品种名称，应当与相同或者相近的植物属或者种中已知品种的名称相区别；该名称经授权后即为该植物新品种的通用名称；同一植物品种在申请品种权保护、品种审定、品种登记、推广、销售时只能使用同一个名称；相同或者相近的农业植物属内的品种名称不得相同。据此，如果被诉侵权人使用授权品种的名称从事侵权行为，其涉及的繁殖材料属于授权品种繁殖材料的可能性极大。

因此，《最高人民法院关于审理侵害植物新品种权纠纷案件具体应用法律问题的若干规定（二）》第六条规定，品种权人或利害关系人举证证明被诉侵权品种繁殖材料使用的名称与授权品种相同，人民法院可以推定被诉侵权品种繁殖材料属于授权品种繁殖材料。从而将证明二者不属于同一品种的举证责任施加给被诉侵权人，大大降低了品种权人的举证难度，为品种权人维权提供了更大便利。

本案中，法院适时转移举证责任，便利品种权人维权，有效降低品种权人维权难度。"杨麦25"与"扬麦25"的字形相近、读音相同，被告经法院

释明仍未举证证明实际存在"杨麦25"小麦品种,以及被告在取证过程中的具体情节,法院依据现有证据已经初步证明被诉侵权种子与授权品种为同一品种,因此提交反证推翻两者不具备同一性的责任在于被告,取得了维护品种权人合法权益与重拳打击侵权行为的良好效果。

2. 提供与侵权行为相关的账簿、资料的举证责任转移

《最高人民法院关于审理侵害植物新品种权纠纷案件具体应用法律问题的若干规定(二)》第十五条规定:"人民法院为确定赔偿数额,在权利人已经尽力举证,而与侵权行为相关的账簿、资料主要由被诉侵权人掌握的情况下,可以责令被诉侵权人提供与侵权行为相关的账簿、资料;被诉侵权人不提供或者提供虚假的账簿、资料的,人民法院可以参考权利人的主张和提供的证据判定赔偿数额。"

本案中,经法院释明,被告未提供与侵权行为相关的账簿、资料或其他反证的情况下,其应当承担举证不能的不利后果。最终法院按照被告在微信聊天记录中表述的销售两年以及销售数百吨的规模,综合考虑若干因素,按照侵权获利的计算方式确定了本案的赔偿数额。

(二) 适用惩罚性赔偿

1. 法律依据

《民法典》第一千一百八十五条规定了知识产权侵权惩罚性赔偿制度:"故意侵害他人知识产权,情节严重的,被侵权人有权请求相应的惩罚性赔偿。"司法实践中,植物新品种领域较早地适用了惩罚性赔偿制度。在《民法典》颁布以前,2015年《种子法》第七十三条第三款规定:"……侵犯植物新品种权,情节严重的,可以在按照上述方法确定数额的一倍以上三倍以下确定赔偿数额。"

《最高人民法院关于审理侵害植物新品种权纠纷案件具体应用法律问题的若干规定(二)》第十七条规定:"除有关法律和司法解释规定的情形以外,以下情形也可以认定为侵权行为情节严重:(一)因侵权被行政处罚或者法院裁判承担责任后,再次实施相同或者类似侵权行为;(二)以侵害品种权为业;(三)伪造品种权证书;(四)以无标识、标签的包装销售授权

品种；（五）违反种子法第七十七条第一款第一项、第二项、第四项的规定；（六）拒不提供被诉侵权物的生产、繁殖、销售和储存地点。存在前款第一项至第五项情形的，在依法适用惩罚性赔偿时可以按照计算基数的二倍以上确定惩罚性赔偿数额。"该条结合植物新品种领域侵权行为的特点，进一步列举了属于情节严重的六种情形，明确了在何种情况下能够适用惩罚性赔偿。

2. 基数确定

本案中，一审法院按照被告自述的销售规模，以侵权获利的计算方式确定了惩罚性赔偿的基数。按照公证事实中的销售单价1.65元减去2021年国家小麦（三等）1.13元的差价，计算得出被告销售侵权种子的利润率约为30%；按照每年销售200吨，连续销售两年的规模，计算出被告的侵权获利共计39.6万元。

在目前司法实践中，基数普遍较难确定的情况下，法院根据本案的具体情况，灵活运用被告自述，结合《最高人民法院关于审理侵害植物新品种权纠纷案件具体应用法律问题的若干规定（二）》第十五条的规定，按照获利的计算方式确定了赔偿基数，为成功适用惩罚性赔偿提供了条件。

3. 倍数确定

《最高人民法院关于审理侵害植物新品种权纠纷案件具体应用法律问题的若干规定（二）》第十七条明确了惩罚性倍数的确定，为积极适用惩罚性赔偿作出具体指引。

同时，第二款根据情节严重程度的不同，进一步区分了可以按照计算基数的二倍以上确定惩罚性赔偿数额的情形。具体包括：因侵权被行政处罚或者法院裁判承担责任后，再次实施相同或者类似侵权行为；以侵害品种权为业；以无标识、标签的包装销售授权品种；未取得种子生产经营许可证生产经营种子；以欺骗、贿赂等不正当手段取得种子生产经营许可证；伪造、变造、买卖、租借种子生产经营许可证。体现出对严重侵权行为的严厉打击态度。

本案中，被告销售白皮袋种子的行为，就属于"以无标识、标签的包装销售授权品种",属于侵权行为情节严重,故应当适用惩罚性赔偿。司法实践中,权利人往往难以举证证明侵权人的侵权获利。本案中,法院综合考虑被告在取证过程中表述的销售规模、侵权手段、销售侵权种子的价格、侵权行为的持续时间、地域范围等因素,按照侵权获利的计算方式确定支付补偿性赔偿数额,确定惩罚性赔偿的倍数为2倍。

七、江苏天隆种业科技有限公司请求复审小麦"隆麦28"品种驳回种权申请案[①][②]

案情聚焦

被驳回品种权申请的小麦品种"隆麦28",品种权申请日为2016年4月1日,品种权申请号为20160470.9,申请人为江苏天隆种业科技有限公司。

2019年12月10日,农业农村部植物新品种保护办公室(以下简称品保办)因"隆麦28"不具备一致性,驳回品种权申请。2020年4月2日,江苏天隆种业科技有限公司(以下简称请求人)向农业农村部植物新品种复审委员会(以下简称复审委)提出复审请求,认为品保办不应当依据编号为2015QS0007A的DUS测试报告否认"隆麦28"的一致性,该测试报告是在申请植物新品种保护之前,参加品种审定区试时完成的,请求人要求采用申请保护时提交的"隆麦28"标准样品重新进行DUS测试,判定"隆麦28"是否具备一致性。复审委受理后,要求品保办进行前置审查。

2020年5月27日,品保办提交《复审前置审查意见》认为,考虑到申请人在品种审定区试时通常提交的是生产用种,而品种保护要求提交的是原原种,生产用种和原原种可能在一致性上存在差异,建议提取申请品种保护的标准样品,重新安排DUS测试。2021年10月26日,农业农村部植物新

[①] 杨燕律师,北京盈科(南京)律师事务所。
[②] 农业农村部植物新品种复审委员会2022年第11号复审决定。

品种测试（南京）分中心向复审委提交的"隆麦28"植物新品种DUS测试报告显示，在1000株该品种中，异形株为16株，判定不具备一致性。复审委审理认为，根据重新测试结果，"隆麦28"不具备一致性，维持品保办原有决定，驳回复审请求。

典型意义：本案是关于申请品种不具备一致性而被驳回品种权申请的典型案例，同时涉及委托测试报告的法律效力问题。通常品保办提取申请人提交的标准样品在农业农村部植物新品种测试中心、分中心进行DUS测试，判定申请品种是否具备特异性、一致性和稳定性。为提升DUS测试效率，目前品保办对申请人自行委托上述测试机构进行的DUS测试结果也予以认可。但由于委托测试存在一定的局限性，如委托人提供的样品可能与标准样品不同，委托测试在申请保护前开展，已知品种不够全面等问题，申请人对测试结论有异议并有合理理由的，可向品保办说明情况请求重新测试，也可在收到《实质审查驳回决定通知书》后，向复审委请求复审。本案中，申请人通过复审程序请求重新进行DUS测试，复审委考虑到请求事项的合理性，重新安排了DUS测试，保障了品种权申请人的合法权益。

律师评析

本案是一起因所申请品种缺乏一致性而导致植物品种保护申请被驳回的典型案例，也涉及委托测试报告的法律效力。在申请品种权的审查流程中，通过初步审查便进入到实质审查阶段，审查或考察内容主要针对申请保护的植物新品种的特异性、一致性和稳定性（即DUS）。

根据《植物新品种保护条例》第十六条规定，授予品种权的植物新品种应当具备一致性。一致性，是指申请品种权的植物新品种经过繁殖，除可以预见的变异外，其相关的特征或者特性一致。简单理解，就是品种要长得"整整齐齐"。

本案中申请人以不应当依据参加品种审定区试时完成的测试报告来否认申请品种的一致性，品种审定和品种保护所提交的种子在一致性上可能存在差异，测试结果也因此会出现偏差，复审委考虑到其请求存在合理性，重新安排了 DUS 测试。

以品种审定和品种保护对品种的要求存在一定区别导致测试结果存在偏差为由，提起复审，存在其合理性，但申请人若以品种通过审定，表现出较好的一致性和稳定性，却未能通过 DUS 测试，则仍会被驳回品种权申请。

在安徽天勤农业科技有限公司请求复审小麦"皖麦203"驳回品种权申请案中，农业农村部植物新品种保护办公室经审查认为，"皖麦203"不具备一致性和稳定性，驳回品种权申请。后请求人向农业农村部植物新品种复审委员会提出复审请求，认为"皖麦203"在2016年通过安徽省品种审定后，在沿淮和淮北地区推广种植效果好，制种基地大田种植和引种试验中均表现出较好的一致性和稳定性，因此"皖麦203"具备一致性和稳定性，请求撤销驳回品种权申请的决定。

复审委审理认为，植物新品种保护办公室经 DUS 测试，通过2个生长周期的观测，发现申请品种"皖麦203"在性状7"旗叶叶鞘蜡质"上存在分离状态，异型株严重超标，不具备一致性，维持"皖麦203"原《实质审查驳回决定》，驳回复审请求。

品种审定与品种保护在审查中对品种的性状要求、对照品种选择上存在区别，品种审定突出对品种产量、品质、抗性等经济性状的考察，品种保护主要观测品种从苗期到收获期的外观形态性状；品种审定以当前主推品种为对照品种，品种保护以形态上最为近似的品种作为对照品种。因此，如果农业农村部植物新品种保护办公室发现通过审定的品种申请品种保护时，不符合特异性、一致性和稳定性（DUS）要求的，仍可驳回该品种权的申请。

种子是农业的"芯片"。随着种业振兴行动不断深入实施，植物新品种权纠纷案件持续增长。该案涉及植物新品种一致性的判定规则，法律适用意义突出，农业农村部植物新品种保护办公室和农业农村部植物新品种复审委员会及时传递种业知识产权司法保护的新理念，有利于为育种者提供体系化规范指引，也保障了育种者的权利救济途径，营造种业创新良好法治氛围，同时也提醒育种者审慎对待品种审定、登记、保护过程中提交的材料，避免承担相应的风险。

八、河南鑫民种业有限公司、河南中种联丰种业有限公司等侵害植物新品种权纠纷案[①][②]

案情聚焦

"百农4199"是河南科技学院培育的小麦品种，该品种于2017年4月28日通过河南省主要农作物品种审定委员会审定，2017年7月28日，河南科技学院将"百农4199"品种生产经营许可权100%交给河南省金沃谷种业有限公司。2020年6月4日，金沃谷公司出具授权委托书，授权中种联丰公司为小麦植物新品种"百农4199"的生产、经营单位。河南中种联丰种业有限公司（以下简称中种联丰公司）独家拥有在河南省、安徽省、江苏省、陕西省等引种区域内对"百农4199"小麦品种进行开发、推广、生产、销售的经营权，以及在经营活动中享有"百农4199"植物新品种名称的使用权。中种联丰公司独家拥有以其公司名义，单独对上述经营区域范围内侵犯"百农4199"品种权行为进行举报、投诉和提起诉讼或申请仲裁的权利。2020年9月26日上午10时31分，公证员与工作人员及杜某、摄影人员谢某一起来到位于平顶山市叶县××路东叶县瑞丰种子部，在该门市部购买包装袋上显示河南鑫民种业有限公司（以下简称鑫民公司）生产的"淮麦28"小麦种子3袋，该门市部出具收据1份。谢某对购买现场进行拍照，取得名片1张，二维码收款截图1张。购买结束后，公证人员及杜某等将购买的种子带回公证处，分别装入3个箱子中封存。原审法院委托河南中农检测技术有限公司对被诉侵权种子的品种真实性进行检验，检验结果差异位点数2，判定为近似品种。郑州市中级人民法院于2021年9月23日判决河南鑫民种业有限公司瑞峰种子门市部立即停止生产、销售侵犯"百农4199"植物新品种权的小麦种子；河南鑫民种业有限公司于判决生效后10日内赔偿河南

[①] 杨燕律师，北京盈科（南京）律师事务所。
[②] 一审案号：（2021）豫01知民初475号；二审案号：（2021）最高法知民终2485号。

中种联丰种业有限公司经济损失及维权的合理开支 15 万元；叶县城关乡瑞峰种子门市部（经营者：周某峰）于判决生效后 10 日内赔偿河南中种联丰种业有限公司经济损失及维权的合理开支 2 万元；后河南鑫民种业有限公司提起上诉，认为原审法院仅凭涉案产品包装袋前后二维码显示鑫民公司而认定鑫民公司侵权，证据不足。瑞峰门市部自称所销售的"淮麦 28"是从鑫民公司陈某处购买，但鑫民公司并无陈某此人，瑞峰门市部提交的证据中显示的公章印文与鑫民公司的公章明显不同，且瑞峰门市部也没有能够提供与鑫民公司交易的必备手续。瑞峰门市部未审查种子生产者的信息和商品的真实性，所销售的被诉侵权种子品种与包装袋标注的名称"淮麦 28"完全不符，未尽到种子经营者的合理注意义务，应承担侵权责任。原审法院认定瑞峰门市部不能证明被诉侵权种子的真实渠道，同时又认定鑫民公司侵权，两者明显矛盾。最高人民法院经过审理于 2023 年 6 月 28 日做出驳回河南鑫民种业有限公司上诉请求的判决。

律师评析

本案的第一个争议焦点为瑞峰门市部的合法来源是否成立的问题。《民事诉讼法》第六十七条第一款规定，当事人对自己提出的主张，有责任提供证据。《最高人民法院关于适用〈中华人民共和国民事诉讼法〉的解释》第九十条规定，当事人对自己提出的诉讼请求所依据的事实或者反驳对方诉讼请求所依据的事实，应当提供证据加以证明，但法律另有规定的除外；在作出判决前，当事人未能提供证据或者证据不足以证明其事实主张的，由负有举证证明责任的当事人承担不利的后果。

合法来源抗辩是知识产权领域常见的抗辩事由。虽然合法来源抗辩目前在品种维权领域并没有通过实质性的立法得到确立，但是通过检索大量的司法案例，法院已经对该观点有了普遍的认可。合法来源抗辩的法律基础是《民法典》中关于侵权损害赔偿的过错责任原则，旨在维护交易安全，保护交易过程中善意的交易相对人，维护交易秩序。合法来源抗辩有助于引导销售者规范经营，引导品种权人溯源维权，进而打击真正的侵权源头。如果不规定合法来源抗辩，反而会使销售者成为生产者、繁殖者这些侵权源头逃脱侵权责任的"马甲"。

首先，合法来源抗辩主体是销售者。其次，合法来源抗辩成立的，销售者仍然要承担停止销售以及赔偿权利人维权合理开支等民事责任。最后，判断销售者合法来源抗辩是否成立时，不仅要求销售者证明购货渠道合法、价格合理和来源清楚等，销售者自身还需符合相关种子生产经营许可制度。鉴于种子领域存在比较完善的行政管理规定，适用合法来源抗辩更具实操性，销售者理应依法取得生产经营许可证却无证经营的，原则上应认定合法来源抗辩不成立。具体到本案中，被诉侵权种子经由公证取证从瑞峰门市部购买得到，外包装上显示的生产商名称、企业社会信用代码、生产经营许可证均与鑫民公司的信息相符。原审当庭扫描包装袋上的种子信息追溯代码，也显示鑫民公司的信息，可见，已有初步证据指向侵权主体为鑫民公司。鑫民公司以瑞峰门市部原审提交的复印件不真实为由否认存在生产被诉侵权种子的事实。经审查，瑞峰门市部在原审时提交了鑫民公司的营业执照和"淮麦28"的田间检验报告单、生产经营许可证、农作物品种审定证书、产地检疫合格证等材料，称是鑫民公司销售人员陈某提供的，瑞峰门市部将这些材料用于进行种子销售备案。虽然上述证据为复印件，且加盖的公章印文与鑫民公司向本院提交的委托授权书等书面材料上加盖的公章印文不符，但不能排除存在实际经营活动中鑫民公司使用经备案以外的其他公章的可能性。即使被诉侵权种子并非鑫民公司直接销售给瑞峰门市部，也不能否定被诉侵权种子是由鑫民公司生产，并经其销售流入种子市场的事实。综合本案证据，被诉侵权种子由鑫民公司生产、销售的事实具有高度可能性。

《种子法》第二十八条、《最高人民法院关于审理侵犯植物新品种权纠纷案件具体应用法律问题的若干规定》第二条以及《新品种保护条例》第六条仅规定了我国品种权人对植物新品种权所享有的排他的独占权，以及不得侵犯权利人的植物新品种权。但法律并未明确规定在植物新品种权纠纷中，销售者在其能够证明产品合法来源的情况下，是否承担侵权责任，若承担，承担何种侵权责任。

在植物新品种权纠纷中销售者能够证明所售被控侵权产品合法来源时，虽然我国现行法律并未在植物新品种权侵权纠纷中，对销售者合法来源抗辩制度有明确的规定；但在植物新品种权侵权纠纷中，对符合合法来源抗辩构成要件的销售者免除其赔偿责任，对销售者科以注意义务时考虑销售者的义务承受能力更符合民法平等保护的精神。

本案的第二个争议焦点为河南鑫民种业有限公司是否应当承担责任的问题。《最高人民法院关于产品侵权案件的受害人能否以产品的商标所有人为被告提起民事诉讼的批复》（法释〔2020〕20号）规定，任何将自己的姓名、名称、商标或者可资识别的其他标识体现在产品上，表示其为产品制造者的企业或个人，均属于《民法典》和《产品质量法》规定的"生产者"。根据该规定，如果侵权产品实物的表面、标签、包装、吊牌、产品说明书或产品合格证等带有生产者的名称、地址、商标等信息，原则上就可以作为推定所标注的主体实施了生产、制造行为的依据。具体到本案中，被诉侵权种子的包装袋上正面显示"民乐意"商标、淮麦28及二维码等内容。包装袋背面显示"净含量：15kg；品种名称：淮麦28；审定编号：国审麦2009009；品种公告号：CNA004924E；河南鑫民种业有限公司。生产经营许可证号：C（豫许鄢）农种许字（2018）第0005号；生产经营者名称：河南鑫民种业有限公司"等信息及种子追溯码，没有生产者具体地址。扫描正面二维码显示：您所购买的是河南鑫民种业有限公司生产的"淮麦28"是正品种子，请放心使用！扫描包装袋背面种子追溯码，显示产品名称"淮麦28"，生产经营者为鑫民公司等信息。公证封存商品实物的包装袋上印制有鑫民公司名称，扫描包装袋前后二维码也均能显示出鑫民公司名称。鑫民公司没有提供本公司在售的"淮麦28"商品实物或可反映该商品包装袋外观的相关证据，无法进行真伪比对。鑫民公司亦对包装袋上出现其公司名称和产品名称不能作出合理解释。中种联丰公司的证据已形成优势证据，在无相反证据的情况下，可以认定被诉侵权种子系鑫民公司生产或鑫民公司参与实施了生产侵权商品的活动。而在相关的案件中也有很多类似的裁判，比如最高人民法院在（2020）最高法知民终309号案件中认为："尚美公司公证购买的被诉侵权产品底部贴有生产信息标签，标明了'顺丰'字样以及顺丰塑料厂的全称、地址、联系方式等信息，且顺丰塑料厂的经营范围包括塑料制品制造、加工。对于一般消费者而言，被诉侵权产品系由顺丰塑料厂制造；无论被诉侵权产品是否由他人制造后贴附了顺丰塑料厂的标识，顺丰塑料厂均应对外承担制造者的责任。"综上所述，知识产权诉讼中较为突出的问题之一就是商品外包装所张贴的信息是否可以主张责任，根据现有的法律规定司法解释等内容来看，是从一定程度上减少了当事人的举证责任标准，加强知识产权诉讼诚信体系建设。对于解决知识产权民事诉讼中的"举证难"问题，降低维权成本，提升知识产权司法保护质效，推动营造市场化、法治化、国际化的营商环境，具有重要作用。

九、山东省种子有限公司与山东寿光蔬菜种业集团有限公司、平原县圣思园种业发展有限公司侵害植物新品种权纠纷案[1][2]

案情聚焦

山东省种子有限公司（以下简称山东种子公司）是"鲁葫1号"西葫芦植物新品种的品种权人。山东种子公司以山东寿光蔬菜种业集团有限公司（以下简称寿光蔬菜种业公司）、平原县圣思园种业发展有限公司（以下简称圣思园种业公司）生产、销售包装标注有"鲁葫1号"品种名称的西葫芦种子的行为构成侵权为由，起诉请求判令停止侵害，并赔偿经济损失及合理费用300万元。

山东省济南市中级人民法院一审认为，被诉侵权品种的产品包装显著位置标注"鲁葫1号"，在品种名称位置亦标注了相同字样，应当认定构成侵权，判决寿光蔬菜种业公司与圣思园种业公司停止侵害，分别赔偿50万元与3000元。寿光蔬菜种业公司、圣思园种业公司不服，上诉主张在其涉案

---

[1] 杨燕律师，北京盈科（南京）律师事务所。
[2] 一审案号：（2021）鲁01知民初1047号；二审案号：（2022）最高法知民终1296号。

产品包装上使用"鲁葫1号"的行为是对其注册商标"鲁葫"的合理使用，不构成侵权。最高人民法院二审认为，授权品种名称是区别于其他植物品种的法定标志，在商业用途上具有标识品种特质的功能。寿光蔬菜种业公司在品种名称的标注中使用"鲁葫1号"，以及将其注册商标"鲁葫"不规范使用为"鲁葫1号"的行为，实为指示商品品种而非指向商品来源。遂判决驳回上诉，维持原判。

律师评析

本案是以使用注册商标为名实施侵害植物新品种权的案件。人民法院准确适用新的侵害植物新品种权司法解释关于被诉侵权品种繁殖材料使用的名称与授权品种相同时推定两者为同一品种的规定，认定被诉侵权品种繁殖材料即为授权品种繁殖材料。同时，对于不规范使用注册商标，以使用商标之名行侵权之实的行为依法予以严惩，使得侵权人以使用注册商标为名掩饰侵权的行为无处遁形。

本案的裁判，厘清了在侵害植物新品种权案件中品种名称使用与商标使用的区别，有效警示了意图利用注册商标逃避侵权责任的不法行为。突出问题导向，有效破解实践中存在的维权难题。

（一）授权品种繁殖材料的植物新品种名称具有唯一性

2015年修订的《种子法》第二十七条规定："授予植物新品种权的植物新品种名称，应当与相同或者相近的植物属或者种中已知品种的名称相区别。该名称经授权后即为该植物新品种的通用名称。下列名称不得用于授权品种的命名：（一）仅以数字表示的；（二）违反社会公德的；（三）对植物新品种的特征、特性或者育种者身份等容易引起误解的。同一植物品种在申请新品种保护、品种审定、品种登记、推广、销售时只能使用同一个名称。生产推广、销售的种子应当与申请植物新品种保护、品种审定、品种登记时提供的样品相符。"

品种名称是一个植物品种区别于其他植物品种的重要外在标志。品种权人应当确保授权品种的名称在申请审定以及之后的生产推广中保持一致，以使得市场主体能够准确识别相应品种。若同一植物品种在申请新品种保护、品种审定、品种登记、推广、销售等不同阶段使用不同名称即属于"一品多名"，构成违法行为，应当依法承担相应责任。因此，品种名称的唯一性，确保了品种与名称之间的对应关系。对维护种子使用者合法权益、促进种子市场的繁荣稳定和健康发展有着重要意义。

（二）假冒品种权亦属于侵权行为

《最高人民法院关于审理侵害植物新品种权纠纷案件具体应用法律问题的若干规定（二）》第六条规定，品种权人或者利害关系人（以下合称权利人）举证证明被诉侵权品种繁殖材料使用的名称与授权品种相同的，人民法院可以推定该被诉侵权品种繁殖材料属于授权品种的繁殖材料；有证据证明不属于该授权品种的繁殖材料的，人民法院可以认定被诉侵权人构成假冒品种行为，并参照假冒注册商标行为的有关规定确定民事责任。实践中，侵权人使用授权品种名称从事侵权的行为多发，对于假冒品种行为进行侵权推定，不仅可以实现种子的规范管理，便于选购使用，而且有利于在执法实践中快速查明侵权假冒违法事实，依法保护品种权人的利益。

也就是说，无论寿光蔬菜种业公司销售的是"京葫43"品种还是"鲁葫1号"品种，在其已使用了授权品种名称的情况下，其行为已构成假冒品种权，属于侵权行为，应承担民事责任，鉴定证明被诉侵权品种与涉案品种是否具有同一性已无意义。

本案中，法院根据被诉侵权人在产品包装上使用的名称与授权品种名称相同，推定两者为同一品种，系用好司法解释相关规定，简化案件事实认定难题。

（三）不通过 DNA 比对即能直接推定认定被诉侵权品种繁殖材料为授权品种繁殖材料

仅凭被诉侵权品种外包装标注的"鲁葫1号"直接推定认定被诉侵权品种繁殖材料为授权品种繁殖材料，减轻了品种权人的举证压力，系举证责任的转移。

《最高人民法院关于审理侵害植物新品种权纠纷案件具体应用法律问题

的若干规定（二）》第六条规定，品种权人或者利害关系人（以下合称权利人）举证证明被诉侵权品种繁殖材料使用的名称与授权品种相同的，人民法院可以推定该被诉侵权品种繁殖材料属于授权品种的繁殖材料。

在诉讼中，当品种权人举证证明被诉侵权品种繁殖材料使用的名称与授权品种相同时，被诉侵权人往往以被诉侵权品种繁殖材料并非授权品种繁殖材料为由提出抗辩。此时，如果要求品种权人提供进一步的证据以证明被诉侵权品种繁殖材料确系授权品种繁殖材料，则品种权人将不得不采取鉴定等方式实现证明目的，大大增加维权难度。

实际上，品种权的名称有相应的法律制度规范，授权品种的名称具有独特性，系该品种的通用名称。种子法规定，授予植物新品种权的植物新品种名称，应当与相同或者相近的植物属或者种中已知品种的名称相区别。该名称经授权后即为该植物新品种的通用名称。同一植物品种在申请新品种保护、品种审定、品种登记、推广、销售时只能使用同一个名称。据此，如果被诉侵权人使用授权品种的名称从事侵权行为，其涉及的繁殖材料属于授权品种繁殖材料的可能性极大，根据民事诉讼的"高度盖然性"的证明标准，本案中，直接推定认定被诉侵权品种繁殖材料即为授权品种繁殖材料。这种举证责任的适时转移，有效降低了品种权人的维权难度，体现了切实保护植物新品种权、严厉打击侵权行为、激励种业科技创新的司法追求。

十、河南金苑种业股份有限公司与青岛鑫丰种业有限公司、山东省德发种业科技有限公司侵害植物新品种权纠纷案[1][2]

案情聚焦

河南金苑种业股份有限公司（以下简称金苑种业公司）是"伟科609"玉米植物新品种的品种权人。山东省平度市综合行政执法局执法检查发现青

---

[1] 杨燕律师，北京盈科（南京）律师事务所。
[2] 一审案号：(2021)鲁02知民初29号；二审案号：最高人民法院(2021)最高法知民终2487号。

岛鑫丰种业有限公司（以下简称鑫丰种业公司）销售的玉米种子并非标注的"豫禾868"，属于假种子，遂对鑫丰公司作出行政处罚。嗣后，金苑种业公司起诉，主张鑫丰种业公司销售的"豫禾868"实际是"伟科609"，上东升德发种业科技有限公司（以下简称德发种业公司）是"豫禾868"的生产、加工和供应单位，请求判令两公司停止侵害，并赔偿损失。

山东省青岛市中级人民法院一审认为，山东省平度市综合行政执法局依法查扣鑫丰种业公司销售的"豫禾868"玉米繁殖材料经鉴定与"伟科609"构成近似品种，德发种业公司和鑫丰种业公司的行为构成侵害涉案品种权。德发种业公司拒绝提供其生产、销售侵权品种繁殖材料的数量，综合考虑侵权的性质、期间、销售范围等因素，判决德发种业公司、鑫丰种业公司停止侵害，德发种业公司赔偿损失和维权合理开支40万元。金苑种业公司、德发种业公司不服，提起上诉，二审判决驳回上诉，维持原判。

> **律师评析**

本案是行政保护与司法保护有效衔接、优势互补的范例。案件处理充分体现出行政查处的及时高效与司法审判的定分止争相辅相成、相得益彰。通过行政机关的先行查处，既有效制止侵权行为并防止权利人损失扩大，又能及时固定侵权证据，便于后期诉讼中通过司法鉴定确定同一性，准确认定侵权行为，有利于形成行政和司法保护合力。

（一）"套包"种子属于侵犯植物新品种权的行为

本案中，鑫丰种业公司销售的玉米种子并非标注的"豫禾868"，经鉴定与"伟科609"构成近似品种，属于典型的"套包"行为，构成侵害涉案品种权。

《植物新品种保护条例》第六条规定："完成育种的单位或者个人对其授权品种，享有排他的独占权。任何单位或者个人未经品种权所有人（以下称品种权人）许可，不得为商业目的生产或者销售该授权品种的繁殖材料，不得为商业目的将该授权品种的繁殖材料重复使用于生产另一品种的繁殖材料；但是，本条例另有规定的除外。"第三十九条第一款规定，未经品种权人许可，以商业目的生产或者销售授权品种的繁殖材料的，品种权人或者利害关系人可以请求省级以上人民政府农业、林业行政部门依据各自的职权进行处理，也可以直接向人民法院提起诉讼。

《最高人民法院关于审理侵害植物新品种权纠纷案件具体应用法律问题的若干规定》第二条第一款规定，未经品种权人许可，生产、繁殖或者销售授权品种的繁殖材料，或者为商业目的将授权品种的繁殖材料重复使用于生产另一品种的繁殖材料的，人民法院应当认定为侵害植物新品种权。

《最高人民法院关于审理侵害植物新品种权纠纷案件具体应用法律问题的若干规定》第六条第二款、第三款规定，人民法院可以根据权利人的请求，按照权利人因被侵权所受实际损失或者侵权人因侵权所得利益确定赔偿数额。权利人的损失或者侵权人获得的利益难以确定的，可以参照该植物新品种权许可使用费的倍数合理确定。权利人为制止侵权行为所支付的合理开支应当另行计算。依照前款规定难以确定赔偿数额的，人民法院可以综合考虑侵权的性质、期间、后果，植物新品种权许可使用费的数额，植物新品种实施许可的种类、时间、范围及权利人调查、制止侵权所支付的合理费用等因素，在300万元以下确定赔偿数额。

修改后的《种子法》第七十二条规定，有侵犯植物新品种权行为的，由当事人协商解决，不愿协商或者协商不成的，植物新品种权所有人或者利害关系人可以请求县级以上人民政府农业农村、林业草原主管部门进行处理，也可以直接向人民法院提起诉讼。县级以上人民政府农业农村、林业草原主管部门，根据当事人自愿的原则，对侵犯植物新品种权所造成的损害赔偿可以进行调解。调解达成协议的，当事人应当履行；当事人不履行协议或者调解未达成协议的，植物新品种权所有人或者利害关系人可以依法向人民法院提起诉讼。侵犯植物新品种权的赔偿数额按照权利人因被侵权所受到的实际损失确定；实际损失难以确定的，可以按照侵权人因侵权所获得的利益确定。权利人的损失或者侵权人获得的利益难以确定的，可以参照该植物新品种权许可使用费的倍数合理确定。故意侵犯植物新品种权，情节严重的，可以在按照上述方法确定数额的1倍以上5倍以下确定赔偿数额。权利人的损失、侵权人获得的利益和植物新品种权许可使用费均难以确定的，人民法院可以根据植物新品种权的类型、侵权行为的性质和情节等因素，确定给予 500 万元以下的赔偿。赔偿数额应当包括权利人为制止侵权行为所支付的合理开支。县级以上人民政府农业农村、林业草原主管部门处理侵犯植物新品种权案件时，为了维护社会公共利益，责令侵权人停止侵权行为，没收违法所得和种子；货值金额不足 5 万元的，并处 1 万元以上 25 万元以下罚款；货值金额 5 万元以上的，并处货值金额 5 倍以上 10 倍以下罚款。假冒授权品种的，由县级以上人民政府农业农村、林业草原主管部门责令停止假冒行为，没收违法所得和种子；货值金额不足 5 万元的，并处 1 万元以上 25 万元以下罚款；货值金额 5 万元以上的，并处货值金额 5 倍以上 10 倍以下罚款。

新法将法定赔偿从 300 万元调整至 500 万元，深刻体现了植物新品种保护力度的加大，使侵权行为无处遁形。

（二）通过行政执法途径，固定侵权证据

1. 鉴定材料是否需要经过质证

本案二审审理过程中，德发种业公司主张在一审法院审理过程中存在司法鉴定程序违法，未组织案件当事人对鉴定材料进行质证。对此，二审法院认为，一审司法鉴定程序所使用的鉴定材料是从平度市综合行政执法局查扣的鑫丰公司销售的"豫禾868"玉米繁殖材料中调取的，是行政机构封存的样品，且鑫丰公司的法定代表人已在查扣的玉米繁殖材料上签字。《最高人民法院关于民事诉讼证据的若干规定》第三十四条的规定旨在保证鉴定材料的真实性、完整性，本案鉴定材料是行政机构依照法律程序封存的样品，真实性和完整性符合法律规定，原审法院对该鉴定材料的使用符合法律规定。德发公司提交的发票只能证明开票人牟某的名字和本案鉴定结论的签字人牟某的名字相同，无法证明是同一人，且即使属于同一人，专业人员兼任财务人员也不影响该鉴定结论的效力，德发公司未提供足够证据证明该项主张。故一审法院对该鉴定材料的使用符合法律规定。

本案也提醒植物新品种的品种权人，植物新品种维权案件中，证据保全的程序合法性对于最终的判决结果起着至关重要的作用。

2.通过行政执法途径打击侵权行为，固定侵权证据，进而通过诉讼手段取得经济赔偿

我国的农作物种子生产、销售经营活动受各级农业部门的监督和管理，《种子法》《农作物种子生产经营许可管理办法》等相关法律法规均对此作出了具体详细的规定及罚则，各地农业部门在有明文规定支撑的情况下，基层管理部门能够迅速对违规行为进行调查取证、对违规主体采取行政处罚措施。

因此，对于品种权受侵害方来说，向农业执法部门提供举报线索是制止侵权行为较为快速和有效的手段。这种维权方式尤其适用于涉及白包种子、套包种子的侵权行为。比起直接公证取证后起诉，由执法机关进行查处的好处还在于执法机关会对涉嫌侵权的种子进行扣押、封存，根据违规类型的不同，有的案件中执法部门还会进行抽样送检，并且能够从农业农村部调取到涉案种子的标准样品，只要不存在重大程序瑕疵，被扣押种子及检验报告等材料的真实性、完整性在民事诉讼的过程中通常能够得到法院认可，无论执法机关最终是否作出处罚决定，执法卷宗材料都可以作为民事诉讼中的侵权证据提交，与其他证据一同佐证侵权事实，从而有效地维护自身权益，也大大降低了自行取证可能造成的诉讼风险。

（三）合法来源的认定

《最高人民法院关于审理侵害植物新品种权纠纷案件具体应用法律问题的若干规定（二）》第十三条，销售不知道也不应当知道是未经品种权人许可而售出的被诉侵权品种繁殖材料，且举证证明具有合法来源的，人民法院可以不判令销售者承担赔偿责任，但应当判令其停止销售并承担权利人为制止侵权行为所支付的合理开支。对于前款所称合法来源，销售者一般应当举证证明购货渠道合法、价格合理、存在实际的具体供货方、销售行为符合相关生产经营许可制度等。

本案中，鑫丰公司已举证证明了其是受德发公司委托销售德发公司包装后的玉米种"豫禾868"，且在平度市种子管理站进行了农作物种子生产经

营备案，同时，还提交了完整的销售凭证，鑫丰公司提交的证据足以证明其有合法来源。

也提醒广大种业经营者，经营时应当注意程序的合法和完整，保护自己免遭高额的赔偿。

重点关注

一、农业农村部与最高人民法院联合举办全国种业知识产权保护专题培训班[①][②]

事件回放

2023年4月1—2日，农业农村部与最高人民法院在海南省三亚市联合举办全国种业知识产权保护专题培训班。此次培训是贯彻党的二十大和习近平总书记重要指示精神的具体行动，是落实中央种业振兴行动部署安排和新修改种子法的一次重要活动，旨在增进种业知识产权与司法保护交流合作，强化有效衔接，加快提升植物新品种保护能力，共同构建种业知识产权大保护工作格局。

培训班围绕种业振兴行动、司法保护、行政执法、行业管理、法律法规、检验鉴定、案例分析等内容，邀请最高人民法院知识产权法庭和农业农村部法规司、种业司等单位负责人及专家进行了专题授课。

各省级农业农村主管部门种业管理和行政执法机构负责人以及各有关具有植物新品种权纠纷案件管辖权的中级人民法院负责人参加了本次培训。培训班开通了线上培训平台，约3万人在线上同步参加了培训。

---

① 江本伟律师，北京高文律师事务所。
② 《农业农村部与最高人民法院联合举办全国种业知识产权保护专题培训班》，载农业农村部网2023年4月3日，http：//www.moa.gov.cn/xw/zwdt/202304/t20230403_6424635.htm。

律师评析

"徒法不足以自行",加强执法、司法人员的专业能力,是植物新品种保护工作中的重要一环,执法、司法人员的专业能力决定着我国相关植物新品种保护制度能否得到有效实施。因此,加强相关人员的专业培训十分重要,也十分必要。

我国现有的植物新品种保护架构下,权利人可以通过行政和司法两途径寻求救济。行政机关可依职权对侵权人的违法侵权行为作出行政处罚,人民法院可对权利人与侵权人之间的民事纠纷进行审判。因此,无论是行政执法人员还是司法人员的专业能力,都与权利人的维权结果密切相关。如果不能保证行政执法和司法审判队伍的专业能力,将无法落实植物新品种保护制度。

此次培训,包括各省级农业农村主管部门种业管理和行政执法机构负责人以及各有关具有植物新品种权纠纷案件管辖权的中级人民法院负责人,这些人员属于各地植物新品种保护行政执法和司法审判业务中的骨干成员。通过联合培训,可以进一步加强行政和司法机关的合作,加强植物新品种行政执法人员和司法审判人员之间的业务沟通,有利于统一相关法律的适用标准。

二、2023 中国种子大会暨南繁硅谷论坛在海南三亚举行[1][2]

事件回放

2023 中国种子大会暨南繁硅谷论坛在海南省三亚市举行。大会深入贯彻党的二十大和习近平总书记重要指示精神,紧紧围绕保障粮食和重要农产品稳定安全供给新任务新要求、加快种业现代产业链发展、南繁硅谷建设与自

---

[1] 江本伟律师,北京高文律师事务所。
[2] 《2023 中国种子大会暨南繁硅谷论坛在海南三亚举行》,载农业农村部网 2023 年 4 月 10 日,http://www.moa.gov.cn/xw/zwdt/202304/t20230410_ 6425052.htm。

贸港种业发展等方面开展交流研讨，全方位展现了业界和各有关方面全力推进种业振兴的坚定决心与务实行动，进一步凝聚了加快建设农业强国、全方位夯实粮食安全根基，实现种业科技自立自强、种源自主可控的广泛共识和信心合力。

大会设 1 场主论坛、13 场分论坛及种业成果展览、品种田间展示板块。会议期间还举办了"第三批人民法院种业知识产权司法保护典型案例""2022 年中国种业十件大事"等发布活动。

大会由最高人民法院、农业农村部、九三学社中央委员会、中国科学技术协会、江苏省人民政府、海南省人民政府指导，由中国种子协会、海南省农业农村厅、三亚市人民政府、海南省农垦投资控股集团有限公司、中国热带农业科学院等共同主办，参会人员超过 3000 人。

> **律师评析**

中国种子大会暨南繁硅谷论坛已举办多届，该大会暨论坛已经成为中国农业发展的风向标，从促进行业交流，到分析政策导向，它为行业人士提供了一个专业的交流和研讨平台。

此次大会上最高人民法院举办"第三批人民法院种业知识产权司法保护典型案例"发布活动，这些典型案例涉及植物新品种司法保护领域的热点难点问题，是对我国现有植物新品种保护制度一种解读和补充，对我国涉植物新品种司法审判工作具有重要的指导意义。

最高人民法院通过此次大会上发布典型案例，可以在行业内起到更好的法律宣传作用，有利于发挥相关案例的指导作用。比如此次公布的典型案例 15：魏某华销售伪劣种子案，魏某华因销售"中豌 6 号"和"中豌 9 号"豌豆种假种子，导致农户减产或者绝收，造成直接经济损失 479293 元。最终法院以销售伪劣种子罪，判处被告人魏某华有期徒刑 4 年 6 个月，并处罚金人民币 5 万元。该案的判决结果，对行业内销售伪劣种子的行为有很强的震慑作用，也向育种企业显示了国际维护品种权人和农民权益，打击种业犯罪的决心。

三、陕西省首单植物新品种权被侵权损失险落地杨凌[①][②]

事件回放

2023年9月7日,杨凌示范区市场监督管理局(知识产权局)[以下简称示范区市场监管局(知识产权局)]与中国人民财产保险股份有限公司杨凌支公司(以下简称人保财险杨凌支行)联合举行知识产权保险战略合作协议签约仪式。陕西杨凌伟隆农业科技有限公司与人保财险杨凌支行签订植物新品种权被侵权损失险投保协议,标志着全省首单植物新品种权被侵权损失险正式落地。

签约仪式上,示范区市场监管局(知识产权局)与人保财险杨凌支公司签订《知识产权保险战略合作协议》。此次战略合作协议的签订,促进了知识产权与金融资源深度融合,是示范区市场监管局(知识产权局)运用现代金融保险手段促进科技创新和知识产权保护运用,深化落实知识产权强国建设纲要迈出的重要一步,开启了示范区知识产权保险工作新模式。

保护种业知识产权,就是保护国家粮食安全。全省首单植物新品种权被侵权损失险的落地,不仅是为农业"芯片"保驾护航,也是推动"种业硅谷"建设的有力抓手。下一步,示范区市场监管局(知识产权局)将联合知识产权各职能部门,充分发挥政府组织协调和公共服务职能优势,与人保财险杨凌支公司合作,不断加大知识产权保险产品创新和推广力度,扩大知识产权保险覆盖面,提高企业风险防范意识,加强企业知识产权风险管理能力,激发社会创新创造活力,营造良好营商环境。

律师评析

植物新品种维权难、成本高,一直是植物新品种保护领域亟待解决的问题。我国先后从立法、司法等各环节出台规定,千方百计地降低权利人的维

---

① 江本伟律师,北京高文律师事务所。
② 《全省首单植物新品种权被侵权损失险落地杨凌》,载百家号"杨凌示范区市场监督管理局"2023年9月8日,https://m.thepaper.cn/baijiahao_24546100。

权难度和维权成本，提高植物新品种保护的行政执法和司法审判效率。

植物新品种权被侵权损失险落地杨凌，具有很大的代表意义和示范效应，值得各地尤其是种业产业发达的地区积极学习。植物新品种权被侵权损失险，可以在行政保护和司法保护之外为权利人提供一种新的财产权益保护方式。通过财产保险的方式及时对权利人因侵权造成的损失进行保险理赔，可以及时弥补权利人损失，降低权利人的市场风险。

但是，与国外设计种业的保险相比，我国的此类保险仍有很大的拓展空间，需要进一步创新和加大涉种业保险的研发和推广力度，进一步增加针对植物新品的险种和可保范围。此次植物新品种权被侵权损失险在杨凌地区的落地，对于我国的植物新品种权保护来说十分具有代表意义。希望国家能够以此为契机，在植物新品种保护领域积极推出相关保险，为权利人提供更多权益保障，激励育种者积极创新，在行政和司法程序植物为权利人保驾护航后，促进国家"种业振兴"。

四、赋能种业发展生态圈 种业行业首部产业链发展蓝皮书发布[1][2]

事件回放

由中国中化牵头编制的《2023年农作物种业现代产业链发展蓝皮书》（以下简称《蓝皮书》）于2023年11月7日在第六届中国国际进口博览会种业发展合作论坛上发布。

作为行业首创，《蓝皮书》由中国中化联合中国种子协会、中国种子贸易协会、农业农村部规划设计研究院农业与农村规划研究所和海南省农业农村厅等联手打造，是业内第一本站在产业视角、由种业龙头企业牵头

---

[1] 江本伟律师，北京高文律师事务所。
[2] 《【进博会时刻】赋能种业发展生态圈 种业行业首部产业链发展蓝皮书发布》，载央广网2023年11月7日，https：//www.cnr.cn/shanghai/qqlb/20231107/t20231107_526478614.shtml。

编制的年度研究报告，首次对我国现代种业产业链建设的可行路径进行系统分析。

《蓝皮书》以构建种业产业链研究体系，推动种业现代产业链高质量建设为目标，聚焦种业发展方位研判、种业产业链发展进程分析及全产业链创新路径探讨，为中国种业产业提升韧性和竞争力出谋划策。

"作为立足于'产业视角、全球视野、企业声音'的智库报告，《蓝皮书》呈现了我国种业发展成果与问题挑战，并在此基础上给出针对性建议，着力推动行业共识和主体共进。"中国中化先正达集团中国总裁刘红生在发布仪式上介绍。

针对中国种业现代产业链发展面临的挑战，《蓝皮书》建议，"育种科研应从市场需求中来，到市场需求中去"，要加快构建企业为创新主体、产学研相结合的商业化育种体系，推动科研院所的基础研究与头部种业企业创制推广品种高效衔接，打通关键技术资源化、市场化的"最后一公里"。

"通过推进全产业链良种良法服务，助力粮食和重要农产品增产增效，结合不同品种、不同区域农业产业发展难点，持续强化科技研发能力和推广体系建设，加快中小农户融入现代农业，让良种良法真正进村入户，切实帮助农户节本增效。"先正达集团中国种业战略与政府事务总监张晓强表示。

据了解，本届进博会，先正达集团还设置了"更高效的种植""更健康的土壤"和"更美好的收获"三大展区，集中展示一系列最新的种业创新品种、植物保护技术、土壤健康方案、绿色溯源农产品以及进口特色作物产品，其中多项创新产品和技术为首次亮相进博会。

律师评析

《蓝皮书》首次对我国现代种业产业链建设的可行路径进行系统分析，弥补了我国此类对种业产业链系统分析报告的空白。《蓝皮书》是一部由种业龙头企业牵头编制的年度研究报告，具有很高的行业代表性和市场指导意义。

农作物种业作为种业产业中最重要的产业之一，对于我国种业产业的发展有着举足轻重的影响作用。有相关种业龙头企业牵头编制这份《蓝皮书》，也已经说明我国的农业产业发展已经进入了一个新的阶段，相关产业主体已经在自觉地参与行业管理和行业相关问题的研究。这与我国近年来提出的"种业振兴"以及各项促进种业法和加强品种保护制度的法规、政策有着密不可分的关系。一个行业产业要想发展壮大，少不了国家的支持和政策法规的支持。尤其是对于涉及品种权保护的种业产业，国家的扶持和法律法规的保护更是重中之重。

随着新《种子法》的实施，我国的品种权保护范围已经延伸至实质性派生品种、授权品种的收获材料及收获材料直接制成品，这也标志着植物新品种保护将扩大至种业产业的更多环节、更大范围。此次《蓝皮书》的首发只是一个开始，相信随着我国农作物种业产业的发展，将会有更多类似的研究报告被发布。

五、向日葵"仿种子"清理任务基本完成①②

事件回放

2023年，农业农村部发布非主要农作物品种登记撤销公告，撤销向日葵、甜瓜等登记品种362个。至此，通过三年时间基本完成向日葵"仿种子"清理任务，从源头上破解品种同质化问题取得阶段性成效。

2021年以来，为落实中央种业振兴市场净化行动部署，深入推进"仿种子"问题治理，农业农村部先后启动了向日葵、黄瓜、甜瓜等登记作物品种清理工作，目前已发布五批撤销登记公告。从业界反映情况来看，"仿种子"清理取得明显成效，种业市场得到持续净化，有效维护了种业市场公平竞争秩序，更加坚定了企业加大研发投入的信心和决心。

---

① 江本伟律师，北京高文律师事务所。
② 《向日葵"仿种子"清理任务基本完成》，载农业农村部网2023年12月4日，http://www.moa.gov.cn/xw/zwdt/202312/t20231204_6442111.htm。

下一步，农业农村部将深入实施种业振兴市场净化行动，坚决清理撤销问题登记品种，将继续启动西瓜、番茄等登记品种清理；加快建立健全 DNA 分子鉴定体系，严格品种差异性要求，进一步规范登记品种管理；强化登记事后监管服务，探索开展登记品种符合性验证，提升品种登记质量；加大种子市场监管力度，依法严厉打击假冒伪劣、套牌侵权行为。通过多措并举，切实保护原始创新积极性，促进农作物种业高质量发展。

律师评析

随着我国育种创新能力不断提高，一大批新优品种被投入市场。然而，在此过程中出现了"一品多名、一名多品"等违规问题日益严重。导致部分农户被骗，企业的合法利益也难以得到保障，严重打击了企业和育种者的创新积极性。长期以来，育种行业对"仿种子"问题都十分痛恨。从 2021 年中央种业振兴行动全面启动以来，针对种子市场同质化问题，我国以清理"仿种子"为重点，利用分子鉴定技术，撤销了大批问题品种，有效维护了种业市场秩序和品种权人合法利益。

经过连续三年的"仿种子"清理，终于基本完成对向日葵、甜瓜等部分登记品种的清理工作。有效地净化了种业市场，维护了种业市场的健康发展。我们应当吸取教训，在品种申请、审定、登记等环节加强对"仿种子"的查处，从源头上杜绝"仿种子"披着合法的外衣走向市场。

六、农业农村部对农作物品种命名及来源亲本组合表述进一步明确要求[1][2]

事件回放

2023 年 10 月 20 日，农业农村部种业管理司发布《关于进一步明确农作

---

[1] 杨燕律师，北京盈科（南京）律师事务所。
[2] 详见《农业农村部种业管理司关于进一步明确农作物品种命名及来源亲本组合表述要求的通知》，载中国乡镇企业协会食用菌产业分会网 2023 年 10 月 26 日，https：//cefic.org.cn/article.php？id＝12450。

物品种命名及来源亲本组合表述要求的通知》，首次明确了基因编辑品种命名要求：（1）严格确保品种名称唯一性；（2）严格规范新申请品种命名；（3）规范表述品种来源亲本组合。

律师评析

植物新品种权的名称，系植物新品种获得授权的要件之一，同时也是种业管理、保障种子市场秩序、深入贯彻落实种业振兴市场净化行动的关键手段。

严格规范品种名称唯一性和严格规范新申请品种命名有利于打击不正当竞争行为。2010年安徽省高级人民法院就有将擅自使用植物新品种名称的行为认定为仿冒知名商品特有名称的判例；二审法院认为，"中科4号"作为农业农村部授权的植物新品种，根据其销售时间、地域等因素，可以认定其构成了知名商品的特有名称；新天隆公司的"鲁单981"玉米种使用的"中科四号"商标，与"中科4号"品种名称区别仅在于阿拉伯数字"4"和汉字"四"……新天隆公司的行为客观上导致包括种子零售商在内的相关消费者的误认，造成了混淆误认，构成仿冒知名商品特有名称的不正当竞争。

同时，新申请植物新品种权保护、国家级和省级农作物品种审定、品种登记的，申请前申请者应登录中国种业大数据平台通过农业植物品种名称检索系统进行查询，确保名称不重复；此做法有利于在根源上杜绝擅用植物新品种名称的行为，防止其与已申请品种名称混淆而引发不正当竞争和植物新品种权侵权。规范表述品种来源亲本组合是前提，在申请植物新品种权、国家级和省级品种审定、品种登记时，其亲本组合按照《农作物品种来源亲本组合表述要求》进行规范表述，以此来确保品种信息的统一性，也方便品种管理和查询。

大自然孕育的原生植物品种是不被任何人所私有化的，但植物新品种是育种人经过不断创新研发与培育所形成的。法律保护育种人的这种智力创新成果，因而赋予其植物新品种权。从植物新品种的品种名称立法和司法保护发展可以看出，我国对植物新品种权的保护力度不断加强，体现了切实保护植物新品种权、严厉打击侵权行为、激励种业科技创新的司法追求。

七、中心派员赴瑞士参加国际植物新品种保护联盟（UPOV）系列会议[①][②]

事件回放

2023年10月23—27日，国际植物新品种保护联盟系列会议在瑞士日内瓦UPOV总部召开，来自UPOV的78个成员、12个观察员和国际组织的100余名代表参会，农业农村部科技发展中心崔野韩研究员参加本次会议。

崔野韩研究员履行UPOV理事会主席职责，全程主持了第101届顾问委员会会议和第57届理事会会议。我国在2021年提出的《UPOV使用中文项目评估报告》顺利通过审议，该项目进展得到了秘书处和各成员的高度认可，中国作为植物新品种保护大国，年度申请量连续多年位列世界第一，中文加入UPOV工作语言促进了我国育种人对国际植物新品种保护形势和进展的了解，提高我国在UPOV履约事务中的参与度和影响力，有利于进一步推动我国植物新品种保护事业高质量发展。

（一）我国品种权年度申请量居世界首位

本系列会议中，技术委员会重点审议了4个技术工作组的进展报告，研讨了测试指南修改、UPOV数据库等相关技术问题。行政法律委员会对品种命名等事项进行审议，并对品种权电子审查系统、测试报告互认等进行了专题研讨。顾问委员会审议通过了实质性派生品种解释性说明。理事会重点审议了UPOV 2023年的财务和人员变化以及新加入成员情况，并通报了各成员2023年品种权申请授权情况。

---

① 杨燕律师，北京盈科（南京）律师事务所。
② 《中心派员赴瑞士参加国际植物新品种保护联盟（UPOV）系列会议》，载农业农村部科技发展中心网2023年11月1日，http：//www.nybkjfzzx.cn/Detail.aspx？T＝AT&I＝7104&N＝22&ID＝cd3773df-e43d-4bf0-a940-46e278b27b78。

（二）UPOV 办公室新一届领导团队

本次会议由 UPOV 办公室新一届领导团队组织召开，副秘书长 Yolanda Huerta 女士于 2023 年 10 月 23 日正式上任，她对 UPOV 促进创新、服务社会的使命和愿景做了进一步的阐述，原副秘书长 Peter Button 先生于 2023 年 10 月 22 日卸任，因其贡献杰出，被 UPOV 授予金质奖章。

律师评析

2022 年 10 月 24—28 日，国际植物新品种保护联盟（UPOV）2022 年度会议在日内瓦召开，国家林业和草原局派员线上参会。会议提供了包含中文在内六种语言的同传服务，这是 UPOV 首次将中文作为会议工作语言使用。在理事会换届选举工作中，我国农业农村部科技发展中心总农艺师崔野韩博士成功当选理事会主席，任期三年，成为 UPOV 历史上首位中国籍理事会主席。今年崔野韩研究员履行 UPOV 理事会主席职责，全程主持了第 101 届顾问委员会会议和第 57 届理事会会议。会议上我国在 2021 年提出的《UPOV 使用中文项目评估报告》顺利通过审议，该项目进展得到了秘书处和各成员的高度认可，中国作为植物新品种保护大国，年度申请量连续多年位列世界第一，中文加入 UPOV 工作语言促进了我国育种人对国际植物新品种保护形势和进展的了解，提高我国在 UPOV 履约事务中的参与度和影响力，有利于进一步推动我国植物新品种保护事业高质量发展。

我国建立植物新品种保护制度 20 多年来，植物新品种保护事业取得长足进步，申请量连续多年居世界第一，授权量跃居世界首位，国际影响力显著提升。以上种种充分说明国际社会对于中国植物新品种保护工作的高度认可，将有助于我国在植物新品种保护领域继续深化国际合作，推进种业高质量发展。放眼国际的同时也不能疏忽国内植物新品种保护的探索和完善，品种权保护在实践中存在的"取证难、周期长、成本高、保护弱"的问题，只有通过有效完善现行法律法规之不足，才能为我国种业发展的现代化、开启种业发展新纪元提供法治保障，为深化国际发展提供坚强后盾。

八、我国将加快推进种业振兴"五大行动"[①][②]

事件回放

为进一步推动种业振兴，我国将加快推进挖掘优异种质资源、种业创新攻关、做强国家种业阵型企业、提升种业基地能力和知识产权保护"五大行动"。目前推动种业振兴已取得阶段性成效，历时三年的全国农业种质资源普查即将收官。下一步农业农村部将加力加快推进"五大行动"，力争种业振兴行动再取得一批标志性成果。

在挖掘优异种质资源方面，全面开展国家库（圃）种质资源精准鉴定，组织农作物种质资源登记，发布可供利用的农业种质资源目录，夯实育种创新资源基础。

在推进种业创新攻关方面，以推动大面积单产提升为方向，统筹推进多层次育种创新联合攻关，加快选育一批高油高产大豆、短生育期油菜、耐盐碱作物等急需的突破性品种。

在做强国家种业阵型企业方面，健全精准扶持优势企业发展的政策，强化"一对一"帮扶机制，加快培育一批航母型领军企业、"隐形冠军"企业和专业化平台企业。

在提升种业基地能力方面，深入推进南繁硅谷、甘肃玉米、四川水稻、黑龙江大豆、北京畜禽等育种制种基地建设，力争到2025年国家级种业基地供种保障率达到80%。

在知识产权保护方面，实施品种身份证管理，建立全链条全流程监管机制，严厉打击假冒伪劣、套牌侵权等违法行为，持续优化种业市场环境。

[①] 杨燕律师，北京盈科（南京）律师事务所。
[②] 《我国将加快推进种业振兴"五大行动"》，载农业农村部网2023年9月25日，http：//www.moa.gov.cn/ztzl/ymksn/xhsbd/202309/t20230925_6437153.htm。

据了解，本届"双交会"以"稳粮保供强根基、聚力振兴谱新篇"为主题，由全国农业技术推广服务中心、农业农村部农业贸易促进中心、中国种子协会、安徽省农业农村厅和合肥市人民政府共同主办。

律师评析

"国外种子按粒卖，国内种子按斤卖"，这种状况与我国农业大国地位不相称，与农业高质量发展需求不相适应，亟须从强化基础、培优企业、净化市场、前沿突破等方面补短板强弱项，推动种业振兴取得新成效。

我国国家作物种质资源库保存资源超过52万份，但完成表型与基因型精准鉴定可用于育种创新的却寥寥无几，大部分种质资源都陷入"沉睡"当中。搞好种质资源，是推进种业振兴的基础。过去几年，以先正达、隆平高科等为代表的中国种子企业，在国际种业市场上崭露头角，影响力与日俱增。不过，整体上种子企业多而不优、多而不强，我国在国内外市场上有分量的种子企业还不够。种业振兴必须发展种子企业这个骨干力量，吸收资本、引流高新技术和人才，培养一批极具创新和竞争力的种子企业。育种事业充满不确定性且耗费巨大，同时也极具创新色彩，通常要引入排他性知识产权保护激励育种创新。知识产权保护不到位，种业创新振兴不可能到位。强化种业知识产权保护，实施品种身份证管理，建立全链条全流程监管机制，严厉打击假冒伪劣、套牌侵权等违法行为，为种业振兴营造良好的市场环境。目前国际育种已经进入到"常规育种+生物技术+信息化"的育种"4.0时代"，而我国整体还处于"跟跑"阶段。生物育种创新研发更多停留在实验室的探索层面，重要育种基因挖掘、重点品种储备等方面，与国际前沿差距不断拉大。种业要振兴，突破育种前沿技术是关键。

九、亩产1251.5公斤！袁隆平"超级稻"创世界新纪录[①][②]

事件回放

2023年10月14日，2023年超级杂交稻单季亩产1200公斤超高产攻关测产验收会在四川省凉山州德昌县举行，最终测定3块田平均亩产1251.5公斤，创造了杂交水稻单季亩产的世界新纪录。

据了解，该示范田面积为110亩，种植品种为"粒两优8022"，2023年3月20日开始水稻旱育秧播种，4月24日至5月5日移栽。示范片育秧采用旱育稀播、宽窄行定距移栽、测土配方施肥、科学管水、病虫综合防治等技术措施。

在测产验收现场，专家组按照农业农村部超级稻测产方法，随机抽取了3块水稻田进行机械收割，机器脱粒后经测水、除杂、称重，最终测定3块田平均亩产1251.5公斤，其中1号田亩产1316.5公斤，2号田亩产1249.4公斤，3号田亩产1188.6公斤，3块田平均亩产1251.5公斤。至此，杂交水稻单季亩产实现世界新纪录。

律师评析

袁隆平院士在2018年就提出了攻关亩产1200公斤的目标，他生前对这个事高度关注，但之前因各种原因未能实现这个目标，这也成了袁院士生前的遗愿。今天能够实现这一目标，既是对袁院士的告慰，也是实现袁老的"禾下乘凉梦"。一直以来，种粮食经济效益低，是农民种粮意愿的困扰之一，也是制约我国粮食生产的主要因素。比如，攀西地区有的农民不愿意种粮食，选择种葡萄等经济作物。那么，如何解决粮食安全和促进农民增收之间的矛盾？

[①] 杨燕律师，北京盈科（南京）律师事务所。
[②] 《亩产1251.5公斤！袁隆平"超级稻"在四川凉山创世界纪录》，载百家号"封面新闻"2023年10月14日，https：//baijiahao.baidu.com/s？id=1779715830736432143&wfr=spider&for=pc。

高产、再高产、超高产，是袁隆平院士追求的目标。"高产是为了解决粮食安全问题。"农民单纯靠种水稻难以致富，按照袁隆平院士提的"曲线致富"理念，如何把粮食安全和农民增收结合起来，推出了"种稻致富"模式是我们一直以来的探索，现如今推广"水稻+"种植模式以市场化方式"种稻挣钱"，提高农民积极性，也是我们探求致富之路上迈出的一步。

十、北京知识产权法院通报建院以来种业知识产权保护情况①②

事件回放

"国以农为本，农以种为先"，而种业创新离不开司法保护的支持。2023年11月15日下午，北京知识产权法院召开新闻发布会，通报该院建院以来种业知识产权保护情况并发布典型案例。该院先后建立专家委员会、成立种业案件专审组，并审结一批典型案件，不断提高种业司法保护水平。

作为全国首家知识产权专门法院，北京知识产权法院管辖北京市辖区内的涉种业知识产权民事案件，并专属管辖全国范围内涉种业知识产权授权、确权行政案件。自2014年建院以来，北京知识产权法院受理涉种业知产案件中，包括植物新品种授权、确权行政案件，也包括植物新品种权属、侵权、技术秘密民事案件，品种类型涉及玉米、小麦、水稻等粮食品种，辣椒、大白菜等蔬菜品种以及西瓜、凤梨、草莓等水果品种。此外，该院还受理了涉及动物品种技术秘密、真菌品种侵权、核苷酸序列专利授权等民事、行政案件。

在"强硕68"玉米新品种权无效行政纠纷案中，北京知识产权法院明确"为委托制种目的交付繁殖材料并约定回购"不属于销售行为，为育种者在研发过程中委托制种后申请品种权提供有力保障；在侵害"玛索"辣椒新

---

① 杨燕律师，北京盈科（南京）律师事务所。
② 《北京知识产权法院通报建院以来种业知识产权保护情况》，载百家号"北京日报客户端"2023年11月15日，https：//baijiahao.baidu.com/s？id=1782631226473696797&wfr=spider&for=pc。

品种权纠纷案中，法院明确了 DNA 指纹鉴定与 DUS 测试在种业案件中的适用规则；在"红羽蛋鸡"品种技术秘密案中，法院认定原告主张的技术秘密已被在先专利和文章公开，不再构成技术秘密，引导种业企业早期知识产权布局合理化。近年来，该院审结的案件先后入选农业农村部农业植物新品种保护十大典型案例、人民法院种业知识产权司法保护典型案例等。

为提升种业案件审理质效，北京知识产权法院积极探索多种工作机制。近年来，该院成立由两院院士组成的创新保护专家委员会，发挥院士专家的导航引领作用，其中 3 名院士分别为油菜遗传育种学、水稻分子遗传学、农业信息化等农业领域的权威科学家。同时，北京知识产权法院不断推动技术调查官参与种业案件事实查明工作，配合专家陪审员、专家辅助人等多方位辅助体系，确保案件审理专业化。此外，北京知识产权法院于 2023 年 9 月成立种业案件专审组。2023 年新收的 10 件涉种业知识产权保护案件，通过前端识别确认后，均认定为高价值案件，纳入种业专审组绿色通道重点审理，精审快办。

立足审判工作，北京知识产权法院延伸司法职能，设立种业巡回审判庭及普法驿站，服务保障首都中心工作。综合考察北京市种业产业布局及发展情况，该院在平谷农业中关村核心区域设立种业巡回审判庭，并与平谷区人民法院联合设立"普法驿站"。2023 年，院领导多次率队实地调研，并选派优秀法官开展座谈交流、普法宣传、培训授课等工作，发布《涉平谷知识产权典型案例》《"一带一路"倡议下我国企业自主知识产权保护及风险应对手册》，满足企业知识产权保护需求。

"我院将继续加强种业知识产权司法保护工作，着力服务打造种业之都、推进农业中关村建设的种业振兴北京方案，为促进国家种业高质量发展、服务保障种业科技自立自强贡献力量。"北京知识产权法院负责人表示。

> 律师评析

近年来，北京大力推进种业之都、农业中关村建设，有着众多具有优势地位的植物、动物品种。目前，全市种业企业达到 1918 家，其中 31 家企业和机构入选国家种业阵型企业。国家级的科研院所12个，占比全国超1/4。

世界种业前十强企业，均在北京设立了研发中心或办事处。所以，对于北京种业研发主体的保护尤为重要，北京知识产权法院发挥地域优势，集合审判力量，优质高效审理北京地域范围的种业知识产权权属、侵权、合同、技术秘密等民事案件，着力保护创新主体的合法权益，对于国家种业振兴具有重要意义。

其次，全国范围内的植物新品种、种业培育方法专利等授权、确权行政案件，由北京知识产权法院集中管辖。行政赋权是权利主体进行维权的基础，也是诸多成果转化的前提，直接影响企业的知识产权布局，是解决"卡脖子"问题的关键，也是种业企业赢得国际竞争、增加国际影响力的基石。北京知识产权法院高质高效地审理种业行政案件，多起案件入选最高人民法院、农业农村部典型案例，对于树立相应审判规则，指导企业完善种业知识产权布局，具有重要意义。

此外，北京知识产权法院还在培训、指导种业企业早期知识产权布局、依法高效维权等方面提供司法服务，为种业之都及农业中关村建设贡献力量。

CHAPTER 8

第 8 章
地理标志

综 述[①]

我国高度重视地理标志保护工作。习近平总书记强调，要加强地理标志、商业秘密等领域立法。[②] 中共中央、国务院相继印发的《知识产权强国建设纲要（2021—2035年）》《"十四五"国家知识产权保护和运用规划》等重大政策文件中也对加强地理标志保护工作做出了部署和具体安排。为全面贯彻落实党的二十大精神，根据前述重大政策文件要求，《2023年知识产权强国建设纲要和"十四五"规划实施推进计划》《推动知识产权高质量发展年度工作指引（2023）》《2023年全国知识产权行政保护工作方案》等具体实施层面文件在2023年度相继发布，其中明确了2023年在地理标志保护方面的重点任务和工作举措。

地理标志作为一项特殊的知识产权，具有明显的地域特色和文化认同。地理标志产品因其地理环境独有的自然或人文因素而具有独特的品质、声誉等特征，对地理标志的保护在推动地方经济发展、保护传统文化、促进农民增收、保护消费者权益等方面具有重要意义。此外，我国对地理标志的保护也取得了阶段性成果，根据WIPO于2023年11月发布的《世界知识产权指标2023》，截至2022年底，中国拥有9571个有效地理标志，居世界首位。同时，根据国家知识产权局战略规划司于2023年12月提供的统计数据，

[①] "地理标志"作者：蒋宏建律师、熊晔律师、齐依阳律师助理，国浩律师（天津）事务所。

[②] 《习近平在中央政治局第二十五次集体学习时强调 全面加强知识产权保护工作 激发创新活力 推动构建新发展格局》，载中国政府网2020年12月1日，https://www.gov.cn/xinwen/2020-12/01/content_5566183.htm。

2023年1月至11月，我国共批准保护地理标志产品10个，超过2022年全年度地理标志产品保护申请的批准量；而该时期的地理标志专用标志市场主体核准使用量为5662家，占2022全年度总量的88.84%。

本章节编写2023年度地理标志领域中央及各地新法及政策、司法保护典型案例及重点关注事件三个部分。其中，在典型案例部分，原则上选取2023年裁判的司法案例，涉及反不正当竞争法保护途径，地理标志商标的侵权判断标准，惩罚性赔偿的适用原则，合法来源和正当使用抗辩的判断标准，以及地理标志商标的刑法保护等焦点问题，具有一定的导向作用。从律师角度对典型案例进行分析，旨在提高对法律条文的深入理解与适用，厘清地理标志领域的法律分歧，并为推动地理标志专门立法提供参考。

新法观察

一、《地理标志产品保护规定（征求意见稿）》

现行《地理标志产品保护规定》（以下简称原规定）是2005年由原国家质量监督检验检疫总局颁布的，在保护地理标志产品和推动地方经济发展方面发挥了重要作用。然而，由于原规定制定时间较早且未曾修订，逐渐无法适应当前地理标志产品保护的实际需求。为解决这些问题，国家知识产权局于2023年9月18日发布了《地理标志产品保护规定（征求意见稿）》（以下简称征求意见稿）。本次修改思路涵盖：调整机构职责相关条款以适应机构改革职能调整，优化审查认定、行政裁决和专用标志使用程序以完善审查流程，明确生产者义务和知识产权管理部门的监管职能以强化地理标志产品管理，以及加强地理标志产品的保护以提升保护水平。征求意见稿将原规定内容从28条扩充至39条，包括新增15条、删除4条、修改19条，同时保留了5条内容基本不变。主要修改内容简要概括如下：

1. 明确法律依据和主管部门：明确了《民法典》《商标法》《产品质量法》及《标准化法》为该规章的上位法依据，并对相关条款中的主管机构名称进行了调整，明确了国家知识产权局和地方知识产权管理部门负责地标志产品和专用标志的管理和保护工作。

2. 明示申请人和生产者义务：申请人（即县级以上人民政府或其指定的具有代表性的社会团体、保护申请机构）对地理标志产品名称和专用标志负有管理义务，生产者负有按相应标准组织生产的义务。

3. 完善地理标志产品审查标准和程序：明确地理标志产品特征，并规定了不予保护的情形；细化异议和救济程序，并新增变更和撤销程序。

4. 改进地理标志专用标志核准使用工作模式：由省级知识产权管理部门进行地理标志专用标志的审查登记，并向国家知识产权局申请备案。

5. 完善地理标志产品保护体系：当地政府应建立完善的地理标志产品标准、检测和质量保证体系，并由知识产权管理部门引导地理标志产品的运用。

6. 强化地理标志产品的保护：明确规定擅自使用地理标志产品名称、伪造专用标志等具体违法行为，及其相应的行政处罚手段。

二、《广东省地理标志条例》

《广东省地理标志条例》于 2022 年 11 月 30 日由广东省第十三届人民代表大会常务委员会第四十七次会议通过，并自 2023 年 1 月 1 日起施行。该条例属于全国首部专门针对地理标志保护的地方性法规，充分借鉴广东省在此领域内的优秀经验和有效举措，为该省的地理标志保护工作提供有效法律保障。

该条例在探索构建与国家规定相衔接的保护制度、促进地理标志产业发展、保障地理标志产品质量特色及构建全链条地理标志公共服务体系等方面都进行了有益尝试，为各地地理标志地方性法规的制定提供参考，主要亮点如下：

1. 明确地理标志违法行为的法律责任：该条例明令禁止未经授权使用地理标志专用标志等行为，并参考《产品质量法》中关于伪造产地、伪造冒用质量标志的法律责任条款，设置地理标志具体违法行为所对应的法律责任，以加强对侵犯地理标志违法行为的威慑力。

2. 完善地理标志的监督管理体制：该条例细化原产地政府在地理标志产品质量管理方面的职责，不仅要求强化本地地理标志产品的质量管控并建立质量保证体系，还要求加强对地理标志产品的日常监督管理，建立地理标志专用标志使用异常名录并定期公开监督检查情况。

3. 建立地理标志资源库：该条例明确规定，地方政府定期组织进行地理标志保护资源普查，并将地理标志产品的基础信息数据纳入地理标志资源库中，同时加强资源所在地范围内自然资源、历史人文资源的保护，引导地理标志的申请、保护和运用。此外，为促进产业发展，该条例还对制定地理标志相关产业发展规划、建立工作协调机制和出台扶持政策措施、支持技术创新和产业园区建设，促进产业融合和交易市场的培育以及相关金融支持和国际合作等方面均作出规定。

4. 设立公益诉讼程序：地理标志具有显著的公共属性，因此推行公益诉讼将有利于增强地理标志的保护力度。此前，广东省已有多地开展公益诉讼实践，例如，珠海市斗门区人民检察院针对"白蕉海鲈"地理标志保护不力问题，成功提起了公益诉讼，此举极大地提升了地理标志保护的执法效力。该条例在充分吸纳广东省公益诉讼实践经验的基础上，明确规定人民检察院在发现损害社会公共利益的地理标志违法行为时，具有依法支持起诉或者提起公益诉讼的权利。公益诉讼程序的引入不仅有利于深化地理标志的法律保护，更切实维护社会公益。

三、《江苏省地理标志专用标志使用管理办法（试行）》

《江苏省地理标志专用标志使用管理办法（试行）》由江苏省知识产权局发布，于2023年10月1日起施行。该办法共27条，旨在建立地理标志专用标志使用的全面管理机制，包括地理标志专用标志的程序性规定，涉及使用申请、核准、变更及注销，以及地理标志专用标志的使用异常名录、日常监管、违规处理等方面的规定。主要内容如下：

1. 主管机构。该办法确立江苏省知识产权局的主导作用，由其负责全省地理标志专用标志的使用监督管理，审核申请并建立监管、注销机制。同时，设区市、县（市、区）知识产权局负责日常监管和业务指导。这种明确的分工有助于形成高效的管理体系，确保各级部门各司其职，推动该办法落到实处。

2. 使用异常名录制度。地理标志专用标志使用异常名录制度的设立是一项重要的监管措施。通过设立使用者异常名录，由设区的市知识产权管理部门对未按照地理标志相关标准组织生产、长时间未使用专用标志或标识不规范的使用者进行调查核实、责令限期整改，并填写异常情况登记表报送至省知识产权局备案。这一机制的建立不仅有助于及时发现和纠正专用标志使用人的违规行为，也有助于提高地理标志专用标志使用的规范性。

3. 专用标志的注销程序。该办法规定了地理标志专用标志的注销情形，包括使用人注销营业执照或者不再从事相应产品生产等。若相关主体存在注销情形的，设区市、县（市、区）知识产权管理部门应及时报送省知识产权局，经审查、研究和公示等程序后，由省知识产权局发布地理标志专用标志使用注销公告，并报送至国家知识产权局备案。这对于清理市场、维护地理标志专用标志的严肃性和权威性具有重要意义。一旦专用标志使用人不再符合使用条件，及时注销其使用权，可以有效防止地理标志专用标志的滥用和贬值。

该办法的出台是对地理标志专用标志使用管理的一次重要规范和创新，不仅体现了对地理标志保护的重视，也为地理标志专用标志的使用提供了全链条的法律指引，有助于推动江苏省地理标志相关产业的健康有序发展。通过规范地理标志专用标志的使用，不仅能够提升地理标志产品的市场竞争力，也有助于形成更加公平、有序的市场环境。

四、《2023年全国知识产权行政保护工作方案》

为全面贯彻党的二十大精神，按照2023年全国知识产权局局长会议和知识产权保护工作会议有关要求，国家知识产权局于2023年3月1日发布《2023年全国知识产权行政保护工作方案》（以下简称《方案》）。《方案》中有关地理标志的主要任务如下：

1. 加强行政法治保障：加大地理标志保护相关技术标准制定实施工作力度；推动地理标志专门立法工作，推进落实地理标志统一认定制度，做好农产品相关政策衔接与平稳过渡。

2. 筑牢行政保护基础：深入开展地理标志保护监管。落实《地理标志保护和运用"十四五"规划》，加速推进"十四五"地理标志工作重点任务落实。组织实施地理标志保护工程，强化地理标志保护监管。将地理标志保护产品和作为集体商标、证明商标注册的地理标志保护监管纳入日常监管，重点围绕产地控制和特色质量控制，加大抽查范围、比例和频次，实现地理标志高水平保护、高标准管理、高质量发展。积极推动中欧地理标志保护与合作协定落实，持续加强对第一批生效清单的日常监测、快速处置和执法联动。

3. 强化重点领域和关键环节保护：推动中泰地理标志互认互保工作取得新进展。在应季地理标志产品集中上市的时间节点，加大风险隐患排查力度，营造公平公正市场氛围，助力乡村振兴和农民增收。聚焦初级农产品、加工食品、道地药材、手工艺品等，持续组织开展地理标志专项整治工作。

4. 优化行政保护工作机制：深入推进地理标志产品保护示范区建设和地理标志专用标志使用核准改革试点，建立完善地理标志专用标志用标核准、注销和监管工作体系，增强专用标志使用的规范性。

全国31个省（区、市）和新疆生产建设兵团知识产权局根据《方案》的具体要求，陆续印发了各自辖区内的实施方案，在各自辖区内统筹安排、周密部署年度知识产权行政保护工作任务，使全国知识产权行政保护工作形成了上下联动、同向发力、一体推进的良好态势。各地根据《方案》部署的四项主要任务，结合各地实际，开创新的工作举措，推出颇具特色、形式丰富、务实管用的知识产权行政保护新政策、新举措：例如在筑牢行政保护工作基础方面，内蒙古强化对鄂托克阿尔巴斯山羊肉、扎兰屯黑木耳等入选中欧地理标志保护产品进行重点保护，黑龙江、宁夏、西藏等地开展地理标志专用权保护专项行动；在优化行政保护工作机制方面，浙江全面落地应用

"浙里地理标志"数字化系统等。①

五、《推动知识产权高质量发展年度工作指引（2023）》《2023 年知识产权强国建设纲要和"十四五"规划实施推进计划》

为贯彻落实党中央、国务院关于知识产权工作的决策部署，国家知识产权局于 2023 年 3 月 23 日发布《推动知识产权高质量发展年度工作指引（2023）》，按照国家知识产权局局长会议要求，为国家知识产权局及各地相关部门制定 2023 年度知识产权工作指引，其中有关地理标志的相关任务安排如下：

表 2 地理标志的相关任务

序号	国家知识产权局		各地区相关部门	
	落实举措	执行部门	落实举措	执行部门
1	推动《集体商标、证明商标注册和管理办法》修改。	条法司	—	—
2	做好地理标志专门立法工作，形成地理标志条例草案。		—	—
3	加强地理标志保护，组织实施地理标志保护工程。	保护司	实施地理标志保护工程，强化地理标志保护监管。	省份：各省必做 城市：国家知识产权强市建设（以下统称"强市建设"）试点、示范城市选做
4	稳步推进地理标志统一认定制度建设。		按照实施方案统一部署，做好地理标志统一认定工作。	
5	持续开展国家地理标志产品保护示范区建设。		持续推进国家地理标志产品保护示范区建设，夯实保护制度，健全工作体系，加大保护力度。	

---

① 《各地 2023 年知识产权行政保护工作实施方案陆续印发 全国知识产权行政保护工作同向发力一体推进》，载国家知识产权局网 2023 年 4 月 11 日，https://mp.weixin.qq.com/s/I8QljE0Fp-Hwi19APpmDUg。

续表

序号	国家知识产权局		各地区相关部门	
	落实举措	执行部门	落实举措	执行部门
6	深入推进地理标志专用标志使用核准改革试点。	保护司	深入推进地理标志专用标志使用核准改革试点，优化工作流程，提高专用标志使用覆盖率。	地理标志专用标志使用核准改革试点省份必做
7	深入开展地理标志助力乡村振兴行动，推动实施"地理标志品牌+"专项计划，助推特色产业发展。	运用促进司	加大对地理标志工作支持力度，持续推进本地区地理标志运用促进工程实施，总结凝练可复制可推广的经验案例。	省份：各省必做城市：强市建设试点、示范城市必做
8	持续推进中欧、中瑞地理标志交流。	国际合作司	—	—

国务院知识产权战略实施工作部际联席会议办公室于2023年7月21日发布《2023年知识产权强国建设纲要和"十四五"规划实施推进计划》，明确国家知识产权局、农业农村部、市场监管总局、最高人民法院、最高人民检察院、商务部等40余单位在2023年度关于知识产权强国建设的重点任务和工作措施，其中有关地理标志的相关内容如下：

1. 推进《集体商标、证明商标注册和管理办法》修改（国家知识产权局负责）。

2. 稳步推进地理标志统一认定，组织实施地理标志保护工程，持续开展国家地理标志产品保护示范区建设。（国家知识产权局、农业农村部、市场监管总局负责）。

3. 深入开展地理标志助力乡村振兴行动，推动实施"地理标志品牌+"专项计划，助推特色产业发展（国家知识产权局、农业农村部负责）。

4. 深入实施地理标志农产品保护工程，择优遴选部分地理标志农产品，推进全产业链标准化，建设核心生产基地，开展特征品质评价和监测。（农业农村部、国家知识产权局按职责分工负责）。

5. 推动落实中欧地理标志保护与合作协定。（中央宣传部、最高人民法院、最高人民检察院、农业农村部、商务部、国家知识产权局按职责分工负责）。

以上文件的发布为地理标志保护提供了全方位、系统性的法律支持和政策引导，有助于构建更加完善的地理标志保护制度，推动地理标志的高质量发展。这对于促进地方特色产业、乡村经济振兴，以及提升我国在国际知识产权领域的地位都具有重要的意义。

典型案例

一、法国国家干邑行业办公室与福特汽车（中国）有限公司、长安福特汽车有限公司等不正当竞争纠纷案[①]

案情聚焦

法国国家干邑行业办公室依照法国政府1987年4月10日颁布的《关于法国国家干邑行业办公室的法令》成立，其职责包括采取民事诉讼等方式保护干邑的相关权益。经法国农业渔业部推荐，原国家质量监督检验检疫总局于2009年12月16日批准对干邑（Cognac）实施地理标志保护，使其成为中国首个受保护的外国地理标志产品。干邑（Cognac）代表法国法定产区内特定葡萄酒的品质，无论在法国还是在中国，对干邑（Cognac）标识的使用都有法定的严格要求，并在相关公众中形成了知名度和影响力。法国国家干邑行业办公室于2016年12月9日提交"干邑"和"Cognac"的集体商标注册申请。

2018年，福特汽车（中国）有限公司（以下简称福特中国公司）推广销售名为"Cognac特别版"的3款4个车型的汽车，具体包括"翼虎Co-

---

① 一审案号：（2019）苏05知初353号；二审案号：（2021）苏知终6号。

gnac 特别版""新蒙迪欧 EcoBoost180Cognac 特别版""新蒙迪欧 Eco-Boost200Cognac 特别版""金牛座 Cognac 特别版",并使用"干邑棕"描述汽车内饰颜色。宣传中突出标注"Cognac",同时在宣传语中通过对比干邑白兰地与普通白兰地的差异,凸显了 Cognac 特别版汽车在格调和品味上的独特之处。

干邑行业办公室认为,福特中国公司、长安福特汽车有限公司(以下简称长安福特公司)使用"干邑""Cognac"命名汽车产品和相关汽车产品配色的行为构成不正当竞争,要求其停止使用地理标志、赔偿经济损失人民币 200 万元,并登报声明消除不良影响。一审法院判决,福特中国公司、长安福特公司立即停止使用地理标志"干邑""Cognac"命名汽车和汽车配色的行为,赔偿干邑行业办公室经济损失及合理开支共计人民币 200 万元,并登报发布声明消除影响。福特中国公司、长安福特公司不服该判决,遂提起上诉。二审法院判决,驳回上诉,维持原判。

律师评析

本案二审判决书由江苏省高级人民法院于 2023 年 8 月 9 日出具,被称为全国首例通过反不正当竞争法跨行业保护外国地理标志的案件[1],判决明确地理标志的保护并不局限于商标法,并在阐释相关行为是否具有不正当性时,将防止地理标志通用化风险作为一项重要利益衡量因素,对于地理标志的司法保护具有启示意义。

(一)地理标志作为一项与商标并行的知识产权客体,可通过《反不正当竞争法》对其进行保护

一审中,法院认为,2017 年《民法总则》已从立法上确立地理标志的知识产权客体性质,虽在我国可通过注册为商标或者申请地理标志专用标志对其进行保护,但不能以商标的授予为保护要件,更不能将专用标志的过期

---

[1] 《竞争案例|全国首例!江苏高院通过反不正当竞争法跨行业保护国外地理标志》,载微信公众号"知产宝"2023 年 8 月 29 日,https://mp.weixin.qq.com/s/tFeAmMleT9ecXyCk0kC5mA?scene=25#wechat_redirect。

理解为地理标志权利的丧失。《反不正当竞争法》具有维护竞争秩序、保护经营者和消费者的多元立法目的，通过规制违反商业道德或诚实信用的不正当竞争行为来保护地理标志不存在法律障碍。此外，TRIPs协定亦明确规定各成员国应提供法律手段防止地理标志的不公平竞争行为，故在反不正当竞争法的框架下对地理标志提供法律保护亦属我国的履约义务。

（二）现有证据不足以证明干邑、干邑棕属于通用名称，故被告不构成合理使用

本案被告认为"干邑"是白兰地蒸馏酒的通用名称，"干邑棕"是干邑酒本身棕色的通用名称，并提交了个别国外网站的产品截图、少数国内网站个别商品的截图，对此一审法院认为该证据部分指向域外网站，部分涉嫌国内的侵权性使用，数量较少，不足以证明在中国范围内相关公众的通常认识中，"干邑""干邑棕"属于约定俗成的通用名称。更何况，被告使用"干邑棕"并非描述颜色之必要，还意在不正当利用"干邑"的商誉，故不构成合理使用。

（三）被告的行为构成不正当竞争

首先，双方存在竞争关系。一审法院认为，《反不正当竞争法》强调维护整个市场竞争秩序，除狭义上的经营同类商品或替代商品的竞争关系需受规制外，还包括整个市场经营者违反商业道德或诚实信用的行为。本案中，被告与原告存在争夺竞争资源（包括消费者注意力、跨界合作机会等）的竞争关系。

其次，被告的行为具有不正当性。本案中，干邑的目标受众为高端消费者，与被告的目标受众具备一定的交叉重叠，这就意味着被告的行为不正当地利用了"干邑"的商誉，且在客观上容易导致相关公众错误地认为被告推出的涉案汽车和干邑办公室之间存在某种跨界合作等特定联系，故该种混淆行为依法构成不正当竞争。

最后，被告的行为造成了损害后果。

1. 增加通用化风险。二审法院强调防止地理标志通用化风险对保护地理标志的重要作用，并将此作为认定不正当竞争的重要利益衡量。法院认为被告的行为将会改变相关公众的认知：原本该地理标志在相关公众的认知中仅具有指向白兰地葡萄酒特殊产地的第一含义，但是由于被告的行为，该地理标志将出现指代汽车产品名称和颜色名称的其他含义。如不加以制止势必弱化其第一含义，将"干邑（Cognac）"地理标志置于通用化的风险中，大大增加该地理标志被撤销的可能，损害干邑行业办公室长期以来为宣传、推广、经营"干邑（Cognac）"地理标志的付出和努力，故应对该行为作出否定性评价。

2. 剥夺商业合作机会。一审法院认为，被告的行为客观上不正当增加其竞争优势和交易机会，同时也剥夺了干邑行业办公室与其他高档车企进行跨界合作的机会，损害了其就商业合作可获的商业利益。

3. 降低产品形象。干邑地理标志产品具有高档的产品形象，将其与定位在经济型汽车的福特汽车相联系，势必会降低干邑的市场定位和产品形象，减损潜在交易机会。

4. 增加推广成本。干邑葡萄酒的颜色并非唯一不变，而被告行为客观上将造成相关公众误以为汽车配色即干邑葡萄酒的颜色，进而导致原告将投入更多成本消除该不良影响。

（四）本案体现了《反不正当竞争法》在保护地理标志方面的优越性，但应警惕其权力边界的无限扩张

一方面，地理标志的保护方式并非局限于商标法框架，在符合条件的情况下，可以从反不正当竞争法等多元角度寻求保护，这对构建多元化、综合性的地理标志保护体系具有启示意义。

另一方面，与商标法相比，反不正当竞争法为地理标志提供了更广泛的保护。根据北京知识产权法院于2022年3月作出的（2020）京73民初371号判决书的裁判规则，地理标志商标与一般商标类似，若要实现跨类别保护，必须先确定其为驰名商标。在该案中，经认定"香槟"和"Champagne"为驰名商标后，其保护范围从"葡萄酒"扩展至"香水"类别。然而，在本案中，原告在没有地理标志商标的前提下，法院依然可通过《反不正当竞争法》第二条和第六条的规定，成功在"汽车"类别下保护"干邑"葡萄酒地理标志。诚然，当被告行为明显不正当时，为了规范市场竞争秩序并防范地理标志通用化的风险，地理标志的保护是符合立法初衷的。然而，在反不正当竞争法框架下，我们也需要明确地理标志法律保护的合理限制，以防止其权利边界无限扩张。这不仅可能破坏地理标志与正当使用公共资源之间的平衡，还可能对商标法和反不正当竞争法在地理标志保护方面的制度衔接产生负面影响。

二、霍山县霍山石斛产业协会、安徽西山药库霍山石斛有限公司等侵害商标权纠纷案①

案情聚焦

2007年9月，原国家质量监督检验检疫总局认定"霍山石斛"为中华人民共和国地理标志保护产品。2010年9月，"霍山石斛"获原国家工商行政管理总局商标局"中国地理标志"认证。霍山县霍山石斛产业协会（以下简称霍山石斛协会）系"霍山石斛"地理标志证明商标（注册号：7921560）的权利人，授权许可安徽西山药库霍山石斛有限公司就该商标进行维权。连云港青阔商贸有限公司（以下简称青阔公司）在其经营的天猫网店"补善堂旗舰店"内销售铁皮枫斗、石斛花、石斛粉等产品，店铺内石斛相关商品链接共有13个。在产品展示图片上，"霍山原产石斛粉""正宗霍山石斛""霍山石斛花""霍山铁皮石斛"等文字标识被不同程度上予以突出显示。在商品链接名称及商品详情等处也多次出现"霍山石斛"文字内容。前述商品均示厂家为霍山县诚品石斛专业合作社。原告霍山石斛协会等认为青阔公司的行为违反了商业道德，侵犯了第7921560号商标专用权，遂起诉要求其停止侵权、赔偿损失，并支付合理开支等。

一审判决，青阔公司立即停止侵权行为，并赔偿原告经济损失及维权合理开支45000元。一审判决后，当事人均未上诉。

---

① 一审案号：（2022）苏07民初411号。

律师评析

本案判决书由江苏省连云港市中级人民法院于 2023 年 1 月 4 日出具，系保护著名道地药材"霍山石斛"地理标志的典型案例，已于 2023 年 10 月 13 日被江苏省高级人民法院收录进五件涉中医药知识产权保护典型案例。

（一）被告使用"霍山石斛"相关文字的行为构成商标性使用，并与涉案组合商标构成近似

本案中，涉案商标系组合商标，由图形、字母和文字组合而成，其中"霍山石斛"文字部分较为突出，构成该商标的主要识别部分。一审法院认为，被告使用含有"霍山石斛"相关文字的行为具备识别商品来源的功能，构成商标性使用。此外，青阔公司在其天猫店铺的图片以及商品介绍宣传文字中都全面涵盖了"霍山石斛"文字，易使普通消费者对商品来源和品质产生混淆或误认，构成商标近似。

（二）被告产品与涉案证明商标非属同一物种，不具备获权条件

涉案"霍山石斛"地理标志产品专指主产于大别山区安徽省霍山县的俗称为米斛的草本植物，涉案商标仅授权于符合相关标准的霍山石斛（米斛）产品使用。而被告青阔公司所售商品，根据其商品名称、商品详情等内容可知均为铁皮石斛产品。尽管铁皮石斛与霍山石斛（米斛）同属兰科石斛属草本植物，且属于商标分类的同一商品类别，但二者并非同一物种。对此，法院认为不符合获得涉案商标授权使用条件，且涉案厂家也并非该商标授权企业，不符合正当使用的条件，法院遂认定其行为构成商标侵权，依法应承担停止侵权、赔偿损失的民事责任。

（三）商标性使用通常以是否造成消费者混淆作为判断因素

霍山石斛协会同年提起的其他相关诉讼[①]中，就被告在其网店的商品链接、产品介绍中使用"霍山铁皮石斛"字样进行宣传的行为，法院在进行商

[①] 相关案号：（2022）粤 0604 民初 27043 号、（2022）粤 0604 民初 27050 号、（2022）粤 0604 民初 27017 号。

标性使用判断时，对涉及"霍山石斛"地理标志商标和"霍山铁皮"普通商标两者之间，得出了截然相反的结论。法院认为，就"霍山石斛"地理标志商标而言，因网络购物中相关消费者主要通过网店展示的商品名称等来识别商品来源，故被告在商品链接、产品介绍中使用"霍山铁皮石斛"文字的行为，从客观上起到了识别商品来源的作用，因此这种行为可以被认定为商标性使用；而就"霍山铁皮"商标而言，"霍山"二字为地名，"铁皮"系对石斛产品的描述，与该商标并不具有比对意义，且原告并未提供该商标的使用证据，遂不认定构成商标侵权。

学界和实务界大多数观点支持将商标性使用作为认定商标侵权的先决条件，但实际上商标性使用与描述性使用很难区分，实践中也存在将混淆可能性判断结果作为判断是否构成商标性使用的依据。本案中，"霍山"作为地名、"石斛"作为产品名称、"铁皮"作为对石斛的描述，这些词汇单独来看均为一般描述性词汇。但由于"霍山石斛"为地理标志，经过使用者长期宣传和使用，已与源自某地区的商品所具备的特定质量、信誉或其他特征建立起稳定联系。因此，若将该"地名+产品名称"组合使用在同类商品的名称、产品介绍中，无疑将导致消费者对商品的来源及品质产生混淆，构成商标性使用；反观"霍山铁皮"，因缺乏权利人长期使用对其带来的"第二含义"，故他人在商品描述中使用相同词汇的行为客观上难以造成消费者的混淆，自然不构成商标性使用。

三、唐山市陶瓷协会与长沙顺淘电子商务有限公司不正当竞争纠纷案[①]

案情聚焦

唐山市陶瓷协会系第 16325979 号地理标志集体商标""的权利

[①] 一审案号：(2019) 冀 02 民初 448 号；二审案号：(2020) 冀民终 104 号；再审案号：(2022) 最高法民再 76 号。本案再审判决书参见《最高院再审改判集体商标注册人诉特定商家虚假宣传不正当竞争案 | 附判决书》，载微信公众号"知产库"2023 年 8 月 22 日，https://mp.weixin.qq.com/s/eygipFG6BMVAs0orFB5-AQ? scene=25#wechat_redirect。

人，商标注册类别为第 21 类陶瓷制品等。

2019 年 4 月 9 日，唐山市陶瓷协会从天猫平台名称为"亿嘉旗舰店（ijarl 旗舰店）"的网店购买了长沙顺淘电子商务有限公司（以下简称顺淘公司）销售的陶瓷商品，该商品名称为"碗碟套装亿嘉中式新骨瓷餐具套装简约陶瓷碗筷碗盘家用送礼格林"（以下简称"新骨瓷餐具"）。后经国家轻工业陶瓷质量监督检测唐山站进行检测发现，该商品磷酸三钙含量 0.81%。GB/T 13522-2008 骨质瓷器国家标准显示，骨质瓷器技术要求的其中一项指标是"产品素胎中磷酸三钙的含量不低于 36%"，且根据目前关于陶瓷的国家标准，没有针对新骨瓷的标准和术语。唐山市陶瓷协会认为顺淘公司销售的该"新骨瓷餐具"未达到骨质瓷的标准，构成虚假宣传不正当竞争行为，损害骨质瓷商品的声誉，遂向河北省唐山市中级人民法院起诉，要求顺淘公司停止虚假宣传不正当竞争行为，不得在其销售的非骨质瓷商品中使用"骨瓷"字样，赔偿损失及合理支出人民币 10 万元，并在媒体声明该"新骨瓷餐具"并非骨质瓷商品。

一审法院认为，顺淘公司销售的产品材质为新骨瓷，并非"骨质瓷"，而骨质瓷也非唐山独有，且顺淘公司并未在宣传或销售中与唐山产生联系，不构成不正当竞争，遂判决驳回唐山市陶瓷协会的诉讼请求。二审法院认为，"新骨瓷"作为关键词确会对骨瓷（骨质瓷）产品消费者产生引流作用，而该商品又并非骨瓷（骨质瓷），故其行为易导致消费者对产品质量和材质产生误认，属于虚假宣传不正当竞争行为，但由于被诉产品并未与"唐山"产生联系，故唐山市陶瓷协会并非该虚假宣传行为的直接利害关系人，不具备民事可诉性，故对一审法院的实体判决结果予以维持。再审法院改判，认定顺淘公司使用"新骨瓷"宣传构成虚假宣传不正当行为，依法赔偿唐山市陶瓷协会经济损失及合理开支共计 5 万元。

律师评析

该案再审判决书由最高人民法院于 2023 年 7 月 28 日出具，是地理标志集体商标注册人通过反不正当竞争法对商家虚假宣传行为进行规制的典型案例，对地理标志在反不正当竞争法框架下进行司法保护具有启示意义。

（一）地理标志集体商标注册人在宣传推广地理标志产品时属于从事商品活动的经营者

反不正当竞争法本质是行为规制法，以规制不正当竞争行为为首要任务，因此其关注重点应是被诉行为正当与否，而不论起诉人是否正在从事经营活动或者存在实质竞争关系。因此，反不正当竞争法框架下对认定当事人之间是否存在竞争关系的尺度较宽。

本案中，针对二审法院提出的"唐山市陶瓷协会并非该虚假宣传行为的直接利害关系人"，最高人民法院认为，唐山市陶瓷协会的协会章程和《社会团体法人登记证书》明确其业务范围包括"维护行业竞争秩序"，且作为"唐山骨质瓷"地理标志集体商标的注册人，该协会负有对该商标进行有效管理和控制的职责。据此，唐山市陶瓷协会在宣传推广唐山骨质瓷时系从事商品活动的经营者，并且在宣传推广唐山骨质瓷、维护骨质瓷行业竞争秩序和唐山骨质瓷声誉的过程中，与顺淘公司具有竞争关系。而顺淘公司的被诉宣传行为，可能对唐山市陶瓷协会的合法权益造成损害，遂认定唐山市陶瓷协会与本案具有直接利害关系，具备适格的原告主体资格。

（二）宣传中仅提及地理标志中的"产品名称"而未提及"地名"的，若确属虚假宣传，则可通过反不正当竞争法寻求救济

首先，本案中"新骨瓷"的宣传构成虚假宣传。顺淘公司使用的"新骨瓷"字样作为商品材质或质量的描述性关键词，客观上具备提示和吸引消费者的作用。即使顺淘公司并未提及磷酸三钙含量，但对于一般消费者而言，名称显然比成分更吸引注意力。况且"新骨瓷"三字不仅表明其与骨瓷（骨质瓷）的密切联系，更暗示对骨瓷（骨质瓷）的改进或创新，足以产生引人误解的效果。而事实上被告的商品在坯料含量、制作流程方面与骨瓷（骨质瓷）存在本质区别，且其使用"新骨瓷"进行宣传并不具备充分依据，故该行为损害了骨瓷（骨质瓷）经营者的正当利益，扰乱了市场竞争秩序，构成虚假宣传不正当竞争行为。

其次，被诉虚假宣传虽不能直接与地理标志集体商标产生联系，进而构成商标侵权行为,但可通过反不正当竞争法寻求救济。本案中,虽然顺淘公司的宣传并未提及"唐山"这一特定地区或与"唐山骨质瓷"的联系,唐山市陶瓷协会也未以侵害商标权为由提起诉讼,但唐山地区是我国骨质瓷的主要产地,"唐山骨质瓷"是地理标志集体商标,故"新骨瓷"的宣传势必会降低唐山骨质瓷的美誉度,甚至为唐山骨质瓷带来负面评价,使唐山市陶瓷协会作为同业经营者在陶瓷行业的竞争优势减弱或丧失,故涉案行为损害了唐山市陶瓷协会的合法权益。

四、五常市大米协会与北京京东广能贸易有限公司、北京京东叁佰陆拾度电子商务有限公司侵害商标权及不正当竞争纠纷案[①]

案情聚焦

五常市大米协会系第1607996号"五常"、第5789043号"五常大米"地理标志证明商标的权利人,前述商标的核定使用商品为第30类:大米,大米制品。该协会制定了《"五常大米"证明商标使用管理规则》,具体阐述了前述证明商标的使用条件、申请流程、被许可使用者的权利与义务以及商标的管理和保护等规定。2012年4月27日,原国家工商行政管理总局商标局认定"五常大米"商标为驰名商标。此后,"五常大米"在品牌价值方面的表现突出,如在2016年中国品牌价值评价中,其639.55亿元的品牌价值使其位列初级农产品品类第二。而后在连续三年(2018—2020年)的区域品牌(地理标志产品)前100排行榜中,"五常大米"商标始终保持前六的优秀成绩。这些成绩充分证明了"五常大米"作为地理标志产品的强大品牌价值和影响力。

2019年9月25日,五常市大米协会在北京京东广能贸易有限公司(以下简称京东广能公司)经营的"三人行大米京东自营旗舰店"中,发现有

---

① 一审案号:(2020)京0102民初22579号;二审案号:(2022)京73民终1482号。

多款商品使用"五常"作为搜索关键词。五常市大米协会认为，网络销售环境下，关键词即起到商品名称的作用。因此，京东广能公司在未获得五常市大米协会许可的情况下，将涉案商标的核心部分"五常"作为其商品名称，侵犯了原告注册商标的专用权。此外，京东广能公司的此举也与诚实信用原则相背离。其对"五常"的误导性使用可能让消费者误以为该商品源自五常，从而取得不公平的交易机会或竞争优势，依法构成不正当竞争。京东广能公司销售的18款大米均为"延寿大米"，与五常无任何关联，却仍故意将"五常"标识设置为商品搜索关键词，表现出极为明显的主观恶意。另外，其店内18款大米产品中有15款均设置"五常"标识为其商品的搜索关键词，销量极大，侵权情节极其严重，五常市大米协会认为应适用《商标法》第六十三条第一款之规定，对京东广能公司处以3倍惩罚性赔偿。

一审法院判决，京东广能公司赔偿五常市大米协会经济损失5万元，驳回五常市大米协会的其他诉讼请求。二审法院判决，驳回上诉，维持原判。

> **律师评析**

该案二审判决书由北京知识产权法院于2023年6月29日出具。

（一）互联网销售环境下，在同类商品名称中包含地理标志中的地名，而该商品并非产自该地名，则构成商标侵权

首先，在同类商品上使用地理标志中的地名元素构成商标近似。本案中，一审法院认为，涉案侵权商品为大米，与地理标志商标核准使用商品范围相符，而被告使用的"五常"标识是该地理标志商标的主要识别部分，故二者属于商标近似。

其次，被告使用"五常"作为商品名称缺乏正当性。根据一审法院的观点，在案证据无法证明涉案大米商品产自五常大米的特定生产地域范围，因此被告使用"五常"作为商品名称不构成正当使用。

最后，被告在商品名称中使用"五常"容易造成社会公众对产品品质产生混淆误认。一审法院认为，在互联网销售环境下，相关公众使用"五常"进行关键词检索时，能够检索到涉案商品；尽管涉案商品名称中也使用了

"北延寿"等字样，但由于该商品名称字数众多、不分主次，故"五常"标识在该名称中依然能发挥地理标志的识别作用，容易造成社会公众对该商品所具备的产地和品质产生混淆，故构成商标侵权。

此外，地理标志证明商标侵权认定是否应当沿袭普通商标侵权的"来源混淆"标准存在不同认识。对普通商标来说，商标所识别的商品来源通常指商标权人或其被许可人，故商标权人与商品的来源是同一主体。但地理标志证明商标则不同，其商标注册人通常为集体组织或行业协会，而商品的来源则是地理标志核定地域范围内该商品的全体生产、经营者，故对地理标志证明商标而言，消费者混淆的来源并非商标注册人，而是商品的原产地，是以"产地混淆理论"因更契合地理标志商标特点而受到法院青睐。与此同时，部分法院也注意到，地理标志商标的品质保障功能与其来源识别功能同样重要，故越来越多法院采取了"产地+品质"的"双重混淆标准"作为判定地理标志商标侵权的判定标准，本案即采取该标准。

在地理标志商标领域，"产地混淆"的实质是消费者误以为商品的提供者是该地理标志核定地域范围内全部生产、经营者，而又因地理标志商品的品质等特征归因于该地理来源，显然"品质混淆"的根源还是在"产地混淆"，因此"品质混淆"并没有单独作为判定标准的意义。而将"产地混淆"与"来源混淆"进行比较，区别仅在于混淆的商品提供者是"商标注册人"还是"特定地域范围内全体生产、经营者"，显然"产地混淆"除了商品提供者的范围更大外，与"来源混淆"并无实质差异。综上，笔者认为，地理标志商标的侵权认定标准总体上还是可以采用普通商标的"来源混淆"为标准，并将"来源"扩大解释为地理标志的合法使用者，这样也更符合《商标法》的适用原则，即在未作特殊规定的情况下，应适用商标法中关于商标侵权行为认定的条款。

（二）法院酌定侵权赔偿数额应综合考虑涉案商标的知名度、侵权人的主观过错、商标贡献率等多种因素；施以惩罚性赔偿需以恶意为前提

五常市大米协会在上诉中主张，因涉案店铺的销量巨大，侵权情节严重，故酌定赔偿额时应充分考量其获利情况，并对其施以惩罚性赔偿。对此，二审法院认为，证明商标为商标法规定的注册商标中的一种，判断对其侵权的赔偿金额与普通商标并无二致。法院在酌情确定赔偿数额过程中，除了考虑商品的销售量，还需全面考察涉案商品的销售额、涉案商标的知名程度、商标对销售的贡献程度以及侵权者的主观过错程度等多种因素。故一审法院在综合考虑多种因素的情况下酌情确定京东广能公司赔偿经济损失5万元，数额适当。至于惩罚性赔偿问题，根据相关法律规定，应考虑是否存在恶意或者情节是否严重。本案中，京东广能公司仅在涉案商品名称处使用"五常"字样，且早已停止涉案侵权行为，并不属于恶意侵犯商标专用权，情节严重的情形，故不予支持五常市大米协会要求适用惩罚性赔偿的主张。

在保护地理标志的语境下，如何平衡公共利益和商标专有权益一直是实践中的难题。尤其在大多数商标侵权案件中，原告的实际损失和被告的侵权获利难以明确，因此确定侵权赔偿额成为这类案件裁判的考验。笔者认为，地理标志体现公共利益，若过度支持高额赔偿，或将鼓励权利人的"碰瓷式维权"，可能导致司法被视为"牟利"工具，不利于司法资源的合理配置和社会秩序的维护。然而，如果赔偿额过低，或恐引起侵权频发，陷权利人于"维权困境"，不利于地理标志类商标的保护以及良好市场秩序的建立。因此，法院在酌定赔偿额时，除考虑商标的知名度、商标贡献率、侵权人的主观过错程度等因素外，还可适当参照行业平均营业规模和利润水平，有助于更全面地权衡公共利益和商标权益，以维护社会秩序。

五、云南云禾生态农业种植有限公司与南宁市武鸣区沃柑产业联合会侵害商标权纠纷案[①]

案情聚焦

南宁市武鸣区沃柑产业联合会（以下简称武鸣沃柑联合会）系第29633462号地理标志证明商标"武鸣沃柑"的商标注册人，其核定使用商

---

① 一审案号：（2022）云2502民初1631号；二审案号：（2023）云25民终565号。

品为第 31 类新鲜沃柑，该商标有效期自 2019 年 12 月 28 日至 2029 年 12 月 27 日。云南云禾生态农业种植有限公司（以下简称云禾公司）在拼多多网络交易平台开设了名为"七月晴水果生鲜旗舰店"的店铺。2022 年 3 月 31 日，该店铺销售一项标题中标有"沃柑头茬新鲜柑橘非广西武鸣沃柑纯甜不上火果园直发 10 斤包邮坏了包赔"字样的水果类商品。该商品销售页面显示"券后￥15.99，券前￥22.99，已拼 6515 件"。商品详情页显示，品牌：七月晴；产地：中国大陆/云南省/红河哈尼族彝族自治州；发货地：云南；水果品种：沃柑等。武鸣沃柑联合会认为，云禾公司的行为构成对其第 29633462 号注册商标专用权的侵权行为及不正当竞争行为，遂提起诉讼。

一审法院判决，云禾公司立即停止在其销售的沃柑商品标题中使用"非武鸣沃柑"字样，并赔偿武鸣沃柑联合会经济损失（含合理开支）20000 元。云禾公司辩称，为了使自身产品与其他产品（即武鸣沃柑）加以区别，避免消费者产生产品来源的误解与混淆，故其特别标注"非广西武鸣沃柑"字样，主观上没有不正当竞争的恶意，客观上也没有导致消费者混淆产品来源的后果，系诚信经营的正当行为，遂提起上诉。二审法院判决，驳回上诉，维持原判。

律师评析

该案二审判决书由云南省红河哈尼族彝族自治州中级人民法院于 2023 年 4 月 24 日出具。电子商务平台中的店铺经营者在自行设置商品名称时，应遵循诚实信用原则和商业道德，对可能侵害他人合法权益的情形加以谨慎审查并合理避让。实践中，某些经营者以"非××"的形式命名商品名称，客观上不会造成消费者对商品来源的混淆误认，但在消费者使用"××"作为关键词搜索时可以看到该商品，实质上还是利用"××"商标的知名度和商誉，不正当攫取交易机会，违反诚实信用原则和商业道德，此时可从反不正当竞争法框架下对该类行为进行规制，以维护市场竞争秩序。

（一）在商品标题中非突出使用"非武鸣沃柑"字样的行为不构成商标性使用

本案中，武鸣沃柑联合会主张云禾公司在其商品标题"沃柑头茬新鲜柑橘非广西武鸣沃柑纯甜不上火果园直发 10 斤包邮坏了包赔"中使用了"武鸣沃柑"字样，已经起到识别商品来源的作用，构成商标性使用。对此一审法院认为，虽然被告在涉案商品标题中使用"武鸣沃柑"4 字，但该标题共有 32 个字，且在"武鸣沃柑"4 字前有一个"非"字，在商品图片以及商品详情中均无"武鸣沃柑"字样以及与原告涉案注册商标相同或近似的标识，反而载明品牌是"七月晴"，产地是"中国大陆/云南省/红河哈尼族彝族自治州"，发货地是"云南"。按照一般认知习惯，被告云禾公司在涉案商品标题中的使用方式，并非单独使用"武鸣沃柑"字样，而是"非武鸣沃柑"的组合使用，用以对涉案商品进行描述，与"武鸣沃柑"进行区别。故云禾公司的上述使用行为并不属于识别商品来源的商标性使用，未侵害武鸣沃柑联合会的涉案注册商标专用权。

（二）虽不构成商标性使用，但在商品标题中使用"武鸣沃柑"字样，消费者可通过"武鸣沃柑"为关键词搜到涉案商品，主观上缺乏正当性，客观上实现"关键词引流"效果，故构成不正当竞争行为

一审法院认为，首先在网络交易平台以"武鸣沃柑"作为关键词进行搜索时，被告的涉案商品出现在搜索结果页面的链接中，且标题长达 32 个字，容易造成消费者混淆，一定程度上损害了消费者的知情权和选择权。其次，被告的命名方式客观上导致"关键词引流"的后果，被告的行为不合理地获取涉案店铺中商品点击、浏览及交易的机会，切实增加其商业机会而减少他人商业机会，实质上是一种搭便车的攀附行为，即表面上以"非武鸣沃柑"进行区别，实则进行"区别式攀附"。最后，在市场上沃柑具有多个品种、品牌，被告在涉案商品标题中特地标注"武鸣""非武鸣沃柑"字样缺乏使用的正当性，违反了诚实信用原则和商业道德，应予以否定性评价。二审法院也认为，云禾公司的这种刻意的"画蛇添足"和"多此一举"的行为有悖于交易常理，实质上是一种搭便车的区别式攀附行为，一定程度上已经损坏了市场信息的流通机制，导致市场信息混乱，阻碍了市场供需两方的正常匹配，从而破坏了他人竞争优势。这种行为违背了诚实信用的原则和商业道德，已构成了一种形式的不正当竞争，遂判决予以维持。

六、景德镇陶瓷协会与葫芦岛市龙港区玉皇商城东山茶行侵害商标权纠纷案[①]

案情聚焦

景德镇陶瓷协会成立于1997年，是第1299950号"▨"注册商标的权利人，该商标核定使用商品项目为第21类，包括日用瓷器，瓷制艺术品，瓷制工艺美术品，瓷器，瓷制茶具，咖啡具，瓷制酒具，瓷器装饰品，该商标于1999年7月28日核准注册，续展有效期至2029年7月27日。2002年，该商标被原国家工商行政管理总局商标局认定为中国驰名商标。2005年4月15日起，景德镇瓷器已根据《国家质量监督检验检疫总局公告2005年第63号——景德镇瓷器原产地域产品保护公告》开始实施原产地域保护，地域范围涵盖江西省景德镇市的珠山区、昌江区、乐平市、浮梁县，并对陶瓷公认的各个制作环节，包括原料选择、加工过程、成型方法、施釉技术以及烧成方式等作出了明确规定。2008年11月7日，景德镇市政府发布《景德镇陶瓷知识产权保护办法》，并于2008年12月7日起施行。

2021年6月29日，原告在位于辽宁省葫芦岛市龙港区文强路玉皇小商品城一楼门头显示有"浙江东山茶行"字样的商铺内购买了1个显示有"景德镇彩"字样的瓷器，并取得1张《收款收据》（印章显示"葫芦岛市龙港区玉皇商城东山茶行"字样）。经拆封，所购茶具底部使用"景德镇彩"标识。另查明，东山茶行系个体工商户，注册成立日期2002年6月13日，经营范围茶具系列、预包装兼散包装茶叶销售。原告认为被告侵犯其注册商标专用权，遂提起诉讼。

一审法院判决，东山茶行所售涉案茶具产自于商标标识的地域范围内，

[①] 一审案号：（2022）辽1481民初1409号；二审案号：（2023）辽14民终870号。

依法应认定为正当使用，不构成侵权。二审法院判决，驳回上诉，维持原判。

律师评析

该案二审判决书由辽宁省葫芦岛市中级人民法院于 2023 年 5 月 9 日出具，涉及地理标志商标侵权纠纷中合法来源与正当使用抗辩的适用。根据《商标法》第六十四条之规定，只要销售者主观不知道侵权事实，客观能证明合法取得，并说明提供者的，不承担赔偿责任。第五十九条规定，注册商标专用权人无权禁止他人正当使用注册商标中含有的地名等元素。司法实践中，若被告为被诉侵权商品的销售者，被告对前述两项抗辩的举证一般会重合，此时法院应充分考虑双方当事人的举证能力、公平原则等因素合理分配双方的举证责任。

（一）被告销售者若提出"正当使用""合理来源"抗辩的，应对商品的真实提供者及其产地承担举证责任

首先，法院认为，被诉商品的购买收据上盖有"景德镇鱼木缘文化创意有限公司"的公章，经比对收据上载明的购买物品为"茶具"、金额为"60元"，这与被告东山茶行所售茶具及出售金额可以对应。但原告认为，该收据无法证明交易真实存在，也无法证明收据记载的产品即为本案的侵权产品。对此笔者认为，合法来源通常指通过合法的销售渠道、通常的买卖合同等正常商业方式取得被诉侵权产品。[①] 而正常交易方式应充分考虑市场交易惯例，不应苛求每起交易均能提供完备的书面合同、发票、转账记录等证据，尤其在购买者为个体工商户时，只要其提供的收据、说明的购买过程符合交易习惯，一般应认定交易真实存在，更何况本案被告东山茶行店内只有涉案商品一套，并无大量存货，因此可以合理推断：东山茶行所售涉案茶具系通过正常商业方式从案外人景德镇鱼木缘文化创意有限公司购买。

其次，有关"合理来源"抗辩的举证责任方面，各地法院存在不同认

---

① 参见《北京市高级人民法院专利侵权判定指南（2017）》第一百四十六条。

识。例如北京市西城区人民法院认为，销售者对于其行业内地理标志商标知名度应当存在较高的注意义务，即便销售者证明了涉案商品的提供者，但其还应对该提供者是否具有相应资质、所售商品的品质是否能达到地理标志产品的特定要求予以核查，否则其擅自购买涉案商品并出售的行为存在主观过错，不构成合理使用。① 对此笔者认为，销售者的举证义务通常应低于生产商，本案中东山茶行提供的收据所指向的真实提供者"景德镇鱼木缘文化创意有限公司"位于江西省景德镇市珠山区，其经营范围为文化创意服务、工艺品销售、陶瓷原料销售，故可合理推断该商品产自景德镇市。又因地理标志产品的品质等特征主要与该地理标志核定地域内独特的自然或人文因素相关。而且之所以能够形成地理标志，也表明这种关联性非常稳定，不会因具体经营者的差异而发生品质的大幅偏离。何况，地理标志的形成早于相应商标的核准注册，故相关公众对地理标志产品的信任来自产地而非商标注册人的管理监督，因此只要商品确实来自核定地域范围内，一般应推定其具备地理标志产品的相应品质。况且，对于如本案的个体工商户销售者而言，若施以过重的举证责任不仅不符合公平原则，而且不利于市场交易效率。此外，考虑到原告已购买被诉商品，且作为商标注册人有义务对地理标志产品进行监督管理，其完全有能力知道被诉商品提供者是否为核定地域内的生产者，甚至有能力鉴定被诉商品是否具备地理标志产品所应具备的品质，既然原告未提供相反证据，则应承担不利后果。

（二）在进行近似性判断时，若被诉标识虽然使用了地名元素，但整体上与地理标志商标存在明显区别时，是否还会构成近似

对此一审法院在判决书中写道，景德镇陶瓷协会享有注册商标权的商标中不仅有"景德镇"字样，还有相应的篆刻印章及图案，共同组成的商标标识，而东山茶行所售的涉案商品底部除"景德镇彩"字样外，并未使用其他与景德镇陶瓷协会注册商标相同或近似的标识。虽未明确结论，但隐含"仅使用地名并不一定构成近似"的观点。对此二审法院未予评述。

---

① 参见北京市西城区人民法院（2022）京0102民初2033号民事判决书。

关于"景德镇彩"与"景德镇"是否构成近似的问题，笔者认为广州知识产权法院于2021年7月19日裁判的（2021）粤73民终2051号案的裁判观点值得借鉴。在该案中，一审法院以两商标整体结构不同，相同部分的"景德镇"是地名无法禁止他人使用为由，认定相关公众不会对产品来源与地理标志商品提供者产生混淆，故不认定近似。二审中，广州知识产权法院则认为，地理标志商品中最能体现地理标志原产地的文字部分为地名，而考虑到陶瓷行业的通常做法是在产品底部标注品牌、产地等信息，故被诉商品在商品底部使用"景德镇彩"标识足以起到识别商品来源的作用，属商标性使用；与此同时，该使用方式也足以使相关公众误认为该商品与地理标志商品具有关联性，遂认定构成近似。

七、南通五梁红农产品专业合作社与国家知识产权局商标权无效宣告请求行政纠纷案①

案情聚焦

南通五梁红农产品专业合作社（以下简称五梁红合作社）系第33694092号"崇明岛7号"商标的权利人，核定使用商品为第30类：大米，大米制品。经上海崇明旅游投资发展有限公司申请，国家知识产权局于2021年7月22日出具商评字〔2021〕第195665号《关于第33694092号"崇明岛7号"商标无效宣告请求裁定书》，以诉争商标的注册带有欺骗性，容易使公众对商品的质量等特点或者产地产生误认为由，裁定：诉争商标在"米"商品上予以无效宣告。五梁红合作社不服该裁定，遂提起行政诉讼，一审法院判决，驳回五梁红合作社的诉讼请求。五梁红合作社提起上诉并主张，不能因"崇明大米"地理标志证明商标而否定其善意注册，在先且长期使用的诉争商标；况且，诉争商标已通过五梁红合作社长期使用累积较高声誉，在相关公众认知中与五梁红合作社建立了关联关系，相关公众并不会对

---

① 一审案号：（2021）京73行初14011号；二审案号：（2023）京行终1421号。

诉争商标所对应商品的产地、品质等产生误认，故主张诉争商标应予维持或与"崇明大米"地理标志证明商标共存。二审法院判决，维持原判。

> **律师评析**

该案二审判决书由北京市高级人民法院于 2023 年 5 月 18 日出具。

（一）若商标所传递的含义与其所对应的商品的质量、功能等特点或产地相悖，足以导致社会公众对商品特点或产地产生错误认知的，不得作为商标使用

首先，本案诉争商标"崇明岛 7 号"的显著识别部分为"崇明岛"，而崇明岛是位于我国上海市北部长江口的岛屿，在普通公众一般认知中，崇明岛是上海市的组成区域，包含上海市崇明区的行政规划。而将该商标使用在"大米"上，普通公众容易产生该"大米"产自上海市崇明岛的理解。

其次，"崇明大米"系地理标志证明商标，在同类商品上使用"崇明岛"标识，极易导致相关公众误认为相关商品源自该地理标志核定地域并具备相应品质。

最后，五梁红合作社的住所地址位于江苏省南通市，故由其生产的大米并非产自上海市崇明区，也不具备"崇明大米"相应品质，故诉争商标不得作为商标使用。

（二）若属于《商标法》所规定的禁用情形的，使用情况不能使诉争商标获得维持注册的合法性

通常而言，使用可使原本缺乏显著性的标志而获得显著性，从而可被注册为商标，但应以"合法性"为前提。根据 2019 年《北京市高级人民法院商标授权确权行政案件审理指南》相关规定，商标使用行为明确违反商标法或者其他法律禁止性规定的，可以认定不构成商标使用。本案中，五梁红合作社使用"崇明岛 7 号"商标的行为因违反 2013 年《商标法》第十条第一款第七项之规定，故其使用情况并不能使诉争商标获得维持注册的合法性。

八、假冒法国波尔多"BORDEAUX"地理标志集体商标案①

案情聚焦

波尔多,即"BORDEAUX"的中文译名,是法国南部著名的葡萄酒产区。这一地理名称如今已注册为地理标志集体商标。只要酒商的产品产自波尔多地区,且符合特定的品质和工艺标准,经过认证后即可使用该地理标志商标。

2015 年,夫妻王、赵二人创办运营了烟台某葡萄酒有限公司。在非法利益的驱动下,该公司在未经权利人授权的情况下开始制造假冒"波尔多"葡萄酒,由王负责采购酒汁,赵负责沟通和调配等工作。自 2019 年 3 月开始,王、赵二人聘用王某庆(另案处理)担任该公司的销售经理,并生产制造假冒法国"波尔多"地理标志集体商标的葡萄酒。其间,姜某(另案处理)委托该公司加工生产假冒葡萄酒,由其提供"BORDEAUX"注册商标的酒标,王、赵二人则购买酒汁和配件并组织员工进行葡萄酒灌装和酒标粘贴工作,再由姜某将上述假冒的葡萄酒进行销售。经审计,2019 年 3 月至 2021 年 4 月,该公司为姜某生产了 6 万余瓶假冒"波尔多"葡萄酒,货值 88 万余元。此外,2019 年 3 月起,王、赵二人还自行组织员工制造带有"BORDEAUX"注册商标的玛莎内系列葡萄酒,由王组织员工销售,总价值超过 25 万元。

2021 年 4 月 27 日,警方在对该公司及其仓库进行检查时,抓获了王、赵、王某庆、姜某等人,扣押了 1.6 万余瓶假冒"BORDEAUX"商标的葡萄酒,价值超过 26 万元人民币。同年 9 月,该公司以 128 万元人民币赔偿权利人,达成了谅解。

2022 年 8 月 12 日、9 月 1 日,一审法院先后作出判决,认定该公司以及王、赵(二人分案处理)二人构成假冒注册商标罪,判处该公司罚金人民币

---

① 《上海三中院对假冒法国波尔多"BORDEAUX"地理标志集体商标案作出终审裁定》,载微信公众号"上海第三中院"2023 年 1 月 4 日,https://mp.weixin.qq.com/s/xFCCmKUSLteQTGst1Ahndw。

45万元，判处王、赵二人有期徒刑并处罚金，追缴违法所得，没收假冒注册商标的商品和犯罪工具。王提起上诉，辩称涉案葡萄酒未违反国家标准，并不会导致消费者的健康权益受到损害，故请求二审法院减轻处罚。赵上诉表示，在共同犯罪中属于从犯，请求减轻处罚。2023年初，上海市第三中级人民法院作出裁定，对二名上诉人驳回上诉，维持原判。①

律师评析

假冒地理标志集体商标情节严重构成假冒注册商标罪。

曾有观点认为，刑法规定假冒注册商标犯罪的侵害客体不包括集体商标和证明商标，因此在司法实践中有关地理标志商标的刑事案件并不多见。但实际上，刑法并未限制假冒注册商标罪的客体，且集体商标和证明商标也属于注册商标的一种，理应受到刑法的保护。2009年4月10日，最高人民法院刑事审判第二庭曾发布《关于集体商标是否属于我国刑法的保护范围问题的复函》（〔2009〕刑二函字第28号），明确提出注册商标应当涵盖集体商标，若侵权人在商标标识中既注明了自身的注册商标，又使用了已注册集体商标的"地理名称"，可以认定为刑法中的"相同商标"。

地理标志产品的特性与核定地域内的自然（如气候、土壤等）或人文（如传统工艺等）因素相关，故如本案"波尔多"地理标志商品至少需要满足产品特性源自特定地理范围，且生产、加工、外观设计等环节在指定地理范围内完成，与涉案商品是否符合国家标准、是否会对消费者健康权产生损害并无关联。本案的被告在明知未经授权的前提下，不仅以其他地区进口或国产酒汁按不同比例混合灌装制造带有"BORDEAUX"等注册商标的瓶装葡萄酒，还通过篡改报关单、酒汁等级等手段伪造原产地，企图欺骗消费者和规避行政监管，该行为不仅严重违反该地理标志商标注册人的合法权益，还扰乱了社会市场秩序，具有较大的社会危害性，故法院在综合考虑各被告

---

① 《守沪IP | 假冒"波尔多"葡萄酒，夫妻双双被刑事追责》，载微信公众号"上海检察三分院"2023年3月20日，https://mp.weixin.qq.com/s/J3YwkO99LJTR63jDT2aOSw。

的犯罪事实、生产数额、销售金额、坦白情节、认罪认罚、赔偿谅解等基础上，对被告定罪量刑，在刑法框架下既保护了地理标志商标的合法权益，又有效维护了良好的社会主义市场经济秩序。

重点关注

一、两会热议：聚焦地理标志，打造产业新机遇

事件回放

2023 年全国两会上，全国人大代表针对加强地理标志保护、依托地理标志产品打造特色产业等议题积极建言献策，包括加快立法进程、加强保护力度、完善管理和监督机制、规范市场秩序、打造有竞争力的品牌等。代表们还提出了鼓励现代供应链与地方政府、行业协会等合作，推动地理标志产品的发展，以及避免同质化竞争，形成产业发展合力。地理标志产品在提升品牌知名度、拓宽销售渠道和促进农民致富方面具有巨大潜力，为乡村振兴和特色产业发展开辟了新的道路。①

此外，在 2023 年召开的第十四届全国政治协商会议第八次双周协商座谈会上，"加强地理标志保护"是 72 个重点提案选题之一，众多委员围绕地理标志管理、保护、使用等方面协商议政，总结地理标志专门保护和助力乡村振兴方面取得的成效与面临的问题。政协委员建议建立严进宽出的地理标志使用和退出机制，建立健全地理标志产品可追溯体系以改善地理标志产品面临的侵权困境；提升品牌影响力，将农产品地理标志纳入区域公共品牌体系，发展新媒体运营。②

---

① 《地理标志原汁原味 乡村振兴有声有色 | 倾听两会之声》，载微信公众号"中国知识产权报"2023 年 3 月 9 日，https://mp.weixin.qq.com/s/s0315h-yHH91ZrycIC0--Q。

② 《集智聚力谋实招！全国政协围绕"加强地理标志保护"协商议政》，载微信公众号"中国知识产权报"2023 年 8 月 3 日，https://mp.weixin.qq.com/s/mPVzVPzhfU3mSIWnuBDi3w。

律师评析

今年在全国两会和政协双周协商座谈会上,地理标志成为备受关注的焦点议题,凸显了我国对地理标志保护与运用的高度重视。各级代表积极提出建议,包括加快立法进程、加强保护力度、完善管理机制等多方面措施,旨在促进地理标志产品的发展,推动特色产业壮大,并为乡村振兴提供新的发展路径。

(一)加快专门立法进程

目前,我国在地理标志保护方面已有一定的法律基础,但仍需要更为系统和完善的法律框架。建议各级人大代表积极参与相关法案的制定,形成科学、系统、切实可行的法律制度。此外,还应考虑从地理标志专门法、商标法、反不正当竞争法等多维度对地理标志产品进行全方位法律保护,提升地理标志的保护力度。

(二)完善管理和监督机制

规范地理标志产品市场秩序是保护地理标志的重要方面。一方面,建议加强相关认证和监督机制,确保地理标志产品的产地真实性和品质符合要求,提高对地理标志产业链的监管水平,防止虚假标志和低质量产品流入市场。另一方面,建议建立地理标志产品的使用和退出机制,明确使用条件和标准,同时对于不符合标准或存在其他问题的产品进行及时整改或清退,以保障地理标志的质量和信誉。此外,为解决地理标志产品面临的侵权问题,还建议建立健全的地理标志产品可追溯体系。这一机制可以通过数字化技术手段实现对地理标志产品生产流程的全程监控,提高产品的可信度和可追溯性。

(三)促进地理标志发展

地理标志产品在提升品牌知名度、拓展销售渠道和助力农村振兴方面具有巨大潜力。为促进地理标志产品发展,建议鼓励现代供应链与地方政府、行业协会等合作,通过建立相关合作机制、明确各方责任、推动资源共享等方式,支持地理标志产品在产业链上的合作与发展。另外,还应鼓励建立地理标志产业联盟，通过共同推广、品牌建设等方式，形成合力，避免同质化竞争对地理标志产品的不利影响。此外，为提升品牌影响力，建议将地理标志纳入区域公共品牌体系，法律层面上支持相关品牌的注册和保护，同时鼓励农产品地理标志在新媒体上的宣传和推广，以扩大知名度和市场份额。

（四）国际地理标志保护与合作

国际合作对地理标志产品的保护至关重要。国家知识产权局积极参与中欧地理标志保护与合作协定等国际合作，为地理标志产品的互认互保提供了有力支持。未来可通过进一步加强与其他国家的合作，共同制定标准、推动互认，为更多中国地理标志产品走向世界打下坚实基础。

二、深圳市市场监督管理局南山监管局发出全国首张针对地理标志的知识产权行政禁令

事件回放

南山荔枝于 2006 年获得地理标志产品保护，成为全国首个受保护的荔枝品牌。在 2022 年 7 月至 2023 年 4 月期间，一家企业擅自在其注册并运营的微信公众号上，突出使用"南山荔枝"标识进行宣传，并通过线上线下渠道销售其荔枝产品。该企业销售的荔枝产品并不符合"南山荔枝"的产品标准和管理规范要求，违反了《广东省地理标志条例》的相关规定。[①] 针对这一违法行为，南山监管局发出了全国首张面向地理标志的知识产权行政禁令，并作出了相应的行政处罚，包括罚款和没收违法所得。这一知识产权行

[①]《广东省地理标志条例》第二十条第一款规定："任何单位和个人不得有下列行为：（一）擅自使用地理标志专用标志；（二）不符合地理标志产品标准和管理规范要求而使用该地理标志产品的名称；（三）在产品上使用与地理标志专用标志相似的标志，致使公众将该产品误认为地理标志产品；（四）通过使用产品名称或者产品描述，致使公众误认为该产品来自地理标志产品产地范围；（五）销售本条第（一）项至第（四）项情形产品。"

政禁令是自《深圳经济特区知识产权保护条例》[①] 实施以来，首次在地理标志领域得以应用，有助于高效遏制地理标志违法行为，推动知识产权"严保护""快保护"政策的进一步实施。[②]

律师评析

南山监管局发布的全国首张地理标志知识产权行政禁令不仅为地方性法规在知识产权领域的运用开辟了新的局面，更为地理标志产品的知识产权保护提供了新的路径，同时也反映了我国在知识产权保护方面的不断探索和改进。

首先，南山监管局已对"南山荔枝"地理标志产品建立了多方保护机制。南山监管局通过"四个强化"行动，即强化多方合作、强化执法排查、强化合规引导和强化宣传推广，来提升相关地理标志的保护水平。具体措施包括成立全市首个国家地理标志产品"南山荔枝"知识产权保护工作站、对侵权假冒易发多发领域开展执法排查并严厉查处侵权行为、引导企业合法使用专用标志，以及推广"南山荔枝"品牌，提升其品牌价值。该机制是地方政府在地理标志行政保护方面的创新实践，值得在其他地区推广。

[①] 《深圳经济特区知识产权保护条例》第二十八条规定："权利人或者利害关系人投诉知识产权侵权行为，市主管部门或者其他管理部门对有证据证明存在侵权事实的，可以先行发布禁令，责令涉嫌侵权人立即停止涉嫌侵权行为，并依法处理。发布禁令前，可以要求权利人或者利害关系人提供适当担保。经调查，侵权行为不成立的，应当及时解除禁令。涉嫌侵权人对禁令不服的，可以依法申请行政复议或者提请行政诉讼。涉嫌侵权人拒不执行禁令停止涉嫌侵权行为，经认定构成侵权的，按照自禁令发布之日起的违法经营额的两倍处以罚款。违法经营额无法计算或者违法经营额五万元以下的，处以三万元以上十万元以下罚款。"第二十九条规定："市主管部门或者其他管理部门依照本条例第二十八条规定发布禁令之后，可以根据需要通知电子商务平台经营者在规定期限内采取删除、屏蔽、断开链接、终止交易和服务等必要措施协助执行禁令，接到通知的电子商务平台经营者应当及时予以配合。接到通知的电子商务平台经营者无正当理由拖延、拒绝配合执行禁令的，由市主管部门或者其他管理部门依照《中华人民共和国电子商务法》的相关规定予以处罚。"

[②] 《地标产品名称不能想用就用！这家企业擅用"南山荔枝"名称，结果……》，载微信公众号"中国知识产权报"2023年10月25日，https://mp.weixin.qq.com/s/R4rpB6UcPL2Aa4FnaZeVqw。

其次，行政禁令的引入为权利人提供了新的维权途径，其先进之处在于快速、有力地应对侵权行为，同时借助制度创新对电子商务平台进行有效监管。在以往的实践中，禁令一般由权利人在诉讼过程中向法院提出申请并由法院裁定。而行政先行禁令的制度设计则更加灵活，使得权利人无须起诉即可及时地采取措施，防止侵权行为的持续扩大。这对于保护知识产权来说是一项积极的改革，有望未来在行政执法方面为地理标志保护提供更多的支持。

最后，地方性法规可有效助力地理标志的保护。根据《深圳经济特区知识产权保护条例》第二十八条之规定，若有证据证明侵权事实，市主管部门有权先行发布禁令，并责令涉嫌侵权人立即停止侵权行为。这种快速而有力的反应机制，有助于在侵权行为发生时及时制止，减轻权利人的损失。地方性法规在地理标志保护方面的实际运用也表明地方政府在知识产权保护方面的决心，还对提升本地区地理标志产品的信誉以及营造良好法治营商环境具有积极作用。

尽管该行政禁令的积极性明显，但也需要注意其中可能存在的一些问题。首先，可能面临执行难题，尤其是在跨地区和跨平台的情况下，协调合作难度较大。其次，罚款数额偏低可能无法充分制止违法行为。为解决潜在问题，建议加强协同合作机制，建立跨地区、跨平台的知识产权保护网络，强化行业自律和监管。此外，还可考虑提高违法行为的处罚力度，包括罚款额度的适度上调，确保罚款对侵权行为形成更有威慑力的效果。

三、WIPO发布《世界知识产权指标2023》：中国成为拥有地理标志最多的国家

事件回放

2023年11月6日，由世界知识产权组织（World Intellectual Property Organization，WIPO）发布的《世界知识产权指标2023》（World Intellectual Property Indicators 2023，WIPI）显示，在地理标志领域，截至2022年，约

有 58400 个受到保护的有效地理标志。其中，中国（9571 个）是在本国境内拥有最多有效地理标志的国家，其次是匈牙利（7843 个）、德国（7386 个）和捷克共和国（6383 个）。通过欧盟区域体系生效的地理标志有 5176 个，这些地理标志在欧盟全体成员国内都具备法律效力，这也是欧盟国家跻身前列的原因。在 2021 年全球地理标志总量中，与"葡萄酒和烈酒"相关的有效地理标志占比最高（约 50%），其次是农产品和食品（占 43.1%）以及手工艺品（占 4.2%）。[①]

▶ 律师评析

（一）中国地理标志保护的普及取得阶段性成果

从 WIPO 发布的数据中可以看出，地理标志的全球法律保护呈现积极趋势，这反映了国际社会对地理标志的日益重视。数据显示，截至 2022 年，全球已有数以万计的地理标志获得有效保护，其中中国以其 9571 个有效地理标志成为引人注目的代表，充分展现了我国对地理标志的保护取得阶段性成果，对促进我国地理标志产品的发展，推动特色产业壮大具有重要意义。

（二）区域合作对地理标志产品保护的重要作用

欧盟地理标志区域体系的实施为欧盟成员国提供了高效的法律保护机制，进一步推动了地理标志的国际合作。WIPO 发布的数据表明，通过欧盟区域体系生效的 5176 个地理标志在欧盟内部具有法律效力，为跨国贸易提供了便利。这种一体化的保护模式为其他地区提供了借鉴的经验，同时也凸显了国际合作在地理标志保护上的必要性。欧盟的成功经验为构建全球性地理标志保护网络提供了参考，值得其他地区深入思考和借鉴。

（三）地理标志的行业分布差异

数据揭示了地理标志在不同行业的分布差异，其中农产品和食品占据了 43.1% 的比例，手工艺品仅占 4.2%。地理标志的保护在农业和食品行业中

[①]《〈世界知识产权指标 2023〉发布，全球最新申请数据看过来》，载微信公众号"国家知识产权局客户服务中心"2023 年 11 月 23 日，https://mp.weixin.qq.com/s/n6uMPAeJt_ns1jtaLGTDew。

被广泛认可，这与其本质上的地域关联性密切相关。农产品如葡萄酒、奶酪和橄榄油，以及食品如巧克力、咖啡和香料，这些产品往往与特定地域的自然因素（如环境、光照、水源等）和人文因素（如传统生产方法等）紧密相连，故在这些行业中生产经营者往往更加注重地理标志的保护。值得注意的是，手工艺品领域的相对低占比表明在这一领域内地理标志的运用和保护仍然存在挑战，需要进一步加强法律宣导和行业教育。

四、第二批地理标志助力乡村振兴典型案例发布及第二批地理标志运用促进重点联系指导名录确定

事件回放

为完善地理标志运用促进政策，深入开展地理标志助力乡村振兴行动，助推品牌经济和特色经济的发展，国家知识产权局一方面开展地理标志助力乡村振兴典型案例报送工作，旨在及时总结宣传地理标志兴农的先进经验和生动实践，进一步探索并形成地理标志产业融合和促进区域经济高质量发展的新路径和新模式。另一方面，国家知识产权局通过遴选地理标志重点联系指导名录，并对入选名录的地理标志产品在业务指导、政策扶持和资源对接等方面给予重点倾斜，以进一步挖掘地理标志产品的经济潜力，借此推动以地理标志品牌为核心带动力的特色支柱产业，促进乡村振兴和区域特色经济发展。

2023年11月1日，国家知识产权局办公室发布《国家知识产权局办公室关于确定第二批地理标志助力乡村振兴典型案例的通知》（以下简称《典型案例通知》），公布了第二批地理标志助力乡村振兴典型案例，其中包括"普洱咖啡""汉源花椒"等80个案例。[1]

2023年10月26日，国家知识产权局办公室发布《国家知识产权局办公

---

[1] 《国家知识产权局办公室关于确定第二批地理标志助力乡村振兴典型案例的通知》，载国家知识产权局网2023年11月1日，https://www.cnipa.gov.cn/art/2023/11/10/art_548_188499.html。

室关于确定第二批地理标志运用促进重点联系指导名录的通知》（以下简称《重点名录通知》），将经省级知识产权局审核推荐、国家知识产权局综合评定的"昌平草莓"等60件地理标志列入第二批重点联系指导名录。[①]

律师评析

首先，地理标志的运用在乡村振兴中具有重要意义。地理标志不仅是一种知识产权，更是地方特色产业的重要组成部分。地理标志作为与乡村振兴联系最为紧密的知识产权，将地理标志的运用与乡村振兴相结合，既可实现地区优势资源的深度开发，也可带动一批以地理标志为核心的特色支柱产业，推动区域特色经济的发展。

其次，经验总结在发展地理标志为核心的区域特色经济中至关重要。为了确保政策有效实施，《典型案例通知》要求地方知识产权管理部门结合案例进行宣传推广，《重点名录通知》也要求及时开展成效统计监测，努力打造县域样板，这些举措体现了经验总结的重要性，有助于提升地理标志品牌影响力和产品附加值，并提高地理标志政策的整体效果。然而，要注意在推广过程中避免虚假宣传，确保公众对地理标志的认知是真实准确的。相关法规应当规范主管部门的宣传行为，确保信息的透明和真实。

最后，地理标志的运用和保护离不开法规支持。《典型案例通知》提到的提质强基、品牌建设、产业强链、能力提升等专项行动，皆需法规支持，以明确相关主体的权利和义务，确保政策的有效实施。同时，重点联系指导名录的遴选工作也需法规确定流程，保证入选名录的地理标志产品具备明确的地理标志特征和优良品质，提高遴选程序的可靠性。建议不断完善现行法规体系，以便对地理标志的运用和保护提供法律支持。

此外，国家知识产权局在推进地理标志助力乡村振兴的过程中，还应注重与地方政府和企业的密切合作，通过建立行业标准、推动品牌建设、加强

[①]《国家知识产权局办公室关于确定第二批地理标志运用促进重点联系指导名录的通知》，载国家知识产权局网 2023 年 11 月 6 日，https://www.cnipa.gov.cn/art/2023/11/6/art_ 75_ 188437.html。

执法力度等手段，共同推动地理标志在乡村振兴中的更广泛运用。通过多方协同努力，可望实现地理标志与乡村振兴的良性互动，为我国乡村振兴事业注入更大的法治动力。

五、国家知识产权局办公室确定 2023 年国家地理标志产品保护示范区筹建名单

事件回放

2010 年，国家地理标志产品保护示范区建设工作在全国范围内启动。2018 年机构改革后，由重新组建的国家知识产权局负责包括国家地理标志产品保护示范区建设管理在内的原产地地理标志相关工作。建设保护示范区是为了进一步完善地理标志保护体系，并严格监管特色地理标志的质量。2021 年 2 月，国家知识产权局发布了《国家地理标志产品保护示范区建设管理办法（试行）》，为示范区建设管理提供了具体指引。2021 年 10 月，国务院发布的《"十四五"国家知识产权保护和运用规划》提出，中国计划在"十四五"期间建成 100 个国家地理标志产品保护示范区。

2023 年 12 月 4 日，国家知识产权局确定了 2023 年国家地理标志产品保护示范区筹建名单（共 20 个示范区），筹建期为 3 年（2023 年 12 月至 2026 年 12 月），并要求承担单位做好地理标志示范区建设管理、落实主体责任和健全组织机制、推动省级知识产权局参与建设，并及时报送示范区工作方案和年度总结。[①]

律师评析

筹建国家地理标志产品保护示范区的目标是促进地理标志产品的保护，加强制度建设，促进乡村振兴，并使中国地理标志产品更好地融入国际

[①]《国家知识产权局办公室关于确定 2023 年国家地理标志产品保护示范区筹建名单的通知》，载国家知识产权局网 2023 年 12 月 8 日，https://www.cnipa.gov.cn/art/2023/12/8/art_ 75_ 188953. html。

市场。

国家知识产权局组织开展示范区建设申报，体现了国家对地理标志产品保护的高度重视。通过建设示范区，可以为其他地区提供法规和政策上的参考，推动整个地理标志产品保护体系的建设和完善。

从申报要求来看，申报者需具有较大产业规模、较高销售额或出口额等，这些要求旨在确保示范区具备相对较大的经济实力和地理标志产品的生产规模，以便更好地实现保护和推广的目标。

从建设任务来看，主要集中在夯实保护制度、健全工作体系、加大保护力度、强化保护宣传和加强合作共赢等方面。建设示范区是综合性任务，涵盖法规、监管、宣传、国际合作等多个方面，要在法律框架内创新，使保护体系更加完备、有力，以实现地理标志产品的全面发展和国际竞争力的提升。

六、中欧地理标志合作发展论坛在苏州举办

事件回放

中欧地理标志保护与合作协定（以下简称中欧地理标志协定）签署生效两周年及中国与欧盟建立全面战略伙伴关系20周年之际，2023年9月22日，中国欧盟协会、苏州市人民政府和中国农业国际合作促进会在苏州共同主办了以"积极开展中欧地标务实合作，推动中欧经贸关系和农业合作高水平发展"为主题的"中欧地理标志合作发展论坛"，旨在推动地理标志保护，促进中欧经贸关系健康发展。中欧地理标志协定是我国签署的首个全面且高水平的双边条约。经过多轮正式谈判和非正式磋商，该协定于2020年9月正式签署，并于2021年3月生效。在国家知识产权局于2023年1月16日举行的新闻发布会上，知识产权保护司司长张志成介绍，截至发布会当日，

中欧双方已实现 244 个产品的互认互保。[①]

　　自协定实施以来，中欧双方在地理标志合作机制建设、产品宣介、推广和保护等方面取得了实质性进展。中欧地理标志互认互保的实施，使得欧洲优质产品进入中国市场，同时也为中国产品进入欧洲市场打开了大门。此外，地理标志合作的深入，切实反映了中欧经贸合作的强烈意愿，体现了中欧经贸关系的积极趋势。在论坛上，嘉宾分享了地理标志产品推广经验，并就如何进一步推广清单产品、实现互利互惠提出了有效建议。欧盟官员和行业代表也表达了对协定的积极评价，并提出了如何在欧洲市场推广中国地理标志产品的建议。[②] 根据欧盟委员会农业和农村发展总司国际关系司司长、《中欧地理标志协定》谈判欧盟首席代表克拉克所述，第二批产品申报目录包括 175 个产品，目前正在推进互认互保程序，预计于 2025 年 3 月完成。

律师评析

　　中欧地理标志协定的签署生效，标志着中欧双方在知识产权保护领域迈出了重要步伐。地理标志不仅是一种特殊的知识产权，更是地区文化与传统的载体。该协定的实施，对于促进中欧贸易、保护消费者权益、传承文化具有深远影响。自中欧地理标志协定实施以来，中欧双方在地理标志产品的互认互保、打击侵权行为、立法保护等方面取得了显著成效。这些成效不仅体现在法律层面的进步，也反映在经贸活动的繁荣和文化交流的加深。

　　为履行中欧地理标志协定的国际义务，国家知识产权局近年来采取了一系列积极措施来加强地理标志的保护，包括严厉打击地理标志假冒行为、积极推动地理标志专门立法、着手筹建地理标志保护示范区等。这些措施有助于提升中国地理标志产品的国际竞争力，并支持乡村振兴和区域经济的可持

　　[①] 《中欧加强地理标志合作 双方累计实现 244 个产品互认互保》，载国家知识产权局网 2023 年 1 月 16 日，https://www.cnipa.gov.cn/art/2023/1/16/art_1389_181507.html。
　　[②] 《地标拓路搭桥，中欧双向奔赴！中欧地理标志合作发展论坛共话务实合作》，载微信公众号"中国知识产权报"2023 年 10 月 19 日，https://mp.weixin.qq.com/s/6MD0kLm5SPpkmogRq-Xg2A。

续发展。

尽管中欧地理标志协定取得了积极成效，但在实施过程中仍面临一些挑战，主要包括以下方面：第一，中欧双方的法律体系存在差异，如何在不同的法律环境下实现地理标志的有效保护是一大挑战；第二，地理标志保护的执行力度在不同地区可能存在差异，如何确保中欧地理标志协定在各成员国得到均衡执行是另一难题；第三，地理标志产品要想在对方市场取得成功，需要克服文化差异和消费习惯的障碍，进行有效的市场推广，如何在欧洲市场推广中国地理标志产品成为备受关注的话题。

未来，一方面，中欧双方可考虑将更多的地理标志产品纳入互认范围，增强中欧地理标志协定的覆盖力；另一方面，通过双边或多边对话，加强中欧双方法律体系的协调，提高保护的效率和一致性；此外，由于地理标志产品背后的文化和历史是其独特魅力所在，因此中欧双方应加强文化交流，提升产品的文化价值和市场吸引力。

后　记

2023年4月26日，国家主席习近平向中国与世界知识产权组织合作五十周年纪念暨宣传周主场活动致贺信，信中指出："中国始终高度重视知识产权保护，深入实施知识产权强国建设，加强知识产权法治保障，完善知识产权管理体制，不断强化知识产权全链条保护，持续优化创新环境和营商环境。"当前，我国正在从知识产权引进大国向知识产权创造大国转变，知识产权法律服务工作面临更高的质量要求。持续推动知识产权法律服务高质量发展，发挥知识产权律师作用，提高保护创新能力，具有重要意义。

在知识产权法治道路和强国建设上，律师扮演着重要的角色、发挥着积极的作用。为了展现中国律师的风貌，记录中国知识产权法治的发展，中华全国律师协会知识产权专业委员会（以下简称知产委）继续组织知识产权领域律师编撰以律师为视角的年度观察报告，即《中国知识产权律师年度报告（2024）》，希望通过汇总律师这一独特视角的观察思考，总结年度工作和进展，从而推动我国知识产权事业的长远发展。

本书由知产委部分委员和部分知识产权领域内的优秀律师共同撰写完成，绝大部分律师连续参与了五年报告的撰写，他们有着多年从业经验，在知识产权服务领域均有所建树，也对推动知识产权发展抱有满腔热忱。他们结合自身的实践经验，从律师的角度对知识产权领域的最新发展、典型案例进行分析和点评。知产委负责同志连同业内的多位资深律师对全书书稿进行了细致的审读。

  感谢中国法制出版社的程思老师、于昆老师等各位编辑老师对本书的倾情付出。恳请各位专家学者与同行不吝赐教，我们将在今后的工作中调整改进，不断完善，谢谢！

中华全国律师协会知识产权专业委员会主任

2024 年 4 月 26 日

图书在版编目（CIP）数据

中国知识产权律师年度报告.2024／中华全国律师协会知识产权专业委员会编．--北京：中国法制出版社，2024.7

ISBN 978-7-5216-4387-9

Ⅰ.①中… Ⅱ.①中… Ⅲ.①知识产权-研究报告-中国-2024 Ⅳ.①D923.404

中国国家版本馆 CIP 数据核字（2024）第 058173 号

责任编辑：程　思（chengsi@zgfzs.com）　　　　　　　　封面设计：周黎明

中国知识产权律师年度报告.2024
ZHONGGUO ZHISHI CHANQUAN LÜSHI NIANDU BAOGAO.2024

编者／中华全国律师协会知识产权专业委员会
经销／新华书店
印刷／北京虎彩文化传播有限公司
开本/730 毫米×1030 毫米　16 开　　　　　印张/ 25.5　字数/ 328 千
版次/2024 年 7 月第 1 版　　　　　　　　　2024 年 7 月第 1 次印刷

中国法制出版社出版
书号 ISBN 978-7-5216-4387-9　　　　　　　　　　　　定价：98.00 元

北京市西城区西便门西里甲 16 号西便门办公区
邮政编码：100053　　　　　　　　　　　　传真：010-63141600
网址：http://www.zgfzs.com　　　　　　　编辑部电话：010-63141806
市场营销部电话：010-63141612　　　　　　印务部电话：010-63141606

（如有印装质量问题，请与本社印务部联系。）